Jörg Sieger

Kardinal im Schatten der Revolution

Jörg Sieger

Kardinal im Schatten der Revolution

Der letzte Fürstbischof von Straßburg in den Wirren der Französischen Revolution am Oberrhein

Morstadt Verlag

CIP-Kurztitelaufnahme der Deutschen Bibliothek

Sieger, Jörg:
Kardinal im Schatten der Revolution: der letzte Fürstbischof von Straßburg in den Wirren der Französischen Revolution am Oberrhein / Jörg Sieger. — Kehl; Strasbourg; Basel: Morstadt, 1986.

(Historische Zeitbilder)

ISBN 3-88571-150-8

Die Bilder wurden dankenswerterweise zur Verfügung gestellt von

Musée de Strasbourg
Verlag Schnell & Steiner, München
Kurt Gramer - Foto-Oehler, Ettenheim - Foto-Schreiber, St. Peter

Verlagsort: Kehl
Gesamtherstellung: Druckerei Morstadt, Kehl
Schutzumschlag: Siegbert Marusczyk

Inhaltsverzeichnis

Vorwort

Prof. Dr. Remigius Bäumer

Die blutigen Folgen der Französischen Revolution und der nachfolgenden Revolutionskriege sind im allgemeinen Bewußtsein weithin vergessen. Wenig bekannt ist auch, daß Gebiete des heutigen Erzbistums Freiburg einst jahrhundertelang zum Fürstbistum Straßburg gehörten.

Jörg Sieger hat das Verdienst, mit seiner Untersuchung über den letzten Straßburger Fürstbischof Kardinal Rohan diese Zusammenhänge untersucht und der Forschung zugänglich gemacht zu haben. Mit seiner Arbeit stößt Sieger in eine Forschungslücke. Denn die Geschichte der letzten Jahre des bewegten Lebens des letzten Straßburger Fürstbischofs war bisher unerforscht. Kardinal Rohan war eine der umstrittenen Bischofsgestalten der Revolutionsjahrzehnte, dessen Wirken im Chaos der Revolutionskriege in seiner Gesamtheit weithin unbekannt ist. Im Juli 1790 mußte sich Rohan — als Folge der Revolution — nach Ettenheim zurückziehen, wo das ehemalige Straßburger Amtshaus zum fürstbischöflichen Palais umgebaut wurde. Aber auch in Ettenheim konnte Rohan nicht bleiben und fand anschließend u. a. Zuflucht in Baden in der Schweiz. Erst nach dem Frieden von Lunéville kehrte der Fürstbischof endgültig nach Ettenheim zurück, wo er mit Glockengeläut empfangen wurde.

Der Fürstbischof blieb in Ettenheim nicht allein, die Domkapitulare und zahlreiche Priester seines Bistums haben damals Schutz vor dem Terror in Ettenheim gesucht und gefunden. Auch eine Reihe von Priesteramtskandidaten fand damals in Ettenheim Zuflucht.

Das Ende der fürstbischöflichen Regierung, die Besetzung Ettenheims durch badische Truppen, der Tod des Fürstbischofs im Jahre 1803 und die Schicksale des Restbistums Straßburgs, das 1808 mit dem Konstanzer Bistum vereinigt wurde, werden von Sieger in lebendiger Weise geschildert.

Es ist ein spannender Bericht über die Geschichte der letzten Jahre des rechtsrheinischen Teils des Bistums Straßburg und der Leiden seiner Bevölkerung in den schweren Jahren nach der Französischen Revolution.

Die Arbeit bietet ein eindrucksvolles Bild über die Auswirkungen der Französischen Revolution auf die Oberämter Ettenheim und Oberkirch. Es ist Sieger gelungen, eine aufschlußreiche Schilderung von den Zuständen in den rechtsrheinischen Gebieten des Bistums Straßburg zu liefern. Erhellend sind auch die Berichte, die er von dem damaligen kirchlichen Leben in Ettenheim vorlegen kann.

So beantwortet diese Untersuchung viele Fragen einer hochinteressanten Thematik. Sie gibt Aufschluß über eine hervorragende und weithin vergessene Epoche der Ettenheimer Geschichte. Seine Arbeit ist aber auch für die Geschichte des Fürstbistums Straßburg und für die Vorgeschichte des Freiburger Erzbistums von großer Bedeutung. Man darf sie als einen wertvollen Beitrag zur Oberrheinischen Kirchengeschichte bezeichnen.

1. Teil

AD MELIORA NATUS[1]

Louis René Edouard, Prince de Rohan-Guémené[2], Kardinal, Fürst des Heiligen Römischen Reiches, Landgraf im Elsaß, Großalmosenier von Frankreich, Abt von Saint Vaast, von Chaise-Dieu und so weiter, Generalsuperior des Hôpital Royal des Quinze-Vingts, Provisor der Sorbonne und einer der vierzig Unsterblichen der Academie Française, Sproß eines der ältesten Geschlechter Frankreichs und eine der schillernsten Persönlichkeiten im Umfeld der Französischen Revolution...

---

[1] PfA-Ettenheim, ursprünglich in Fasz. XII. a. I. eingebunden, Auszug aus dem offenbar zeitgenössischen Entwurf einer Grabinschrift von Charlotte Louise Dorothée, Princesse de Rohan-Rochefort, für Kardinal Rohan

[2] Die Schreibweise des Namens ist äußerst unterschiedlich. Von 'Guémené' bis 'Guíménée' treten alle möglichen Formen in Quellen und Literatur auf. Bei Hans Friedrich von Ehrenkrook (Genealogisches Handbuch der Fürstlichen Häuser, Bd. II (Bd. III der Gesamtreihe) (Glücksburg 1953) 423-424) findet sich die Schreibweise 'Guémenée'. Georges Martin (Histoire et Genealogie des Maisons de Rohan, de Chabot et de Rohan-Chabot, 2 Bde. (La Ricamarie: Auteur 1977)) verwendet die Form 'Guéméné'. Wir folgen in unseren Betrachtungen der in der Literatur ebenso häufig auftretenden Schreibweise 'Guémené', die sich darüberhinaus in zeitgenössischen Quellen und auf Darstellungen aus der Umgebung des Kardinals wiederfindet. (vgl.: Jörg Sieger, Ettenheim - Stadt zwischen Staat und Kirche, in: Dieter Weis, St. Bartholomäus Ettenheim (München/Zürich 1982) 235, Abb. 83)

Die Geschichte der letzten eineinhalb Jahrzehnte im Leben dieses Mannes schreiben zu wollen, stößt auf eine Fülle von Problemen und Schwierigkeiten. Je tiefer man in diese ereignisreiche Zeit eindringt, in der der 'Prince Louis' viel von seinem Glanz und seinen Titeln einbüßte, um so deutlicher wird man einsehen, daß die Berge des Materials, die allein in den Räumen des Badischen Generallandesarchivs in Karlsruhe lagern, im Grunde eine Lebensaufgabe darstellen. Trotz alledem wurde in der folgenden Abhandlung der Versuch gewagt, die bewegten Jahre etwa von Beginn der Französischen Revolution bis zum Reichsdeputationshauptschluß im Leben des letzten Straßburger Fürstbischofs nachzuzeichnen.

Die Person dieses Kirchenfürsten, der schon im 18. Jahrhundert selbst mehr als einmal zum 'Wetzstein der Lästerzungen' geworden war, ist auch heute noch verschiedensten Beurteilungen unterworfen. Im Durcheinander der Revolutionskriege bleibt ein Großteil seiner Persönlichkeit im Dunkeln. So wurde als Grundlage einer Beurteilung bislang leider allzuhäufig nur die Rolle des Kardinals als Politiker und Reichsfürst berücksichtigt. Gerade die kirchlichen und menschlichen Zusammenhänge und Ereignisse, die in der Zeit nach der Emigration wertvolle Rückschlüsse auf den 'Menschen Rohan' zulassen, blieben lange vom Dunkel der Geschichte verhüllt, und lediglich politische Fakten und Tätigkeiten auf dem Gebiet der Gegenrevolution wurden zwischenzeitlich in größerem Umfang ans Licht gekehrt.

Die Intention dieser Arbeit war daher von vorneherein, diesen umstrittenen Kirchenfürsten gerade in jenen Jahren nicht mehr nur als Politiker zu betrachten - ohne diesen Umstand zu kurz kommen zu lassen - sondern all die Schichten seiner Persönlichkeit anzureißen, um diesem

Menschen in einer Beurteilung gerechter werden zu können, als dies bislang zu geschehen pflegte.

Neben den Abhandlungen um den letzten Bischof des alten Bistums Straßburg zeichnet sich auch ein Bild des rechtsrheinischen Teiles dieses Bistums in den schweren Jahren von der Französischen Revolution über die Neuordnung des Straßburger Bistums hinaus bis hin zur Errichtung der Oberrheinischen Kirchenprovinz und der neuen Freiburger Diözese. Dabei war es ein Anliegen, vor allem die Verhältnisse des einfachen dörflichen und städtischen Menschen aufzuzeigen. Wie kaum einer allgemeingeschichtlichen Fachrichtung ist es der kirchlichen Landesgeschichte möglich und vielleicht sogar aufgegeben, den Menschen, der in den Geschichtsbüchern unserer Zeit kaum einen Platz findet, zu berücksichtigen. So wurde auch der Darstellung des im Ganzen religiös geprägten Lebens der Bevölkerung in der betreffenden Zeit der gebührende Platz eingeräumt.

Mir bleibt nun nur noch der Dank für die freundliche Unterstützung, die mir bei dieser Arbeit zuteil wurde. Sei es von seiten der Archive[3], die mir die Einsicht in das Quellenmaterial ermöglichten, oder von seiten vieler, die mir freundliche Auskunft und wertvollen Rat gaben. Nennen möchte ich hier nur Herrn Hubert Kewitz (Ringsheim), Herrn Dieter Weis (Ettenheim), meine Eltern, Erika und Hubert Sieger (Ettenheim), Herrn Bernhard Uttenweiler (Ettenheim), Herrn Heinz Lichtenauer (Oppenau), Herrn Dekan Pfefferle (Oberkirch), Herrn Va-

---

[3] Badisches Generallandesarchiv-Karlsruhe, Bayerisches Hauptstaatsarchiv-München, Staatsarchiv Freiburg, Archives departementales du Bas-Rhin Strasbourg, Stadtarchiv Ettenheim, Archives municipales de Strasbourg, Erzbischöfliches Archiv Freiburg, Bischöfliches Zentralarchiv Regensburg, Dekanatsarchiv Lahr, Dekanatsarchiv Achern, Pfarrarchiv Ettenheim, Pfarrarchiv Ettenheimmünster

lentin Ludwig (Oberkirch), Herrn Pfarrer Bernhard Kleiser (Heitersheim), Herrn Pater Störchle (Ettenheimmünster), Fräulein Andrea Bitsch (Oberkirch), Herrn Dr. Hundsnurscher (Freiburg), Herrn Prof. Dr. Karl Suso Frank (Freiburg) und Frau Dr. Johanna von Herzogenberg (München). Nicht zuletzt darf ich mich jedoch besonders bei Herrn Prof. Dr. Remigius Bäumer (Freiburg) ganz herzlich für die wissenschaftliche Betreuung dieser Arbeit bedanken[4].

---

[4] Vorliegende Arbeit entstand im Zusammenhang mit der Promotion an der Theologischen Fakultät der Albert-Ludwig-Universität - Freiburg. Der Titel der Einreichungsexemplare lautete: 'Louis René Edouard, Prince de Rohan-Guémené - Persönlichkeit und Wirken des letzten Straßburger Fürstbischofs im Schatten der Französischen Revolution'.

Hier noch einige Hinweise: Die Fußnotenzählung beginnt jeweils mit den Kapitelanfängen mit [1]. Dabei werden Belegstellen lediglich beim ersten Auftreten im betreffenden Kapitel mit ihrem vollen Titel angeführt. Im weiteren Verlauf des Kapitels wird in der Regel nach Verfassernamen zitiert. Werden innerhalb eines Kapitels mehrere Werke des selben Verfassers verwandt, so erfolgt der Belegverweis mittels des in der vollen Titelangabe unterstrichenen Ausdruckes als Beifügung zum Verfassernamen.

Bei Zitation aus Zeitschriften wurde jeweils der Name und der Jahrgang bzw. der Band der jeweiligen Zeitschrift beigefügt.

Seitenangaben aus den Werken des Joann Conrad Machleid und der Henriette Dietz, geb. Stuber werden mit * gekennzeichnet, da sie entweder einer unregelmäßigen oder aber nicht der originalen Zählung folgen.

1. Kapitel

ROY NE PUYS, DUC NE DAYGNE, ROHAN SUYS [1]

Kaum einer der vielen Vertreter des Hauses Rohan hinterließ so viele Schlagzeilen wie der letzte Kardinal des alten Bistums Straßburg; und dabei war das Haus Rohan, zurückgehend auf die souveränen Herzöge der Bretagne, eines der bedeutendsten der französischen Aristokratie. Es hatte das Recht, beim König von Frankreich unmittelbar hinter den Prinzen von Geblüt und zugleich mit den Herzögen von Lothringen, vor dem gesamten französischen Adel einzutreten, und niemand hatte bis zum Jahre 1918, zu welcher Zeit die Rohans Frankreich längst verlassen hatten und sich mit Henri Louis Marie de Rohan beziehungsweise seinem Sohn Charles Alain Gabriele in Österreich ansässig gemacht hatten - niemand hatte gewagt, den Anspruch auf eine so hohe Herkunft zu entkräften. Nur das Recht des absoluten Vortritts am französischen Hof war inzwischen hinfällig geworden, denn einen französischen Hof gab es nicht mehr[2].

---

[1] Wahlspruch der Rohans; vgl. Johann Baptist Ferdinand, Miniaturen aus Ettenheim (Ettenheim 1949) 49

[2] Alexander Lernet-Holenia, Das Halsband der Königin (Wien/Hamburg 1962) 19

I. DIE ROHANS[3]

Das bretonische Herrengeschlecht der Rohan beginnt seine Stammreihe im heutigen Departement Morbihan, in dem das Städtchen Rohan liegt. Guethenoc, ein jüngerer Sohn des Hauses Bretagne, der um 1021 die Grafschaft Porrhoët und die Vizegrafschaft Rennes als Apanage erhielt, gilt als Stammvater des Geschlechtes. Jean Vicomte de Rohan († 1396), sein Nachfahre in der zwölften Generation, heiratete in erster Ehe Jeanne de Léon, in zweiter Jeanne de Navarre, durch welche er Schwager Philipps von Valois und der Könige von Aragon und Navarra wurde, und leitete dadurch die Teilung des Hauses Rohan ein. Die jüngere Linie, aus der sämtliche Linien späteren Ursprungs - wie zum Beispiel die Rohan-Rochefort - hervorgingen, ist aus der Nachkommenschaft Jeans und seiner zweiten Gemahlin entsprossen und hat ihren Namen vom Städtchen Guémené im Morbihan erhalten. Nach Erwerbung von Montbazon und der Grafschaft Rochefort-en-Yvelin erfolgte im Jahre 1570 die Erhebung zum fürstlichen Rang; als das Geschlecht nach Ausbruch der Französischen Revolution nach Österreich übersiedeln mußte, stieg es daselbst im Jahre 1808 ebenfalls zur Fürstenwürde auf.

---

[3] Über die Familie vgl.: Georges Martin, Histoire et Genealogie des Maisons de Rohan, de Chabot et de Rohan-Chabot, 2 Bde. (La Ricamarie: Auteur 1977);
Gothaisches Genealogisches Taschenbuch der Fürstlichen Häuser (Gotha 1836; 1848; 1889; 1913; 1939);
Hans Friedrich von Ehrenkrook, Genealogisches Handbuch der Fürstlichen Häuser, Bd. II (Band III der Gesamtreihe) (Glücksburg 1953);
Julius Rathgeber, Elsässische Geschichtsbilder aus der französischen Revolutionszeit (Basel 1886) 40-106 ;
Lernet-Holenia, 19-21;
PfA-Ettenheim, XVIII. Kirchenvisitationen und Statistik a) Pfarrurbarium und Ortschronik, Der letzte Fürstbischof von Straßburg: Louis René Eduard Cardinal von Rohan - Ein Sittengemälde aus der zweiten Hälfte des achtzehnten Jahrhunderts, in: Straßburger Post (1883/156ff) 1. Fortsetzung

Zur Zeit der Religionskriege machte die Familie durch Henri II, Duc de Rohan (*1579), Haupt der Hugenotten, von sich Reden[4]. Noch im 17. Jahrhundert konvertierten die Rohan-Guémené und später die Rohan-Soubise jedoch zur Katholischen Kirche und nahmen bereits im beginnenden 18. Jahrhundert bedeutende Positionen innerhalb der Hierarchie der Kirche ein.

II. BISCHÖFE VON STRASSBURG[5]

Schon immer war der Straßburger Bischofsstuhl ein begehrter Sitz und eine einträgliche Pfründe gewesen. Aufgrund ihrer Eigenschaft als Landesherren der Besitzungen des Hochstifts Straßburg waren die Straßburger Fürstbischöfe Reichsfürsten des 'Heiligen Römischen Reiches Deutscher Nation' und hatten damit das Recht, an den Sitzungen des

---

[4] Als Haupt der Hugenotten erwirkte er nach mehreren Kämpfen im Anschluß an den Fall von La Rochelle den Frieden von 1629, durch den die Reformierten freie Religionsausübung in Frankreich zugestanden erhielten. Henri de Rohan, der dem französischen Hof und besonders Kardinal Richelieu mißtraute, zog sich in der Folge nach Venedig zurück, wo er seine Memoiren schrieb. Erst im Jahre 1635 trat er erneut in französische Dienste gegen die Spanier und die Kaiserlichen in Graubünden. Als ihm nicht die gewünschte Unterstützung gewährt wurde, legte er sein Kommando nieder und begab sich nach Genf. Von dort zog er 1638 an den Rhein in das weimarische Lager, um Herzog Bernhard von Sachsen-Weimar, dem er die Hand seiner Tochter zugedacht hatte, in seinem Kampf um das Elsaß zu unterstützen. Der Duc de Rohan empfing in der Schlacht von Rheinfelden am 28. Februar 1638 an der Spitze des Regiments Nassau eine schwere Verletzung, die am 13. April den Tod nach sich zog. Er wurde in der Kirche Saint-Pierre in Genf beigesetzt. (Rathgeber, 41-42)

[5] Vgl.: Jörg Sieger, Ettenheim - Stadt zwischen Staat und Kirche, in: Dieter Weis, St. Bartholomäus Ettenheim (München/Zürich 1982) 234;
PfA-Ettenheim, Straßburger Post, 1. Fortsetzung;
Rathgeber, 42-45;
Ludwig Gabriel Glöckler, Geschichte des Bisthums Straßburg, Bd. I (Straßburg 1879) 437-469, Bd. II (Straßburg 1880) 5-49

seit dem Jahre 1663 in Regensburg tagenden Reichstages selbst teilzunehmen oder sich durch Gesandte vertreten zu lassen.

Insgesamt acht dieser Fürsten prägten die Jahrhunderte vom Dreißigjährigen Krieg bis zur Auflösung der Straßburger Diözese. Während das 17. Jahrhundert noch ganz im Zeichen der Fürstenberger und der österreichischen Erzherzöge stand - Erzherzog Leopold von Österreich (1607-1625), Erzherzog Leopold Wilhelm von Österreich (1625-1662), Franz Egon von Fürstenberg (1663-1682)und Wilhelm Egon von Fürstenberg (1682-1704) -, wurde das 18. Jahrhundert ganz vom Einfluß der Rohans bestimmt.

Im Jahre 1704 bestieg der Koadjutor des letzten Straßburger Fürstenbergers, der am 24. Juni 1674 in Paris geborene Armand Gaston Maximilien, Prince de Rohan-Soubise, genannt der große Kardinal, den Bischofsstuhl von Straßburg. Während seiner Regierung wurde der Umbau der Residenz zu Zabern begonnen[6], und auch am Bau der Kunststraße über die Zaberner Steige - 1728 begonnen und nach neun Jahren, 1737, durch den 'directeur des ponts et chausées', koniglichen Baumeister und Ingenieur, de Regemorte vollendet - beteiligte sich der Fürstbischof. In den Jahren 1728 bis 1741 ließ er zwischen Ill und Münster das Straßburger 'Chateau de Rohan'[7] errichten.

Gesellschaftlicher Höhepunkt seiner Regierungszeit dürfte die am 15. August 1725 im Chor des Straßburger Mün-

---

[6] Ein Flügel des Zaberner Schlosses, der 1709 von einem Brand verwüstet worden war, wurde wieder errichtet. Der 'große Kardinal' verwandte im übrigen viel Geld darauf, das Zaberner Schloß in einen standesgemäßen Zustand zu versetzen. (Rathgeber, 42)

[7] 1791 wurde das 'Chateau de Rohan' als Nationalgut veräußert und von der Straßburger Municipalität angekauft. Die Stadtverwaltung machte es 1806 Kaiser Napoleon, als er mit Josephine in Straßburg weilte, zum Geschenk. (Rathgeber, 42-43)

sters stattgefundene Trauung König Ludwigs XV. - vertreten durch den Duc d'Orléans - mit Maria Leczinska, der Tochter des vertriebenen Polenkönigs Stanislaus Leczinskis, der sich seit mehreren Jahren mit seiner Familie in Weißenburg im Elsaß aufhielt, gewesen sein.

Als der Kardinal am 19. Juli 1749, 76jährig im alten Louvre in Paris starb, bestieg dessen Großneffe François Armand Auguste, Prince de Rohan-Soubise-Ventadour (*1. Dezember 1717 in Paris), der Kardinal de Soubise, den Stuhl des Straßburger Bistums, der ihm vom Tod in Zabern bereits im Jahre 1756 wieder entrissen wurde. Am 23. September desselben Jahres versammelte sich das Straßburger Domkapitel, um zur Wahl eines Nachfolgers für den verstorbenen Oberhirten zu schreiten. Die Wahl fiel auf einen nahen Verwandten desselben, den bisherigen Dompropst Louis César Constantin, Prince de Rohan-Guémené-Montbazon, geboren in Paris am 24. März 1697. Knapp 60jährig begehrte der nunmehrige Straßburger Bischof bereits zwei Jahre später, im Jahre 1759, einen Koadjutor und erhielt denselben in der Person seines fünfundzwanzigjährigen Neffen, des Prinzen Louis René Edouard de Rohan-Guémené.

Im Jahre 1769 ließ Kardinal Constantin den Bau des Priesterseminars in Straßburg an der Stelle des einstigen sogenannten 'Bruderhofes' in Angriff nehmen, während er als Förderer und Freund von Kunst und Wissenschaft vor allem die Herausgabe der 'Histoire de l'Eglise et des Princes-évêques de Strasbourg' des Abbé Grandidier (Strasbourg 1777/1778) unterstützte.

III LOUIS RENÉ EDOUARD, PRINCE DE ROHAN-GUÉMENÉ - FÜRSTBISCHOF DES 'ANCIEN RÉGIME'

Als im März 1779 bekannt wurde, daß der Kardinal de Rohan

im 'Palais Cardinal' in Paris im Alter von 82 Jahren verstorben war, nahm sein Neffe und bisheriger Koadjutor das Straßburger Bistum in Besitz.

1. Die Jugendjahre des Kardinals[8]

Am 25. September 1734 wurde Louis René Edouard in Paris als dritter Sohn des Hercules Mériadec de Rohan, Duc de Montbazon, und Louise Gabrielle Julie de Rohan-Soubise geboren. Nur eine höhere Laufbahn kam für ihn als Mitglied dieses alten Adelsgeschlechtes in Frage; so begann eine glanzvolle Karriere: Studien im Collegium du Plessis, im Seminar von St. Magloire und Empfang der Priesterweihe. Der junge Student lernte außerordentlich leicht, besaß jedoch kaum Ausdauer.

Im Jahre 1756 erhielt der 21jährige die Abtei Chaise-Dieu in der Auvergne und am 22. November 1759 wurde er zum Koadjutor seines Onkels, des Fürstbischofs von Straßburg, ernannt. Am 18. Mai 1760 wurde der neue Bischof von Canopolis 'in partibus infidelium' konsekriert. Bereits ein Jahr später erhielt er die Abtei Mont-Majour und am 11. Juni desselben Jahres erwählte man ihn zum Mitglied der Französischen Akademie.

Als im Jahre 1770 Marie Antoinette ihren Einzug als Braut des Dauphins in Straßburg hielt, hatte der Koadjutor die Ehre, mit seinem Onkel die künftige Dauphine von Frankreich an der Spitze des Klerus zu empfangen[9].

---

[8] Vgl. vor allem: Glöckler, Bd. II, 44-45;
Rathgeber, 45;
PfA-Ettenheim, Straßburger Post, 1. Fortsetzung

[9] Goethe hat im zweiten Teil (9. Buch) seiner autobiographischen Aufzeichnungen 'Dichtung und Wahrheit' seine Eindrücke von dieser Festlichkeit festgehalten.

2. Prince Louis de Rohan als Botschafter in Wien[10]

Der Duc d'Aiguillon suchte, nachdem er den Platz des Außenministers Choiseul - letzterer hatte sich mit der Dubarry überworfen, war bei Ludwig XV. in Ungnade gefallen und seines Amtes enthoben worden - eingenommen hatte, um die Dauphine, deren Verhältnis zur Dubarry gespannt war, zu gewinnen, als Botschafter an der Wiener Hofburg einen Mann, der dort 'persona grata' wäre. Choiseul hatte zwar noch am Ende seiner Amtszeit den Baron de Breteuil zum Botschafter in Wien ernennen lassen - dessen Galakutschen und Dienerschaft waren bereits dorthin abgegangen -, doch war de Breteuil als ein Choiseul völlig ergebener Mann für d'Aiguillon ganz und gar untragbar. Er hoffte in Louis de Rohan, der ihm von mehreren Seiten empfohlen worden war, eine geeignete Persönlichkeit gefunden zu haben. Rohan zeichnete sich durch ein angenehmes Äußeres, durch seine liebenswürdigen Manieren, durch seine trefflichen Geistesanlagen aus und gehörte zur höchsten Aristokratie Frankreichs. Erst die dringenden Bitten d'Aiguillons und die Vorstellung Erzbischofs de Beaumont von Paris, den Rohan hoch ehrte, bewogen den Prinzen jedoch zur Annahme dieses Vertrauenspostens. Möglicherweise ahnte er, daß ihm diese Ernennung die unversöhnliche Gegnerschaft des Baron de Breteüil zuziehen würde[11].

---

[10] Vgl.: Hugo Zorn de Bulach, L'Ambassade du Prince Louis de Rohan a la Cour de Vienne, 1771-1774 (Straßburg 1901); Glöckler, Bd. II, 45; Rathgeber, 45-51; Leo Ehrhard, L'Ambassade du Prince-Coadjuteur Louis de Rohan a la Cour de Vienne (1771-1775) - Wissenschaftliche Beilage zum Jahresbericht des bisch. Gymn. zu Straßb. (Strasbourg 1901) Leo Ehrhard, Correspondance entre le duc d'Aiguillon et le prince-coadjuteur Louis de Rohan, in: Revue d'Alsace (54/1903) 279-298, 375-397, 522-541; (55/1904) 81-97, 144-156; (56/1905) 286-312, 513-529; (57/1906) 198-217; (58/1907) 166-193, 239-278, 328-347

[11] Die spätere Halsbandaffäre sollte erweisen, wie unüberwindlich die Abneigung de Breteuil's gegen den Prince de Rohan war.

Selbstverständlich stattete Rohan sein Gefolge mit grossem Aufwand aus. Der Hof von Versailles hatte ihm 100 000 Livres für diesen Zweck zur Verfügung gestellt, doch gab der neue Botschafter, um standesgemäß auftreten zu können, eine viel größere Summe aus[12]. Mit wahrhaft fürstlichem Gefolge erreichte er am 6. Januar 1772 Wien und wurde - wie die Quellen übereinstimmend berichten - aufs zuvorkommenste von Kaiserin Maria Theresia und Erzherzog Joseph empfangen. Die Kaiserin stellte dem Botschafter ein Landhaus in der Nähe von Preßburg zur Verfügung, unmittelbar an den Ufern der Donau[13].

---

[12] Abbé Jean François Georgel (* 23. Januar 1731, Bruyères, † 14. November 1813), treuer und bewährter Freund und Begleiter des Prince de Rohan, beschreibt den Aufwand des Botschafters folgendermaßen:
"Die beiden Galawagen hatten 40,000 Livres gekostet, sie waren so reich als geschmackvoll; der prinzliche Marstall enthielt fünfzig Pferde, die Leitung war einem Oberstallmeister, welcher den Rang eines Brigadiers bei der königlichen Armee hatte, einem Unterstallmeister und zwei Vorreitern anvertraut. Ferner hatte der Prinz zur Bedienung sieben Pagen aus den vornehmsten adeligen Geschlechtern der Bretagne und des Elsaß, die unter einem Hofmeister und einem Präceptor standen; diese Pagen waren aufs prachtvollste gekleidet; außerdem waren noch zwei Kammerherren vorhanden, deren einer Malteserkomtur und der andere Kavalleriekapitän war; sechs Kammerdiener, ein Haushofmeister und ein Oberkoch besorgten den inneren Dienst des Palastes, sowie die Küche; dieselben trugen alle einen scharlachrothen, mit Gold verbrämten Anzug. Die weitere Dienerschaft bestand aus zwei Heiducken, vier Vorläufern mit glänzender, gold= und silbergestickten Uniform; zwölf Lakaien, zwei Schweizern, einer für die innern Gemächer, der andere für die äußern Thüren, deren glänzende bunte Livree aller Augen auf sich zog; zehn Musikanten in Scharlachkleidern mit Goldborden am Knopfloch; einem Oberaufseher, einem Schatzmeister, vier Gesandtschaftsedelleuten,die vom König ernannt und bestellt waren; außerdem aus einem Gesandtschaftssecretär (dem Abbé Georgel) und vier Schreibern."
(Abbé Georgel, zitiert nach: Rathgeber, 48)

[13] Während der Zeit, die der Prinz im Sommer dort zubrachte, hatte Rohan eine Art braune Uniform mit goldenen Schnüren und Tressen für sich und sein Gefolge angenommen. In dieser 'Rohan'schen Haustracht' erschien auch der Wiener Adel; ja selbst die österreichischen Minister und fremden Botschafter - wenn sie einige Tage in Preßburg zubrachten - legten diese Kleidung an. Rohan "... war jung und lebenslustig; sein Haus stand jeder Standesper-

Infolge verschiedener Reibereien[14] war Rohans Stellung an der kaiserlichen Hofburg jedoch nicht unumstritten. Maria Theresia beklagte sich mehrmals in vertraulichen Schreiben bei ihrer Tochter Marie Antoinette über den französischen Botschafter. Erschwerend hinzu kam die Haltung, die Rohan im Zusammenhang mit den Verhandlungen des Wiener Hofes über die Teilung Polens einnahm. Im Namen des Versailler Hofes machte er die dringendsten Vorstellungen bei Fürst von Kaunitz.

Nach einer Audienz bei der Kaiserin berichtete Rohan in einem vertraulichen Schreiben an seinen Gönner, den Duc d'Aiguillon:

"Ich habe Maria Theresia Thränen vergießen sehen; allein diese Fürstin, wohlgeübt in der Kunst, sich nicht durchschauen zu lassen, scheint mir die Thränen ganz in ihrer Gewalt zu haben; in einer Hand hat sie das Taschentuch, um sie zu trocknen, mit der anderen ergreift sie das Schwert der Unterhandlung (le glaive de la négociation), um die dritte Teilhaberin bei der Teilung Polens zu sein.[15]"

Diese Worte veranlaßten die Abberufung de Rohans aus

---

son offen, und er brachte Leben und Anregung in die Wiener Gesellschaft, die sich in den alten, steifen Formen bewegte." (Rathgeber, 49)

[14] Rohans Aufwand, gepaart mit seinem Vorrecht der Steuerfreiheit, erregte bald das Gerücht, seine Leute hätten auf diesem Wege verbotene Waren eingeschmuggelt. Hinzu kam der Umstand, daß Rohan jede Woche Abendunterhaltungen und Soupers gab, zu welchen 100 bis 150 Personen von Stand geladen waren. Nach dem Souper sollen Spiele, Konzerte und Bälle stattgefunden haben, die sich bis nach Mitternacht ausdehnten.
In den Rohan'schen Salons herrschte anscheinend ein freier und ungezwungener Ton. Diese Neuerung erregte das Mißfallen der Kaiserin, die daher bei Bischof Louis de Rohan vorstellig wurde, was denselben allerdings nicht sonderlich zu kümmern schien. (Rathgeber, 49-50)

[15] Zitiert nach Rathgeber, 50

Wien[16]. Doch trotz aller Gnaden, mit denen dies geschah - die Kaiserin übergab de Rohan ein eigenhändiges Schreiben an ihre Tochter - mußte der Prinz - nach Frankreich zurückgekehrt - erkennen, daß er sich nicht nur den Groll der österreichischen Kaiserin zugezogen, sondern auch die Gunst Marie Antoinettes für lange Zeit, wenn nicht auf immer, verscherzt hatte. Ludwig XVI. empfing ihn kalt, und die Königin gewährte ihm keine Audienz, sondern ließ ihm den Brief der Kaiserin abfordern. Bald darauf wurde der Baron de Breteuil zum Botschafter in Wien bestellt.

Nichtsdestoweniger wurde Louis de Rohan im Jahre 1777 zum Großalmosenier (grand-aumônier) von Frankreich ernannt und ihm die Verwaltung der berühmten Pariser Blindenanstalt der 'Quinze-Vingts' übertragen. Ein Jahr darauf empfing er auf Verwendung des Königs von Polen, Stanislaus Poniatowsky, den Kardinalshut. Papst Pius VI. erteilte ihm am 1. Juli 1778 den römischen Purpur. Nebst der reichen Abtei Saint Vaast bei Arras, welche 600 000 Livres eintrug, erhielt Rohan darüberhinaus die vielgesuchte und wichtige Stelle eines Provisors der Sorbonne in Paris.

---

[16] Der Duc d'Aiguillon soll den Brief der Dubarry zukommen gelassen haben, die in ihrer Abneigung gegen die Dauphine und Maria Theresia denselben bei einem Souper ihren Gästen mit den Worten "Hier ist ein Schreiben des Prinzen Louis von Rohan; hören Sie, wie er die Kaiserin Maria Theresia schildert." vorgelesen haben soll. Die in der Folge festzustellende Kälte und Rücksichtslosigkeit Marie Antoinettes gegenüber dem Straßburger Kodadjutor, hat hierin ihren Ursprung. Kaum hatte infolge des Ablebens Ludwigs XV. dessen Nachfolger den französischen Thron bestiegen, als der Prince de Rohan auf das Betreiben der Königin von seinem Botschafterposten in Wien abberufen wurde. (Rathgeber, 50)

3. Das Zaberner Schloß und der Bischof von Straßburg[17]

Als am 11. März 1779 der Fürstbischof von Straßburg verstarb, folgte ihm sein Neffe auf den Straßburger Bischofsstuhl nach und wurde dadurch einer der reichsten Prälaten seiner Zeit. Allein der Ertrag des Bistums betrug 350 000 Goldgulden jährlich[18].

Louis René Edouard, Prince de Rohan-Guémené, begab sich Anfang 1779 nach Zabern, um nach altem Brauch feierlichen Einzug in seine bischöfliche Residenzstadt zu halten. Viel Volk strömte in die Bischofsstadt, und eine Festlichkeit folgte der anderen, bis in der Nacht vom 7. auf den 8. September im Dachwerk des Schlosses zwischen 3 und 4 Uhr morgens ein Brand ausbrach, der die Hauptfassade des Schlosses, trotz der Anstrengungen der bischöflichen Dienerschaft und der Zaberner Bürger, völlig zerstörte. Nur die beiden vorderen Flügel konnten gerettet werden[19].

Noch im September 1779 reiste der Fürstbischof zurück nach Paris in seinen dortigen Palast - das Palais Cardinal, die spätere Imprimerie nationale -, während im Jahre 1780 der Neubau der Zaberner Residenz nach dem Vorbild des Schlosses Wiesenstein auf der Wilhelmshöhe durch den Architekten Salins de Montfort begonnen wurde. Das Hohe Stift von Straßburg genehmigte dazu eine Summe von 150 000 Livres; die Stadt Zabern lieferte das Bauholz, und den bischöfli-

---

[17] Vgl.: Rathgeber, 60-69;
PfA-Ettenheim, Straßburger Post, 3.-8. Fortsetzung

[18] Vgl.: Josef Rest, Die Einkünfte des Fürstbischofs von Straßburg vor Ausbruch der Französischen Revolution, in: Die Ortenau (8/1921) 75-78

[19] Während die Fassade des Zaberner Schlosses in Flammen aufging, hatte sich der Kardinal Louis de Rohan in den Pavillon de la Trémouille begeben, von wo aus er dem Brand traurig zugesehen haben soll. (Rathgeber, 62)

chen Untertanen wurde auf die Dauer von 18 Jahren eine außerordentliche Steuer von 150 000 Livres auferlegt[20].

Das neue bischöfliche Schloß von Zabern[21] wurde der Mittelpunkt des gesellschaftlichen Lebens der Höheren Stände im Elsaß von 1781 bis 1784. Während Kardinal Louis Constantin großen Einfluß am Versailler Hof besaß und beinahe in allen wichtigen politischen Angelegenheiten, die das Elsaß betrafen, zu Rate gezogen wurde, fehlte dieser Einfluß seinem Neffen gänzlich. Daher suchte er sich durch die Feste, die er gab, durch Freuden und Genüsse des gesellschaftlichen Lebens dafür zu entschädigen. Sein immer wieder als äußerst liebenswürdig geschilderter Charakter, die Ungezwungenheit in seiner Umgebung - neben dem üblichen Luxus - scheinen von besonderer Anziehungskraft gewesen zu sein. Die Einladungen in das Schloß von Zabern

---

[20] Zum Wiederaufbau des bischöflichen Palastes machte die bischöfliche Geistlichkeit ihrem Oberhirten ein freiwilliges Geschenk von 100 000 Livres. (Rathgeber, 62)

[21] Im vorderen Schloßhof erhob sich die Reiterstatue Ludwigs XIV. Ein Kanal von drei Viertelstunden Länge, auf dem an schönen Sommerabenden die Gäste des Kardinals in Gondeln Lustpartien veranstalten konnten - in ihm befand sich ein rundes Bassin mit einer Insel und einem Lustschlößchen -, erstreckte sich von der Mitte des Schlossesbis nach Steinburg. Gärten mit Blumenbeeten und mannigfaltigen Zierpflanzen, mit Terrassen und Gewächshäusern für exotische Pflanzen, mit Gängen, Bosketts und Fontänen zogen sich eine halbe Meile weit hinter dem Schloß hin. Im sogenannten 'Fasanengarten' wurde Wild für Jagden gehalten. Ein unterirdischer Gang soll von dem bischöflichen Palast aus bis auf das benachbarte Bergschloß Hohbarr, dem 'Auge des Elsaß', geführt haben.
Im Untergeschoß des Zaberner Schlosses befand sich die reiche bischöfliche Bibliothek und das Museum. In den Prachtgemächern des ersten Stockwerks des Palastes waren die Empfangssäle untergebracht; Möbel aus Ebenholz mit reichen Goldverzierungen, goldumrahmte große Spiegel, Porzellangefäße aus Meißen, Gemälde von ersten Meistern, wertvolle Mosaiken, Gobelinstapeten und ähnliches mehr bildeten den Schmuck dieser Säle.
(Rathgeber, 63-64)

waren sehr begehrt, so daß der höchste Adel Frankreichs und des Elsaß, die Spitzen der Zivil- und Militärbehörden, die höhere katholische und evangelische Geistlichkeit sich dort einfanden. Persönlichkeiten wie die Prinzessin Christine von Sachsen, Äbtissin von Remiremont, Prinz Max von Zweibrücken, Marechale de Contades, die Baronne d'Oberkirch[22] und Friedrich von Dietrich, der spätere erste konstitutionelle Maire von Straßburg und damit erklärter Feind des emigrierten Kardinals, verkehrten in den Räumen des Zaberner Schlosses. Auch Giuseppe Balsamo, genannt Graf Cagliostro, war in der Gesellschaft des Kardinals anzutreffen.

Gerade jener gibt einen Hinweis auf den Charakter Rohans in diesen Jahren, auf seine Leichtgläubigkeit und Verführbarkeit - Untugenden, die ihm in den 80er Jahren des 18. Jahrhunderts schwer zu schaffen machen sollten[23].

4. Der Fürstbischof von Straßburg und das 'Halsband der Königin'[24]

Im Monat September 1781 stellte die Gräfin de Boulainvil-

---

[22] Die Memoiren der Henriette Louise de Waldner de Freundstein, Baronne d'Oberkirch, geben ausführlich Aufschluß über den Charakter des Kardinals. Vgl.: Suzanne Burkard (Hrsg.), Memoires de la Baronne d'Oberkirch sur la cour de Louis XVI et la société française avant 1789 (Paris 1970)

[23] Vgl. über Cagliostro: François Ribadeau Dumas, Cagliostro (Paris 1966);
Hermann Schreiber, Der Graf aus der Gosse, in: Heinrich Pleticha/ Hermann Schreiber, Zwischen Ruhm und Untergang (Würzburg 1966) 283 -294

[24] Vgl.: Burkard, 382-383, 470-471;
Alexander Lernet-Holenia, Das Halsband der Königin (Wien/Hamburg 1962);
Frances Mossiker, The Queen's Necklace (New York 1961);
Karl Friedrich Müller, Beiträge zur Geschichte der Stadt Ettenheim

liers dem Kardinal de Rohan eine Dame vor, deren Wohltäterin sie bisher gewesen war, und die sie in ihrem Haus hatte erziehen lassen. Dieselbe stammte nach eigenen Aussagen vom königlichen Geschlecht der Valois ab. Jeanne de Saint-Rémy de Valois, 1756 in der Champagne geboren, zählte zu ihren Ahnen Heinrich von Saint-Remy, der ein natürlicher Sohn Heinrichs II. war[25].

Die Empfehlung durch Mme de Boulainvilliers brachte der de la Motte - wie sie sich nach ihrer Heirat nannte, eine mehrmalige Unterstützung mit einigen Louisd'or durch den Kardinal ein, was für ihre Bedürfnisse jedoch keineswegs ausreichend schien. Jeanne de la Motte wandte sich daraufhin - der Kardinal selbst habe ihr dazu geraten[26] - an die Königin. Umstritten ist, inwieweit sie mit diesen Bemühungen die Gunst Marie Antoinettes gewinnen konnte. Einigermaßen gesichert scheint allein, daß Mme de la Motte Rohan nach einiger Zeit eröffnete, mehrere Audienzen bei der Monarchin gehabt zu haben. Sie genieße deren Gunst

---

und des Kardinals L. R. E. Prince de Rohan-Guémené (Waldkirch 1977) 42-54;
Rathgeber, 81-87;
PfA-Ettenheim, Straßburger Post, 9.-10. Fortsetzung;
Stefan Zweig, Marie Antoinette (Frankfurt 1980) 156-172;
Ettenheim - Geschichte einer Stadt in ihrer Landschaft (Ettenheim 1978) 103-118;
Eine Fülle von gedrucktem Quellenmaterial befindet sich in der Universitätsbibliothek Freiburg (siehe Quellenübersicht)

25 Sie wuchs mit ihrem Bruder und einer Schwester in völliger Verwahrlosung beinahe ohne allen Unterricht auf. Die Gräfin Boulainvilliers nahm sich des in Paris bettelnden Kindes aus Mitleid an; sie ließ es erziehen und erwirkte bei Ludwig XV. für Jeanne und ihre Geschwister eine kleine Pension. Nach einigen Jahren heiratete Jeanne de Saint-Remy in Bar-sur-Aube den Grafen de la Motte, einen armen Edelmann und Abenteurer. 1780 kehrte sie nach Paris zurück, um eine Verdoppelung ihrer Pension zu erlangen. (Vgl. unter anderem Mossiker, 3-25)

26 Vgl. unter anderem Lernet-Holenia, 56

nun in einem solchen Maße, daß sie ihrerseits imstande wäre, für ihren bisherigen Wohltäter, den Kardinal, Fürsprache einzulegen, was sie bei der ersten günstigen Gelegenheit tun werde. Bald darauf erklärte sie Rohan, daß die Königin ihm die Erlaubnis einer Rechtfertigung gewähre. Der Kardinal verfaßte daraufhin eine eigenhändige Verteidigungsschrift, welche die La Motte in Empfang nahm, unter dem Vorgeben, sie der Monarchin zu überreichen. Nach einigen Tagen empfing der Straßburger Bischof ein angebliches Handschreiben der Königin, unterzeichnet mit 'Marie Antoinette de France', aus dem er entnehmen konnte, daß die Monarchin nunmehr von seiner Unschuld völlig überzeugt sei und ihm eine Audienz gewähre, sobald die Umstände es erlauben würden. Einstweilen wurde ihm jedoch empfohlen, die größte Verschwiegenheit zu wahren[27].

In der Folge bat die de la Motte den Kardinal um 60 000 Livres. Die Königin wolle eine achtungswerte Familie unterstützen und bitte den Straßburger Bischof um dieses Darlehen. Jeanne de la Motte solle die Wohltat übermitteln. Eine Summe in derselben Höhe wurde ihr auf ein ähnliches Begehren ein zweites Mal ausgezahlt[28].

Rohan scheint bei alledem - überglücklich, in der Gunst der Königin zu steigen - Jeanne de la Motte keinerlei Mißtrauen entgegengebracht zu haben[29]. Auch nicht, als sie ihm beibrachte, die Königin wünsche sehnlich, ein Halsband

---

[27] Das Handschreiben - wie alle späteren angeblichen Briefe der Königin - war von einem Vertrauten des Grafen de la Motte, einem gewissen Rétaux de Villette - angeblicher Liebhaber der M$^{\underline{me}}$ de la Motte - gefälscht worden. (Rathgeber, 81-82; Mossiker, 130-146)

[28] "Needless to say, the 120,000 francs delivered in two payments to Madame de La Motte for transmittal to the Queen, as it was thought, never reached her hands. Indeed, the Queen never had any knowledge of the transaction. The money went to enrich the coffers of Madame de La Motte." (Abbé Georgel, zitiert nach: Mossiker, 146)

[29] Über das Verhältnis der Jeanne de la Motte zu Rohan schreibt deren Geliebter, M$^{\underline{r}}$ Vilette:

der Juweliere Böhmer und Bassenge[30] zu besitzen. Dem Kardinal gäbe sie als besonderes Zeichen ihres königlichen Wohlwollens den Auftrag, diesen Ankauf in ihrem Namen zu tätigen. Er würde zu diesem Zweck eine schriftliche Autorisation von ihr erhalten. Die Zahlung erfolge in dreimonatlichen Raten vom 30. Juli 1785 an. Der Name des Königs dürfe aber unter keinen Umständen genannt werden.

Die Aussicht auf ein Ministerportefeuille, das Anraten des Barons von Planta - eines Bekannten des Kardinals - und des Grafen Cagliostro ließen Rohan auf das Ansinnen der de la Motte eingehen. Völlig im Dunkeln bleibt bei all dem die Rolle der Königin selbst, deren stilles Wirken man bei den nun folgenden Ereignissen insgeheim im Hintergrund wahrzunehmen meint[31].

Es ist hier nicht der Ort, in die Einzelheiten des 'Procès du Collier', der der Monarchie Frankreichs immensen

---

"Cagliostro und seine Frau, die der Kardinal mindestens einmal täglich aufsuchte, waren Frau von La Motte, die das Vertrauen Seiner Eminenz allein besitzen wollte, ein Dorn im Auge. So versuchte sie, ihn gegen Cagliostro und vor allem gegen seine Frau einzunehmen, was beim Kardinal jedoch nicht verfing. Da beschloß sie, ihre Taktik zu ändern und ihren Ärger unter dem Anschein des Interesses und der Freundschaft zu verbergen. Sie verdoppelte ihre Anstrengungen, um sich seine Gunst zu erhalten, was ihr so gut gelang, daß die Intrige bald aufplatzte. ... Cagliostro begriff auf der Stelle, daß, wollte er vom Kardinal etwas erlangen, er Frau von La Motte, die dessen ganzes Vertrauen genoß, schöntun mußte." (zitiert nach: Ribadeau Dumas, 154)

30 Das Halsband - ursprünglich für die Dubarry in Auftrag gegeben - konnten die beiden deutschen Juweliere nach dem Tod Ludwigs XV. nicht mehr verkaufen. Mit einem Wert von 1,8 Millionen Livre war es für sie totes Kapital. Marie Antoinette selbst hat den Kauf des Schmuckstücks mehrfach abgelehnt. (Mossiker, 201-204)

31 Die Biographen und Historiker kommen in dieser Frage zu unterschiedlichen Ergebnissen. Insbesondere das angebliche Treffen des Kardinals mit Marie Antoinette in der Nacht vom 11. auf den 12. August 1784, das die de la Motte mit einer Doppelgängerin beim Boskett der Venus im Schloßpark von Versailles organisierte, bleibt verschiedenen Deutungen unterworfen. Sehr aufschlußreich sind die Ausführungen von Lernet-Holenia, 71-76 (besonders 73-76).

Schaden zugefügt hat[32], einzudringen. Erwähnt sei lediglich, daß der Kardinal den Handel mit den beiden Juwelieren um 1 600 000 Livres abschloß und die de la Motte den Vertrag durch Villette mit einer Namenschiffre der Königin versehen ließ. Nach diesem Vertrag sollte die Bezahlung des Halsbandes in halbjährlichen Raten von je 400 000 Livres erfolgen. Der Schmuck sollte am 1. Februar 1785 übergeben werden, die erste Zahlung am 1. Juli erfolgen[33].

Nachdem die de la Motte ein weiteres angebliches Schreiben der Königin übermittelt hatte, nahm sie das Halsband in Empfang; Stück für Stück wurden die Diamanten des Schmuckes durch deren Mann und Villette herausgebrochen und größtenteils in England verkauft.

Als die Juweliere im Monat Juli die erste Abzahlung nicht erhielten und Erkundigungen bei Hof einzogen, wurde der Betrug aufgedeckt. Marie Antoinette beschwerte sich in höchster Verbitterung bei Ludwig XVI., Kardinal de Rohan wurde am Fest Christi Himmelfahrt 1785 als Großalmosenier von Frankreich 'in pontificalibus', als er in der Schloßkapelle von Versailles das Hochamt zu feiern gedachte, festgenommen, verhört und schließlich in die Bastille geführt - Baron de Breteuil hatte die Verhaftung veranlaßt.

Diese unter solch ungewöhnlichen Umständen vorgenommene Festnahme war ein Eklat, der das Haus Rohan und die mit

---

32 "Durch das Gerichtsurteil, das den Käufer des Perlenhalsbandes (sic!), den Herzog v. Rohan (sic!), freisprach, wurde im Grunde eingestanden, es sei kein Verbrechen, die Königin von Frankreich für leicht verführbar zu halten. Im engsten Kreis der königlichen Familie spielte man daraufhin sogar mit dem Gedanken, den so bloßgestellten Ludwig XVI. für regierungsunfähig erklären zu lassen."
(Eberhard Naujoks, Die Französische Revolution und Europa 1789-1799 (Stuttgart/Berlin/Köln/Mainz 1969) 31)

33 Rathgeber, 86

demselben verwandten und befreundeten hohen Adelsfamilien auf das tiefste verletzte[34].

Graf de la Motte entkam; die Gräfin wurde in Bar-sur-Aube festgenommen. Sie wies alle Schuld auf Cagliostro, den man gleichfalls in die Bastille brachte; den Brieffälscher Villette ergriff man in Venedig, wo er wegen anderer Delikte gefänglich eingezogen wurde.

Neun volle Monate dauerte der Halsbandprozeß. Die Stimmung während der Verhandlungen brachte unzweideutig die feindselige Gesinnung der Pariser Bevölkerung gegen den Hof und insbesondere gegen Marie Antoinette, 'l'Austrichienne', zu Tage. Am 31. Mai 1786 wurde das Urteil vom Pariser Parlament gesprochen. Der Graf de la Motte wurde 'in contumaciam' zum Staupbesen und zu den Galeeren auf Lebenszeit verurteilt; seine Frau ebenfalls zum Staupbesen, zur Brandmarkung auf beiden Schultern und zu lebenslänglicher Einsperrung.

Bereits am 5. Juni 1787 konnte sie jedoch auf ungeklärte Weise aus ihrem Gefängnis entkommen[35] und nach England flüchten, wo sie mehrere Schmähschriften herausgab und am 23. August 1791 in London nach einer nächtlichen Orgie aus dem dritten Stock eines Hauses auf das Pflaster stürzte und tot liegenblieb.

Retaux de Villette wurde verbannt, Marie-Nicole le Guay, genannt d'Oliva, die auf Anleitung der de la Motte die Rolle der Königin in einer Nachtszene im Park von Versailles gespielt haben soll, wurde freigesprochen[36].

---

[34] Der Kardinal hatte in Versailles noch die Zeit gefunden, Abbé Georgel durch ein Billet zu benachrichtigen, daß die gravierendsten Papiere vernichtet werden mögen. Georgel tat es unverzüglich und verhinderte dadurch einen noch größeren Skandal. (Rathgeber, 84)

[35] Lernet-Holenia vermutet auch hier wieder ein Eingreifen der Königin. (Lernet-Holenia, 294-300)

[36] Rathgeber, 85; vgl. Anm. [31].

Cagliostro hatte sich durch ein langes Mémoire zu rechtfertigen gesucht, wurde denn auch aus der Bastille entlassen, jedoch aus Frankreich ausgewiesen. Zwei Jahre hielt er sich daraufhin in England auf, bevor er durch die Schweiz in seine italienische Heimat zurückkehrte; seinen Nimbus hatte er eingebüßt. In Rom, wo er sich niederließ, beschäftigte er sich mit der Errichtung einer Freimaurerloge. Auf Befehl Pius VI. wurde er verhaftet und als Freimaurer zum Tode verurteilt, letztendlich jedoch begnadigt und zu lebenslänglicher Haft in das Fort San-Leon gebracht, wo er 1795 starb[37].

Am 15. August 1785 war der Kardinal Louis de Rohan in Versailles in Gewahrsam genommen worden, am 31. Mai 1786 wurde er nach einem achtzehnstündigen Plädoyer freigesprochen, allein er mußte den Juwelieren Böhmer und Bassenge den Preis des Halsbandes entrichten. Er verpflichtete sich denselben gegenüber, eine jährliche Summe von 300 000 Livres aus den Einkünften der Abtei St. Vaast bis zur völligen Schuldtilgung auszubezahlen. Der Ausbruch der Französischen Revolution und die Einziehung der Kirchengüter brachten diese Zahlungen ins Stocken und stürzten die beiden Juweliere in größte Armut[38].

---

[37] Ribadeau Dumas, 229-296

[38] Böhmer wurde geisteskrank in ein Irrenhaus bei Mailand gebracht und starb 1795 in Stuttgart. Bassenge, 1742 in Prenzlau geboren, zog während der Französischen Revolution aus Paris nach Dresden, schilderte von dort aus noch 1801 seine bittere Not in erfolglosen, an den Kardinal de Rohan nach Ettenheim gerichteten Briefen und starb 1812 in Paris. Ihre Nachkommen, durch das Rohansche Gandedict mit 1 306 032 Livres, Zins eingerechnet, in die fünfte Klasse verwiesen, erhielten nicht einmal den Betrag ihrer Prozeßkosten; wie auch sehr viele andere Gläubiger. Nach Rohans Tod trat ein gewisser Deville, dem die Juweliere und ihre Erben ihre Ansprüche verkauft hatten, wider die Nichte und Universalerbin des Kardinals, Charlotte de Rohan-Rochefort, mit einer Klage hervor; dieselbe blieb aber ohne Erfolg.
Noch im Jahre 1858 wurde in Paris gegen die Erben des Kardinals, die Prinzen Rohan in Böhmen, prozessiert. (Rathgeber, 86-87;

Der Freispruch des Kardinals war ein Triumph für die Opposition gegen Marie Antoinette, als deren Opfer man ihn ansah. Von allen Seiten wurde er beglückwünscht; am Hofe aber war seine Ungnade eine völlige geworden. Am Tage nach seinem Freispruch schickte ihn der König in die Verbannung in seine Abtei Chaise-Dieu in den Gebirgen der Auvergne und entzog ihm die Würde eines Großalmoseniers von Frankreich, sowie den 'Cordon bleu'. Als der durch die zehnmonatige Bastillehaft geschwächte Kardinal die rauhe Gebirgsluft der Auvergne nicht ertrug und sein Gesundheitszustand sich zu verschlechtern begann, erhielt er die Erlaubnis, in die Abtei Marmoutier in der Tourraine überzuwechseln. Später durfte er in sein Bistum zurückkehren, das mittlerweile von Prinz Camille von Lothringen, Dekan des Straßburger Hochstifts, verwaltet worden war[39].

Als der Kardinal anfangs Februar 1787 in seine bischöfliche Stadt Zabern einzog, wurde er von der Bürgerschaft auf das freudigste empfangen. Geistliche und weltliche Würdenträger zogen ihm entgegen und begrüßten ihn mit begeisterten Hochrufen. Am Bergtor, am Fuße der Zaberner Steige, spannten die Bürger die Pferde von der Kutsche aus und zogen dieselbe unter dem Geläute der Glocken und dem Donner der Geschütze in das bischöfliche Schloß[40]- ein wenig Genugtuung für den innerlich gekränkten Kirchenfürsten. Doch auch er sollte bald die Wankelmütigkeit der Volksgunst kennenlernen.

Johann Baptist von Weiß, Weltgeschichte (fortgesetzt von Richard von Krailik) Bd. XXV (Graz/Wien 1918) 57

[39] Rathgeber, 86

[40] Rathgeber, 86-87

2. Kapitel

REVOLUTION AM OBERRHEIN

"den 13:te(n) hornung ist abents zwischen 6 und
7 uhr ein große bluetröthe an dem him̄el
geßehen worden, mit großen weißen strim̄e(n),
ßo von walburg, hör od(er) auß dem hochthal
entstanden, und über einer stund lang ßich
gegen den Rein hinunder gezogen, aber
laider diße zeichen haben, noch niemalen
etwaß guettes bedidten, ßonder lauter
übels od(er) kälte, wo nicht schwere krieg vor
ohne daß zu gewarten, allein waß Gott
schickt mueße(n) wir arme Menschen geschehen laße(n),
dan die welt alßo schlim, daß eß nicht bald
schlimer ßein kan. NB: mann hat die sternen
dannoch in der röthe geßehen.
den 15:t(en) hornung kame zue nachts um 11
uhr diße röthe widerum komen aber nicht ßo
starck wie am ßamstag zu nacht. gott geb
waß guet ist, und kom̄e bald. aber
ich ßorge daß Gegentheil zum beßen[1]"

Wären es keine meteorologischen Geschehnisse gewesen, die

---

[1] Joann Conrad Machleid, Diarium II, *17v
Die Tagebücher des Joann Conrad Machleid - zwei im Familienbesitz der Machleids befindliche Handschriften - sind die wertvollsten Quellen für die Geschichte der Stadt Ettenheim in der zweiten Hälfte des 18. Jahrhunderts. Diese 'Diarien', wie der Verfasser sie nennt,

der Ettenheimer Bürger Joann Conrad Machleid im Jahre 1779 in seinen Diarien festgehalten hätte - man wäre versucht zu meinen, er hätte die Zeichen der Zeit wiedergegeben. Diese 'Zeichen' waren auf die Dauer auch im rechtsrheinischen Teil der Straßburger Diözese nicht zu übersehen gewesen...

I. CHRISTLICHES LAND AM OBERRHEIN

Über die Anfänge des Christentums in der Ortenau fehlen

---

umfassen 1144 meist eng beschriebene Seiten. Der erste Band beginnt im Jahre 1755, und der zweite schließt im Jahre 1794, kurz vor dem Tod Machleids. In Rückerinnerungen nach mündlichen Berichten reichen die Aufzeichnungen bis zum Jahr 1566 zurück.
Joann Conrad Machleid, am 18. Oktober 1708 in Villingen geboren, kam im Jahre 1735 nach Ettenheim, erwarb sich dort das Bürgerrecht und war als Chirurgus tätig. Welcher Art diese Tätigkeit war, ist nicht genauer bekannt. Sicher ist, daß er im Kloster St. Blasien als 'Lehrling der Chirurgie' ausgebildet wurde. Sein 'Rezeptbuch' 'mit schönen Zeichnungen und Pausen', samt der Villinger Examensordnung wurde im letzten Krieg vernichtet, nachdem es 1893 dem Germanischen Museum in Nürnberg übergeben worden war.
Machleids Vorfahren waren Jakob Machleid, der im 16. Jahrhundert Vogt von Reutin bei Alpirsbach war, Hildeprant Machleid, der ab 1608 nachweislich in Reutin lebte, Franz Machleid (1650-1701), Krämer in Villingen und Josef Anton Machleid (1681-1714), Schneider und Krämer in Villingen.
Joann Conrads Sohn Joseph Antoni (1745-1811) und sein Enkel Johann Baptist (*1785) waren seine Nachfolger als Chirurgus in Ettenheim. Johann Baptist starb 1856 als 'Großherzoglicher Bürger und Amtschirurg'. Dessen Sohn Karl Joseph (1821-1889) war Buchbinder und Ettenheimer Bürgermeister. Das Geschlecht der Machleid lebt heute in der siebten Generation in Ettenheim fort.
(Philipp Harden-Rauch, Die Tagebücher des Joann Conrad Machleid, in: Geroldsecker Land (8/1965-66) 190-191)
Leider gibt es keine genaue Nummerierung der Seiten in Machleids Werk. In den Fußnoten wird daher auf eine recht unregelmäßige Blattzählung, die in der Regel rechts oben auf den Machleidschen Bogen angegeben ist, zurückgegriffen.
Da die Nummerierung nicht ganz durchgehend ist, wurde mit '*' auf sie verwiesen.

uns jegliche Aufzeichnungen, doch zweifelsohne sind die alte Römergründung Straßburg und der in dieser Stadt residierende Bischof an der Christianisierung des rechtsrheinischen Gebietes hauptsächlich beteiligt gewesen. Jahrhundertelang war die Ortenau ein Teil des Bistums Straßburg, das neben den drei rechtsrheinischen Kapiteln Lahr, Offenburg und Ottersweier im Elsaß die Kapitel Straßburg, Markolsheim, Rheinau, Schlettstadt, Andlau, Oberehnheim, Benfeld, Molsheim, Zabern, Ober- und Unterhagenau umfaßte[2]. Nachdem Straßburg selbst in den Wirren der Reformation protestantisch geworden war, residierten die Bischöfe in Zabern.

Eine große Zahl von Klöstern belebte sowohl rechts als links des Rheins die kirchliche Landschaft. Sie waren allesamt nach der eigentlichen Christianisierung entstanden. In Gengenbach, Schuttern und Schwarzach existierten Benediktinerklöster, Prämonstratenser fanden sich in Allerheiligen und Zisterzienserinnen in Lichtental[3], um nur einige der klösterlichen Gemeinschaften zu nennen.

Im Jahre 762 wurde das aufgrund der Landelinsverehrung[4] im Unditztal entstandene Kloster, das später den Namen Ettenheimmünster tragen sollte, erneuert. Damit wurde der

---

2 Wolfgang Müller, Zur Kirchengeschichte der Ortenau, in: Dieter Weis, St. Bartholomäus Ettenheim (München/Zürich 1982) 201-208; André Marcel Burg, Die alte Diözese Straßburg von der bonifazischen Reform (ca. 750) bis zum napoleonischen Konkordat (1802), in: Freiburger Diözesan Archiv (86/1966) 220-351; Franz Xaver Schwartz, Populäre Kirchengeschichte von Straßburg und Basel, 2 Bde. (Rixheim 1877-1878)

3 Wolfgang Müller, Die Klöster der Ortenau = Die Ortenau (58/1978); Wolfgang Müller, Christliches Land seit 15 Jahrhunderten, in: Das Erzbistum Freiburg (Freiburg 1977) 11-26

4 Über den iroschottischen Wandermönch vgl.: Ludwig Greber, Der fünfte Tod des H. Landelin aus Irland im Europapark zu Rust am Rhein, in: Weis, 209-217;
Hubert Kewitz, Die Legende des Hl. Landelin auf dem Sockel der Landelinsbüste, in: Ettenheim - Geschichte einer Stadt in ihrer Landschaft (Ettenheim 1978) 83-90

Grundstein für das nachmalig zweitgrößte badische Kloster gelegt. Seine Erneuerung verdankt die Benediktinerabtei dem Straßburger Bischof Etto, Sohn Ettikos II.[5]. Auf ihn geht auch die Gründung des Ortes Ettenheim zurück, der jahrhundertelang in Konkurrenz zum Kloster wuchs und anfang des 14. Jahrhunderts als seit seiner Gründung den Bischöfen von Straßburg als weltlicher Besitz zugehöriger Ort das Stadtrecht erhielt[6].

1. Bischof und Fürst

Während der Bischof von Straßburg für die ganze Ortenau der Diözesanoberhirt war, war sein weltliches Territorium stark zersplittert und keineswegs so überschaubar wie die Diözese. Der größte Teil des weltlichen Gebietes lag links des Rheins. Er umfaßte das Ried nördlich von Straßburg, die beiden großen Distrikte Zabern und Molsheim, die Besitzungen an der Ill von Erstein bis Ebernheim und am Rhein von Rheinau bis Markolsheim, die Mundat von Rufach, die sich mit den beiden Abteien Murbach und Masmünster von Egisheim bis an die obere Thur hinzog, und endlich die Mitte des 14. Jahrhunderts an das Bistum gekommenen Güter der Grafschaft Oettingen an der Gieser und Leber. Alle diese Besitzungen zählten im 18. Jahrhundert etwa 1350 km^2 und 30 000 Einwohner.

---

[5] Ludwig Heizmann, Das Benediktinerkloster Ettenheimmünster (Lahr 1932); Albert Kürzel, Benediktiner-Abtei Ettenheimmünster - geschichtliche Beschreibung (Lahr 1870); Adolf Hacker, Ettenheimmünster - Seine Baugeschichte (Würzburg 1938); Reinher Gassert, Ein Kloster ohne Bibliothek ist eine Festung ohne Waffen, in: Ettenheim, 18-22

[6] Wolfgang Schwab, Überblick über die Geschichte Ettenheims, in: Ettenheim, 5-17; Hubert Kewitz, Daten zur Geschichte der alten Ettenheimer Kirche, in: Ettenheim, 91-95

Rechts des Rheins gehörte die alte Mark Ettenheim, die in der Hauptsache das Gebiet des Klosters Ettenheimmünster und des Oberamtes Ettenheim einschloß und sich von der oberen Schutter bis an den Rhein hinzog, schon seit dem achten Jahrhundert zum Bistum Straßburg. Erst in späterer Zeit hatte das Hochstift auch an der Rench festen Fuß gefaßt. 1017 erlangte es durch Schenkung des fränkischen Edelmannes Siegfried die Feste Ullenburg bei Oberkirch, und 1303 kaufte der Straßburger Bischof Friedrich von Lichtenberg die Herrschaft Oberkirch[7].

Die sogenannte Untere Herrschaft an Rench und Acher umfaßte das Stadtgericht Oberkirch und die fünf Gerichte Kappelrodeck, Sasbach, Oppenau, Ulm und Renchen[8].

Weitaus kleiner war die Obere Herrschaft des Straßburger Hochstiftes. Sie umfaßte neben Ettenheim die Gemeinden Ringsheim, Grafenhausen und Kappel am Rhein. Zur Stadt Ettenheim gehörten darüberhinaus das Dörflein Ettenheimweiler und drei Häuser von Wallburg[9].

Das Kloster Ettenheimmünster, das sich jahrhundertelang mit seinen Dörfern Wittelbach, Dörlinbach und Schweig-

---

[7] Erwin Schell, Das Hochstift Straßburg rechts des Rheins im Jahre 1802, in: Zeitschrift für die Geschichte des Oberrheins (87/1935) 133-134;
Hubert Kewitz, Terminalia silvulae - Die Grenzbeschreibung von "926", in: Die Ortenau (56/1976) 158-173

[8] Abgesehen vom Hauptort und von einer Menge weit zerstreuter Weiler und Gehöfte, den sogenannten Rotten, gehörten zum Stadtgericht Oberkirch die Orte Lautenbach, Ödsbach und Butschbach, zum Gericht Sasbach Sasbachried, Obersasbach, Malchhurst und Sasbachwalden, zum Gericht Kappelrodeck Seebach, Furschenbach, Waldulm und Ringelbach, zum Gericht Oppenau Ibach, Ramsbach, Peterstal und Griesbach, dann zum Gericht Ulm Stadelhofen, Tiergarten, Mösbach, Erlach und Haslach und endlich zum Gericht Renchen die Orte Wagshurst und Honau am Rhein.
(Schell, 143-144)

[9] Schell, 143

hausen im oberen Schuttertal, ferner Münstertal und Münchweier bei Ettenheim und dem dritten Teil des Orts Riegel am Kaiserstuhl dem Zugriff des Fürstbischofs zu entziehen versucht hatte, nahm eine Sonderstellung ein. Durch den Vertrag von 1740 war zwar nach langen Irrungen die bischöfliche Landeshoheit ausdrücklich anerkannt worden, aber gerade in den letzten Jahren des 18. Jahrhunderts wurde sie vom Kloster wieder aufs lebhafteste angefochten. Die Tage des letzten Abts Arbogast Heißler waren erfüllt von erbittertem Kampf gegen das Hochstift, dem man vorwarf, die Abtei durch Hinterlist der Reichsunmittelbarkeit beraubt zu haben. Dennoch blieb das Kloster bis zuletzt - wie übrigens auch die Prämonstratenserprälatur Allerheiligen - der vollen straßburgischen Landesoberhoheit unterworfen[10].

Die beiden Oberämter Ettenheim und Oberkirch waren umgeben von verschiedensten mehr oder minder souveränen Herrschaften. Dabei spielt vor allem badisches Gebiet eine große Rolle. Die badischen Oberämter Mahlberg und Hachberg umgaben das Oberamt Ettenheim gemeinsam mit vorderösterreichischem Territorium, das sich südlich Ringsheim anschloß und von Freiburg aus verwaltet wurde. Der Unteren Herrschaft des Hochstifts Straßburg war das badische Amt Staufenberg benachbart, neben dem großen Gebiet der vorderösterreichischen Ortenau. Dazwischen gab es eine Unmenge kleinerer ritterschaftlicher Herrschaften, Reichsstädte und reichsunmittelbarer Klöster; alles in allem ein undurchsichtiger Flickenteppich unterschiedlichster Kompetenzen und Zuständigkeiten, wie er sich dem Politiker am Vorabend der Revolution darbot.

---

[10] Schell, 139;
vgl. über die beiden Klöster: Hugo Schneider, Geschichte des Klosters Allerheiligen im Schwarzwald, in: Müller, Klöster, 348-387; Friedhelm Schultz/Hans Schadek, Das Benediktinerkloster Ettenheimmünster, in: Müller, Klöster, 150-201

2. Ettenheim - Stadt zwischen Staat und Kirche

Der Hauptort des Oberamtes Ettenheim lag jahrhundertelang im Spannungsfeld zwischen Bischof und Landesherrn, zwischen Straßburg und Ettenheimmünster. Vom Straßburger Bischof gegründet, wurde der Stadt von jenseits des Rheins beständig eine große Aufmerksamkeit geschenkt. Mit drei Toren, zwei Mauerringen und Gräben versehen bot der Flecken im ausgehenden Mittelalter ein äußerst wehrhaftes Bild. Der Kirchturm der Chorturmkirche auf dem Ettenheimer Kirchberg war mit einer Wachtstube versehen, von der aus das ganze umliegende Land eingesehen werden konnte[11].

Nachdem Ettenheim 1637 im Dreißigjährigen Krieg von den Truppen Bernhards von Weimar zerstört worden war[12], mußte die Stadt fast zur Gänze wiederaufgebaut werden. Im Zeichen des Barock entstand das neue Rathaus und vor allem die Stadtpfarrkriche St. Bartholomäus, die auf dem Kirchberg ein notdürftig wiederhergestelltes Gotteshaus ersetzte[13]. Das straßburgische Amtshaus[14] scheint die Kriegsjahre einigermaßen unbeschadet überstanden zu haben. Dort residierte, während das Rathaus Schultheiß

---

[11] Kewitz, Terminalia silvulae, 158-173; Kewitz, Daten, 91-95

[12] Johann Baptist von Weiß, Weltgeschichte, Bd. IX (Graz/Leipzig [3]1896) 360;
Johann Baptist Ferdinand, 300 Jahre seit der Schlacht bei Ettenheim, in: Miscellen aus Vergangenheit und Gegenwart des Bezirks Ettenheim (Ettenheim 1936/37) 153-158

[13] Am 27. August 1782 wurde die neue Kirche vom Straßburger Weihbischof Toussaint (1713-1785) konsekriert (Hubert Kewitz, Der Bau der Pfarrkirche St. Bartholomäus in Ettenheim, in: Weis, 15-37; Hermann Brommer, Bauleute und Künstler am Ettenheimer Kirchbau des 18. Jahrhunderts, in: Weis, 38-79; Philipp Harden-Rauch, Die Ettenheimer Stadtpfarrkirche "St. Bartholomäus" (Ettenheim [2]1969))

[14] Robert Furtwängler, Ettenheims "altes Schloß" und seine Geschichte, in: Geroldsecker Land (19/1977) 147-161; vgl. zur Rolle Straßburgs in Ettenheim auch: Diarium II, *72v

und Bürgermeister vorbehalten war, der bischöflich-straßburgische Amtmann mit der Verwaltung der Oberen Herrschaft des Hochstiftes[15].

---

[15] Kaum jemand hat sich besser in die Welt der tiefreligiösen, lokalpatriotischen und vor allem traditionsbewußten Ettenheimer des 18. Jahrhunderts hineinzuversetzen gewußt, als der am 17. Juli 1820 dort geborene Historiker Johann Baptist von Weiß (vgl. über ihn: Johann Baptist Ferdinand, Der Geschichtsschreiber J. B. v. Weiß, in: Neue Miszellen aus Heimat und Landschaft, Bd. I (Ettenheim 1955) 16-25). Ettenheim hatte sich seit den Tagen eines Louis de Rohan kaum verändert, als von Weiß in seiner Weltgeschichte den Ort folgendermaßen beschrieb:

"Ettenheim liegt malerisch an einem Ausläufer der Berge des Schwarzwaldes. Von weitem her sieht man schon die Kirche emporragen, die auf einem Hügel am südlichen Ende der Stadt thront; sie ist hoch und weit, am Sonntag aber dicht besetzt von der frommen Gemeinde. Zur Zeit Karl Martells vom Bischof Etto gegründet, im dreißigjährigen Krieg vollkommen infolge einer Schlacht in nächster Nähe verbrannt, wurde sie nach einem einheitlichen, zweckmäßigen Plane wieder erbaut und zum Schutz mit Graben und Stadtmauer umgeben. Sie gehörte mit der Umgebung zum Bisthum Straßburg. Zwei Stunden davon im Osten war das Kloster Ettenheimmünster, von wo aus die Stadt mit Geistlichen versehen wurde. Zwischen Ettenheim und Ettenheimmünster ist die große Kirche St. Landolin, an der Stätte gebaut, wo in heidnisch=alamannischer Zeit ein Glaubensbote aus Irland den Märtyrertod erlitt. In dem nur eine Viertelstunde entfernten Altdorf zeigt man noch die Hütte, wo der fromme Mann sich aufhielt, ehe er in dem Urwald, wo jetzt ihm zu Ehren der prachtvolle Tempel steht, eine Einsiedelei sich erbaute. Der Jäger des nahen Grundherrn Giso soll dem Betenden das Haupt abgeschlagen haben. Da, wo das Blut des Glaubensboten floß, sprudelt jetzt eine Quelle, welcher Heilkraft für kranke Augen zugeschrieben wird; in der Nähe zeigt man die Trümmer von der Burg Gisos. Andere Glaubensboten vollendeten, was Landolin begonnen, und in der Nähe entstand das Benedictinerkloster Ettenheimmünster; als es aufgehoben wurde, war darin ein Gymnasium und eine Buchdruckerei. - Rings um St. Landolin stehen prachtvolle Buchenwälder, in welchen Enghien Rehe und Hirsche jagen konnte.
Aus dem Thale bei St. Landolin windet sich an Ettenheim vorbei ein kleines Flüsschen, die Unditz, jetzt oft Ettenbach genannt. Der Name ist keltisch, von einer Pflanze genommen, die viel darin gedeiht - er ergießt sich in die Elz und mit dieser in den Rhein.
Die Bewohner von Ettenheim leben dem Ackerbau. Der fruchtbare Boden liefert durch ihre Emsigkeit reichen Ertrag. Im Juni ist ein Wald von blühenden Bäumen und wogenden Saaten um die Stadt zu sehen, zur Zeit der Ernte und des Herbstes eine geordnete Regsamkeit wie in einem Bienenstock."
(v. Weiß, Bd. XX (Graz/Leipzig ^{3}1896) 397-398)

II. EINE PROVINZSTADT WIRD ATTRAKTIV

Nie hatte Louis de Rohan, der bischöfliche Landesherr, Straßburg als seinen eigentlichen Wirkungsort angesehen. Die große Welt war das Betätigungsfeld der Rohans. War der Koadjutor und nachmalige Kardinal kaum einmal in seinem Bistum anzutreffen gewesen, so spielte die Stadt Ettenheim erst recht nahezu gar keine Rolle in seinem Leben. Als Kardinal Louis Constantin im Jahre 1758, zwei Jahre nach seiner Ernennung zum Bischof von Straßburg, sich in die Obere Herrschaft des Hochstiftes begab, um die Huldigung seiner Untertanen entgegenzunehmen, hatte der 'prinz lui von Rohan der nach ßeinem dodt fürst werden ßolle' seinen Onkel nach Ettenheim begleitet und damit zum erstenmal seine spätere Residenz betreten[16].

1. Der 'Prinz Louis' und Ettenheim

In der Folge dieses großangelegten Besuches aus dem Jahre 1758 hört man im Rechtsrheinischen kaum etwas vom 'Prinz Louis'. Joann Conrad Machleid, der durch die Ausführlichkeit seiner Aufzeichnungen besticht, weiß bis zum Tod Kardinal Louis Constantins nichts mehr von ihm zu berichten[17].

---

[16] Joann Conrad Machleid schildert den Ablauf der Festlichkeiten ausführlich (Diarium I, *37r-*39r)

[17] "den 11:te(n) merzen ist laider unßer
allerßeits Gnädigister lantsfürst,
Ludowick, constantin, prinz von Rohan,
Montbazon, zue parиß gottßelig ge=
storben, geboren d(en) 24:t(en) merzen <u>1697</u>
wurde den 23:te(n) september zum bischoff
zue straßburg erwelt <u>1756</u>, ward zum
cardinal erwehlt <u>1761</u>, name die huldig=
=ung in unßerer statt und ambt Ein den
11:te(n) und 12:te(n) herbstmonat anno 1758

Auch nach dem Wechsel des Landesherren[18] änderte sich daran wenig. Erst am 10. Februar 1784 trägt Machleid erneut etwas Denkwürdiges vom 'lantsfürsten' in sein 'Diarium' ein. Der Kardinal hatte den Armen der Stadt je zwei Pfund Brot zukommen lassen[19].

2. Die Zeichen der Zeit

Am 15. Mai 1787 interessiert sich der achtzehnjährige 'prinz von Roschwo' auffallend für das Oberamt Ettenheim und das Kloster Ettenheimmünster[20]. Bereits am 10. Sep-

---

ware lantsfürst auch bischoff und cardinal
zu straßburg 23 iahr, er ware ein
guetter lieber lantsvatter, und machte
unß nix neüwes, tröste ihne und alle
arme ßelen der liebe Gott amen, mann
ßeines alters 82 iar, mann hat ihne 3 dag
mit ämbteren nach gehalten, und 6 wochen lang
all dag 3 mal gelitten ein stund lang,..."
(Diarium II, *20v); bezeichnend für den Ettenheimer Chronisten ist, daß er vor allem rühmte, daß Louis Constantin keine 'Neuerungen' durchgeführt hatte (vgl. hierzu Diarium II, *37r-*38v)

18 Machleid notiert:
"nun mero ist unßer allerßeits Gnädigister
neüwer lants fürst, Ludwick Renard Ed:
von Rohan guimene, geboren d(en) 25: september
1734: erwelet zum coatiutor: deß bistums
straßburg 1770 xxx ßeines alters dato 45"
(Diarium II, *21r); als Nachschrift vermerkt Machleid:
"daß straßburger bistum ßolle ohngefehr, der
mal hundert taußent gulden ertragen."
(Diarium II, *21r)

19 Diarium II, *57v

20 "den 15:te(n) may ist der prinz von Roschwo
von straßburg auß, nacher schutteren, von
da nacher Ettenheim munster, mitags um
4 uhr hiehero komen, in einer kutschen,
vom gloster auß mit 6 pferten beßpant,
in den ambthoff, von da gienge der Junge
herr mit ßeinem hoffmeister, alle unßere
bambte der H: pfarer in die kirchen,
zue beschauen, welche ihm ßer wohl gefalle(n),

tember 1788 wiederholte sich dieser Vorgang[21]. Vier Tage später, am 14. September 1788, ...

"... hat mann
ein gebett angefangen, vor unßeren
lantsfürsten, am ßontag im hochambt...[22]"

Lauretanische Litanei, fünf Vater Unser, fünf Ave Maria, Credo und die lateinischen Orationen waren gemeinsam mit den übrigen Ereignissen Hinweise auf ungewöhnliche Entwicklungen, die Joann Conrad Machleid und die rechtsrheinische Bevölkerung lange nicht zur Gänze durchschaut haben.

Als Rohan am 20. Januar 1789 nach einem erneuten längeren Aufenthalt in Paris wiederum in Zabern einzog, ...

"... da schien ein letztes Mal der Geist der alten Treue und Anhänglichkeit unter der Bürgerschaft aufzuleuchten. Vor dem Schlosse hat-

---

und alleß beschauet hate, alß dann gienge
er mit ßeinen herren allen in den pfarhoff,
auß dem pfarhoff gienge er um den ganz(en)
stock herum, den ßpital, und die statt
zue beschauen, von da widerum in ambt:
=hoff ein gleine Zeit, dazu ßein, aber nix
angenomen, und genoßen, er ware
ein schöner Junger her breit von geßicht
alt von achzehen iaren, er tragte ein braun
gleid, mitler stattur, er hate ein großer
Runder huet auff, ßehr freütlich, höfflich,
er rette mit allen leüthen, guet teusch,
die guetschen gienge vo^r^nher, und der Junge
prinz mit ßeinen herren allen gienge zue
fueß, biß zue der schaffney, alda thete er
widerum einßizen, und nacher Ettenheiminster
faren, mann thete im mit 48 mann paradire(n)
mit trumen, und unßere statt mußicanten,
mann gabe ihnen 2 oh(men) wein und auff den
mann vor 4 (Pfg) brodt auff der zunfftstube(n)."
(Diarium II, *87v); der 'prinz von Roschwo' oder besser 'Rochefort' ist nicht genau zu identifizieren. Die Randbemerkungen Machleids scheinen nicht ganz zutreffend zu sein.

[21] Diarium II, *102r

[22] Diarium II, *102v

ten die Einwohner der Stadt einen prachtvollen Triumphbogen errichtet, mit der Inschrift: Principi Reddito Votis. Doch diese Freudensbezeugungen waren trügerisch; es war die trügerische Ruhe der Natur vor dem Sturm.[23]"

Nachdem der Kardinal nun wiederum in seiner Diözese weilte, wurden die rechtsrheinischen Untertanen darüber unterrichtet, daß der Landesherr ihnen einen Besuch abzustatten gedenke. Mit einem großen 'Jubelfest' wurde im Februar 1789 in Ettenheim diese Nachricht aufgenommen[24].

Am 11. Juli begann der Kardinal die Visitation seiner rechtsrheinischen Besitzungen in der 'Unteren Herrschaft', in Renchen, mit einem nicht unbeträchtlichen Gefolge von insgesamt 60 Personen[25]. Im Oberamt Oberkirch verbrachte er

---

[23] Julius Rathgeber, Elsässische Geschichtsbilder aus der französischen Revolutionszeit (Basel 1886) 88; vgl. DAL-Protocollum decretorum et mandatorum episcopalium emanatorum ab anno 1733 ad venerabile Capitulum ruralis Lahrense transmissorum, 70-71

[24] Diarium II, *105r

[25] Dasselbe bestand vor allem aus dem Neffen des Kardinals, Charles-Jules, Prince de Rohan-Rochefort (1729-1811), und dessen Gemahlin, deren Tochter Charlotte de Rohan-Rochefort (1767-1841), Großnichte des Kardinals, Mademoiselle L'Abesse, dem Prince Henri de Rochefort (die in den Quellen genannten Namen der Rohan'schen Verwandtschaft in des Kardinals Begleitung sind, mit Ausnahme der Familie des alten Prinzen Rohan-Rochefort, nicht endgültig zu sichern) und einem Hofmeister. Daneben befanden sich in Rohans Begleitung der Stallmeister des Kardinals, Graf de la Tour, Baron von Kageneck und dessen Gemahlin, Baron von Müllenheim, Baron von Wangen, Präsident Marquis de Martini von Zabern, nebst seiner Gemahlin, der Landvogt Bruder mit Frau, der Prälat von Maursmünster, Abbé Bideau, der Hofkaplan, drei Kammerdiener, ein Heiduck, ein Schweizer, 20 Lakaien in Livree und einige Kammerjungfern. (PfA-Ettenheimmünster, P. Gervasius BULFFER: ARCHIVUM MANUALE. Tomus I. Continens Fundationes & Renovationes Monasterii Jtem Abbates Omnes & Cuncta, Quae sub ipsis Acta Sunt A Primo usque ad hodiernum, 244; Albert Kürzel, L. R. E. Rohan zu Ettenheim, in: Zeitschrift der Gesellschaft für Beförderung der Geschichts-, Altertums- und Volkskunde von Freiburg, dem Breisgau und den angrenzenden Landschaften (2/1870-72) 47; vgl. Georges Martin, Histoire et Genealogie des Maisons de Rohan, de Chabot et de Rohan-Chabot, Bd. II (La Ricamarie: Auteur 1977) 235-236; Jacques de la Faye, La Princesse Charlotte de Rohan et le Duc d'Enghien (Paris 1929))

drei Tage, bevor er am 15. Juli nach Ettenheim abreiste[26].

Erzpriester Anton Sartori vom Lahrer Landkapitel hatte bereits einige Tage zuvor den Camerarius des Kapitels, die Definitores und die Ettenheim benachbarten Pfarrer eingeladen, sich am 15. Juli mit Talaren und Chorhemden im Ettenheimer Pfarrhaus einzufinden, um dem Kardinal gemeinsam mit dem Erzpriester die Aufwartung zu machen. Zweiundzwandzig Geistliche des Kapitels versammelten sich daraufhin in Ettenheim; darüberhinaus waren sechs Patres des Kapuzinerkonvents in Mahlberg und zwei Franziskaner aus Kenzingen anwesend[27].

Gegen vier Uhr zog man von der Kirche mit Kreuz und Fahnen - die Ratsherren trugen den Himmel - dem Landesherren bis zum äußersten Tor der Stadt an der Dirnlebrücke entgegen[28]. Von Kenzingen hatte man österreichische Soldaten - 36 Reiter und 40 Mann zu Fuß - ausgeliehen, die vor den zwischen fünf und sechs Uhr ankommenden Kutschen Spalier zu stehen hatten[29]. Pfarrer Mast aus Ettenheim hielt, als der Fürst, der Talar, Chorhemd und Rocheta trug, den Reisewagen verließ, eine lateinische Ansprache. Erzpriester Sartori begrüßte den Bischof auf Französisch, bevor Amtmann Reich das deutsche Grußwort an den Landesherren richtete und die Stadtschlüssel überreichte. Im An-

---

[26] Wir übergehen die Feierlichkeiten in der Unteren Herrschaft des Straßburger Hochstiftes, die sich im wesentlichen mit denen im Oberamt Ettenheim vergleichen lassen (vgl. PfA-Ettenheimmünster, Bulffer, 244)

[27] PfA-Ettenheimmünster, Bulffer, 244; DAL-Protocollum capituli ruralis Lahrensis ab anno 1731, 217-218; vgl. Jörg Sieger, 1790-1803: Louis René Edouard, Prince de Rohan-Guémené, und Ettenheim - Schicksal einer ungleichen Beziehung, in: Weis, 239-240

[28] PfA-Ettenheimmünster, Bulffer, 244; DAL-Protocollum, 217-218; vgl. Anm.[27]

[29] Diarium II, *108v; die Wagen waren durch Altdorf von Kappler und Grafenhausener Reitern eskortiert und mit Böllerschüssen begrüßt worden. (PfA-Ettenheimmünster, Bulffer, 245-246)

schluß daran überbrachte Pater Anselm Sartori, Prior von Ettenheimmünster, die Einladung des Klosters, bevor man in Prozession zur Kirche ging[30]. Alle Ettenheimer Bürger, die im Besitz eines Gewehres waren, hatten Spalier zu stehen[31] und die Menge der Schaulustigen zurückzuhalten, die sich bereits lange bevor der Kardinal dem Wagen entstiegen war, auf der Straße so drängte,

"... daß mann nit hat könen auff der gaßen lauffen.[32]"

Die Kleriker intonierten im fünften Ton das 'Benedictus' während man durch die geschmückten Straßen der Stadt zog. Unter vollem Geläut der Glocken und den 'Vivat-Rufen' der Bevölkerung begab man sich den Kirchberg hinauf. Rohan betrat die Kirche, die knappe sieben Jahre zuvor konsekriert worden war, und Erzpriester Sartori reichte ihm das Weihwasser[33]. Im Chor war ein neuer Baldachin errichtet worden,

"... der bett stuehl, und knie banckh, waren alles
mit Rothem scharlatin gedeckt xxxx und daß
kniekißig, und zue den armen von Rothem ßamt,
er hate ein Roth Keple auff ein langen thalar,
und Rotten mantel an, wie ein prelat hat.[34]"

Rohan bestieg den Thron und unter den Klängen des 'Te Deum' wurde das Allerheiligste ausgesetzt. Erzpriester Sartori erteilte nach dem 'Tantum ergo' den sakramentalen Segen, woraufhin man den die Bevölkerung segnenden Kardinal zum

---

30 DAL-Protocollum, 218

31 Zehn- bis zwölfjährige Schulkinder bildeten, mit Holzgewehren bewaffnet, mit eigenen Fahnen und Trommeln, ein eigenes Korps, das dem Kardinal seine Aufwartung machte. (Diarium II, *108v-*109v)

32 Diarium II, *109v

33 DAL-Protocollum, 218

34 Diarium II, *108v; Rohan zeigte sich beeindruckt von Größe und Schönheit der neuen Kirche (PfA-Ettenheimmünster, Bulffer, 247)

Amtshaus geleitete[35]. Unterdessen wurde mit den 'Katzenköpfen' und den kleinen messingenen Kanonen der Stadt Salut geschossen[36].

Eine Stunde lang hielt sich der Kardinal im Ettenheimer Amtshaus bei einem Abendessen auf, bevor er mit seiner Begleitung in Richtung Ettenheimmünster fuhr. Dort aß man ein zweitesmal zu Nacht. Das vorbereitete Feuerwerk entfaltete aufgrund des Regenwetters allerdings nicht die gewünschte Pracht[37].

Am 16., nachdem der Kardinal dem Hochamt in der Klosterkirche beigewohnt hatte, kamen die Vertreter des Lahrer Ruralkapitels[38] der Einladung des Bischofs zum gemeinsamen Mittagessen im Kloster nach[39]. Im weiteren Verlauf des Tages besuchte der Kardinal die Klosterbibliothek und die übrigen Klostergebäude, bevor die Festlichkeiten am Abend - bis 23 Uhr gab man 'türkische Musik' - erneut mit Feuerwerk und Illumination ausklangen[40]. Am 17. Juli brach der Landesherr nach Kappel auf, wo Pfarrer Ignaz Pauly ei-

---

[35] "eß wurden auch 12 bieble von 5 od(er) 6 iaren alß schäffer gekleidet, wie auch 12 gleine meitele alß schäfferinen gekleidet schnöe weiß, die vor dem fürsten hergiengen, und haten die meitele blume(n) körble in den händen und theten ßelbe streyen." (Diarium II, *109r); aus einem Rohr sprudelten für die bei den Feierlichkeiten beteiligten Soldaten sechs Ohm Wein hervor. Selbstredend lief der größte Teil des Weines auf den Boden, was Machleid als große Verschwendung tadelte (Diarium II, *109r). Unter der Bevölkerung hatte man aus Anlaß des landesherrlichen Besuches Brot im Wert von 18 Talern austeilen lassen (PfA-Ettenheimmünster, Bulffer, 247)

[36] Diarium II, *109r

[37] DAL-Protocollum, 219; PfA-Ettenheimmünster, Bulffer, 248

[38] Erzpriester Sartori mit den beiden Definitoren und zwei Pfarrern des Kapitels (DAL-Protocollum, 219)

[39] 38 warme Speisen wurden aufgetragen (PfA-Ettenheimmünster, Bulffer, 248)

[40] Josef Rest, Einzug des Kardinals Rohan in Ettenheim, in: Ettenheimer Bote - Beiblatt zur Ettenheimer Zeitung (19/12. Februar 1921); 1400 Laternen waren für Feuerwerk und Illumination in Straßburg ausgeliehen worden (PfA-Ettenheimmünster, Bulffer, 248)

nige Grußworte an den Fürsten und Bischof richtete. Im Anschluß daran setzten die sechs Kutschen über den Rhein über und kehrten über Benfeld nach Zabern ins fürstliche Schloß zurück[41].

Einer der glanzvollen Auftritte, die der Kardinal so liebte, war vorüber. Am 11. Juli 1789 hatte er in Renchen begonnen, am 15. Juli in Ettenheim einen Höhepunkt gefunden. Einen Tag vor dieser prächtigen Selbstdarstellung des 'Ancien régime' hatte das aufgebrachte Pariser Volk die Mauern der Bastille gestürmt.

3. Revolution[42]

Feierlichkeiten wie die in den rechtsrheinischen Oberämtern waren die Ausnahme geworden. Die Spannungen zwischen der Zaberner Bürgerschaft und der bischöflichen Regierung hatten sich in der ersten Hälfte des Jahres 1789 zugespitzt[43]. Aufgebrachte Bürger drangen in den bischöflichen Palast ein und Rohan glaubte für sein Leben fürchten zu müssen. In einer Erklärung wurde dem Kardinal unterbreitet, daß man nicht mehr bereit sei, die Wachen vor dem bischöflichen Schloß - wie bislang üblich - zu stellen. Die bischöfliche Regierung beschloß, für den Wachdienst Invaliden anzuwerben, was den Unmut der Bevölkerung steigerte und zu neuen Unruhen Anlaß gab. Rohan wandte sich daraufhin an Marechal de Stainville, Oberkommandierender im Elsaß, der im Mai 1789 zweihundert Mann von dem in Pfalzburg statio-

[41] PfA-Ettenheimmünster, Bulffer, 248; Rest, Einzug

[42] Vgl. zu diesem Abschnitt: Rathgeber, 88-92

[43] Die Klagen der Bürgerschaft gegen den alten Magistrat wurden von der neu eingesetzten Municipalität geschürt. (Rathgeber, 89)

nierten Regiment 'La Fère'[44] nach Zabern sandte, um Ruhe und Ordnung dort wiederherstellen zu lassen. Die Bürgerschaft mußte den Wachdienst sowohl an den Stadttoren als auch am Eingang des bischöflichen Schlosses wieder aufnehmen; die Soldaten wurden abgezogen. Stainvilles Nachfolger[45], Marechal de Rochambeau, beorderte hingegen erneut zwei Grenadier-Kompanien des Regiments 'La Fère' nach Zabern, um Ausschreitungen im Keim ersticken zu können.

Am 31. Juli 1789 - kaum hatten die Soldaten Quartier bezogen - erschienen etwa fünfzig Weitersweiler Bauern vor der Amtswohnung des Rohan'schen Schaffners Andreas Pettmesser, um alte Urkunden über die Waid- und Holzrechte zu fordern[46]. Als sich daraufhin das Gerücht eines Aufruhrs in der Stadt verbreitete, ließ der Fürstbischof nach Beratung mit dem Prince de Rohan-Rochefort und seinem Hofmeister, dem Marquis de Montigny, die Stadttore schließen und Alarm schlagen. Die Soldaten des Regiments 'La Fère', unterstützt vom mit Knüppeln bewaffneten Hofgesinde, schlugen den Aufstand der Weitersweiler Bauern blutig nieder[47].

Auch Straßburg war in diesen Monaten Schauplatz verschiedener Unruhen. Als die Straßburger am 15. Juli, begeistert über die Vorfälle in Paris, Freudenfeuer anzündeten und die Stadt illuminierten, kam es dazu, daß

---

[44] Das Regiment 'La Fère' lag zuvor in Straßburg und ersetzte in Pfalzburg das Regiment Royal-Deux-Ponts. (Rathgeber, 89)

[45] Stainville starb am 2. Juni 1789 in Straßburg. (Rathgeber, 89)

[46] Pettmesser, der erklärte, die Urkunden nicht in Händen zu haben, wurde gewzungen, einen Vertrag aufzusetzen, der die früheren Rechte aufs Neue verbriefen und besiegeln sollte. (Rathgeber, 90)

[47] Die Bauern wurden durch die Straßen verfolgt, viele verwundet, einer getötet. Zum Teil konnten die Flüchtenden in den Häusern Zaberner Bürger unterkommen. Die Verwundeten hatte man in das städtische Spital gebracht. Erst als die Tore gegen Abend wieder geöffnet wurden, konnten die Bauern aus der Stadt entkommen. (Rathgeber, 90)

Fenster eingeworfen, Verwaltungsbeamte lächerlich gemacht und mit dem Tod bedroht wurden. Die Kutschen der Ratsherren bewarf man mit Kot und das Rathaus mußte von Soldaten abgeschirmt werden, was nicht hinderte, daß dasselbe am 21. Juli dennoch gestürmt wurde[48]. Um Ruhe und Ordnung wiederherzustellen, ließ der Straßburger Magistrat am 24. 600 Personen festnehmen und einen Tag darauf einen auswärtigen Zimmermannsgesellen, der beim Diebstahl von 50 Louisd'or ertappt worden war, hängen.

Doch die Bürgerschaft war nicht mehr in den Griff zu bekommen. Im August wurden die Gefängnisse aufgebrochen, und die Generalität ergriff die Flucht. Die Offiziere, die in Straßburg blieben, befanden sich in Lebensgefahr[49].

Die Unruhen durchzogen das ganze Elsaß. Die Juden aus dem Sundgau wurden ausgeplündert und befürchteten die Ausweisung; viele zogen die Flucht vor. In Gebweiler wurde das dortige Domkapitel vertrieben und die adligen Frauen des Stiftes zu Ottmarsheim benötigten militärischen Schutz[50].

---

[48] Man bestieg das Gebäude mit Leitern, deckte das Dach ab, erbrach die Türen, zertrümmerte Möbel, Fenster und Geldkassetten und plünderte die Archive. Schuhhoch lagen Akten und Papiere auf der Straße. Die Soldaten griffen nicht ein. (GLA 74-6277, 15r-17r, 70r-71r; Diarium II, *110v-*111v)

[49] GLA 74-6277, 133r/v; vgl. über die Straßburger Unruhen weiter: GLA 74-6277, 190r/v; GLA 74-6278, 2r/v, 78r/v, 83r/v, 109v, 120r, 137r, 157v; Diarium II, *123v; DAL-Protocollum, 222-225

[50] GLA 74-6277, 77r/v, 93r; Franz Xaver Schwartz, Populäre Kirchengeschichte von Straßburg und Basel, Bd. II (Rixheim 1878) 243-244; Am 28. Juli 1789 benachrichtigten die Basler ihre badischen Nachbarn:
"Unsere ganze Nachbarschaft ist in Allarm.
Alles steht in Furcht und banger Erwar=
tung Der Elsaßische Pöbel ist wie
rasend. Er hat verschiedene adeliche
Häuser in der Nachbarschaft geplündert
und in Brand gesteckt. Das Zollhaus
zu St. Louis /: eine kleine Stunde von Basel :/
ist völlig zerstöhrt, und der Zöllner kaum
mit dem Leben davon gekom̄en. Selbst die

Als in diesem Durcheinander der aufrührischen Kräfte das Gerücht laut wurde, daß alle Klöster aufgehoben werden sollten, nur noch Bischöfe und Pfarrer, samt Diakonen gegen Gehalt geduldet würden, alles andere jedoch verkauft werden solle[51], begaben sich Weihbischof Johann Jacob Lan(t)z und der protestantische Dr. theol. Müller zu General Rochambeau, wo Katholiken und Protestanten beschlossen, in dieser Zeit keinerlei Streitigkeiten miteinander anzufangen, um gemeinsam zu retten, was zu retten wäre. Das neuerliche 'gute Vernehmen' zwischen den Konfessionen wurde den Bürgern von den Kanzeln herab verkündet, die Kontroverspredigten in der Kathedralkirche zu Straßburg bis auf weiteres abgeschafft[52]. Vier Wochen später, am 12. September 1789, fuhr Kardinal

---

Packeter von Strasburg so durch die Post
gekom̄en, sind nicht verschont worden,
sondern erbroche(n) worden. Die Bauren
tragen alle Cocarden, und es heißt sie
hätten gedroht daß wenn man die Flüch=
tigen BeAmten oder Adelichen hier Schuz
gäbe, sie die Stadt in Brand stecken wür=
den. Der Prinz von Mömpelgard hat
Truppen kom̄en lassen müßen, weil sei=
ne Schwaiz. Bauren auch mit einem Auf=
stande drohen, indeme er verschiedene
aus Franckreich geflüchtete aufge=
nom̄en. Der Fürst Bischof von Brun=
trut, duldet die Flüchtige nur 24
Stunde, um in keine Verlegenheit
zu gerath(en). Vielleicht wird man den=
jenigen die sich hier befinden auch sa=
gen sich tiefer in die Schweiz hinein
zu begeben.
In Solothurn und Lucern wim̄elt
es von Franzosen. Es ist eine
sehr weise Anstalt getroffen eine
ordentliche Garnison nach Kehl
kom̄en zu lassen. Die hiesige ist
bey diesen gefährliche(n) Zeiten auch
verdoppelt worden..."
(GLA 74-6277, 61r; vgl. zur weiteren Entwicklung GLA 74-6277, 98r-99r)

[51] GLA 74-6278, 78v, 83v

[52] GLA 74-6278, 109r/v

Louis de Rohan als Deputierter der Nationalversammlung nach Versailles und Paris[53].

III. DIE REVOLUTIONÄRE VOM RENCHTAL

Die Gebiete rechts des Rheins blieben angesichts der elsässischen Unruhen trotz zahlreicher Beziehungen zum Elsaß erstaunlich ruhig, was sicher mit ein Verdienst der Karlsruher Regierung war. Aufruhr gab es im Rechtsrheinischen lediglich in der vorderösterreichischen Ortenau und dem bischöflich-straßburgischen Oberamt Oberkirch.

---

[53] Nach dem Wahlgesetz vom 24. Januar 1789 entfielen auf das Elsaß vierundzwanzig Deputierte für die von Ludwig XVI. einberufenen Generalstände, wovon die Hälfte dem ersten und zweiten Stand vorbehalten war. Die Wahl der elsässischen Deputierten fand in sechs Distrikten statt, so daß je zwei Distrikte eine Wahlversammlung bildeten. Hagenau und Weißenburg, Colmar und Schlettstadt, Hüningen und Belfort stimmten jeweils zusammen. Nur die Straßburger entsandten eine eigene Deputation nach Versailles. Zabern wurde dem Distrikt Hagenau zugeschlagen, der sechs Deputierte, je zwei aus jedem Stand zu wählen hatte. Kardinal de Rohan ging gemeinsam mit seinem Generalvikar Jean François d'Eymar, Koadjutor des Propstes von Neuweiler, als Kandidat der Geistlichkeit aus dieser Wahl hervor. Rohan lehnte die Wahl aus Rücksicht auf die königliche Familie zunächst jedoch ab, so daß an seiner Stelle Abbé Louis delegiert wurde. Als derselbe jedoch kurz darauf starb, wurde de Rohan erneut gewählt. Trotz aller Bedenken der Minister, die ihn als einen Mann der Opposition fürchteten, nahm der Kardinal diesesmal das Mandat an. Allerdings erschien er erst im September in der französischen Nationalversammlung, wo sein Eintritt zuerst 'eine allgemeine Sensation' erregte. Bald jedoch trat die Persönlichkeit des Kardinals, der ganz und gar dem 'Ancien régime' verhaftet war und jede Neuerung ablehnte, immer mehr in den Hintergrund. (Rathgeber, 88)

1. Es gärt überall

Die ersten Unruhen[54] auf rechtsrheinischem Territorium begegnen in Önsbach im Oberamt Ortenau. Die Sturmglocken wurden geläutet und Vorgesetzte beleidigt. Der Haufen der Aufständischen, der vor allem aus Bauern be-

---

[54] Am 18. August berichtet Amtmann Strobel nach Karlsruhe:
"Seit gestern fängt es auch dießeits Rheins
ettwas unruhig zu werden, an, wie
dañ gestern zu Willstätt die Bauren
bey einer Hanf Verstaigerung, da das lezte
Gebott salva Ratificatione der Rennt=
kañer zu Buchsweiler geschlossen ge=
wesen, einige dem ohn geachtet neuerdings
bieten wollen, so aber der Amtsschafner
nicht angenoñen, sondern einen eilen=
den reitenden Boten um Verhaltungs=
befehl nach Buchsweiler gesandt hat.
Zu Renchen im Bischöflichen ist gestern
ein Aufstand aus der Ursache erregt
worden, weilen man denen Bürgern
ein Allmend weggenoñen; das davon
gemachte Heu haben sie verbrandt,
wollen den jezigen Schulz und Gerichts=
Leuthe abgesezt und andere an deren
Stelle ernandt haben.
Im Dorf Kehl gliṁt es ebenfalls
ein wenig, indem das Gericht be=
hauptet, es gehöre der Gemeinde die
Mezgerwayde und Claußmatte, so das
Stift Frauenhaus besizet. Zu
Lahr sollen 50 Würtembergische Husa=
ren, wie es heißt, zur Sicherheit ein=
rücken."
(GLA 74-6278, 120v-121r); Machleid hatte für die Unzufriedenheit
rechts und links des Rheins insgeheim Verständnis:
"... eß ist aber kein wunder,
Einige herrschaften meinen, die arme underthanen
ßeien, nur ihre hund, und könen ihnen gelter auf
erlegen, ßo vil ßie wollen, wo bey der theuren
zeit, ohnmeglich mehr auff zue bringen, die geistlich(en)
legen dem armen Mann große burden auff, und
ßie rihrens mit keinem finger ahn, wenn man
ihnen nur braff gibt, und unnetiges opfferet."
(Diarium II, *113r)

stand, vergrößerte sich rasch[55] und beschloß nach Appenweier zu marschieren. Das dort liegende kaiserliche Kommando stellte sich auf die Seite der Bauern und zog freiwillig nach Offenburg, während jene von den in Appenweier anwesenden Oberamtsräten die Akten über einige Waldungen verlangten. Unter der Erklärung, wiederzukommen, wenn es nicht die Rechten seien, nahmen sie die Schriftstücke mit sich. Im Anschluß an diesen Vorfall wurden in Ortenberg einsitzende Häftlinge befreit[56].

In Renchen verbrannten Aufständische auf einem Waldplatz, der der Gemeinde bei einem Prozeß mit dem Kloster Allerheiligen verlorengegangen war, das auf Befehl des Oberamtes gemähte Heu[57].

Auch das Kloster Ettenheimmünster befürchtete Übergriffe von seiten der Bevölkerung[58]. Der Konvent bat vorsorglich die badischen Nachbarn um Schutztruppen. Bevor es jedoch zum Einmarsch von Soldaten kam, konnte Oberamtsverweser Stuber erfolgreich zwischen Kloster und Bürgerschaft vermitteln. Die Kontrahenten einigten sich, obwohl die Zugeständnisse des Konvents minimal waren[59].

In Oberkirch gelang es dem dortigen Stabhalter, einen Auflauf aufzulösen, bevor derselbe größeren Schaden anrichten konnte, indem er der Bevölkerung zu ihrem Recht zu verhelfen versprach[60].

---

[55] Verschiedentlich soll auch auf diejenigen, die sich nicht beteiligen wollten, Druck ausgeübt worden sein (GLA 74-6278, 170v-172r)
[56] GLA 74-6278, 170v-171r, vgl. auch 150r/v, 157r/v
[57] Der Stabhalter wurde von der Bevölkerung für abgesetzt erklärt und dazu gezwungen, Kühe auf jenen 'gefreiten' Waldplatz zu treiben. (GLA 74-6278, 171v-172r, vgl. auch 150r/v; Diarium II, *112r)
[58] Ettenheimer Bürger hatten dem Kloster gedroht, und in der ritterschaftlichen Nachbarschaft des Klosters erhob sich die Bevölkerung - wenn auch bislang nur mit Worten - gegen ihre Herren. (GLA 74-6278, 197r)
[59] GLA 74-6278, 201r, 202r/v, 203r/v; GLA 74-6279, 44r-45r, 48r, 49r/v, 57v, 117r/v, 119r, 143v; Diarium II, *113v-*114r
[60] GLA 74-6278, 171v

Am 22. August 1789 forderte der Straßburger Weihbischof Jacob Lanz die Bevölkerung auf, alle Unruhen zu meiden, der Obrigkeit treu zu bleiben und vor allem für Ruhe und Frieden zu beten[61]. Doch während der Aufruhr in der Ortenau rasch beschwichtigt werden konnte, besserten sich die Verhältnisse im Oberamt Oberkirch kaum[62]. Dies hängt vor allem mit der Person des Landvogts von Bruder(n) zusammen[63].

Der Landvogt, der sich als Geheimrat und Oberamtmann von Oberkirch und Ettenheim in Renchen niedergelassen hatte[64], genoß das volle Vertrauen des Landesherren, zeichnete sich allerdings - wie die Quellen übereinstimmend berichten - durch ein Höchstmaß an Ungeschicklichkeit aus und vermochte der Unruhen nicht Herr zu werden[65]. Ende August

---

61 DAL-Protocollum decretorum, 68-69; in Ettenheim wurden acht Tage lang zwei Messen samt Allerheiligenlitanei gehalten (Diarium II, *133r). Die Verlesung des Dekrets von 'badischen Kanzeln' wurde von Karlsruhe aus untersagt. (GLA 74-6279, 15r-16r)

62 GLA 74-6278, 165r-166r

63 Während Franz Michael Stuber in Ettenheim das Vertrauen der Bürgerschaft gewonnen hatte, spielte Bruder eine zweifelhafte Rolle. Bereits im Jahre 1780 eilte ihm sein schlechter Ruf voraus, auch wenn Machleid den Landvogt noch zu verteidigen sucht.
"mann hat unß burger ßo angst gemacht
wegen unßerem Gnädigen herren benedict
ßimon von Brueder, xxx oberamtmann
und landvogt in unßerem Ambt, er seye
ein ßo beßer mann er falle die leüth ßo
an daß mann nit mit ihme recht zu reden,
ßo die Renchener und oberkircher außagte(n)
und eß ist nit dem alßo..."
(Diarium II, *20r, vgl. *100v); siehe auch: Henriette Dietz, geb. Stuber, Familiennachrichten (Abschrift einer Handschrift) *5-*6

64 Schell, 142

65 Rohan hatte um die Oberkircher Unruhen Ärger mit seinem Domkapitular Graf Truchseß zu Zell-Wurzach, Kapitular der Metropolitankirche zu Köln und der Kathedralkriche zu Straßburg bekommen. Graf Truchseß beschuldigte ihn "eines sträflichen Mißbrauches seiner Landesherrlichen Hoheit, einer Unterdrückung seiner diesseits des Rheins gelegener deutscher Reichsuntertanen" und wurde vom Kardinal beim königlichen Rat in Colmar und bei einer späteren Auseinandersetzung beim Reichskammergericht verklagt. (vgl.: Erwin

1789 fuhr er mit einer Deputation nach Zabern, ohne allerdings den Kardinal dort anzutreffen[66].

Die Lage in Oberkirch blieb kritisch. Diebereien, Raufereien und das Einschlagen von Fenstern scheinen an der Tagesordnung gewesen zu sein. Immer noch drohten die Oberkircher, nach Allerheiligen zu marschieren, um ihren Wald zurückzufordern[67]. Die Zwischenfälle in der Unteren Herrschaft waren vor allem durch die Tatsache, daß die Verwaltung des Oberamtes Ortenau ihre Untertanen nicht restlos im Griff hatte[68], eine beständige Bedrohung. Ein Übergreifen der Unruhen vom Acher- und Renchtal auf die gesamte vorderösterreichische Ortenau war zum damaligen Zeitpunkt mehr als wahrscheinlich.

Bereits am 7. Dezember trafen bei von Bruder drei Expressen des Oberrheinischen Kreises ein. Man war dort entschlossen, den Unruhen nicht länger untätig zuzusehen[69].

Von Bruder war davon überzeugt, daß lediglich militärisches Eingreifen[70] die Ruhe wiederherzustellen vermochte. Noch im Dezember 1789 befand er sich in Mannheim und Mainz, um die Reichsexekution zu erwirken[71].

In der Nachbarschaft des Hochstiftes erachtete man dieses Vorhaben als übertrieben. Auch machte die Finanzlage Straßburgs das Einrücken fremder Truppen unwahrscheinlich[72].

Dittler, Die Vermittlungsversuche der Freiherrn Wilhelm von Edelsheim und Johann von Türckheim beim Staatsrat Johannes Müller im Frühjahr 1790 während der Reichsexekution im Amt Oberkirch, in: Die Ortenau (56/1976) 35; ferner: GLA 74-6284, 1r/v

66 GLA 74-6279, 35v-36r

67 GLA 74-6279, 228r-229r, auch 154r

68 Landvogt von Blittersdorf vom Mahlberger Oberamt urteilt über die Ortenauer Verantwortlichen:
"Mir scheint es, die Herren haben weder Kopf noch Mut."
(Dittler, Vermittlungsversuche, 35)

69 GLA 74-6279, 225r-226v

70 Vgl. auch die militärische Exekution in Rust im Jahre 1788.
(Diarium II, *99v-*100r)

71 GLA 74-6279, 225r

72 GLA 74-6279, 225r/v

Selbst Oppenau bemühte sich darum, dem Reichskammergericht klar zu machen, daß es keiner militärischen Exekution bedürfe. Von Rebellion könne keine Rede sein; schließlich verlange man nur, was Recht sei, und wenn die Regierung in Zabern der Meinung wäre, daß die Oppenauer zu weit gegangen seien, so solle sie eine Untersuchungskommission einsetzen. Einem gerechten Urteil des Landesherren werde man sich auf jeden Fall beugen[73].

Als in Wetzlar bekannt wurde, daß Bruder die Angelegenheit völlig überzogen dargestellt hatte, mußte die bereits zugestandene Exekution wieder zurückgenommen werden[74]. Am 21. Dezember brachte der aus Mannheim zurückkehrende Schultheiß Burger von Sasbach die Versicherung, daß augenblicklich keine Exekutionstruppen zu befürchten seien[75]. Von Bruder hingegen versuchte, als sich die Lage im benachbarten Oberamt Ortenau im Dezember erneut zuspitzte[76], die Exekution bei Kur-Mainz und Kurpfalz zu erwirken. Allenthalben hörte man daraufhin, daß 1600 Mann zur Dämpfung der Unruhen ins Oberkirchische entsandt würden[77]. Gleichsam im letzten Augenblick versuchten die Gerichte der Unteren Herrschaft die drohende Exekution auf dem Gerichtsweg[78] abzuwenden. Sasbach, Ren-

---

[73] GLA 74-6279, 225v
[74] GLA 74-6279, 225v-226r
[75] GLA 74-6279, 240r-241r; Burger beklagte sich darüber, daß von Bruder kaum erreichbar und wenn einmal, dann nicht mit rechten Weisungen und Vorschlägen bei der Hand sei. Der Landvogt befand sich zu dieser Zeit wieder in Straßburg (GLA 74-6279, 240r-241r). Bemühungen an seine Stelle den Amtschreiber Elbling zu setzen, waren kein Erfolg beschieden (GLA 74-6280, 16r-17r).
[76] GLA 74-6280, 1r/v
[77] GLA 74-6280, 3r-6v
[78] Ungeachtet der Gerichte Kappelrodeck und Waldulm bemühten sich die übrigen um einen tüchtigen Advokaten als Anwalt. Doch Versuche, den Herrn Tschammerhell in Speyer zu gewinnen, schlugen fehl. (GLA 74-6280, 16r, vgl. auch 58r, 148r-149r)

chen, Oberkirch und Oppenau erklärten, daß es für eine solche Maßnahme keinerlei Grund gebe[79]. Doch auch eine eigens verfaßte Schrift[80], auch die Absicht der Gericht Kappelrodeck und Waldulm, beim Einmarsch von Truppen ernsthaftesten Widerstand zu leisten und fortan auch dem Fürstbischof keine Gelder mehr abzuführen[81], konnten nicht hindern, daß am 15. Februar 1790 - während die Ortenau von Truppen völlig befreit war[82] - im Oberamt Oberkirch Exekutionstruppen einmarschierten.

2. Exekutionstruppen

1032 Mann - je zur Hälfte mainzische und pfälzische Soldaten - rückten mit vier Kanonen, zwei Haubizen, blanken Säbeln, gespannten Hähnen und brennenden Lunten in Renchen ein[83]. Die Organisation des Unternehmens, die in den Händen des Landvogts lag, war äußerst mangelhaft[84], nicht einmal für die Bezahlung der Soldaten und die nötigen Le-

---

79 GLA 74-6280, 3r-5v
80 GLA 74-6280, 24r
81 GLA 74-6280, 3r-6v; verschiedene Orte hatten sich mit Pulver und Blei eingedeckt (GLA 74-6280, 23r)
82 GLA 74-6280, 27r
83 Jene 'unbezwingliche Rebellen', die der Landvogt von Bruder unterwerfen ließ, standen am Straßenrand "Todten Blaß, und fast alle Gesichter waren mit Thränen benetzt" (GLA 74-6280, 56r); vgl. Diarium II, *115r, *117v; DAA-Notata pro Parochia Oberkirchiensi sub Evermodo Ruch, Pastore Anno 1784, 30-31; Hans Martin Pillin, Oberkirch, Bd. I (Die Geschichte der Stadt von den Anfängen bis zum Jahr 1803) (Oberkirch 1975) 116;
Nach den 'Paritions Anzeigen' der einzelnen Gerichte betonten die Pfälzer zwar die Unsinnigkeit des Unternehmens, doch die Mainzer bestanden auf der Durchführung der Exekution. Kurpfalz gab schließlich nach. (GLA 74-6280, 56r/v)
84 Die beiden Kommissäre, die die Truppen leiteten, waren erstaunt über die Organisation des Landvogts. Sie hätten kaum einmal einen Auftrag so schlecht vorbereitet angetreten. (GLA 74-6280, 56v)

bensmittel war gesorgt worden[85]. Die Truppen marschierten bereits, als Landvogt von Bruder ausschrieb, daß Renchen

"... 200 Frt: Korn, 100 Firt:
Waitzen, 100 Frt: Habern, 200. Centner Heu, 2000 Bund
Stroh, 2. Centner Lichter, 50 Claft: Holtz, 12 000 fl Geld,
sodann Fleisch, Butter, Eyer, Schmaltz, Gemüß: pp: nach
Nothdurfft beischafen solle.[86]"

Die Bevölkerung hatte nicht nur die Schmach der Strafe selbst, sondern auch die finanzielle Belastung zu tragen[87]. Jeder Soldat forderte 48 xr pro Tag und die Besoldung der Offiziere lag entsprechend darüber [88].

Am 1. März begann eine Untersuchungskommission, die Schuldigen am Aufruhr ausfindig zu machen[89]. Bis zum 22. März

---

[85] GLA 74-6280, 56v

[86] GLA 74-6280, 56v

[87] Vgl. auch Schell, 146-147

[88] Auch die übrigen 5 Gerichte mußten je 3000 fl liefern, und bereits am 7. März sollten weitere Summen beigebracht werden (GLA 74-6280, 56v); da man bei der Verwaltung des Hochstiftes verzweifelt nach Geld für die Kostendeckung der Exekution suchte, riet von Blittersdorf seinem Herrn, dem badischen Markgrafen, daß dies möglicherweise der rechte Zeitpunkt sei, die Mooswaldungen im Oberkirchischen billig zu erwerben. (GLA 74-6280, 70r)

[89] Von Bruder hatte die vollkommene Gewalt über die Verhandlungen, da ihn, wie das badische Oberamt Mahlberg berichtete,
"... die unverdiente Gnade des Fürsten
und die Executions Truppen gegen alles schützet. All=
gemein wird dieser so unwissende als schadenfroher
Mann aber verabscheuet, da Er den Untergang so vielen
durch die unerschwinglichen Kösten fördert. Es ist zu zweifflen,
daß Er sich in seinem Posten schützen wird, zumahlen, wenn
das Land entweder in Sequester fallen, oder aber der Fürst
ein Theil der Kösten tragen sollte, welche Kosten dermahlen
bereits die Summe von 60 000 fl. übersteigen werden."
(GLA 74-6280, 58v)

hatte man in Renchen die halbe Gemeinde vernommen. Von Blittersdorf war der Ansicht, daß das Verhör, das man schließlich in Wagshurst fortsetzte, an mangelnder Personal- und Sachkenntnis der Kommission litt, die sich seiner Meinung nach weniger mit den Ursachen und Urhebern befaßte, als mit Ermittlungen im Interesse Bruders darüber aufhielt, wer sich durch Schimpfreden oder Drohworte gegen den Landvogt hervorgetan hätte [90].

An Kosten hatte das Gericht Renchen zu diesem Zeitpunkt bereits 17 000 fl, Oppenau 2000 fl und die übrigen Gerichte je 4000 fl vorgeschossen; am 22. März erhielt Bruder ein Darlehen von 2000 fl vom Kloster Ettenheimmünster [91].

Die ständig steigenden Belastungen trieben die Untertanen der Herrschaft Oberkirch an den Rand der Verzweiflung. Am 4. April wurden neue Aufstandsgerüchte laut. In Oberkirch sprach man davon, daß man mit den Ortenauern gemeinsam die Soldaten vertreiben solle [92]. In dieser immer bedrohlicher werdenden Situation nahm sich der badische Minister von Edelsheim der Sache an. Unterstützt von seinem Freund Johannes Müller, Ratgeber beim Kurfürsten, intervenierte er direkt in Mainz, dessen Kommissar ganz unter dem Einfluß des Landvogts von Bruder stand [93].

---

[90] So habe also die Untersuchungskommission keine andere Wirkung, "... als daß sie mit unerschwinglichen Kosten für das Land den Landvogt Bruder, der nur auf Rache, nicht aber auf seine Pflichten gegen den Fürsten und das Land denkt, auf Jahr und Tag schützt." (zit. nach: Dittler, Vermittlungsversuche, 37)

[91] Dittler, Vermittlungsversuche, 37

[92] GLA 74-6280, 64r-65r

[93] Bruders Vorgehen gefährdete Edelsheims politisches Konzept, ohne gewaltsames Eingreifen Deutschland vor einer Revolution zu bewahren. An Müller schrieb er einmal über die Haltung der Bürger: "Freilich habe er Grund zu manchen Beschwerden; Militär, Jagd und Frohnden (corvées) lasten schwer auf ihm. Man müsse da Abhilfe schaffen und strenge Gerechtigkeit üben." (zit. nach: Dittler, Vermittlungsversuche, 37)

Edelsheim bemühte sich um den Abzug der Exekutionstruppen. Seiner Überzeugung nach würde dies den Sturz des Landvogts von Bruder - seine Abneigung gegen denselben schien nahezu unüberwindlich[94] - nach sich ziehen.

"Man muß Bruder bremsen, die Untertanen anhören, anstatt den Empfehlungen dieses teuflischen Bruders zu folgen, die Abgaben verringern, daß die Einwohner des Landes sie tragen können; nicht dulden, daß die Kommissäre es mit Bruder halten, und sich eines Mittels versichern, um sich Respekt zu verschaffen, dann wird alles gut gehen, und die Kommissäre behielten ihre Würde, ihr hohes Ansehen in puncto Gerechtigkeit und Rechtlichkeit, die sich einer von beiden mit vollem Recht erworben hat.[95]"

Als Mitte April 1790 bekannt wurde, daß in Renchen der Befehl zum Abmarsch der Truppen von beiden Subdelegationshöfen eingetroffen sei, fuhr Bruder sofort dorthin, um den Vollzug dieser Anordnung zu verhindern. Durch bewußte Fehlinformation versuchte er sogar eine Verstärkung der Truppen zu erreichen[96].

Während sich die Zustände in der Unteren Herrschaft weiter verschlimmerten, hatte der bischöfliche Landesherr keinerlei Vorstellung von den Vorgängen. Bruder verstand es, sich in der Gunst des Fürsten zu erhalten. Als Hofrat Ebling Anfang Mai den Kardinal aufsuchte, wurde er nicht vorgelassen.

---

94 Über Bruder, der das Oberamt Oberkirch weiter beschwerte (vgl. GLA 74-6280, 134v), schrieb er:
"Man hat bereits mehr als 100 000 Gulden aus einem kleinen Staat gezogen, in dem man nicht einmal den 20. Teil des Geldes vermuten würde, und das nur, um dieser üblen Kreatur des Kardinales Rohan Gelegenheit zu geben, ungefähr den 10. Teil dieser Summe seinem Herrn abliefern zu können. Die Unkosten der Kommission verschlangen den Rest. Und obwohl man überzeugt ist, den Boden und die Zahlungsfähigkeit aller Einwohner ausgesogen zu haben, legt man ihnen eine tägliche Abgabe von 500 fl. auf, ohne das Ziel der Kommission erfüllt zu haben oder zu erfüllen."
(zit. nach: Dittler, Vermittlungsversuche, 37)

95 Zit. nach: Dittler, Vermittlungsversuche, 38

96 Dittler, Vermittlungsversuche, 39

"Man hat ihm zu erkennen gegeben, das Zutrauen des Hr. Kardinals gegen den Bruder daure fort; der Hr. Kardinal glaube, die Exekution sei eine Wohltat für das Land; den Bauern könne man jetzt den Ernst zeigen, Polizeieinrichtungen und andere Anordnungen treffen, die man bis nun habe unterlassen müssen. Wäre die Not so groß, als man sie vorspiegle, so würden die Gerichter selbst die Gnade des Herrn anflehen. Unglücklicher Fürst und noch unglückliche-res Land![97]"

Edelsheim wandte sich erneut an Johannes Müller und schilderte ihm die Lage[98]. Nicht zuletzt seinem Einsatz war es zu verdanken, daß die Exekutionstruppen im Sommer abgezogen werden konnten. Die 'Rädelsführer' wurden verhaftet und in Gewahrsam genommen[99].

---

97 zit. nach: Dittler, Vermittlungsversuche, 39; vgl. GLA 74-6281, 72v

98 Wenn Müller, der die Lage vor allem aus Bruders Berichten kannte, noch nicht überzeugt gewesen wäre, so würde ihn das Schreiben des Freiherrn Johann von Türckheim sicherlich überzeugt haben. Auch Türckheim war daran interessiert, daß das Regiment Bruders nicht zu neuen Aufständen mit unvorhersehbarer Ausweitung führte, deren politische Folgen er aus eigenem Erleben kannte. Am 27. Mai 1790 schrieb er:
"Ich beende meinen Brief und antworte auf Ihr edles Vertrauen mit einer Offenheit, die Ihnen vielleicht mißfallen wird, aber ich versuche vergeblich, meine Erregung zu unterdrücken. Man hat Ihren Herrn getäuscht, wenn man ein schreckliches Instrument in Anspruch nimmt, um die unglücklichen Einwohner des Amtes Oberkirch zu bestrafen und zugrunde zu richten. Ich bin dem Herrn Kardinal de Rohan verbunden, aber noch mehr der Wahrheit, und man zerstört dieses Land aus freien Stücken. Selbst Ihr Kommissar zeigt dabei eine Parteilichkeit, die in der Umgebung nicht günstig beurteilt wird. Dies geschieht, indem er den Einflüsterungen eines ebenso gefährlichen wie schuldigen Mannes folgt: Ich meine denselben Vogt Bruder, der die Truppen angefordert und den Aufstand übertrieben dargestellt hat, der sein persönliches Ungemach auf dem Rücken seines Herrn rächt. Sie verdächtigen mich sicherlich nicht, daß ich die Sache der Aufständischen vertreten will; ich seufze zu sehr über das, was das Elsaß für immer verloren hat: aber die Lage erforderte keine solche Härte. Man konnte alles ohne solche hoffnungslosen Mittel wiederherstellen. Ich fühle mich nicht dazu berufen, Ihnen mehr darüber zu erzählen, aber das Herz blutet mir, wenn ich die grausamen Ungeschicklichkeiten sehe, die man den Kardinal begehen läßt und deren Augenzeuge ich fast geworden bin." (J. v. Türckheim, zit. nach: Dittler, Vermittlungsversuche, 40)

99 Bereits im Februar 1791 wird bekannt, daß die Kosten der Exekution

3. Von Urteilen und Finanzen

Als am 19. September vom Reichskammergericht in Wetzlar die Streitigkeiten des Kardinals mit seinen Domkapitularen geschlichtet wurden, empfahl man dem Fürstbischof, den Landvogt von Bruder aus seinem Amt zu entlassen. Auch sollten die Gefangenen in Mainz, Mannheim und Renchen freigelassen werden[100]. Daraufhin reiste Amtmann Stuber Mitte Oktober nach Wetzlar, um den weiteren Verbleib der Gefangenen in den Zuchthäusern von Mainz und Mannheim zu erreichen[101]. Stuber blieb dort bis in den November hinein und erwirkte am 9. November ein Urteil, das einige Änderungen bezüglich der Gefangenenentlassung anordnete. Dem Kardinal wurde dabei erneut nahegelegt, den Vergleich, den man ihm im Urteil vom 19. September vorgeschlagen hatte, doch noch in Vollzug zu setzen[102]. Als Stuber Ende November in Ettenheim eintraf[103], war klar geworden, daß die Entlassung der Häftlinge in Bälde bevorstand. Am 17. Dezember wußte man bereits in Mahlberg von der Freilassung der Oberkircher Gefangenen aus dem Mainzer Zuchthaus. Die Mannheimer hielten die bei ihnen einsitzenden Häftlinge jedoch noch zurück. Sie warteten bis zur völligen Bezahlung der angefal-

auf 17 Rädelsführer abgewälzt werden sollten. (Diarium II, *131r)

[100] GLA 74-6284, 1r/v

[101] Angeblich wären neue Aufstände zu erwarten gewesen, wenn die Gefangenen zum damaligen Zeitpunkt entlassen worden wären. Blittersdorf in Mahlberg hingegen vermutete:
"Es scheinet nicht sowohl der Aufstand, welcher
bei der jezzigen Lage gewis nicht zu besorgen
ist, als die aufgegangenen Executions-Kosten
die Ursach zu seyen, um durch Fortsezzung der
Gefangenschafften die Oberkirchischen Gerichter
zu Vermögen, an diesen Kosten 150./m. fl. zu
übernehmen." (GLA 74-6284, 60r)

[102] GLA 74-6284, 115v-116r

[103] GLA 74-6284, 153v

lenen Kosten[104]. Wiederum mußte Geld aufgenommen werden[105].

Das nächste Urteil des Reichskammergerichtes erging am 23. Dezember 1791[106], und im Februar 1792 traf der Kurkölnische Hofrat Blum in Ettenheim ein, der als neuer Administrator für das Oberamt Oberkirch vorgesehen war[107]. Der 'ganz unfähige' Landvogt von Bruder, der sein Amt mit 30 000 Gulden eingekauft hatte, und von dem man behauptete, daß er

"... keine drei Tage in seinem Leben gearbeitet und keine drei soliden Bogen je geschrieben habe...[108]",

mußte sein Amt niederlegen[109].

---

104 GLA 74-6284, 170r

105 Bereits im November hatte Rohan das Oberamt Oberkirch abschätzen lassen, um zu zeigen, daß für ihn die Tilgung der Kosten im Grunde eine Kleinigkeit sein werde. Im übrigen war Rohan voll Hoffnung, durch eine baldige Beendigung der Zustände in Frankreich wieder über Mittel zu verfügen, die größere Sorgen unnötig machten.
"Es ist gewiß zum er=
=staunen, wie sich dieser Herr zu so
schiefer Finanz Politick verleiten lassen
mag."
(Urteil des Landvogts von Blittersdorf, GLA 74-6284, 102r/v)

106 GLA 74-6285, 36r, 38r-39r

107 GLA 74-6285, 151r; Rohan, der Bruder immer noch nicht gänzlich fallen lassen wollte, versuchte ihn als zweiten Obristen bei seinem Regiment ('Royal Rohan') unterzubringen. Als dagegen Einspruch erhoben wurde, stellte ihm Rohan die Laufbahn eines Obristleutnants in Aussicht. Das Regiment jedoch weigerte sich und duldete Bruder nicht unter sich.
(GLA 74-6285, 151r)

108 Schell, 135-136

109 Schell, 135-136; GLA 74-6285, 151r; vgl. aber auch GLA 74-6284, 90v

IV. BISCHOF AUF DER FLUCHT

Parallel zu den oben geschilderten Ereignissen gilt es eine Fülle von Geschehnissen eingehender zu betrachten. Kehren wir in unserer Darstellung noch einmal in die zweite Hälfte des Jahres 1789 zurück.

Als die französische Nationalversammlung am 4. August 1789 die letzten Reste des Lehenswesens beseitigte und sämtliche Vorrechte, Herrschafts- und Gerichtsrechte der mittelbaren Landesherren, Fürsten und Fürstbischöfe abschaffte, befand sich der Kardinal - trotz seiner Wahl zum Deputierten der Nationalversammlung - immer noch in Zabern. Erst auf diese Beschlüsse hin reiste er am 12. September nach Versailles und protestierte in der Nationalversammlung gegen jedwede Neuerung. Enttäuscht kehrte er schließlich nach Zabern zurück[110].

1. Zwischen Zabern und Ettenheim

Frankreich wurde in 83 Departements eingeteilt und die fürstliche Residenzstadt Zabern sank zum einfachen Kantonsort ab. Am 25. Januar 1790 übernahm die neue, nach dem Gesetz vom 14. Dezember 1789 gewählte Municipalität die Amtsgeschäfte. Der frühere Stadtsyndicus von Mayerhoffen, einstiger bischöflicher Beamter, wurde erster Maire Zaberns, und an die Stelle der ehemaligen bischöflichen Bürgermiliz trat die Nationalgarde[111].

Im Rechtsrheinischen wurden die Vorfälle auf der elsässischen Rheinseite mit Besorgnis verfolgt. Amtmann Hugo in

---

[110] Rathgeber, 91
[111] Rathgeber, 91

Mahlberg erregte sich schon im Jahre 1789 über die Gerüchtebildung unter der Bevölkerung[112]. Über den 14. Juli 1790 trug Machleid in sein 'Diarium' ein, daß die Nationalversammlung am Jahrtag des Sturms auf die Bastille, 'dem König oder der Nation gehuldiget habe',

"... und wollen keinen könig in franck Reich:^mer haben
ßonder einen kaißer, von francken, allwo
in bariß und in dem ganzen könig Reich mueß
under der nation alles stehn, und der könig
dato der erste burger genent wirdt.[113]"

Der Kardinal hingegen hatte mittlerweile die französische Lage bezüglich ihrer Gefahr richtig deuten gelernt - noch im Juli 1790 verließ er Zabern endgültig.

2. Residenz auf Zeit?

Am 13. Juli 1790 überquerte Rohan den Rhein bei Rheinau. Bis zur Fertigstellung seiner provisorischen Residenz in Ettenheim - das ehemalige straßburgische Amtshaus wurde zum fürstbischöflichen Palais umgebaut - beherbergte das Kloster Ettenheimmünster den hohen Gast[114]. Sogar in der

---

[112] "Überhaupt herrscht jezt viele politische Kannen=gieserey unter dem gemeinen Manne, der sich von der Wichtigkeit der öffentlichen Ruhe keine rich=tige Begriffe zu machen weiß." (GLA 74-6279, 129v)

[113] Diarium II, *123v

[114] Diarium II, *123v; während sich Rohan in Ettenheimmünster aufhielt, bestieg Leopold II. den deutschen Kaiserthron (DAL-Protocollum, 229-230; DAL-Protocollum decretorum, 73-75; Diarium II, *127v). Kaiser Joseph II, den Rohan während seines Wiener Aufenthaltes als Mensch schätzen gelernt hatte, war am 20. Februar 1790 verstorben (DAL-Protocollum, 225-226; DAL-Protocollum decretorum, 71-73; Diarium II, *118v; Von der Verbindung Rohans und Josephs II. zeugt die Kaiserliche Urkunde vom 16. November 1779 im Ettenheimer Stadtarchiv. Vgl.: Karl Friedrich Müller, Beiträge zur Geschichte der Stadt Ettenheim und des Kardinals Louis-

Klausur wurden einige der sechzig Gäste untergebracht. Rohan selbst hatte die Räume über der Abtswohnung für sich ausgewählt. Der große Saal wurde als Speisezimmer hergerichtet, und in einem 'Vor-Keller' bei der Klosterküche richtete man eine Küche ein. Zwei Tage lang bewirtete das Kloster die Gäste, dann unterhielt Rohan eine eigene Haushaltung[115].

In Ettenheim leitete in der Zwischenzeit Nikolaus Salins de Montfort, Erbauer des neuen Schlosses in Zabern und 'architecte du Roi de France, inspecteur des bâtiments de son Altesse en Alsace, architecte de Cardinal Prince de Rohan', den Umbau des ehemaligen Amtshauses zur zukünftigen bischöflichen Residenz[116].

Rohan selbst war nicht uninteressiert an den umfassenden Bauarbeiten. Am 23. Juli kam der Kardinal abends um 5 Uhr mit 16 Personen seiner Hofhaltung in einem großen, mit Rappen bespannten Achtspänner nach Ettenheim[117]. Die Prinzessinnen aus der Rohan'schen Hofhaltung ritten mit ihren Grauschimmeln am darauffolgenden Annatag nach Ettenheim, um im Amtshof eine Mahlzeit zu sich zu nehmen, bevor sie gegen 7 Uhr wieder ins Kloster zurückkehrten[118].

Die Monate in Ettenheimmünster wurden von mehreren Fest-

René-Eduard Prince de Rohan-Guémené (Waldkirch 1977) 31-39

[115] PfA-Ettenheimmünster, Kurze Historische Beschreibung der Pfarrey Münsterthal bei St: Landelin von dem siebenden Jahrhunderte nach Christi Geburt bis auf das Jahr 1804 verfasset von P: Bernard Stöber des Ordens des heil Benedicts, Professen des aufgehobenen Klosters Ettenheimmünster geweßten Pfarrherrn dieser Pfarrey, 154-155

[116] Furtwängler, 151

[117] Diarium II, *125r; im 'roten weltlichen Rock' besichtigte er die Baustelle, während die Bürgerschaft ihm ihre Aufwartung machte (Diarium II, *125r); vgl. Diarium II, *123v

[118] Diarium II, *125r

lichkeiten begleitet. Am 18. August wurde Herr Demougé neuer Komtur des 'Ritter Ordens des Heil. Johannes von Malta zu Straßburg', durch Johann Jacob Lanz in Anwesenheit des Kardinals geweiht[119]. Eine Woche später beging man den Namenstag des Landesherrn im Kloster. Unter den Gästen waren die Prälaten von Schuttern, Gengenbach und Allerheiligen[120]. Am 26. September ritt der Mahlberger Oberforstmeister Carl Ludwig, Freiherr Schilling von Canstatt, nach Ettenheimmünster, um dem Prinzen von Rohan seine Aufwartung zu machen[121].

Die negative Seite, die das Prädikat 'Residenzstadt' mit sich brachte, wurde erstmals in der zweiten Hälfte des

---

[119] Diarium II, *125v; PfA-Ettenheimmünster, Stöber, 155; zu Demougé vgl.: Medard Barth, Seminaristen und Benediktiner des Elsaß als Flüchtlinge im Kloster Ettenheimmünster während der frz. Revolution, in: Freiburger Diözesan Archiv (71/1951) 180

[120] Zur nächtlichen 'Illumination' und dem Feuerwerk kamen sogar die Ettenheimer in den Klostergarten. Die Festgesellschaft wurde aus gegebenem Anlaß vom Kloster bewirtet (Diarium II, *125r; PfA-Ettenheimmünster, Stöber, 155)

[121] Carl Ludwig, Freiherr Schilling von Canstatt, Tagebuch, in: Lahrer Wochenblatt (1905) 450;
"Karl Ludwig wurde als Sohn Karl Friedrichs von Schilling und dessen Gemahlin Juliane von Bouwinghausen und Walmerode zu Karlsruhe am 6. November 1760 geboren. Bis zu seinem 11. Jahre blieb er bei seinen Eltern, die zu Hohenwettersbach oder zu Karlsruhe wohnten. Sein erster Hofmeister war der spätere Pfarrer Nüßlin von Brötzingen. Von 1770 ab besuchte er das Gymnasium zu Karlsruhe bis zur Sekunda. 1777 kam er zur Erlernung der Jägerei und des Forstwesens zum Oberforstmeister von Göllnitz nach Leonberg; doch trat er nach drei Jahren als Kadett beim Füsilierbataillon "Durlach" ein. Im gleichen Jahre 1780, wurde er daselbst Unterleutnant und 1785 badischer Hof- und Jagdjunker. (...)
Im Jahre 1789 verheiratete er sich mit Luise Schenk von Geiern und wurde im selben Jahre badischer Kammerjunger und als Oberforstmeister zu Mahlberg angestellt. 1803 erfolgte seine Versetzung nach Ettenheim (...). Bis zum Jahre 1830 versah er sein Amt, dann zog er sich nach Karlsruhe in den Ruhestand zurück und verstarb daselbst am 18. August 1833." (Lahrer Wochenblatt (1905) 450);
Carl Ludwig, Freiherr Schilling von Canstatt, war übrigens auch am 31. Januar 1791 mit Herrn und Frau von Türckheim von Altdorf in der Ettenheimer Residenz zu Gast, wo er bis zum Abend geblieben ist. (Schilling von Canstatt, 450)

Jahres 1790 verstärkt spürbar. Henriette Stuber, die Tochter des Ettenheimer Oberamtsverwesers, weiß zu berichten, daß der Amtmann die Wohnung im Amtshaus aufgeben, die Gärten, die einen Teil seiner Besoldung darstellten, für eine geringe Vergütung an den Fürsten abtreten und selbst froh sein mußte, in einem 'alten schlechten Judenhause' notdürftig unterkommen zu können[122]. Die Allgemeine Handwerker-Zunft hatte ihre Zunftstube an den Landvogt abzutreten und ihre Zunfttage auf dem Rathaus zu halten[123].

Um die Sicherheit des Landesherren zu gewährleisten, errichtete man am 11. Dezember Schilderhäuschen in Ettenheim. 30 Mann Darmstädtische Soldaten rückten am darauffolgenden Tag in der Stadt ein; sie sollten dem Kardinal als Schutztruppe dienen und waren von ihm angefordert worden. Einquartiert wurden 12 von ihnen im 'Apothekers-Haus' am Kirchberg, die Restlichen im Saal des Spitals[124]. Am 8. Januar kamen von Zabern 4 Zentner Pulver und Blei und mehrere kleine Kanonen an, die im Schloß untergebracht oder vor der Hauptwache aufgestellt wurden[125]. Sie gehörten zur Ausrüstung der Schutztruppe des Kardinals, der am 12. Dezember 1790 endgültig in seine neue Residenz umgezogen war[126].

---

122 Dietz, *11

123 Diarium II, *127r

124 Diarium II, *126r; vgl. J. Haas, Ein Hochverratsprozeß in Ettenheim im Jahre 1791, in: Schauinsland (30/1903) 30

125 Diarium II, *129r

126 "den 12:t(en) christmonat, ist abents um 4:
uhr, unßer gnädigister lants fürst, auß
dem kloster Ettenheim Minster, mit allen
ßeinen leuthen, und hoffstatt, herausßge-
faren, mann hat ihne mit creuz und fahnen
von der kirchen abgeholt, mit mußig, bauke(n)
trompeten, und anderes, in die kirchen,
die geistlichen, die herren deß Rats in mentle(n)
und die ganze burgerschafft, jung und alt
zuegeschauet, allwo der fürst allen den ßege(n)

Doch auch die vorläufig letzte Umbaumaßnahme am 18. Dezember, bei der ein Gang vom

"buelachischen hauß od(er) auß der stattschriberey[127]"

ins Schloß errichtet wurde, damit der Prince de Rochefort, der anscheinend dort seine Wohnung gefunden hatte,

"comod zue unßerem gnädigen lants fürsten komen kan[128]",

täuschte nicht darüber hinweg, daß alle Verantwortlichen davon überzeugt waren, nur einige Wochen in Ettenheim verbleiben zu müssen. Ettenheim war Residenz auf Zeit.

V. AM HOF ZU ETTENHEIM

So wie jede, noch so kleine Residenz des 18. Jahrhunderts war auch die Ettenheimer Hofhaltung geprägt vom Hof in Versailles, seinen Umgangsformen und seiner Liebe zur

---

gegeben, wo mann Musicalisc, daß tedeum
laudamus abgeßungen, wo mann nach dem Ambthoff
od(er) schloß, ßo der fürst under dem him̄el gangen
mit auffwartung unßerer stattßoldaten
nebst den 6 belleren 3 ßalve starg gegeben,
wie auch bey der ßonenwirt, und um das Rat=
=auß herum, biß an deß herren ßimones hauß,
lauter liechter, wie auch an etlichen Eckh=
heißer bechfacklen, angezint bey der nacht
waren."
(Diarium II, *124r)

[127] Diarium II, *128r

[128] Diarium II, *128r

barocken Festlichkeit. Auch in Ettenheim begegnet eine Fülle von Menschen - Herrschaften und Dienstboten.

1. Das Ettenheimer Schloß und seine Bewohner

Neben Kardinal Louis de Rohan begegnen in Ettenheim in der Folge vor allem der Neffe des Kardinals, der alte Prince de Rohan-Rochefort[129], mit seiner Gemahlin. Möglicherweise bewohnten sie gemeinsam mit dem jungen Henri, Prince de Rohan-Rochefort die dem alten Amtshaus benachbarte Stadtschreiberei, das 'buelachische Hauß', das - wie bereits erwähnt - eine Verbindung mit dem Palais erhalten hatte[130]. Vielleicht wohnte die Familie aber auch im Schloß selbst; so soll zumindest die Tochter des alten Prince de Rohan-Rochefort, Charlotte Louise Dorothée, zwei Mansardenzimmer auf der Westseite des Gebäudes bewohnt haben[131].

In den kommenden Jahren begegnet in den Quellen ferner ein nicht weiter identifizierbarer Prince de Rohan-Rohan, der mit der Leitung des in Ettenheim errichteten Regiments 'Royal Rohan' betraut war[132].

Besondere Unterstützung wurde dem Kardinal in der Person seiner Generalvikare Abbé Jean François d'Eymar, Koadjutor des Propstes von Neuweiler, und Abbé Jean Francois Regis Weinborn zuteil[133], die immer wieder gemeinsam mit Rohans Weihbischof Johannes Jacobus Lan(t)z, Bischof von Dora - am 3. April 1786 zum Weihbischof

---

[129] Kürzel, 47
[130] Diarium II, *128r; vgl. Anm. [127-128]
[131] Furtwängler, 152
[132] GLA 74-6286, 79r und öfters
[133] Rathgeber, 88; DAL-Protocollum decretorum

der Diözese Straßburg ernannt [134] - im Dienst des Fürstbischofs und des Bistums tätig waren.

Eine der bedeutendsten Persönlichkeiten am bischöflichen Hof war Abbé Simon, der das Vertrauen seines Herrn im vollsten Maß besaß. Alle Schriftstücke gingen durch seine Hände; nichts wurde ohne seine Billigung unternommen[135].

Darüber hinaus fanden sich am Ettenheimer Hof viele Unbekannte und Ungenannte,

"... Marquis, Grafen und Barone mit ihren Frauen, die nichts mitbrachten und in der äussersten Armut lebten. Der Kardinal und die Herren, alle meinten damals, diese Schreckenszeit würde bald vorübergehen. Es wurde also ein förmlicher Hof etabliert mit all dem unnützen Gesinde, das damals üblich war.[136]"

2. Die Verwaltung des Oberamtes

Nach dem Verlust des gesamten linksrheinischen Gebietes des Hochstiftes hatte der Kardinal die Landesregierung zwangsläufig wesentlich vereinfacht. Nur drei Räte waren am Ettenheimer Hof: Hofgerichts- und Kammerpräsident Nicolaus de Heille, Geheimer Hof- und Rentkammerrat Abbé Simon und Oberjägermeister Müllenheim. Sie bildeten in Verwaltungssachen die bischöfliche Hof- und Rentkammer und in Justizsachen mit dem Gerichtssekretär das Hofgericht [137].

---

[134] Conrad Eubel, Hierarchia Catholica Medii et Recentioris Aevi, Bd. VI (1958) 200

[135] Schell, 140;
Josef Rest, Zustände in der südlichen Ortenau im Jahre 1802, in: Die Ortenau (11/1924) 27

[136] Dietz, *11

[137] Schell, 139-140

Von der Fülle der städtischen und Oberamtsbeamten sollen hier nur einige genannt werden. Neben Landvogt von Bruder spielte der Mann seiner Nichte, Franz Michael Heinrich Stuber, eine besondere Rolle[138]. Während von Bruder als Ettenheimer Oberamtmann in Renchen wohnte[139], wurde der Ettenheimer Bürgerschaft am 25. Juni 1788 Franz Michael Stuber als Oberamtsverweser vorgestellt[140].

Im Zusammenhang mit den im Oberamt anfallenden Schreibarbeiten wird auch Stadt- und Amtsschreiber Xaver Sartori in der Darstellung dieser Jahre von Bedeutung sein[141] - Jahre, die anders verliefen, als man es Ende 1790 gemeinhin angenommen hatte.

---

138 Stuber war, wie ihn seine Tochter schildert, ein Mann von mittlerer Größe, dunkelblonden Haaren und blauen Augen, mit sanftem, aber dennoch verständigem Aussehen, mit einem Zug von Witz um den freundlichen Mund. (Dietz, *10)

139 vgl. Anm. 64

140 Diarium II, *99r; nicht nur GLA 138-83, 177v belegt in der Folge, daß Stuber dieses Amt mit tiefer Hingabe an den Landesherrn, und großem Geschick ausfüllte.(vgl. auch: Henriette Stuber, Memoiren einer Ahnherrin (Abschrift einer Handschrift) *2)

141 Vgl. Rest, 27

2. Teil

ET ADHUC DURAT SPES AVORUM [1]

Nachdem sich der Kardinal und Fürstbischof von Straßburg auf seinem rechtsrheinischen Territorium niedergelassen hatte, begannen die Quellen zu sprudeln. Obschon die Geschehnisse am Oberrhein kaum Eingang in die Geschichtsbücher gefunden haben, reichen die Ereignisse im kleinen Hauptort des Ettenheimer Oberamtes in der Folge an den Rand der Weltgeschichte heran. Unmengen von Papier geben Zeugnis von der Bedeutung dieser Jahre, bis die Nachrichten mit der Kriegserklärung im Jahre 1792 gänzlich wieder zu versiegen beginnen.

Jene Jahre vom Ausbruch der Revolution bis zum Beginn des ersten Koalitionskrieges stehen im Mittelpunkt des zweiten Teiles der vorliegenden Darstellung. Dabei bleibt dieser Rahmen natürlich nur in etwa gesteckt. Immer wieder werden wir in unserer Betrachtung über den Ausbruch des

---

[1] Inschrift auf dem Wappengobelin des Armand Gaston Maximilien, Prince de Rohan-Soubise, der sich heute im Sitzungssaal des Ettenheimer Palais Rohan befindet.

Krieges hinausgreifen, um wenigstens in einigen Punkten ein halbwegs geschlossenes Bild der sich immer wieder hinter Menschen, Fakten und Ereignissen verbergenden Persönlichkeit des Kardinals zu erhalten. Bei allen Fragezeichen und Zweifeln, die bleiben, zeichnet sich dann ein Bild, das geprägt ist von unerschütterlicher Hoffnung. In allem, was geschieht, begegnet uns die Zuversicht, daß die Zeit zurückzudrehen, das 'Ancien régime' wiederherzustellen ist. Es ist 'die Hoffnung der Vorfahren', die den Kardinal beherrscht, bis sie von der Angst und der Furcht verdrängt, von der Resignation abgelöst wird.

3. Kapitel

DER POLITIKER

Während der Koblenzer Hof, an dem Louis Joseph de Condé[1] einen Großteil der französischen Emigranten um sich scharte, als Brennpunkt der konterrevolutionären Tätigkeit bekannt war für seine Kabalen und amourösen Abenteuer[2], gab es von der Ettenheimer Hofhaltung wenig Aufregendes zu berichten[3], obschon die Persönlichkeit

---

[1] Der 'alte Condé' hatte mit seinem Sohn Louis Henri Joseph, Duc de Bourbon, und seinem am 2. August 1772 im Schloß Chantilly geborenen Enkel Louis Antoine Henri de Bourbon, Duc d'Enghien, als einer der ersten im Jahre 1789 das revolutionäre Frankreich verlassen. (Johann Baptist von Weiß, Weltgeschichte, Bd. XX (Graz/Leipzig ³1896) 381-383)

[2] "Etwa vierzig französische Damen waren an diesem Hofe und erfüllten ihn mit Unruhe und Cabalen. Er gab das treueste Bild der zu Paris in den Zeiten der Fronde erlebten Scene. "Wie dort wechselten die ernstesten Berathungen mit dem frivolsten Zeitvertreib, wie dort übten die Frauen ungemessensten Einfluß..."" (v. Weiß, Bd. XV (Graz/Leipzig ³1894) 266)

[3] Von der Hofhaltung selbst ist kaum mehr bekannt, als daß jeden Sonntag dort 'Cour' gehalten wurde (GLA 74-6281, 27v). Machleid berichtet nur von der Hochzeit zweier Bedienter des Kardinals und der Prinzessin, die von Rohans Hofkaplan getraut wurden.
(Joann Conrad Machleid, Diarium II, *128r)

des emigrierten Straßburger Fürstbischofs nicht minder Anziehungspunkt für die Scharen der Frankreich verlassenden Aristokraten war.

I. EMIGRANTEN AUF DER SUCHE NACH EINER BLEIBE

Am 30. April 1790 traf der Herr von Ichtratzheim in Ettenheim ein, 'weilen in dem Elsaß alle Rebellion ist, und die herrschafften schier nit mer ßicher ßein'[4]. So wie er zogen sich viele Fürsten des Elsaß in ihre rechtsrheinischen Besitzungen zurück. Doch nicht überall wurde ihnen der Aufenthalt so leicht gemacht, wie auf dem Territorium des Hochstiftes Straßburg. Eingeschüchtert durch die Ereignisse des Jahres 1789 bemühten sich die Landesherren um größtmögliche Neutralität[5]. Baden verordnete aus diesem Grund, daß sich kein Fremder länger als 24 Stunden an einem Ort aufhalten dürfe. Nur diejenigen, 'welche ihres Standes wegen einige Rücksichten verdienen, und sich einzeln,

---

[4] Diarium II, *121r; er ließ sich in dem noch heute nach ihm benannten Schlößchen nieder (Diarium II, *121r)

[5] Das badische Geheime-Rats-Collegium war der Meinung, daß
"... höchstgedachten
Herrn Marggraven Hochfürstl.
Durchl:t nie würde anzurathen
seyn in die französische An-
-gelegenheiten weiter als die
höchste Noth erfordert, einzu-
gehen;"
(GLA 74-6281, 30r/v; vgl. auch 33r)
Erdmannsdörfers Urteil ("Natürlich schloß ein solch streng neutrales Verhalten nicht aus, daß zahlreichen französischen Emigranten, welche an jenen militärischen Experimenten unbetheiligt waren, Aufnahme und hilfreiches Entgegenkommen in badischen Landen gewährt wurde.") erscheint vielleicht als etwas zu wohlwollend. (Bernhard Erdmannsdörfer (Hrsg.), Politische Correspondenz Karl Friedrichs von Baden 1783-1806, Bd. I (Heidelberg 1888) 333)

nicht Truppweise einfinden', könnte man, nach sofortiger Meldung beim jweiligen Oberamt, bis zu acht Tagen beherbergen. Längere Aufenthalte zu bewilligen, behielt sich die Karlsruher Regierung vor[6].

Während das vorderösterreichische Oberamt Ortenau keine Franzosen aufnahm[7], machte Offenburg kaum Auflagen bezüglich der Unterbringung von Emigranten. Mehrere französische Familien fanden in der Reichsstadt Unterkunft[8].

II. SAMMLUNG DER 'MISSVERGNÜGTEN'

Zu der Zeit, als der Prince de Rochefort am 2. März 1791 Ettenheim verließ, um nach Rom zu reisen [9], wandten sich die Reichsstädte Zell am Harmersbach und Gengenbach an den Markgrafen in Karlsruhe. Ein Graf von Meon und ein Graf von Mirabeau, die sich im 'Römischen Kaiser' in Freiburg aufhielten, hätten in diesen Städten bezüglich der Unterbringung einiger Leute anfragen lassen. Gengenbach wie Zell teilten Carl Friedrich mit, daß sie dieses Ansinnen negativ beschieden hätten [10].

Anders hingegen reagierte Rohan auf das Begehren des Boniface Louis Riqueti, Vicomte de Mirabeau[11].

---

[6] GLA 74-6281, 85r-86r

[7] GLA 74-6281, 118v

[8] Die unterschiedlichen Meinungen der in Offenburg weilenden Emigranten über die französischen Zustände, aristokratische und demokratische Einstellungen der einzelnen Familien, führten nicht selten zu Auseinandersetzungen. (GLA 74-6281, 124r)

[9] Machleid hatte gehört, dies geschehe 'wegen der nation zue straßburg'. (Diarium II, *130r)

[10] GLA 74-6281, 89r

[11] Die Familie hieß ursprünglich Arrighetti und stammte aus Florenz, aus dem sie 1268 bei innerstädtischen Auseinandersetzungen vertrieben wurde und auswanderte. Meist als geistvoll und tapfer geschildert, waren die Arrighetti jedoch arm, bis Jean Riqueti durch

1. Sammelplatz der Emigranten

Anfang März wurden die Wirte des Oberamtes befragt, wie viele Leute sie aufnehmen könnten, und welches Kostgeld zu entrichten sei[12]. Am 7. März wurde Abt Landelin Flum von Ettenheimmünster ersucht, die Erlaubnis zur Unterbringung mehrerer Leute bei den Wirten auf klösterlichem Gebiet für vier bis sechs Wochen zu erteilen. Obgleich der Abt sich damit entschuldigte, das Kapitel zunächst befragen zu müssen, zweifelte niemand daran, daß sich der Fürstbischof um die sicher ablehnende Antwort desselben nicht kümmern werde[13]. Ohne Zögern ließ der Kardinal durch seinen Kammerdiener beim klösterlichen Wirt zu Sankt Landelin erfragen, wie hoch das Kostgeld für 40 bis 50 'Söhne von französischen advocaten, und Procuratoren' sei[14].

Teilnahme an großen Handelsunternehmungen zu Reichtum kam und 1562 Konsul von Marseille wurde. Als solcher gewann er nicht zuletzt durch die Tatsache, daß Marseille dem katholischen Glauben erhalten wurde, Ansehen bei Hof und kaufte die Herrschaften Mirabeau, Negrau und Beaumont. Die Familie nannte sich fortan Riqueti de Mirabeau. Das Haupt des Hauses, das über die anderen Mitglieder eine unbedingte Gewalt ausübte, nannte sich 'Marquis de Mirabeau', der nächstberechtigte Erbe hieß 'Comte', der nächste nach ihm 'Vicomte', die übrigen 'Chevaliers de Mirabeau' (v. Weiß, Bd. XIV (Graz/Leipzig [3]1894) 408-409). Während des größten Teiles des 18. Jahrhunderts war Victor de Riqueti, Marquis de Mirabeau, Familienoberhaupt. Neben Honoré Gabriel (9. März 1749-2. April 1791) gewann sein 1754 geborener jüngster Sohn durch seine gegenrevolutionäre Tätigkeit Bedeutung. Trunksucht und Völlerei brachten Boniface Louis neben mehreren körperlichen Beschwerden den Beinamen 'Tonneau' ein (v. Weiß, Bd. XIV, 412-413; Bd. XV, 146-153; Justus Franz Wittkop, Graf Mirabeau (Esslingen o. J.) 27, 244, 275).

[12] GLA 74-6281, 89r/v

[13] GLA 74-6281, 89v-90r

[14] Man versicherte dabei, den Preis pünktlich zu bezahlen. (GLA 74-6281, 89v)

"Solchergestalten wird der Sam̄elplaz der Fran=
zösischen und zu einer gegen Revolution bestim̄-
ten Emigranten die hiesige gegend seyn, woher
sich grosses Unheil vor das hiesige Ober Amt, und
das Ober Amt Hochberg ergeben wird, ...[15]"

... befürchtete das Oberamt Mahlberg [16].

Am 11. März begab sich der erste Kammerdiener des Kardinals nach Grafenhausen und Ringsheim, um die ersten Truppen anzumelden, die am 14. eintreffen sollten[17]. Zwei Tage später, am Sonntagabend, trafen mehrere Abteilungen von sogenannten 'aristocratischen Rekruten', die jeweils zehn bis zwanzig unbewaffnete Mann umfaßten und mit Pässen des Oberamtes Rötteln und der Stadtschreiberei von Schopfheim versehen waren, im Oberamt Hachberg ein. In Bötzingen, Eichstetten, Nimburg und Bahlingen übernachteten die Soldaten, bevor sie am folgenden Montagmorgen nach Ettenheim weitermarschierten[18].

Täglich vermehrte sich die Anzahl des 'von denen französischen mißvergnügten großen engagirten Volks', das vornehmlich aus den südlichen Gegenden des Reiches nach Ettenheim geführt wurde. Mehrere Wirtshäuser in der

---

15 GLA 74-6281, 90r

16 Das Karlsruher Hofrats Collegium empfahl allerdings auch in diesem Fall, da es sich um Anstalten im Ausland handele, nach dem Prinzip der Nichteinmischung zu handeln (GLA 74-6281, 91r (11. März 1791))

17 Dem Wirt Lorber von Grafenhausen wurden 50 Mann mit 63 Pferden zugeteilt, weshalb er sich mit Lebensmitteln eindecken sollte. Das für die Gäste ausgelegte Geld würde er alle fünf Tage zurückerhalten.
(GLA 74-6281, 92r)

18 GLA 74-6281, 93r/v, 121r-122r;
obschon die Emmendinger Oberamtsverwaltung über den Durchmarsch nicht informiert worden war, unternahm die Karlsruher Regierung nichts. Nur unter der Bezeichnung 'aristocratische Rekruten' sei der Durchzug untragbar, ansonsten solle man die Abteilungen ziehen lassen.
(GLA 74-6281, 94r)

Stadt waren bereits am 18. März gefüllt, und auch in Weiler, Ringsheim und Grafenhausen befanden sich Soldaten. Allein am 17. kamen 40 Leute und 54 Pferde, die immer vier und vier zusammengekoppelt neben einem Bagage-Wagen nach Ettenheim gebracht wurden. Man führte die Tiere nach Grafenhausen und brachte sie am Ortsausgang in Richtung Kappel unter[19].

Für Aufregung bei den Nachbarn des Hochstiftes sorgte die Äußerung eines Reitenden. Als man ihm auf die Frage, ob das Land des Kardinals groß sei, antwortete, es bestehe nur aus der Stadt Ettenheim und einigen wenigen Dörfern, wunderte sich der Fremde, wo denn die vielen noch nachfolgenden Leute untergebracht werden sollten[20]. Bis zum 22. März hatte sich das für die Gegenrevolution bestimmte Volk auf vierhundert Mann verstärkt. Weitere 200 wurden für die nächste Zukunft erwartet[21].

Zunächst vermehrten sich die Soldaten vor allem durch französische Deserteure[22]. Das Oberamt Mahlberg schätzte die in der Nachbarschaft untergebrachten Soldaten am 26.

---

[19] GLA 74-6281, 95r/v; Diarium II, *131r;
am 19. März betrachtete Carl Ludwig, Freiherr Schilling von Canstatt, die Pferde und sprach auch mit einigen Offizieren. (Carl Ludwig, Freiherr Schilling von Canstatt, Tagebuch, in: Lahrer Wochenblatt (1905) 450)

[20] GLA 74-6281, 95v;
neben Söhnen von französischen Advokaten, Prokuratoren und Kaufleuten scheinen auch Vertreter der verschiedensten Nationen unter den Rekruten gewesen zu sein. Für die badischen und vorderösterreichischen Beamten zeichneten sich einige vor allem dadurch aus, 'daß Sie nur zu der Schlechtesten Claße von Menschen gezehlet werden können' (GLA 74-6281, 95v); für die einheimische Bevölkerung war die Schar der Fremden etwas Neues. Machleid wundert sich über die Vielzahl der Hüte, die die Rekruten und Emigranten mitbrachten, und besonders darüber, daß sie statt Silberschnallen schwarze Bänder an den Schuhen trugen (Diarium II, *131v).

[21] GLA 74-6281, 100r

[22] GLA 74-6281, 101v

März bereits auf 500 Mann, und allenthalben hörte man das Gerücht, daß sich diese Zahl in Kürze verdreifachen werde[23]. In den Dörfern des Oberamtes wurde inzwischen jeder, der eine Muskete tragen konnte, angeworben[24]. Sobald die Truppen bewaffnet seien, sollten jedem Soldaten 50 Livres Handgeld ausgezahlt werden[25]. Täglich kamen Fremde in die Stadt und alle 'Logis' waren besetzt[26]. Zu viele waren im kleinen Ettenheimer

---

[23] GLA 74-6281, 106r; vgl. das 'Promemoria des Geh. Raths Schlosser', Karlsruhe, 27. März 1791:
"... Ich höre..., daß ein Corps von 600 Mann in Ettenheim zusammengeschlossen sein soll. Wegen dieses würde es nicht undienlich sein, sich mit der Freiburger Regierung in Korrespondenz einzulassen, um zu hören, ob sie nicht den Kardinal von solchen Unternehmungen zu dehortiren veranlaßt werden möge. Die Sache scheinet mir so bedenklich zu werden, daß ich glaube, es wäre S^mo anzurathen, dem Prinz Condé und dem Mirabeau endlich anzuliegen, daß sie ihre Leute alle aus den ober= und unterländischen Oberämtern wegschaffen..." (zitiert nach: Erdmannsdörfer, Bd. I, 394); am 28. März wurde in der Tat ein Schreiben an die Freiburger Regierung gerichtet und der Wunsch nach einem gemeinsamen Vorgehen in dieser Angelegenheit ausgesprochen. Freiburg erwiderte am 7. April, daß man Durchzüge von Truppen, die keinem Reichsstand oder keiner europäischen Macht angehörten, nicht dulden würde. (Vgl. Erdmannsdörfer, Bd. I, 394)

[24] GLA 74-6281, 110r

[25] GLA 74-6281, 101v; unter den hervorragenden Bedingungen, zu denen man in Ettenheim Soldaten anwarb, litten die kaiserlichen Werbungen in Offenburg beträchtlich. (GLA 74-6281, 124r)

[26] GLA 74-6281, 117r; da die vielen vornehmen Franzosen sich vornehmlich in Ettenheim selbst einquartiert hatten, gab es mit Sicherheit größere Schwierigkeiten, für den Vicomte de Mirabeau, dem man Anfang April in Freiburg zu erkennen gegeben hatte, daß sein weiterer Aufenthalt dort nicht länger erwünscht sei (GLA 74-6281, 118v-119r), eine geeignete Wohnung zu finden.
Ob Mirabeaus Gattin aufgrund der Wohnsituation Ettenheim am 7. April nach nur drei Tagen Aufenthalt bereits wieder verließ (GLA 74-6281,117r; erst im Spätjahr ist ihr Aufenthalt in Ettenheim wieder belegt (GLA 74-6283, 190 r/v)), bleibt allerdings unklar. Vielleicht hängt ihre überstürzte Abreise auch damit zusammen, daß Prince Condé am 6. April dem Kardinal die Nachricht vom Tod des Honoré Gabriel Riqueti, Graf de Mirabeau, in Paris überbrachte (GLA 74-6281, 117r/v). Für die Gegenrevolutionäre war übrigens klar, daß man Mirabeau aus Furcht vor einem Überwechseln zu den Monarchisten ermordet hatte; man rätselte nur noch,

Oberamt einquartiert, und von der Nachbarschaft war keine Unterstützung zu erwarten[27]. Während sich Mitte April die Zahl der Angeworbenen noch immer auf etwa 500 Personen belief[28], soll die Kavallerie allein Ende April bereits 500 Mann stark gewesen sein[29]. Noch waren die vielen Fremden für die Bevölkerung des Oberamtes Ettenheim keine übergroße Belastung. Es scheint trotz der großen Zahl gelungen zu sein, unter den Truppen 'gute Manneszucht' zu halten. Kaum Desertionen sind zu dieser Zeit belegt[30], und auf dem Anfang April gehaltenen Jahrmarkt waren lediglich drei bis vier Soldaten anzutreffen gewesen, die sich ruhig verhielten und sich beizeiten in ihre Quartierte begaben[31]. Noch zu Beginn des Monats Mai - Machleid sprach zu diesem Zeitpunkt von 700 Soldaten - soll keine Verteuerung der Grundnahrungsmittel festzustellen gewesen sein[32].

---

ob er erwürgt oder vergiftet worden war. (GLA 74-6281, 117v)

[27] Am 2. April sprachen zwei Offiziere in bürgerlicher Kleidung in Mahlberg vor und suchten um die Unterbringung einiger hundert Mann auf badischem Territorium nach. Ihr Gesuch wurde umgehend abgewiesen (GLA 74-6281, 114r). Abt Landelin Flum hingegen mußte seinen Widerstand aufgeben und zugestehen, daß ein Teil der Soldaten auf das Klostergebiet verlegt wurde (GLA 74-6281, 106r; vgl. auch GLA 74-6281, 96r; Anm.[13]).

[28] GLA 74-6281, 130r

[29] GLA 74-6281, 140r; die Oberkircher Bauern durften schon eine ganze Weile kein Stroh und Heu verkaufen, damit die Bedürfnisse der täglich wachsenden Kavallerie gedeckt werden konnten (GLA 74-6281, 118r).

[30] GLA 74-6281, 101v-102r

[31] GLA 74-6281, 114v; trotzdem erklärte sich der Vicomte de Mirabeau, als er am 3. April in Uniform die Truppen bei Grafenhausen und Kappel besuchte, mit einigen dort anzutreffenden Unordnungen unzufrieden (GLA 74-6281, 113v-114r).

[32] "Eß ßein nunmero ohngefehr, bey 700 mann,
Recruten od(er) angeworbene franzoßen in statt,
und ambt, und ist doch der ßegen gottes
daß weder daß liebe brodt, frucht, butter,
gemieß, bonen, Erbßen, linßen, ßpeck,
mehl, grieß, und andere lebensmittel
ayer, ist nix theirer alß vorhero, wo

Für den 16. und 17. Mai ist die Ankunft von zwanzig weiteren Rekruten in Ettenheim belegt[33], und am 25. trafen wiederum zwanzig Personden ein, die - größtenteils Offiziere - 22 Pferde für die Husaren des Landesfürsten mitbrachten [34].

Um weitere Soldaten unterbringen zu können, hatte Rohan bereits Anfang Mai im Oberamt Oberkirch bei den Wirten anfragen lassen, ob sie bereit wären, einige derselben zu übernehmen, da sie in Ettenheim zu eng aufeinander lägen[35]. In Renchen gab man Landvogt Bruder [36] jedoch deutlich zu erkennen, daß der Kardinal, wenn er dort Truppen unterbringen wolle, eine Kaserne errichten solle. Dagegen war zumindest ein Wirt der Stadt Oberkirch und sämtliche Oppenaus zur Übernahme von Soldaten bereit[37]. Zunächst wurden von Ettenheim aus jedoch nur 100 Mann in die Untere Herrschaft des Straßburger Fürstbischofs verlegt, da dem Kardinal 300 bisher in Worms einquartierte Mann vom Prince de Condé zugeteilt worden waren, die Rohan im Oberamt Oberkirch unterzubringen gedachte[38]. Im Gegenzug

---

niemand allhier ware, und komen merer
alle dag neüwe ßolldaten ahn über Rein."
(Diarium II, *133v)

[33] Man wunderte sich in Ettenheim über die großen 'knopfete brigel', 3 bis 4 schuh lang, die die Ankommenden als Spazierstöcke benutzten, und munkelte, daß darin Gewehre verborgen seien. (Diarium II, *134r)

[34] Dabei wurde das Vorhaben des Kardinals, zu seinem persönlichen Schutz ein Husarenregiment zu errichten, bekannt. Das Regiment sollte im 'Stammhof' untergebracht werden (Diarium II, *134r). Der ursprüngliche 'Stammhof der Herren von Endingen' stand in der Nähe des Thomastores, dem westlichen Tor der Stadtbefestigung und war im Jahre 1791 in den Besitz des Kardinals übergegangen (vgl. Johann Baptist Ferdinand, Der 'Stammhof' in Ettenheim, in: Die Ortenau (43/1963) 46-49; neu zugänglich in: Johann Baptist Ferdinand, Aufsätze zur Geschichte Ettenheims und seiner Umgebung (Ettenheim 1980) 128-131).

[35] GLA 74-6281, 172r/v

[36] Bruder hatte sich dabei übrigens nur einen Tag in Renchen aufgehalten. (GLA 74-6281, 172r/v)

[37] GLA 74-6281, 172r/v

[38] Bereits zuvor waren Beziehungen zwischen den Truppen im Hochstift

sollte die Kavallerie Ende Mai in Richtung Worms abgehen - in Ettenheim und Umgebung hatte man kaum Anstalten getroffen, Pferde auf längere Zeit unterbringen zu können. Geplante größere Ankäufe waren anscheinend fallengelassen worden[39]. Am 22. Mai wurden die badischen Nachbarn über den etwaigen Termin des Abmarsches unterrichtet. Nähere Angaben über den Durchzug erfolgten nicht[40].

Mittlerweile war es schwer geworden, genaues über die Anzahl der Fremden im Bischöflich-Straßburgischen zu erfahren. Die Legionäre aßen nicht mehr bei den Wirten, sondern bei der Bevölkerung[41]. Die Einquartierungen in den Dörfern wechselte durch häufige Verlegungen rasch[42] und Pferdelieferungen, Neuanwerbungen, wie auch die allmählich einsetzende Desertion machten die Verhältnisse im Bischöflichen nahezu unübersehbar[43].

---

und denen bei Worms und Koblenz zu beobachten (möglicherweise bilden die Nachrichten in GLA 74-6281, 130r Hinweise darauf). Anfang April 1791 hieß es, daß Condé im Kriegsfall die in Ettenheim stationierte Legion übernehmen werde (GLA 74-6281, 100v).

39 GLA 74-6281, 188r/v

40 GLA 74-6281, 191r;
Karlsruhe und dessen Oberamt Mahlberg überlegten, wie man sich verhalten solle, wenn das ganze Korps oder auch einzelne Haufen durch badisches Territorium ziehen würden, was bei einer Verlegung unumgänglich war. Man kam überein, die Durchzugserlaubnis nicht zu verweigern, jedoch darauf zu achten, die Truppen ohne Uniform und Gewehr und höchstens als bischöflich-straßburgische Soldaten, keinesfalls jedoch als Revolutions- oder Französische-Truppen bezeichnet, durchziehen zu lassen. Falls der Durchzug dennoch auf diese Weise geschehe, solle man es allerdings bei einem Protest bewenden lassen und ansonsten dafür Sorge tragen, daß es zu keinen Ausschweifungen käme (GLA 74-6281, 191r (Vermerk des Hofrats-Collegiums auf Schreiben vom 23. Mai 1791)).

41 GLA 74-6281, 194r

42 Innerhalb weniger Tage änderte sich die Zahl der in Weiler untergebrachten Soldaten beispielsweise von 150 auf etwa 40 Mann. (GLA 74-6281, 194r/v)

43 GLA 74-6281, 194r/v

Nachdem der Vicomte de Mirabeau am 16. Juni von Verhandlungen mit dem Bruder des französischen Königs aus Brüssel nach Ettenheim zurückkehrte[44] - die Ettenheimer Truppen trugen sicher nicht zufällig etwa ab diesem Zeitpunkt den Namen 'Mirabeau'sche Legion' - vergrößerte sich die Anzahl der Soldaten und der Waffenankäufe noch einmal beträchtlich. Dieses Wachstum wurde durch enorme Truppentransporte aus dem Basler Raum bedingt und brachte die Truppenstärke bis zum 2. Juli 1791 auf etwa 1800 Mann[45].

2. Uniformen, Waffen, Provokationen

Im Gegensatz zur zahlenmäßigen Entwicklung der im Hochstift stationierten Soldaten ging deren Ausrüstung nur schleppend vorwärts, obschon die Monturen der Truppen auf Wunsch der Verantwortlichen gleichbald angeschafft werden sollten. Schon am 16. März war der erste Wagen mit Gewehren eingetroffen[46]. In Lahr kaufte man alle Flintensteine auf, die man erhalten konnte[47] und mit dem 'jud uffenheimerschen hauß in Kippenheim' wurde über 600 Monturen verhan-

---

44 Diarium II, *135r

45 GLA 74-6282, 8v, 15r/v; 60r
das Gerücht besagte, daß binnen weniger Wochen 4000 Mann im Bischöflichen stationiert sein sollten. Der Graf Artois, der Prince de Condé und der Kardinal hätten die
"... Neigung damit
eine Contrerevolution zu bewürcken... "
(GLA 74-6282, 60r).

46 Diarium II, *131r; GLA 74-6281, 95v-96r

47 Nur 300 waren allerdings zu erhalten (GLA 74-6281, 100v); durch die allmähliche Bewaffnung in Ettenheim glaubte das Mahlberger Oberamt erstmals seit den Unruhen von 1789 wieder schärfste Sicherheitsvorkehrungen treffen zu müssen. Tag und Nacht patroullierten Wachen an der badischen Grenze mit geladenem Gewehr und Spione - 'größtenteils unverdächtige Leute, auch Juden' - wurden ins Bischöfliche entsandt, die jede neue Begebenheit weiterzumelden hatten (GLA 74-6281, 96r/v).

delt[48]. Den Auftrag zu deren Herstellung erhielten zunächst jedoch einige Kaufleute in Ettenheim und den österreichischen Orten Herbolzheim und Kenzingen[49]. Um die Wende vom März zum April 1791 war man mit der Verfertigung der Uniformen beschäftigt. Die Nachfrage nach Schneidergesellen in Ettenheim war groß[50].

Noch immer bemühten sich die Juden von Kippenheim um den Auftrag. Am 1. April stellten sich Libmann Bär und Isaac Uffenheimer in Ettenheim vor und brachten das Modell einer bereits fertigen Uniform mit. Da die Juden jedoch bare Bezahlung[51] forderten und noch ein weiterer Konkurrent, ein Jude von Rappoltsweier - Favorit des Vicomte de Mirabeau - sich um die Arbeiten bemühte, konnte der Akkord noch nicht geschlossen werden[52]. Das Uffenheimer'sche Haus scheint einen Großteil der Aufträge dennoch erhalten zu haben[53].

---

48 GLA 74-6281, 100r/v

49 GLA 74-6281, 101v

50 GLA 74-6281, 106v; Diarium II, *131r

51 An Geld mangelte es in Ettenheim immer. Sicherlich wurde dieser Umstand dadurch vermehrt, daß Ende März zwei Geldtransporte, die nach Ettenheim unterwegs waren, von der Straßburger Municipalität abgefangen und nach Straßburg geführt wurden. (GLA 74-6281, 114v)

52 GLA 74-6281, 113v

53 Die Karlsruher Regierung empfahl, die Lieferungen der Uffenheimer als badische Untertanen an die Truppen im Bischöflichen zu ignorieren, da Rohan als Reichsstand Truppen halten dürfe (Geheimrats-Protokoll vom 17. April 1791 und Nachricht an das Oberamt Mahlberg vom 23. April 1791) (GLA 74-6281, 138r/v, 139r/v); aus den Angaben, die das Oberamt Mahlberg nach Karlsruhe weiterleitete, läßt sich in etwa eine Vorstellung von der Uniform gewinnen. Sie bestand aus einem schwarzen kurzen Rock,
"ungefähr wie die K. K. Truppen tragen, mit
hellblauen Aufschlägen und aufgenäheten der-
gleichen Schooß - Umschlagung, weißen zin=
nenen Knöpfen und ein wenig vorstehendem
Stoß des auch hellblauen Futters, schwarzen
Zilet-Veste mit dergl. Stoß, langen Husaren-
Hosen von der nemlichen schwarzen Farbe,
weisen Band-Borten und schwarzen Camaschen."

Am 21. Mai standen die Uniformen zur Verfügung[54], wurden allerdings nicht an die Soldaten ausgeteilt, da die teuren Monturen nicht dem täglichen Exerzieren ausgesetzt werden sollten. Für die Übungen hatte man die Soldaten mit grauen Leinen-Kitteln und langen leinenen Beinkleidern ausgestattet[55]. Lediglich Offiziere und Freiwillige trugen Uniformen, die sie für ihr eigenes Geld herstellen ließen. Bereits im April sind die ersten Monturen belegt[56], während die gemeinen Soldaten noch im Juli nachweisbar in ihren leinenen Kitteln exerzierten[57].

Noch schwiergier als die Herstellung der Uniformen gestaltete sich die Besorgung von Waffen und Ausrüstungsgegenständen. Zwar ist immer wieder von Waffentransporten die Rede[58], doch deckten diese den Bedarf in keinster Weise. Es mangelte an vielem und nur das Notwendigste war vorhanden[59]. Beim täglichen Exerzieren wurde daher in aller

---

(GLA 74-6281, 113v, vgl. auch 100r/v);
hinzu kam ein auf zwei Seiten aufgestulpter schwarzer Hut mit weisser Feder und ein Husaren-Säbel mit schwarzem Griff (GLA 74-6281, 113v), beziehungsweise - anstelle der Hüte - 'Kaßketten' von Leder, wie sie die Kaiserlichen hatten. Sie wurden in Nürnberg gefertigt. Die Blechschilde, mit der Aufschrift 'vaincre ou mourir', die auf ihnen angebracht wurden, stellte man in Augsburg her (GLA 74-6281, 106v). Alles in allem beliefen sich die Kosten dafür auf 17 bis 18 Gulden (GLA 74-6281, 113v).

54 GLA 74-6281, 188r

55 GLA 74-6281, 188r; neben diesen Kleidungsstücken aus 'ungebleichtem Zwilch' erhielten sie blautüchene Holz-Kappen, die mit schwarzen Bändeln eingefaßt und einer weißen Lilie verziert waren (GLA 74-6281, 184r).

56 GLA 74-6281, 140v; gerade unter den sogenannten 'Volontairs' fanden sich Leute aus angesehenen Häusern, die von ihren Familien aus dem Elsaß unterstützt wurden. Der Anhang, den sie im Elsaß hatten, war nicht gering und darf nicht unterschätzt werden (GLA 74-6281, 140v).

57 GLA 74-6282, 145v

58 Beispielsweise kamen im April Gewehre aus den Niederlanden, die größer als die gewöhnlichen und mit einem flachen Bajonett mit nur einer Schneide versehen waren. (GLA 74-6281, 130r)

59 GLA 74-6282, 8v

Regel nur marschiert[60]. Sicher nicht zuletzt um die Truppen zu beschäftigen, begann man rasch damit, Wachposten einzurichten. Obschon Ende März erst ein Posten im Oberamt Ettenheim existierte[61], beschloß man, nachdem die Franzosen den dem bischöflichen Kappel gegenüber gelegenen Ort Rheinau mit 200 Mann Linientruppen besetzt hatten, in Kappel ein Nachtfeuer am Rhein brennen und eine Wache dabei campieren zu lassen[62]. Der größte Teil der contrarevolutionären Truppen wurde in Grenznähe einquartiert, die Rheininseln regelmäßig visitiert und die Patrouillen verstärkt[63]. Mitte April errichtete man am Rheinübergang ein Wachhaus, an dem die aus dem Elsaß kommenden kontrolliert wurden[64]. Darüberhinaus ließ man die Soldaten nachts auch im gesamten Oberamt patrouillieren[65], auch wenn dies einige Unstimmigkeiten zur Folge hatte[66]. Mitte Mai standen die Truppen bereits an den Ettenheimer Toren und hielten dort Wache. Auch im Ort Kappel wurden drei feste Posten eingerichtet[67].

Die militärische Entwicklung im Straßburgischen schürte die Animosität des Elsaß. Immer wieder wird berichtet, daß die Nationalgarde entschlossen gewesen sei, trotz des Befehles, sich ruhig zu verhalten, ins Oberamt Ettenheim einzufallen, um die dortigen Truppen zu vertreiben[68], zumal

---

60 GLA 74-6281, 133r und öfters

61 Dieser bestand aus einem Soldaten mit Patronentasche und Gewehr, der vor der Kommandantenwohnung in Grafenhausen Wache hielt. (GLA 74-6281, 101r/v)

62 GLA 74-6281, 101r/v

63 GLA 74-6281, 106v, 110r/v

64 Dies geschah vielleicht auch, um zum Ausdruck zu bringen, daß man auch diesseits des Rheins Repressalien gebrauchen könne. (GLA 74-6281, 133r)

65 GLA 74-6281, 130r

66 Vgl. Absatz VII dieses Kapitels

67 GLA 74-6281, 184r

68 Die in Rheinau stationierten 100 Mann Linientruppen - sowohl Infanterie als auch Kavallerie und Artillerie - sollen über ihren Dienst aufgebracht gewesen sein (GLA 74-6281, 184v). Vor allem aber waren die Nationalgardisten darüber erbost, daß sie Tag und

die 220 Mann, die Ende Mai in Kappel stationiert waren, beinahe täglich die französischen Linientruppen mit ihren 'Vive-le-Roi'-Rufen provozierten[69]. Solche und ähnliche Provokationen waren mit Sicherheit langfristige Ursache dafür, daß am 30. März 1791 auf eine rechtsrheinische Patrouille von elsässischer Seite aus der erste Schuß abgefeuert wurde[70].

III. DER KÖNIG AUF DER FLUCHT

Am 20. Juni 1791 verließ Ludwig XVI. gegen Mitternacht als Kammerdiener verkleidet mit der königlichen Familie die Stadt Paris, in der er seit dem 6. Oktober 1789 festgehalten wurde. Doch am Abend des 21. Juni war der Traum von der Freiheit für den französischen Monarchen in Va-

---

Nacht wegen eines möglichen Überfalles von bischöflicher Seite her bewaffnet sein mußten. Die elsässischen Orte wurden allnächtlich durch starke Patrouillen gesichert, worunter die gewerblichen Tätigkeiten der Elsässer und der Ackerbau stark litten, da die Männer aus den Ortschaften ihren Dienst bei der Nationalgarde zu verrichten hatten.
(GLA 74-6281, 189r)

69 Die elsässischen Soldaten antworteten vom jenseitigen Rheinufer: 'Vive le Nation' (GLA 74-6281, 188v); der Vicomte de Mirabeau konnte sich vom Haß der Elsässer, als er sich im Mai auf elsässischer Seite sehen ließ, selbst überzeugen. Als man in Rheinau davon hörte, rückten sogar die Frauen des Dorfes mit Knüppeln bewaffnet aus, um den verhaßten General, der sich allerdings bereits wieder zurückgezogen hatte, zumindest über den Rhein zurückzutreiben (GLA 74-6281, 184v).
Auf das Gerücht hin, in Ettenheim sei ein französischer Priester in Haft, gelobten im September 1791 über 1000 Straßburger ins dortige Oberamt einzufallen, um den Gefangenen zu befreien. Nachdem der Betreffende rechtzeitig auf freien Fuß gesetzt worden war, unterblieben etwaige Zwischenfälle (GLA 74-6283, 115r-116v, 122r-123r, 135r/v).

70 GLA 74-6281, 110r/v

rennes bereits zu Ende[71]; nicht aber die Gerüchte um die Flucht des Königs:

"den 24 Juni alß am sanct ioannes dag kame ein staffeten nacher hoff, alß wann der könig von franckreich, auß paris were mit hilff und vorteil xxxx herauß komen, nacher prißel ßambtder königin komen ßambt 2 prizen und einer prinzessin, welches ein große freid war.[72]"

Auch in Kehl hörte man allgemein, der König und die Königin mit dem Dauphin seien entflohen. Doch Genaues war nicht zu erfahren. Einige behaupteten in Straßburg, man habe den König unterwegs wieder festgenommen, andere waren der Meinung, er sei in Metz oder Luxemburg angelangt. Sicher war nur, daß der Straßburger Rheinübergang am 23. und 24. Juni 1791 gesperrt worden war[73].

Für die Aristokraten war die Nachricht von der Flucht des Königs allerdings zu erwünscht, als daß man an deren geglücktem Ende hätte zweifeln mögen[74]. Man hoffte, daß sich der König an die Spitze der Emigranten stellen würde, um gegen die Revolutionäre in Frankreich vorzugehen. Der in Offenburg weilende Prinz Hohenlohe kam umgehend nach Ettenheim[75], wo die geglückte Flucht ausgiebig gefeiert wurde[76].

---

71 Vgl. über die Flucht des Königs neben der Fülle der bekannten Literatur: Albert Soboul, Die große Französische Revolution (Frankfurt 1973) 190-199; Stefan Zweig, Marie Antoinette (Frankfurt 1980) 259-290; v. Weiß, Bd. XV, 185-219

72 Diarium II, *135v

73 GLA 74-6281, 242r/v; vgl. auch die Hachberger Nachricht GLA 74-6282, 67r-68r; die Rheinwache war verdoppelt worden. Man sprach sogar davon, daß am Straßburger Ufer Kanonen aufgestellt werden sollten (GLA 74-6281, 242r/v).

74 Bereits im Mai hatte der Kardinal seiner Hoffnung Ausdruck gegeben, daß in wenigen Wochen Frankreich angegriffen werde, er selbst auf seinen bischöflichen Stuhl, sowie die übrige Geistlichkeit in die eingezogenen Klöster, Häuser, Güter, Renten und Gefälle wieder eingesetzt würden. (GLA 74-6281, 133v, 173v)

75 GLA 74-6281, 247v

76 GLA 74-6281, 247r/v

Noch am 24. Juni gegen 23 Uhr erreichte ein weiterer Bote Ettenheim. Er wollte wissen, daß die königliche Familie vor Metz erkannt und angehalten worden sei[77]. Erst am anderen Morgen scheint sich die Niedergeschlagenheit des Regenten langsam auf die ganze Legion übertragen zu haben[78]. Niemand durfte allerdings der Meinung Ausdruck verleihen, der König sei nicht in Freiheit[79]. Obschon außer den Aristokraten keiner mehr an die Ankunft des Königs in Metz glaubte, wurde noch am 27. Juni am Rheinufer bei Kappel von 4 Uhr an bis spät in die Nacht eine 'Lustbarkeit' gehalten. Den ganzen Tag über wurde getrommelt und geschossen 'und anderes ohnetiges mehren'. Später ging man dazu über, die Franzosen mit 'Vive-le-Roi'-Rufen zu provozieren und schließlich scharf ins Elsaß zu schießen; die Elsässer schossen zurück[80].

Noch am 30. versuchte man in Ettenheim die Meinung aufrechtzuerhalten, die Königin und der Dauphin seien in Brüssel, Ludwig XVI. jedoch in Metz, und in spätestens 14 Tagen würde man gen Paris aufbrechen[81]. In Straßburg -

---

77 GLA 74-6281, 247r/v; er berichtete auch davon, daß ein Husaren Regiment, das die Flucht des Königs unterstützt habe, fast gänzlich von den Nationalgarden und Linientruppen aufgerieben worden sei. (GLA 74-6281, 247r/v)

78 Ein Festessen in Kappel soll vorerst abbestellt worden sein. (GLA 74-6281, 247v)

79 GLA 74-6281, 247v; unter allen Umständen war zu verhindern, daß die Stimmung der Truppen weiter absank. Mangelnde Beschäftigung hatte schon seit längerem Desertion, Leichtsinn und Übermut gefördert. Mit der Verbreitung von einschlägigen Nachrichten wurde gegen diese Strömungen operiert. Am 12. Juli erzählte ein Dominikanermönch im Lager Ettenheimweiler, daß das Pariser Volk den Kopf der Königin fordere. (GLA 74-6282, 161r/v)

80 Schilling v. Canstatt, 450; Diarium II, *135v-*136r; GLA 74-6282, 8r/v, 60v; schon die Tatsache, daß man das Fest an den Rhein verlegt hatte war eine Provokation. Weitere Vorkommnisse sind nicht belegt. Im übrigen war man recht zuversichtlich: Beim Schlag gegen Frankreich werde man keinerlei Zeit mit dem Einnehmen von Festungen vergeuden und gleich unter riesigen Verheerungen nach Paris vordringen (GLA 74-6282, 8v-9r, 10r/v).

81 GLA 74-6282, 15r

und damit auch in Kehl - wußte man dagegen schon am 26. sicher, daß der König erkannt, mit seiner Familie verhaftet und nach Paris zurückgebracht worden war[82]. Erst langsam setzte sich diese Gewißheit bei den Emigranten durch[83].

IV. HINTER WALL UND GRABEN

Die Enttäuschung, die sich an die mißglückte Flucht des Königs anschloß, ließ Schwachstellen in der Organisation der Emigranten deutlicher denn je zu Tage treten. Im ganzen Oberamt Ettenheim beschuldigte man Soldaten, besonders gebürtige Franzosen, immer wieder, Frauen bedroht zu haben[84]. Im Juli wurde ein 12jähriges Mädchen vergewaltigt und die Töchter eines Ettenheimer Wirtes

---

[82] Aus diesem Grund wurde auf der Straßburger Bundesau das 'Te Deum' gesungen, und die ganze Stadt war die ganze Nacht hindurch festlich beleuchtet. Allen Straßburgern, die man für Aristokratenfreunde hielt, wurden die Fenster eingeworfen.
(GLA 74-6281, 248r-250r)

[83] "Eß ist bey der verlogen welt, gar kein wahrheit
mer, vom disch biß zue der stubenthir, eint=
=weders macht man mer darzue, oder weniger,
eß ist halt nix mer zue glauben, ßeinem
negsten freind gar nit mer amen."
(Diarium II, *136r)
Dies vermerkte Machleid in seinem 'Diarium'. Abschließend faßte er zusammen, was ihm von der Flucht des Königs bekannt war:
"... mann ßagte der könig von
franckreich, ßeye auff der post kom̄en biß
auff vierstund weit, ßo were er in der frei=
heit geweßen, alß dann ist der könig erkent
worden von dem postmeister, und alß=
dan veraten, und von der nation lermen
gemacht worden, und xxxxx zueruckh
gefüert widerum nacher paris ßambt ßeinem
ganzen hoffhaltung der königin 2 prinz(en)
und einer prinzeßin, wann eß war ist punctum."
(Diarium II, *136r)

[84] GLA 74-6281, 205r/v

nur durch einen allgemeinen Aufruhr vor gleichem Schicksal bewahrt[85].

Das Verhältnis des Kardinals zu Mirabeau wurde aufgrund solcher Vorfälle schwer belastet. Anfang Juli wurde bekannt,

"... daß der Herr Cardinal
dem Vicomte zu erkennen gegeben; wenn die Vorfälle so fortdauern, alß alsdann die Legion nicht
länger mehr in dem OberAmt Ettenheim gelassen
werden könne.[86]"

1. Das Lager bei Ettenheimweiler

Um die Bevölkerung zu entlasten und die Soldaten einfacher kontrollieren zu können, beschlossen die Verantwortlichen, versuchsweise Zeltlager zu errichten. Zwei Grundstücke bei Ettenheimweiler wurden geliehen und einige Zelte aufgeschlagen, die zunächst jeweils sechs Mann aufnehmen sollten[87]. Zusätzlich wurden Tische und Bänke gebaut

---

[85] GLA 74-6282, 105v, 136r-137r; vgl. Abschnitt VII und VIII dieses Kapitels

[86] GLA 74-6282, 137r; Mirabeau ließ daraufhin in allen Ortschaften des Oberamtes Ettenheim Gerichte einberufen, bei denen die Bürger ihre Klagen über die Soldaten vorbringen sollten (GLA 74-6282, 137r).
Die Nachbarschaft zweifelte daran, daß Rohans Drohungen in die Tat umgesetzt würden. Das Oberamt Mahlberg berichtete nach Karlsruhe:
"Wir zweifeln sehr daß der Herr Cardinal dieses
Sinnes worden, u: noch mehr, wenn sie es wären, daß
Sie es in Güte würden durchsezen können. Selbst die
fortweißung der Legion, würde u: müßte dieselbe
bey der jezigen Lage in Verzweiflung bringen u:
dann würde niemand mehr zu befahren haben, als der
Herr Cardinal."
(GLA 74-6282, 137r/v)

[87] GLA 74-6282, 105v-106r; Diarium II, *136r

und rundherum ein Graben ausgehoben. Neben jüdischen Kaufleuten waren Marketender von Lahr und Emmendingen für die Verpflegung verantwortlich[88].

Am 11. Juli 1791 wurden die ersten 26 Zelte des Ettenheimweilerer Lagers bezogen. Bis zu 10 Mann wurden in einem Zelt untergebracht, und sobald ein neues fertiggestellt war, wurden weitere Soldaten einquartiert. Das Lager sollte auf ein Fassungsvermögen von 800 Mann ausgebaut werden[89].

Etwa vier Jeuch umfaßte das 'Campement', als es Mitte Juli komplett war, umgeben von einem Graben mit Erdwall. Außerhalb des Lagers patrouillierten 'Piqueter' zu Pferd und auf den Feldern waren Posten errichtet[90].

Mit der Unterbringung in Zeltlagern hatte sich sowohl für die Legion als auch für die Bevölkerung einiges geändert. Die Wildereien nahmen ein Ende, wie das Oberjägermeisteramt Mahlberg zufrieden feststellte[91], und das Anhal-

---

[88] Diarium II, *136r; Wein, Bier, auch Fleisch, 'gesotten und brathen, knackwirst und waß mann will', sollte den Soldaten zur Verfügung stehen (Diarium II, *136r). Der 'grum Jud von Rapschweyr' aus dem Elsaß hatte den Auftrag erhalten, Heu, Stroh, Fleisch, Brot und Holz anzuliefern. Die Ettenheimer klagten, daß 'alles unter den schelmen Juden handen' ist. Jeder Soldat sollte täglich etwa 1,25 kg Fleisch, 1 kg Brot, das auch aus Lahr geliefert wurde, etwas Salz, einen Schoppen Wein und 1ß 4 Pfg bzw. 8xr Sold erhalten (Diarium II, *136v; GLA 74-6282, 160v-161r).

[89] GLA 74-6282, 137v-138r; 145r/v; Schilling v. Canstatt, 450; die Zeltwände bestanden lediglich aus schlechtem Tuch, aus dem ursprünglich Hemden hätten hergestellt werden sollen. Decken gab es nicht; lediglich drei Ballen Stroh wurden pro Zelt abgegeben, was ebenfalls unzureichend war. Im Oberamt Mahlberg fragte man sich, wie die Soldaten bei schlechter Witterung im Lager aushalten sollten (GLA 74-6282, 145r/v)

[90] Da der Sold im Vergleich zu der Zeit, als die Soldaten in den Ortschaften lagen, geringer war, auch niemand ohne Erlaubnis das Lager verlassen durfte, rechnete man verstärkt mit Desertion. (GLA 74-6282, 160r/v)

[91] GLA 74-6282, 157r/v, 236r/v

ten von Reisenden bei Ringsheim und deren Befragen auf Herkunft und Ziel der Reise wurde vorübergehend - vermutlich auf Intervention Österreichs - eingestellt[92]; die Soldaten hingegen hatten Mitte Juli unter ungünstigster Witterung zu leiden. Vor Regen und Nässe schützten die Zelte kaum, und Krankheiten begannen um sich zu greifen[93]. Die Lage der Offiziere hatte sich ebenfalls verschlechtert. Lohn erhielten sie keinen, und das mitgebrachte Geld war längst aufgezehrt, selbst Wertgegenstände begann man zu verkaufen[94]. Die Gemeinen waren über die schlechter werdende Verpflegung erbost, besonders aber darüber, daß ihnen 3 Sous, den Volontairs sogar 4 Sous vom täglichen Sold abgezogen wurden[95]. Die Verantwortlichen in Ettenheim spielten mit dem Gedanken, den Plan eines Lagers für die bei Kappel untergebrachten Soldaten fallenzulassen[96].

2. Die Truppen vermehren sich weiter

Immer noch waren die Rheinübergänge gesperrt[97] und die Lage an der Rheingrenze äußerst gespannt. Vor allem am

---

[92] GLA 74-6282, 107r
[93] GLA 74-6282, 175r/v
[94] GLA 74-6282, 217v
[95] GLA 74-6282, 217v; möglicherweise hängen die Drohungen Mirabeau'scher Soldaten bei einer Auseinandersetzung mit Bürgern des Oberamts Hachberg über Carl Friedrichs Haltung, keine Truppen von Emigranten auf badischem Territorium zu dulden, mit dem Ärger über die Unterbringung in den Lagern zusammen (GLA 74-6282, 179r).
[96] GLA 74-6282, 175v
[97] GLA 74-6282, 107r

Rheinübergang bei Kappel waren Schüsse keine Seltenheit mehr[98]. In der Nacht vom 3. auf den 4. Juli 1791 hatten Elsässer Soldaten bei Rheinau mittels einiger Schiffe ins Rechtsrheinische überzusetzen versucht, wurden jedoch durch die nach Kappel eilende Mirabeau'sche Legion zurückgetrieben. 16 Mann patrouillierten in der Folge nachts zu Pferd am Rhein und 2 kleine Kanonen wurden am Ufer aufgestellt, um die Wachsamkeit, Präsenz und Stärke der Legion zu demonstrieren[99]. Solche nächtlichen Unruhen und Alarme, bei denen die im Oberamt liegenden Soldaten an den Rhein marschierten oder ritten und die in der Regel - wie jener Aufruhr am 25. Juli[100] - kaum mehr als blinder Alarm waren, bei dem eigene Leute als vermeintliche Feinde angesehen wurden, förderten die Unsicherheit der Bevölkerung und die Furcht vor einem tatsächlichen Angriff der Franzosen[101].

Die Gefahr eines Überfalls wurde durch den beständigen Ausbau der gegenrevolutionären Armee immer größer[102]. Der im Vergleich immer noch sehr gute Sold zog Deserteure von überall her an[103]. Das im Mai errichtete Jäger-Korps wurde vergrößert[104], für Husaren und Kavallerie ständig Pferde angekauft[105] und insbesondere im Oberamt Oberkirch stark

---

[98] GLA 74-6282, 107r und öfters

[99] GLA 74-6282, 128r/v

[100] Diarium II, *137r

[101] GLA 74-6282, 106r; im Herbst hieß es, daß die Bewohner der Gebiete am Rhein von nichts anderem mehr sprachen, als von einem drohenden Krieg; man fürchtete um die Ernte (GLA 74-6288, 137v)

[102] Vgl. die Straßburger Drohung GLA 74-6283, 113v

[103] 8 xr und Verpflegung erhielt der gemeine Soldat im Juli 1791 (GLA 74-6282, 160v-161r); belegt ist die Anwerbung preußischer und kaiserlicher Deserteure (GLA 74-6282, 179v). Insbesondere das kaiserliche Regiment Neugebaur in Freiburg litt unter starker Desertion (GLA 74-6282, 160v). Genommen wurde jeder, ohne Unterschied, selbst Männer mit körperlichen Gebrechen. Zum Totschiessen sei jeder gut genug (GLA 74-6282, 179v)

[104] GLA 74-6281, 239r; GLA 74-6282, 161r, 179r/v

[105] Anfang Juli kamen 25 Pferde an. Auch der 'Pfunder von Grenzach' lieferte Tiere an die Legion. Mitte Juli waren 100 Pferde für

für die Mirabeau'sche Legion geworben [106].

Am 20. Juli wurde in Mahlberg das Gerücht bekannt, daß in Straßburg ein ganzes Regiment desertiert sei. In der Nacht vom 19. auf den 20. eilten zwei reitende Boten durch Kippenheim in Richtung Ettenheim und gegen sieben Uhr morgens fuhr der Vicomte de Mirabeau mit einem Vierspänner ins Oberamt Oberkirch [107]. Dort gelang es ihm 150 Mann des in Landau stationierten Regiments Berwick, die das Elsaß verlassen und durch die Pfalz nach Renchen marschiert waren, am 21. Juli anzuwerben [108]. 65 Mann blieben in Renchen, der größte Teil wurde in Kappelrodeck einquartiert [109]. Als unter den Soldaten Unruhen aufkamen [110] - ein Teil der Berwick'schen soll den Schritt über den Rhein bereut haben [111] - spielte man mit dem Gedanken, die Soldaten nach Neuwied zu verlegen [112]. Erst nach einigen Verhandlungen wurde der weitere Verbleib der Truppen möglich [113].

Täglich wurden vier Stunden lang exerziert, ohne daß die Soldaten über die nötigen Waffen verfügt hätten. Die Vermehrung der im Oberamt Oberkirch stationierten Truppen [114] schuf neue Ausrüstungsprobleme. Mirabeau versuchte 1000 neue Monturen anfertigen zu lassen und der 'Pfunder von Grenzach' wurde um die Lieferung weiterer Waffen angegan-

---

die Kavallerie vorhanden. Ein Offizier versuchte, weitere Tiere im Hanau'schen und Lichtenberg'schen zu erhalten (GLA 74-6282, 107r, 160v, 179r/v); vgl. auch GLA 74-6283, 18r

[106] GLA 74-6282, 179v; man warb im Herbst auch in Sasbach (GLA 74-6283, 38r), später auch in Dornach (GLA 74-6283, 177v).

[107] GLA 74-6282, 213r/v

[108] GLA 74-6282, 217r, 224r, 237r; vermutlich auch Diarium II, *137v

[109] GLA 74-6282, 238r; gerüchteweise war auch der Rest des Berwick'schen Regiments entschlossen, den Rhein zu überschreiten (GLA 74-6282, 238r).

[110] Vgl. auch den späteren Vorfall unter GLA 74-6283, 193r/v

[111] GLA 74-6282, 229v-230r

[112] GLA 74-6283, 173v

[113] GLA 74-6283, 193r

[114] GLA 74-6283, 193r

gen[115]. Um das Problem der Finanzierung zu lösen, befand sich Mirabeau-Tonneau anfang August in Koblenz, wo er neue Gläubiger zu finden hoffte. Als er am 14. August wieder in Ettenheim eintraf, berichtete man von einer größeren Summe, die er mitgebracht habe[116].

Nahezu unlösbar war hingegen die Frage der Unterbringung der ständig wachsenden Anzahl von Fremden. Die Untere Herrschaft war - nicht zuletzt durch die Ankunft der Berwick'schen Soldaten - vollkommen überbelegt[117]. In der Oberen Herrschaft hatte die Errichtung des Lagers bei Ettenheimweiler zwar Abhilfe geschaffen, nachdem aber auch die Kavallerie von Grafenhausen nach Weiler verlegt worden war - es lagen neben Weiler nun nur noch in Kappel Truppen: die Grenadiere und die dorthin verlegten Husaren[118] - war jedoch auch die Kapazität des Lagers erschöpft. Ein Teil der Soldaten zog daraufhin am 13. August 1791 in die 20 ersten Zelte eines zweiten Lagers unterhalb Kappels, gegenüber des elsässischen Ortes Rheinau[119]. Ende August errichteten sie in der Nähe eine Schanze, 'Fort' genannt, zu deren Besatzung 60 Mann

---

[115] GLA 74-6282, 230r; Mitte September ist belegt, daß Mirabeau sämtlichen auf dem Ettenheimer Wochenmarkt angebotenen Hafer aufkaufen ließ (GLA 74-6283, 190r/v). Im Oktober sollen in Ettenheim kaum noch Soldaten ohne Uniform gesehen worden sein (GLA 74-6284, 71v)

[116] GLA 74-6283, 62r, 73r; in der Folge kam eine Waffenlieferung, die die Witwe des Juden Model besorgt hatte, an und, nachdem sich weitere Geldgeber gefunden hatten, erhielt der 'Pfunder von Grenzach' nach einigen Verwicklungen im September 18 000 Gulden (GLA 74-6283, 84r, 136r, 160r/v). Auch die Offiziere der Legion erhielten am 1. September ihre erste 'Gage'. Ohne Unterschied bekam der Obrist wie der Unterlieutenant 45 Livres im Monat (GLA 74-6283, 135v-136r).

[117] Auch für die Berwick'schen, die man als gesondertes Regiment bestehen ließ, wurde angeworben. Man sprach davon, daß sie im September bereits 400 Mann umfaßten. (GLA 74-6283, 193r/v)

[118] GLA 74-6283, 25r/v

[119] GLA 74-6283, 53r, 62r; Diarium II, *139v

abgestellt wurden[120]. Auch als am 23. August die beiden bis dato bestehenden Lager aufgehoben und zu einem neuen 'Campement' bei Ringsheim vereinigt wurden, blieben diese 60 Mann, wie auch die Husaren, in Kappel[121].

Am 27. August wurde das Lager bei Ringsheim, in dem mittlerweile 800 Mann untergebracht waren, durch Abgesandte der Emigranten aus der Worms-Koblenzer Gegend inspiziert[122]. Seit Einrichtung der gegenrevolutionären Truppen sind beständige Kontakte zwischen Ettenheim und Worms beziehungsweise Koblenz belegt[123]. Im Spätjahr 1791 scheinen diese noch einmal intensiviert worden zu sein. Schon Anfang September wurde die Legion durch einen Marquis erneut begutachtet[124], während unter den Soldaten davon gesprochen wurde, daß 1800 Mann Infanterie und vier Dragonerregimenter der Kaiserlichen Armee auf dem Weg in den Breisgau seien[125].

---

120 GLA 74-6283, 92r
121 GLA 74-6283, 92r, 99r
122 GLA 74-6283, 113v
123 Beispielsweise GLA 74-6282, 179v
124 Mit mehreren Einrichtungen war dieser übrigens nicht einverstanden:
"Er soll, dem Vernehmen nach, ausgesezzt haben
daß man sich mit der Zugehoerde der Montur, denen
Zelten Tüchern und anderen habe anführen lassen, und
daß man die Truppen vor der Zeit in Sold genommen
habe, anstatt daß man nach seiner Meinung mit
Errichtung der Magazin aller Art haette den Anfang
machen und die Soldaten erst, wenn man gewiß gewesen wäre, daß man sie mit Nuzzen brauche,
unter noch vorteilhafteren Bedingungen anwerben
lassen.
Uiberhaupt soll er mit der Legion nicht zum Besten
zufrieden gewesen seyn, und dieses dem General
Mirabeau nicht verhelt haben."
(GLA 74-6283, 140r)
125 GLA 74-6283, 92r/v; vielleicht hängt die gesteigerte Aktivität der Mirabeau'schen Legion mit diesem Gerücht zusammen. Bereits im Juli gab man sich der Hoffnung hin, daß die europäischen Mächte in die Angelegenheit eingreifen würden. Damals hatte das Oberamt Mahlberg nach Karlsruhe berichtet:
"Man ist in Ettenheim mit blosem Nach=

3. Zigeuner und Lumpengesindel

Unter den ständigen Rekrutentransporten[126], durch welche die Truppen im Oberamt Ettenheim weiterhin vergrößert wurden, befanden sich am 17. September auch drei Wagen mit Zigeunern, die aus dem Bärental in Lothringen stammten[127]. Drei Tage später folgten deren Familien nach; in Kippenheim wagte man nicht, den Wagen anzuhalten[128]. Sieben 'Kerle', fünf 'Weibsleute' und zwei Kinder ließen sich am 22. September von einem Grafenhausener 'Rechenmacher' den Weg durch die Waldungen ins 'Hanau-Lichtenberg'sche' zeigen. Die Mahlberger Oberamtsverwaltung befürchtete, daß sie mit weiteren 'Zigeunertransporten' zurückkehren würden[129].

Umgehend protestierte Carl Friedrich gegen die Unterbringung von Zigeunern in der Nachbarschaft seines Territoriums und forderte die sofortige Ausweisung derselben[130]. Die badischen Oberämter wurden angewiesen, genauesten Be-

---

barlichen Betragen nicht zufrieden, man Will durchaus Parthie genommen wißen." (GLA 74-6282, 161r/v); vgl. zu diesem Problem auch GLA 74-6282, 213v, 230r, 240v-241r; GLA 74-6283, 160v

126 GLA 74-6283, 198r/v; die badischen Behörden, durch deren Gebiet die Transporte teilweise zogen, wurden über den Durchmarsch meist nicht informiert (GLA 74-6283, 18r/v, 198r/v; und öfters)

127 GLA 74-6283, 200r, 205r

128 GLA 74-6283, 200r, 205r; schon das Aussehen der Zigeunersippe erregte den Abscheu der badischen Untertanen. Der Schultheiß oder 'Alt-Vater' trug über 'seinen ordentlichen Haaren, eine graue wollene Perücke' (GLA 74-6283, 205r).

129 GLA 74-6283, 205r, 211r

130 GLA 74-6284, 18r-19r; den ganzen Umfang der Erregung in der Ettenheimer Nachbarschaft kann erst dann erfaßt werden, wenn man die Anstrengungen beispielsweise der badischen Regierung betrachtet, das 'Lumpengesindel', das die Elsässer über den Rhein abschoben, von ihrem Territorium fernzuhalten (GLA 74-6282, 60v). Bereits im Jahre 1772 hatte ein 'Reichstag' in Offenburg das Einfangen der Zigeuner angeordnet (Diarium I, *132r).

richt zu erstatten[131].

Auch der Schultheiß von Grafenhausen trug dem Kardinal die Beschwerden der Bevölkerung vor. Diebstähle, vor allem von Hühnern, lasteten die Einheimischen den Neuankömmlingen an[132].

Zunächst verblieben die Zigeuner jedoch im Oberamt. Zwar hatte man sie nicht im Lager angenommen, auch empörten sich die Franzosen, als der Plan bekannt wurde, sie mit den Zigeunern gemeinsam unter ein gleiches Kommando zu stellen, doch versuchten dieselben zu erreichen, daß ein eigenes Korps für sie errichtet werde[133]. Sogar Pläne für die Uniform eines solchen Korps waren bekannt geworden; schwarzweiß oder gelbweiß sollten die Monturen werden[134]. Doch gegen den massiven Widerstand sowohl der Bevölkerung als auch der Anliegerstaaten konnte Mirabeau die Zigeuner nicht weiter im Oberamt halten. Zwei Louisd'or wurden ihnen als Abfindung und Reisegeld gegeben und am 29. September 1791 hatten sie das Oberamt verlassen[135].

4. Kaiserliche Truppen

Die zwischenstaatlichen Spannungen hatten sich in der Zwischenzeit scheinbar gelegt. Bereits im August wurde der Karlsruher Regierung berichtet, daß für das Bistum Basel kaum noch Gefahr bestehe[136], im Badischen gestattete man einzelnen Ortschaften, die Nachtwachen ein-

---

131 GLA 74-6284, 20r
132 GLA 74-6283, 205r/v
133 GLA 74-6284, 23r/v
134 GLA 74-6283, 211r
135 GLA 74-6284, 7v
136 GLA 74-6283, 80r/v

zustellen[137], und auch beim Grenzverkehr herrschten Zustände wie vor 1789[138]. Insgeheim jedoch trafen die rechtsrheinischen Herrschaften - die fürstbischöflich-straßburgische Regierung hatte man von diesen ausgeschlossen - Absprachen, um sich auf einen eventuellen französischen Angriff vorzubereiten[139].

Die Hoffnung der Emigranten auf das Eingreifen der Großmächte wurde durch einen von Rohan erhaltenen Brief, demzufolge Truppen ins Breisgauische unterwegs wären, gestärkt[140]. Auch ein preußischer General und der Prinz Hohenlohe, der kommandierende General in Schlesien, sollen im Herbst in Ettenheim gewesen sein[141].

Bereits Ende September wurde hinter vorgehaltener Hand die Nachricht weitergegeben, daß einige tausend Mann der österreichischen Armee auf dem Marsch zum Oberrhein wären. Munitionswagen seien unterwegs nach Freiburg[142]. Dem Vernehmen nach sollte auch die Nationalgarde in Bewegung gesetzt werden[143].

---

137 GLA 74-6284, 17r

138 GLA 74-6284, 64r-65r

139 GLA 74-6284, 25r/v

140 GLA 74-6284, 10r

141 GLA 74-6284, 10r/v; aufgrund der positiven Nachrichten exerzierten die Soldaten häufiger - sogar im Feuer. Immer neue Rekrutentransporte und Wagen mit Ausrüstungsgegenständen erreichten das Bischöflich-Straßburgische. Auch alte Waffen, die man zu reparieren wußte, und ähnliches mehr erwarb man von anderen Armeen. (GLA 74-6284, 7v, 10r/v)

142 GLA 74-6284, 11r, 26v, 28r

143 GLA 74-6284, 11v; die Errichtung zweier Lager stand bevor. Die Elsässer Bauern fürchteten, die Ernte nicht mehr einbringen zu können und begannen bereits Anfang Oktober mit der Weinlese. (GLA 74-6284, 11v)

V. ZURÜCK IN DIE ORTSCHAFTEN

Den Winter über sollte die Legion, um der Bevölkerung die Anwesenheit derselben nicht länger zuzumuten, verlegt werden. Man sprach davon, daß die Truppe nach Philippsburg oder Frankental verlegt werde[144]. Als Condé den Kardinal jedoch bat, die Bewaffneten im Oberamt weiter zu beherbergen, glaubte Rohan diesem seinen Wunsch nicht abschlagen zu können[145]. Die zwanzig Schilderhäuser, die in Ettenheim errichtet wurden, waren beredtes Zeugnis dafür, daß die Legion in Ettenheim und Umgebung überwintern würde[146].

1. Kälte und Nässe

Um sich gegen die üble Witterung zu schützen, hatten sich Offiziere der Legion im September 1791 eine Hütte errichtet, die auf Geheiß des Vicomte de Mirabeau niedergebrannt wurde. Niemand im Lager sollte solche Vorteile genießen; die Offiziere mußten wieder in die Zelte zurückkehren[147].

Schlechtes Wetter und Mangel an vielen notwendigen Dingen erschwerten die Lage der Soldaten. Es fehlte an Fleisch und Brot, was sich auf die Disziplin der Truppe niederschlug[148]. Am 9. Oktober reichten alle 'Capitains' der Mirabeau'schen Legion geschlossen ihre Demission ein, da

---

[144] GLA 74-6284, 26r, 28r/v
[145] GLA 74-6284, 29r
[146] GLA 74-6284, 29r/v
[147] GLA 74-6283, 205v
[148] GLA 74-6284, 29v

die 'Lieutenants' ihnen jegliche Subordination im Dienst verweigerten. Rohan selbst mußte versuchen, den Streit beizulegen[149].

Allgemeiner Wunsch der Soldaten war es, das Lager aufzulösen und Quartier in den Ortschaften zu nehmen[150], was immer noch daran scheiterte, daß lediglich die Bewohner Ettenheims sich bereiterklärten, einen Teil derselben zu beherbergen. Die Dörfer des Oberamtes weigerten sich vehement, noch einmal Einquartierungen zu dulden[151]. So beschloß die fürstbischöfliche Verwaltung, die Legion in Hütten aus Holz und Erde, die an der Landstrasse bei Ringsheim am Hang errichtet werden sollten, unterzubringen[152], wogegen die Soldaten wiederum protestierten[153]. Mirabeau ließ daraufhin eine Umfrage in den Ortschaften durchführen, um zu erfahren, wer freiwillig zwei Mann über den Winter bei sich wohnen lasse[154], konnte allerdings kein für ihn positives Ergebnis verzeichnen[155].

---

149 GLA 74-6284, 34r; vgl. 66r/v, 76r/v

150 GLA 74-6284, 34r

151 GLA 74-6284, 34r/v; schon durch die Tatsache, daß der Genossenschaftswald durch das viele Holz, das die Truppen und die Hofhaltung des Landesherrn aufbrauchten, stark in Mitleidenschaft gezogen worden war, war die Bürgerschaft verstimmt (GLA 74-6284, 34r/v)

152 GLA 74-6284, 34r/v

153 GLA 74-6284, 39r/v

154 GLA 74-6284, 39v

155 Rohan hatte über Landvogt von Bruder der Bevölkerung raten lassen, sich standhaft zu weigern und keine Soldaten aufzunehmen (GLA 74-6284, 63r). Der Kardinal verfocht bis zuletzt den Plan der Unterbringung in Hütten. Für den Fall, daß doch auf die Bürgerschaft zurückgegriffen werden müßte, ließ Rohan sämtliche Schulden, auch diejenigen, die Offiziere persönlich hatten, bei den Bürgern begleichen. Infolgedessen war über den Kardinal nur Gutes zu hören (GLA 74-6284, 52r; anfang Oktober hatte man schon einmal Schulden bezahlt (GLA 74-6284, 34v)). In den Wirtshäusern lobte man den Landesherren und sprach darüber, was
"... sie vor ein fromer, und guter Herr seyen;
Wie Sie vor Ihre Unterthanen nicht nur sorgten,
sondern auch ihnen Nahrung verschafften; Wie unge=

Die 'Volontaires de Bourgogne', die burgundischen Emigranten, die man in einer eigenen Kompanie vereinigt hatte, wurden schließlich nach Renchen[156], die Kavallerie auf einige Tage nach Ringsheim, Grafenhausen und Kappel[157] und einige hundert Soldaten gegen den heftigen Widerstand des Ettenheimmünsterer Konvents in das dortige Bad verlegt[158]. Die Einquartierungen bei der Bevölkerung und auf Klostergebiet sollten nur etwa 10 Tage andauern, da man bis zu diesem Zeitpunkt Baracken als Winterquartiere fertiggestellt haben wollte[159]. Am 29. Oktober marschierten noch einmal 90 bis 100 Mann Infanterie und 60 Kavalleristen am frühen Morgen mit Trommeln, türkischer Musik und blanken Säbeln durch Kippenheim in Richtung Renchen[160]. Zehn Jäger begleiteten zu Fuß die

---

recht man in Frankreich mit Ihnen verfahren, und wie viele Ursache Sie gehabt, zum Besten der Religion den Widerstand zu leisten p." (GLA 74-6284, 52v)

156 GLA 74-6284, 59r; die elsässischen Freiwilligen übernahmen die Wache vor dem Schloß in Ettenheim (Diarium II, *142r).

157 GLA 74-6284, 67r; die Soldaten ließen sich in den Ortschaften vorwiegend in Uniform sehen (GLA 74-6284, 71v).

158 GLA 74-6284, 67r; Rohan hatte die Einwilligung des alten Abtes Landelin Flum mit der Einschränkung, daß das Kapitel gegen eine Einquartierung sei, erhalten. Als Bischof und Landesherr war der Kardinal jedoch der Meinung, sich über den Einspruch des Kapitels hinwegsetzen zu können (GLA 74-6284, 67r, 71r/v; Diarium II, *142r; Albert Kürzel, Cardinal L. R. E. Rohan zu Ettenheim, in: Zeitschrift der Gesellschaft für Beförderung der Geschichts-, Altertums- und Volkskunde von Freiburg, dem Breisgau und den angrenzenden Landschaften (2 1870-72) 52-53).

159 GLA 74-6284, 71r

160 GLA 74-6284, 74r, 75r, 78r; bereits am 27. Oktober war der Mahlberger Oberamtsverwaltung das Requisitionsschreiben zugegangen (GLA 74-6284, 74r, 75r); 'Land Commissair' Gyser hatte den Auftrag erhalten, den Transport durch das Mahlbergische zu begleiten, konnte allerdings keine Pferde auftreiben, die nicht bei Lärm gescheut hätten. Die Soldaten wurden daraufhin nicht von badischen Beamten geleitet (GLA 74-6284, 78r/v).
In Kippenheim soll es zu keinen Vorfällen gekommen sein. Lediglich in Hofweier ist eine Desertion belegt. Ohne Erfolg wurde der Flüchtige von Reitenden verfolgt. (GLA 74-6284, 81r)

Bagagewaren, die der Kompanie folgten[161].

Das Lager bei Ringsheim wurde aufgelöst, lediglich die 'Enfans perdus' dürften weiter bei Grafenhausen und Kappel gezeltet haben, wie auch die Besatzung des Forts bei Kappel, das vermutlich dort verblieb[162].

In der Zwischenzeit hatte man im Oberamt Ettenheim damit begonnen, die Baracken zu errichten, die zur Unterbringung der noch in der Oberen Herrschaft verbliebenen Truppen dienen sollten. Vier Hütten wurden in großer Eile an einem windgeschützten Ort zwischen Altdorf und Ettenheim, der letztendlich für diesen Zweck ausgewählt worden war, errichtet, damit die in Ettenheimmünster liegenden Soldaten möglichst bald umziehen könnten. Sogar am Sonntag wurde die Arbeit nicht unterbrochen, und am 20. Oktober legte der Fürstbischof selbst Hand an, um mit gutem Beispiel voranzugehen[163]. Am 31. war die erste Baracke fertiggestellt[164].

Anfang November wurden zwei Kompanien von etwa 60 Mann von Ettenheimmünster nach Ettenheim verlegt; auch die gesamte Kavallerie wurde dort zusammengezogen, da die Desertion Überhand nahm und dadurch immer mehr Pferde verloren gingen. Die Kappler Besatzung wurde ins Bad nach St. Landelin verlegt, so daß, während in Kappel nun keine Soldaten, in Ettenheimmünster immer noch 400 Mann[165]

---

161 Vgl. Anm. [160]

162 GLA 74-6284, 63v; die 'Enfans perdus' waren für den ersten Angriff bestimmt; ihre Zelte waren unbewacht. Das Oberamt Mahlberg urteilt über sie:
"Unter denenselben
soll sich der Abschaum von Menschen befinden,
welches schon ihre Bestimung anzeigt." (GLA 74-6284, 63v)

163 GLA 74-6284, 80r, 88r

164 GLA 74-6284, 80r

165 GLA 74-6284, 90r; die Soldaten sollen äußerst diszipliniert gewesen sein (GLA 74-6284, 90r).

einquartiert waren. Als man diese beim Hüttenbau in Altdorf einsetzte, verlangsamte sich der Fortgang der Bauarbeiten[166], woraufhin zwölf bis vierzehn Lohnarbeiter eingesetzt wurden[167]. Bevor die Hütten jedoch vollendet waren, drängte das Kloster darauf, daß die Soldaten das Bad bei St. Landelin verließen[168]. In den unfertigen Hütten konnten die Truppen entgegen vorläufigen Plänen nicht untergebracht werden; Ringsheim drohte die Einquartierung von 240 Mann, 60 Husaren sollten nach Kappel und Grafenhausen kommen, und auch einige der gerade nach Renchen verlegten Truppen würden ins Oberamt Ettenheim zurückkehren[169]. Doch auch das Kloster konnte auf die Dauer weitere Einquartierungen nicht verhindern. Während des ganzen Winters befanden sich Soldaten im Bad.

2. Immer neue Truppen

Rohans Plänen, zu seinem persönlichen Schutz ein eigenes Regiment zu errichten[170], stand die Anwesenheit der Hes-

---

166 Auf die Frage, warum der Bau unter den Soldaten so schleppend vor sich ging, wurde der Kardinal vom Ettenheimer Bürgermeister darüber informiert, daß sie
"... eben
so wenig gerne daran arbeiten, als wenn man
Zimmerleute einen Galgen bauen liese, an den sie
selbst gehenkt werden sollten." (GLA 74-6284, 90v)

167 GLA 74-6284, 90v; sie arbeiteten effektiver als 80 bis 100 Soldaten zuvor (GLA 74-6284, 90v).

168 GLA 74-6284, 98r

169 GLA 74-6284, 98r

170 GLA 74-6284, 80v; man munkelte, daß 600 Mann angeworben werden sollten und eine dunkelblaue Uniform mit orangefarbenen Aufschlägen angeschafft würde (GLA 74-6284, 80v).

sen-Darmstädtischen Soldaten entgegen, die seit Dezember 1790 als Schutztruppe des Kardinals in Ettenheim waren[171]. Der Landgraf von Hessen hatte angeordnet, daß sie, wie abgemacht, volle drei Jahre beim Straßburger Fürstbischof bleiben sollten[172]. Es gelang dem Kardinal erst, sich der fremden Soldaten zu entledigen, als am 29. November 1791 einer der Darmstädter die Äußerung tat, daß der Fürstbischof sie gar nicht fortschicken könne. Rohan bezeichnete diese Worte als Frechheit, ließ die Wache am Hof ablösen und durch Mirabeau'sche Soldaten ersetzen, beschwerte sich beim Landgraf von Hessen und weigerte sich, weiteren Lohn für die Hessen-Darmstädtischen zu bezahlen[173]. Am 7. Dezember 1791 marschierten die Soldaten, die Ettenheim nur ungern verließen, ab[174].

Nach Abzug der Darmstädter lagen in der Unteren Herrschaft des Straßburger Fürstbischofs 300 Mann der Mirabeau'schen Legion, die sowohl uniformiert als auch armiert waren, in Oberkirch um 220 Mann des desertierten Regiments Berwick[175] und in Oppenau 110 bis 120 Mann eines weiteren Korps[176].

---

171 vgl. Anm.[124] des zweiten Kapitels

172 J. Haas, Ein Hochverrathsprozeß in Ettenheim im Jahre 1791, in: Schauinsland (30/1903) 30; GLA 74-6284, 90v, 100r

173 GLA 74-6284, 137r

174 GLA 74-6284, 153r, 166v; ein protestantischer Leutnant hatte inzwischen Philipina Stoll, einzige Tochter des Amtmanns Stoll geheiratet. Die Soldaten verließen Ettenheim bei 'scheußlichem Wetter' (Diarium II, *143r).

175 GLA 74-6284, 100r/v; vom Berwick'schen Regiment waren 18 Mann auf einen Schlag wieder über den Rhein zurückgekehrt. In Straßburg wurden sie mit Musik empfangen (GLA 74-6284, 98v).

176 GLA 74-6284, 110r/v; sowohl die in Oberkirch, als auch die in Oppenau stehenden Truppen besaßen kaum Waffen und Uniformen, wurden jedoch beständig vermehrt (GLA 74-6284, 100v). Vorräte für die Soldaten wurden bei den Nachbarn, nachdem große Geldtransporte eingetroffen waren, in Menge eingekauft. In Baden befürchtete man daher für den Rest des Winters eine Lebensmittelverknappung, zumal österreichische und vermutlich auch hohenzoller'sche Truppen im Anmarsch waren (GLA 74-6284, 113r/v).

Mitte November wurde bekannt, daß das in Oppenau liegende Korps von Rohan selbst angeworben worden war. In Kürze sollte es in die Obere Herrschaft verlegt werden[177].

"Denjenigen, so sich unter das Regiment des Herrn Car=
dinals werden anwerben lassen, wird außer einer
4. jährigen Capitulation noch dieses zugesichert,
daß ein jeder nach 16. jähriger Dienstzeit eine kleine
Wohnung auch etwas Feld in den Bischöfflichen Lan=
den erhalten solle, wozu denn der Herr Cardinal
die Caduc=Güther widmen wollen[178]"

Am 30. November 1791 befanden sich die ersten 150 Mann des Regiments 'Royal Rohan' auf dem Weg nach Ringsheim[179]. Daneben wurde ein zweites Rohan'sches Regiment in Ettenheim erstellt[180]. Jeder, ohne Unterschied der Gestalt wurde angenommen. Die Bauern bemängelten vor allem, daß

---

[177] GLA 74-6284, 110r/v; zu dieser Zeit, am 25. November, eilten Kuriere früh morgens durch Kippenheim nach Ettenheim, mit der Nachricht, daß der König erneut geflohen und in Sicherheit sei. 40 000 Mann Österreichischer Truppen stünden bei ihm. Die Königin würde demnächst in Holland erwartet. In Ettenheim wurden daraufhin Kanonen abgefeuert und Wein ausgeschenkt. General Mirabeau fuhr unverzüglich nach Renchen, wenn nicht gar nach Koblenz, um dort den Einsatzbefehl für die Truppen zu erwarten (GLA 74-6284, 126r-127r; Diarium II, *142v). Schon am 26. kamen erste entgegen lautende Gerüchte an den Oberrhein und am 28. war gewiß, daß eine Falschmeldung vorlag (GLA 74-6284, 129r). Die Meinung, daß die Franzosen die unzureichend ausgerüsteten Emigranten durch eine bewußte Fehlinformation zu einem übereilten Einmarsch verleiten wollten, ist nicht unbegründet (GLA 74-6284, 131r-132r). Der Kardinal selbst bemühte sich bekanntzumachen, daß die Fluchtmeldung falsch war (GLA 74-6284, 131v-132r).

[178] GLA 74-6284, 115v

[179] GLA 74-6284, 136r-138r; ihre Uniform war schwarz mit roten Aufschlägen und 'roten Kamisölern' (GLA 74-6284, 136v).

[180] GLA 74-6284,137r; sie trugen die bereits erwähnte blaue Montur (GLA 74-6284, 137r; vergleiche über diese Uniform oben Anm. [170]).

viele ihrer Knechte den Militärdienst der Feldarbeit vorzogen. Zwei Pfund Brot, ein halbes Pfund Rindfleisch und ein Batzen täglich wurden jedem versprochen[181].

Die Mirabeau'sche Legion erhielt am 17. November eine eigene Fahne. Zur Hälfte schwarz, zur anderen weiß, befanden sich auf einer Seite die Buchstaben 'I. H. S', auf der anderen die Inschrift

"GLorIa In eXCeLsIs Deo et In terra
paX hoMInIbVs bonae VoLVntatIs.[182]"

Am 11. Dezember wurde sie neben einer anderen in Ettenheimmünster in der Landelinskirche feierlich von Abt Landelin Flum geweiht. Franz St. Quentin, Vizeregens des Straßburger Seminars, hielt dabei eine kurze Ansprache. Alle Soldaten aus dem Oberamt mußten mit wenigen Ausnahmen bei der Zeremonie anwesend sein[183].

---

181 Diarium II, *143r; 40 000 Gulden, die den Kardinal in der Zeit kurz vor dem 10. Dezember 1791 erreichten, deuten auf die ungeheuren Ausgaben in dieser Sache hin (GLA 74-6284, 167r).

182 GLA 74-6284, 115r/v; Zitat: 115r
"In diesem Gesang der Engel bei Christi-Geburt
ist just die Jahrzahl 1792. enthalten, weshalben die
betreffende Buchstaben gröser und mit Gold ausge=
ziret sind; in der Jahres-Zahl selbst soll die sichere
Vorbedeutung eines glücklichern Erfolgs bei einem An=
griff liegen."
(Bericht des Oberamt Mahlbergs vom 19. November 1791, GLA 74-6284, 115r/v)

183 GLA 74-6284, 165r; PfA-Ettenheimmünster, Kurze Historische Beschreibung der Pfarrey Münsterthal bei St: Landelin von dem siebenden Jahrhunderte nach Christi Geburt bis auf das Jahr 1804 verfasset von P: Bernard Stöber des Ordens des heil Benedicts, Professen des aufgehobenen Klosters Ettenheimmünster geweßter Pfarrer dieser Pfarrey, 157; Diarium II, *143v; Kürzel, 53-54;
ob die Soldaten auf diese Standarten vereidigt wurden, ist nicht geklärt (GLA 74-6284, 165r).

Noch schärfte der Kaiser allen Reichsangehörigen ein, daß trotz aller Vorfälle in Frankreich immer noch Frieden herrsche und die geschlossenen Verträge in Geltung seien, nicht allerdings ohne zu betonen, daß die in Reichsangelegenheiten eingreifenden Maßnahmen Frankreichs nicht weiter geduldet werden könnten[184]. Mehrere Regimenter wurden in die Rheinstaaten verlegt[185].

Die Emigranten wurden durch solche Maßnahmen in ihren Plänen nur bestärkt, bauten ihre Truppen weiter aus[186] und sorgten für die nötigen Vorräte und Ausrüstungsgegenstände[187]. Sowohl die Wahrscheinlichkeit eines Angriffs, als auch die Furcht vor einem bevorstehenden Krieg wuchs[188].

3. Condé

Ende des Jahres 1791 wurden die Verhältnisse im Bischöflich-Straßburgischen immer undurchsichtiger. Immer wieder wurden Truppen zwischen Oberkirch und Ettenheim hin-

---

184 GLA 74-6284, 177v-180v; GLA 74-6285, 63r/v

185 GLA 74-6284, 176r-177r (vgl. 170v); GLA 74-6284, 159r-160r zeugt von dem allgemein verbreiteten Bewußtsein erhöhter Kriegsgefahr. Zu Truppenverlegungen vgl. GLA 74-6284, 199v

186 GLA 74-6284, 164r-165v

187 GLA 74-6284, 183r-184v, 199r; GLA 74-6285, 20r; Schiffe wurden angeschafft, mit denen bis zu 300 Mann auf einmal über den Rhein geschafft werden konnten. Lediglich der stetige Geldmangel setzte den Anschaffungen Grenzen (GLA 74-6284, 199r; GLA 74-6285, 20r, 23r/v).

188 GLA 74-6284, 165v, 166v, vgl. auch 144r/v und 164r/v; die Drohungen, die von französischer Seite ausgestoßen wurden, dienten allerdings mehr der Abschreckung, als daß sie ernst zu nehmen gewesen wären (GLA 74-6285, 14r/v zeigt jedoch, daß hier, ein pauschales Urteil zu fällen, nicht möglich scheint).

und hergeschoben, und über die Zahl der Soldaten gibt es kaum noch verläßliche Nachrichten. Anläßlich eines Truppenaufstandes in Ettenheimmünster sind dort am 31. Dezember eine Jägerkompanie von 93 Mann und 432 im Badhaus einquartierte Soldaten belegt[189]. Im Januar 1792 wurde ein Teil derselben nach Oberkirch verlegt[190], während zwei Kompanien, da in Renchen die für sie bestimmten Häuser unglücklicherweise abbrannten, in Ettenheimmünster verblieben[191]. Im Oberamt Ettenheim hatte man Platz geschafft, und während in der Unteren Herrschaft das Regiment Berwick endgültig ausgerüstet wurde[192], erfuhr man, daß der Prince de Condé und seine Armee - man schätzte bis zu 2000 Mann - nach Ettenheim unterwegs seien[193]. Worms hatte ihm zu erkennen gegeben, daß sein längerer Aufenthalt dort unerwünscht sei[194].

Am 6. Januar wurden zunächst nicht viel mehr als 100 französische Offiziere, die Kippenheim zwischen halb eins und drei Uhr passiert hatten und dem Wagen des Prinzen vorauszogen, empfangen. Das in Ettenheim stationierte Regiment 'Royal Rohan' und das elsässische

---

189 GLA 74-6285, 22r/v; der Aufstand hatte keine größere Bedeutung

190 GLA 74-6285, 24r, 34r, 40r; vor Abmarsch der Soldaten wurden alle Schulden für die Einquartierung im Badhaus mit dem Kloster beglichen. Zusätzlich überreichte Marquis de la Peroniere, Obrist bei der Mirabeau'schen Legion, am 18. Januar 1792 25 Louisd'or für angefallene Schäden an den Gebäuden unter Dankesbezeugungen für die genossene Gastfreundschaft (PfA-Ettenheimmünster, Stöber, 157; Kürzel, 54).

191 GLA 74-6285, 43r/v

192 GLA 74-6285, 36r/v; vgl. auch den Vorfall mit zwei Kanonen unter GLA 74-6285, 43v

193 V. Weiß, Bd. XV, 380

194 Der Duc d'Enghien berichtete:
"Am 2. Januar 1792 reisten wir ab und wurden vom Cardinal bestens empfangen. Nichts war feiner und edelmüthiger als sein Benehmen, nichts kühner, denn in wenigen Stunden konnte die Besatzung von Straßburg hier sein und alles mit Feuer und Schwert verheeren." (zit. nach: v. Weiß, Bd. XX, 385)

Freiwilligenregiment standen Spalier, während die Husaren den Prinzen am Zollhaus vor Ringsheim erwarteten[195]. Einige hundert Mann sollten folgen[196].

In Grafenhausen und Kappel waren in jedem Haus fünf oder sechs Soldaten untergebracht[197], und nahezu alle Pferdestallungen waren belegt[198]. Neuankömmlinge in Ettenheim waren gezwungen, in Kutschen zu übernachten, da alle Quartiere überfüllt waren. Einige der immer noch ankommenden Flüchtlinge kehrten beim Anblick der Menge von Leuten und der minimalen Unterbringungsmöglichkeiten umgehend wieder um[199]. Der Kardinal bemühte sich erneut um die Möglichkeit, das Ettenheimmünster'sche Bad belegen zu können[200].

---

[195] GLA 74-6285, 43r-44r; Diarium II, *144v; Schilling v. Canstatt, 451; am 7. Januar wurde die Princesse de Condé von den Husaren nach Ettenheim geleitet (GLA 74-6285, 43r/v)

[196] GLA 74-6285, 43r

[197] GLA 74-6285, 49r; die Grafenhausener Bürger mußten zur Aufnahme der Soldaten gezwungen werden (GLA 74-6285, 49v). In Ettenheim schimpfte man über Mirabeau (GLA 74-6285, 52r/v).

[198] GLA 74-6285, 49r; die Heupreise standen bereits bei 1 fl 30-40 xr je Zentner und für 100 Bund Stroh mußte man 15 und 18 fl bezahlen (GLA 74-6285, 49v).

[199] GLA 74-6285, 51r-52v

[200] Anläßlich der Überbringung der Neujahrsglückwünsche verlangte der Kardinal, daß das Kloster die Soldaten der Condé'schen Legion in das Bad aufnehme. Der Prälat erwiederte, daß er solches nicht allein zu entscheiden vermöge, woraufhin Rohan nachstehendes Schreiben an den Prior sandte:

"Ludovicus Renatus Eduardus von gottes gnaden
der h. römischen Kirch cardinal, prinz von Rohan,
fürst und bischoff zu strasburg, Landgraff im
Elsas, des h. römischen reichs fürst pp.
unseren gnädigen gruß zuvor!

Würdiger lieber Pater Prior! da der herr Praelat, und P. Beda beede nicht versprechen können, die mit nächstem eintreffende offizier und Edelleuth im bad zu S. Landelin zu beherbergen, der H. Praelat uns auch seit dem montag keine bestim̄te antwort hierüber ertheillt, so empfehlen wir demselben das capitel gleich nach empfang dises zu versam̄len und solchem bekannt zu machen, das wir in das besagte bad einige compagnien verlegen werden, indem uns xxxxxxxxxxxxx wenigstens das nehmliche recht, welches mann den frembden

VI. SOLDATENLEBEN IM OBERAMT ETTENHEIM

Im Juli 1791 hatte man im Lager Ettenheimweiler einen

---

wenn sie zahlen, gestatet, zustehen mus. badhäuser dienen zum öffentlichen gebrauch, und jeder mann hat darinn ein gleiches recht, und wenn S. Landelin sich auch unter frembder botmäsigkeit befände, so müsten die gedachte personen doch darinn aufgenohmen werden, da sie, wie wir bereits gemeldet, dafür zahlen wollen. wir erwarthen also desselben antwort noch heute. der Vorwand, das mann die baulichkeiten des bads repariren müße, ist gegenwärtigen falls nicht gegründet, weil die jahrs zeit dise reparationen nicht verstattet, und weil mann, so bald die rede von ausübung der gastfreyheit ist, hierunter das gutte beyspihl geben mus. eine Verweigerung derselben ist eine verlezung der Religion, und der menschlichkeit. eure heilige stifter haben euch solche zum besonderen gesez gemacht. wenn mann denen zu essen gibt, die nicht hungeren, die mit Trank erquiket, die nicht dursten, die beherberget, die es nicht bedürffen, so heist das nicht das gesez erfüllen: so ist im gegentheil ein mißbrauch. die heilige stifter haben auch nirgends gesagt, das sie davon dispensirten, so bald ein gefahr dabey wäre, vilmehr gebietet die Tugend eben in solchen augenbliken nur der christliche(n) liebe zu gehorchen. die drohungen der boshafften müssen den tugendhafften nit abhalten seine pflichten zu erfüllen. die Religion ertheilt der zu schichternen menschheit ihre stärke, und dise stärke scheucht die drohungen des lasterhaften zuruk.

Übrigens glauben wir nicht, das etwas zu befürchten seye. die heut von offenburg angekom̄ene praebendarien haben uns versichert, das die ausgestreute gericht keinen grund häten, und iedermann, 4 oder 5. furchtsame personen ausgenohmen, ganz ruhig seye.

Wir lassen dem Kapitel zu vil gerechtigkeit widerfahren, um nicht zu glauben, das es sich zur ersten pflicht machen werde, uns das vergnügen zu lassen, einer verehrungswürdige(n) ritterschafft, welche so gar von ihren feinden geschäzet, und bewundert wird, einigermasen nuzlich zu seyn.

Und verbleiben übrigens denenselben mit fürstliche(n) hulden und gnaden wohl beygethan. Ettenheim d(en) 4te(n) Jenner 1792.

desselben affectionirter cardinal
und prinz von Rohan.

die aufschrift ware: dem würdigen P. arbogast häusler Prioren des Klosters Ettenheim̄ünster.

Antwort:

Durchleuchtigster fürst!

Auf eurer durchlaucht gnädigst an mich erlassenes schreiben nehme die freyheit höchst denenselben in tyfester unterthänigkeit zu melden, das Euer durchlaucht ihr erlaß an mich so gleich dem Kapitel vorgelesen, und der abschluß desselben wegen dem bad zu S. Landelin nach vorher gemachten nothwendigen Erleuterung, dahin ausgefallen, das sich dasselbe zur gnad

Altar errichtet. Am 10. wurde er von Pfarrer Mast, der an diesem Sonntag dort eine Messe las, benediziert. Man weiß zu berichten, daß die Soldaten im Anschluß daran musizierten und tanzten[201]. Doch Ereignisse dieser Art waren selten. In all den Monaten, in denen Truppen im Bischöflich-Straßburgischen einquartiert waren, mangelte es den Soldaten an wirklicher Beschäftigung.

1. Unter Androhung härtester Bestrafung

Bereits am 6. April begegnen zwei Rekruten, die nachts mit zwei Pferden das Oberamt Ettenheim verlassen hatten[202], und am 4. Juli wurde zum ersten Mal ein wieder eingefangener Deserteur bestraft. Der Abschreckung wegen wurde er in Kappel öffentlich durch Spießruten gejagt[203].

Behindert wurde die Eindämmung der Desertion dadurch, daß die Nachbarn des Hochstiftes sich weigerten, einen Aus-

---

rechne, Euer hochfürstl durchlaucht durch willfahrung höchst dero ansuchens seine Tyfeste Devotion bezeugen zu können; doch verspricht sich obbesagtes Kapitel mit einer von der höchsten huld und gnad Eur hochfürstl. durchlaucht, höchst dieselbe werden gnädigst geruhen, niemahls zu gestatten, das der abbtey hierdurch ein nachtheil oder schaden zugehen werde. voll dieser Tröstlichen hoffnung habe die gnad mich und die abbtey in die allergnädigste huld und wohlwollen bestens zu empfehlen mit tyfestem respect harrend

Euer hochfürstl Durchlaucht

unterthänigst gehorsamster diener

P. arbogastus Heisler Prior

Ettenheimünster d(en) 5 te(n) Jener 1792."
(PfA-Ettenheimmünster, P. Gervasius BULFFER: ARCHIVUM MANUALE. Tomus I. Continens Fundationes & Renovationes Monasterii Jtem Abbates Omnes & Cuncta, Quae Sub ipsis Acta Sunt A Primo usque ad hodiernum, 257-260; vgl. Kürzel, 54-57)

201 Diarium II, *136v

202 GLA 74-6281, 117r

203 Man hatte ihn bereits in Rust wieder eingefangen (GLA 74-6282,106v)

lieferungsvertrag für Deserteure abzuschließen[204]. Als man dem Oberamt Mahlberg am 1. August 1791 unter dem Vorwand, etwaigen Beschwerden vorzubeugen, anbot, alle ohne oberamtlichen Paß in der Nachbarschaft auftauchenden Soldaten festzunehmen und nach Ettenheim zurückzusenden, geschah dies in erster Linie, um der Desertion nach Mahlberg doch noch zu wehren. Obschon man von Ettenheim aus zusagte, alle anfallenden Kosten zu ersetzen, erfolgte die ablehnende Antwort des badischen Oberamtes bereits einen Tag später[205].

Deserteure flohen vorwiegend nach Mahlberg, dessen hell erleuchtetes Schloß in der Nacht vorzüglicher Wegweiser war[206]. Am 29. August erreichte nach 21 Uhr ein aus dem Lager flüchtiger Soldat, dem wenig später drei Reiter folgten, die badische Stadt. Die Auslieferung des Deserteurs verweigerte man; lediglich Gewehr und Patronentasche, die man dem Flüchtigen abgenommen hatte, wurde den Legionären zurückgegeben. Bereits gegen 22 Uhr erschienen drei weitere Deserteure, denen ebenfalls Gewehr und Patronentasche von den Mahlberger Beamten abverlangt wurde. Am nächsten Morgen trafen noch einmal drei Flüchtlinge ein[207]. Vier der Husaren und Dragoner, die am darauffolgenden Samstagabend 16 Deserteure verfolgten, kehrten ebenfalls - einschließlich Pferd und Bewaffnung - nicht ins Straßburgische zurück[208].

---

[204] Das Verhältnis Rohans und Mirabeaus zu den umliegenden Herrschaften war nicht zuletzt durch diese Haltung gespannt. Um in dieser Atmosphäre die Emigranten nicht zu provozieren, hatte man in Karlsruhe schon im April beschlossen, die von Zeit zu Zeit nach Kippenheim kommenden Soldaten nicht aufzuhalten und ihnen keine Pässe abzuverlangen. Man begnügte sich mit offiziellen Protestnoten.
(GLA 74-6281, 139r)

[205] GLA 74-6283, 24r-25r; 26r-27r

[206] GLA 74-6283, 117v

[207] GLA 74-6283, 117r-118r

[208] GLA 74-6283, 140v

... ...ag in dem Buch mit dem Titel:

Meine Meinung:

Absender

Vorname

Name

Beruf

Straße

PLZ Ort

Bitte als Postkarte frankieren

MORSTADT VERLAG
KEHL · STRASBOURG · BASEL

Postfach 1380

D-7640 Kehl

Am 15. September bestrafte man erneut zwei Soldaten mit 'Gassenjagen'[209], und am 29. suchten sieben oder acht Franzosen selbst in Mahlberg nach einigen Deserteuren. Das badische Oberamt sah sich gezwungen in Ettenheim um die Abstellung dieser Verfolgungen nachzusuchen[210].

Gegen Ende des Jahres verschlechterte sich die Situation zusehends. Schlechte Witterung, unzureichende Kleidung und minimale Freiheiten ließen die Desertion, nachdem die Truppen wieder in die Ortschaften verlegt worden waren, stark ansteigen[211]. Fünf Jäger, 'ohne die vielen zu rechnen, die sich täglich wegbegeben', flüchteten am 10. Dezember[212]; am 22. Dezember tauchten Soldaten in Mahlberg auf, die vorgaben, nach Deserteuren zu suchen und wohl eher selbst Flüchtige waren[213].

Größere Anstrengungen, um die Flüchtigen zurückzuhalten, scheinen nicht mehr unternommen worden zu sein. Im Oberamt Mahlberg vermutete man, daß eine Flucht, sofern sie in aller Stille vor sich gehe und die übrigen Soldaten nichts davon erfuhren, durchaus verziehen wurde[214]. Le-

---

209 Ein Grund hierfür wird nicht angegeben. (GLA 74-6283, 192r)

210 GLA 74-6284, 7r; vgl. auch ähnliche Vorgänge unter GLA 74-6282, 229v; GLA 74-6285, 90r-91r; am 15. Juli 1791 hatte man einige Deserteure sogar bis nach Emmendingen verfolgt, wo dieselben bereits von einem kaiserlichen Werber engagiert worden waren. Um den Streit zwischen dem Mirabeau'schen und Kaiserlichen Offizier zu schlichten, wurden alle Beteiligten nach Freiburg geschickt, wo der Fall entschieden werden sollte (GLA 74-6282, 69r-70r).

211 GLA 74-6284, 110r; einige Deserteure entwickelten besondere Dreistigkeit. Einer begab sich zu Mirabeau, brachte ihm sein Kaskett, den Säbel und Kittel mit der Erklärung, er wolle jetzt sehen, wie es jenseits des Rheins aussehe (GLA 74-6284, 78v).

212 GLA 74-6284, 166r

213 GLA 74-6284, 197v-198r

214 GLA 74-6284, 71v; dies gilt jedoch nur bedingt. Im Husarenregiment des Kardinals wurde Desertion immer noch aufs schärfste verfolgt. Am 9. Dezember wurde ein Husar, der sich mit Pferden davon machen wollte, durch Spießruten gejagt, nachdem man ihn in Wittenweier wieder eingefangen hatte. Ursprünglich drohte man ihm sogar mit

diglich die Tatsache, daß Unmengen von Waffen und Uniformen durch Deserteure abhanden gekommen waren, bereitete den Verantwortlichen in Ettenheim Sorgen[215]. Mirabeau sah keine andere Möglichkeit, als die an Mahlberger und Kippenheimer Bürger durch Deserteure verkauften Flinten, Säbel, Kappen und übrigen Montierungsstücke wieder ankaufen zu lassen[216].

2. Übermut, Langeweile und Leichtsinn

Immer wieder treten unter den Soldaten im Oberamt Ettenheim Streitigkeiten auf. Vor allem das Verhältnis zwischen französischen und deutschen Legionären war gespannt. Am 4. Juli ist bereits das erste Duell belegt. Eine Auseinandersetzung des Comte de Douket mit dem ihm unterstellten Comte de Chasson in Grafenhausen lieferte den Anlaß dafür[217]. De Douket mußte mit einer Kopfverwundung zum

---

der Strafe des durch 'Steigbügel-Laufens' (GLA 74-6284, 150v, 153v, 166r). Im Regiment Rohans herrschte bis zuletzt eiserne Disziplin. Noch am 11. Februar 1792 wurde ein Soldat auf bischöflichem Gebiet bestraft:
"In Ettenheim hat neulich einer von des Herrn Kar=
dinals Regiment durch 2. Korporals auf einmal
165. Stock Streiche erhalten und ist mit abgeschnittenen
Haaren fortgejagt worden und in Renchen soll einx Mira=
bauscher Soldat 230. Streiche bekommen haben, hat
hat sich aber unmittelbar nacher in Offenburg unter die
K. K. Truppen anwerben lassen." (GLA 74-6285, 122v-123r)

215 Die Zahl der Truppen hatte sich trotz der starken Desertion durch ständige Neuanwerbungen eher vergrößert als verkleinert, auch war die badische Regierung nur selten dazu zu bewegen, Deserteuren abgenommene Waffen wieder herauszugeben. (GLA 74-6283, 62v-63v; GLA 74-6284, 121r, 161r-162r)

216 GLA 74-6284, 167r

217 De Douket hatte de Chassons Art, mit den Soldaten umzugehen, kritisiert. Es seien Menschen, die er befehlige und keine Tiere. Der daraus entstandene Wortwechsel führte zum Duell. Douket, weit über 50 und in Begleitung zweier unmündiger Söhne, wurde

Landchirurgus Oberle nach Kippenheim gebracht werden[218].

Einen Tag später wurde in Ettenheimweiler ein 22jähriger Soldat erschossen - man sprach von einem Unglück[219] - und am 30. August 1791 drückte ein stürzendes Pferd einem Marketender die 'Herzkammer' ein[220]. Als sich im Oktober die Witterung verschlechterte und die Unterbringung der Soldaten in den Zelten immer unzureichender wurde, wunderte sich niemand darüber, daß kaum ein Tag ohne Duell verging. Im Jahr 1792 zieht Machleid folgende Bilanz:

"... eß ßein
hier ohngefehr hier in lazereten, und 4 lageren
gestorben 20 mann, 30 mann, ßollen ßich
in 4 lageren muetwiliger weiß erstochen habe(n)
und verschoßen im duell haben...[221]"

3. Rekruten aus der Ortenau und dem Breisgau

Nur wenige Nachrichten geben Auskunft über die Motive, die rechtsrheinische Bürger - neben der Aussicht auf einen ordentlichen Sold - bewegten, Militärdienst bei den

---

verwundet, woraufhin sein 14jähriger Sohn den Comte de Chasson herausforderte. De Chasson nahm diese Forderung allerdings nicht an. (GLA 74-6282, 106r/v, 125r-126v)

218 De Doukets Vertrauen zum eigentlichen Regimentschirurgus scheint nicht besonders groß gewesen zu sein. Aufgrund seiner Verletzung war ein mindestens zweiwöchiger Aufenthalt in Kippenheim zu erwarten, der von der badischen Regierung genehmigt wurde. Um den 14. Juli verließ Douket Kippenheim für einige Tage, um sich in Ettenheim vor Gericht zu verantworten, obgleich er noch nicht wiederhergestellt war und in einem Wagen transportiert werden mußte. (GLA 74-6282, 125r-126v, 175v-176r)

219 GLA 74-6282, 107r; der Todesschütze desertierte daraufhin (GLA 74-6282, 115v-116r).

220 Diarium II, *141r; der Feldpater beerdigte den verheirateten Marketender unmittelbar nach dem Unfall (Diarium II, *141r).

221 Diarium II, *146r; vgl.: GLA 74-6284, 52v, 59v, 71v, 150r; GLA 74-6285, 34r, 92r

Emigranten zu leisten.

Der Knecht des Rindfußwirtes Stiegler von Kippenheim hatte anscheinend Schwierigkeiten mit seinem Herrn, der ihm denn auch den rückständigen Lohn verweigerte, als er vom Engagement seines Knechtes unter die in Grafenhausen liegenden Truppen erfuhr[222].

Friedrich Lydin, Sohn des Försters Lydin von Weisweil, hingegen wurde anläßlich seines Eintritts unter das sogenannte 'Jäger Korps' im Juli 1791 vom Oberamt Hachberg als 'äußerst verwegen' und 'liederlich' bezeichnet[223]. Am 3. September wurde Lydin, nachdem er bereits Ende Juli in Weisweil Drohungen ausgestoßen hatte[224], von badischen Behörden verhaftet und unter der Bedingung, keine Dienste mehr im Ausland anzunehmen, wieder auf freien Fuß gesetzt[225].

Den achtzehnjährigen Friedrich Herr trieb hingegen Abenteuerlust unter die Mirabeau'sche Legion. Seine Eltern wandten sich daraufhin an die zuständige Obrigkeit, die sich für die Entlassung ihres Sohnes verwenden sollte[226].

---

222 Stiegler forderte zumindest einen tüchtigen Ersatz für seinen Knecht, der demselben allerdings drohte, daß etwas passieren werde, wenn er das ihm Zustehende nicht bekommen werde. (GLA 74-6281, 239r/v)

223 GLA 74-6282, 167v; vgl. aber das Urteil unter GLA 74-6284, 41r/v

224 Friedrich Lydin hatte gemeinsam mit seinem Vater und zwei Soldaten im Gasthaus Sternen in Weisweil angekündigt, mit 50 Mann wiederzukommen. Um der Angst der Weisweiler zu steuern, wurde neben anderen Sicherheitsmaßnahmen verordnet, Lydin bei seinem nächsten Erscheinen festzunehmen (GLA 74-6283, 8r-9r). Dem Oberamt Ettenheim wurde diese Anweisung bekannt gemacht, mit der Bitte sie Lydin weiterzuleiten (GLA 74-6284, 2r-3r).

225 Lydin hatte sich bei seiner Festnahme 'ganz gehorsam und bescheiden' verhalten (GLA 74-6284, 2r-3r); da sich für ihn keine Möglichkeit fand, als Jäger in badischen Landen unterzukommen, wurde die genannte Bedingung wieder zurückgenommen (GLA 74-6284, 41r/v).

226 Lieber solle er zu den Truppen des Markgrafen, als bei einer solch zwielichtigen Armee zu verbleiben (GLA 74-6283, 51v).

Als Herr bereits eine Woche später desertierte, wurde er, um ähnlichen Eskapaden vorzubeugen und Schwierigkeiten mit der Mirabeau'schen Legion zu verhindern, von den badischen Behörden umgehend den markgräflichen Truppen übergeben[227].

Ganz anders geartet war die Motivation des Michael Hahners, der im August 1791 aufgrund eines Streites mit seiner Ehefrau - sie hatte ihn wegen Ehebruchs und Trunksucht schon einmal beim 'Weisweiler Frevelgericht' angezeigt - in den Dienst der Mirabeau'schen Legion trat[228].

Und mit Sicherheit darf auch die Ansicht des Oberamtes Hachberg, daß viele, die nicht arbeiten wollten oder 'irgend einer verdienten Zucht zu entgehen' suchten, den Weg zu den Emigranten einschlugen[229], nicht übersehen werden. Der im Vergleich zu anderen Armeen hervorragende Sold, der von den Ettenheimer Verantwortlichen versprochen wurde, lockte.

---

[227] GLA 74-6283, 71r/v; auch Michel Hauer ging aus ähnlichen Motiven unter die Soldaten, mußte jedoch von seinen Eltern wieder losgekauft werden (GLA 74-6283, 90r/v; vgl. Diarium II, *146v).

[228] Auf Drängen seiner Frau mußte ihn sein Vater um 50 Livres zurückaufen und die liebende Gattin bat das Hachbergische Oberamt, ihren Mann, der sich seit den Zeiten des 'Frevelgerichtes' um Vieles gebessert habe, nicht zu bestrafen. Freiherr von Liebenstein, der Hachbergische Oberamtmann, scheint den Fall von sich gewiesen zu haben. Die Karlsruher Regierung wurde ersucht, das Urteil über den Ausreißer zu fällen. Der Ausgang der Sache ist nicht bekannt.
(GLA 74-6283, 51v-52r; GLA 74-6284, 51r/v)

[229] GLA 74-6283, 51v-52r

VII. LEIDEN DER BEVÖLKERUNG

Nicht nur die Legion selbst hatte unter Eskapaden einzelner Soldaten zu leiden. Weitaus gewichtiger waren die Vorfälle, die zu Lasten der einheimischen Bevölkerung gingen. Hinter den wenigen spektakulären Ereignissen, die überliefert sind, läßt sich das Ausmaß der Belastung erahnen.

1. Soldaten im Konflikt mit der Bevölkerung

Diebstähle von Legionären und Deserteuren wuchsen sich zur großen Belastung aus[230]. Besonders auf Pferde hatte man es abgesehen. Ein Mirabeau'scher Offizier verkaufte Ende 1791 in Friesenheim gegen 10 Taler ein Pferd, das er sich in Ringsheim ausgeliehen hatte. Der Eigentümer mußte dem Friesenheimer Käufer die Hälfte der Auslagen ersetzen, um sein Pferd zurückzuerhalten[231]. Auch Anton Winterer mußte, als ihm am Abend des 1. Februars 1792 sein Schimmel gestohlen worden war, das Tier nach fünf Tagen Suche in der Gegend von Renchen zurückkaufen[232].

---

230 Die Soldaten des Jäger-Korps besaßen beispielsweise Büchsen-Ranzen von ungewöhnlicher Größe,
"und in diesen kann sich allerdings viel verbergen laßen." (GLA 74-6284, 162r).
Kaum ein Schwein, kaum ein Wirtshaus war vor den Soldaten sicher (Diarium II, *146r, *147v; vielleicht haben die Soldaten auch mit dem Vorfall, von dem GLA 74-6283, 19r-20r berichtet, zu tun).

231 GLA 74-6284, 90v-91r; vgl. einen ähnlichen Vorfall unter GLA 74-6285, 151r/v

232 Machleid stellt abschließend fest, daß der Dieb "ein franzoß ein liederlicher kerl" gewesen sei.
(Diarium II, *145v)

Immer wieder wurde die Bevölkerung mit den Fluchtversuchen von Soldaten konfrontiert. Bei der Rückkehr vom Ettenheimer Martinimarkt des Jahres 1791 wurde ein in Kippenheim arbeitender fremder Maurergeselle von einem Deserteur dazu veranlaßt, einem Kleidertausch zuzustimmen. Da im Kippenheimer Ochsen, wo man die Kleidung wechseln wollte, ein Capitain der Legion saß, begaben sich die beiden auf die Landstraße unterhalb Kippenheims. Als fünf oder sechs Volontairs und einige Lahrer hinzukamen, entstand ein Streit[233], in dessen Mittelpunkt der Maurergeselle stand[234]. Capitain Montmare schlichtete und verhinderte ein Blutvergießen[235].

Auseinandersetzungen zwischen Bürgern und Soldaten gab es auch in Broggingen, wo sich in der Sonne ein Deserteur unter dem Vorwand, auf einige Freunde aus dem Elsaß zu warten, einquartiert hatte. Als vier Mirabeau'sche Legionäre ihn in das Lager bei Ringsheim zurückbringen wollten, einer der vier jedoch plötzlich die Partei des Deserteurs ergriff[236], kam es zum Wortwechsel, Streit und Säbelziehen. Die herbeigeeilten Bürger, die für Ruhe und Ordnung sorgen wollten, wurden gemeinsam mit ihrem Vogt mit blanken Säbeln zurückgehalten. Nur das selbstsichere

---

233 Die Soldaten kamen vom Billiardspiel in Lahr, während die Lahrer auf dem Heimweg waren. Daß die Lahrer für die Ettenheimer Truppen nicht viel übrig hatten, ist bekannt (Im März 1792 bewarfen sie einen Offizier des Kardinals mit Kot und stießen Schimpfworte gegen ihn und den Kardinal aus (Diarium II, *147v)). (GLA 74-6284, 107r-108r)

234 Letztendlich vermißte er, nachdem ihn beide Parteien hin und her gezerrt hatten, seine Kappe, ein Schnupftuch und ein Buch. (GLA 74-6284, 107r-108r)

235 Einer der Soldaten hatte mit seinem Seitengewehr den Lahrer Bürger Fingado angegriffen. Capitain Montmare, der aus dem Ochsen in Kippenheim herbeigeeilt war, konnte allerdings Schlimmeres verhindern. (GLA 74-6284, 107v-108r; ähnlich spektakulär auch GLA 74-6285, 150r-151r)

236 Es stellte sich heraus, daß der Soldat ein Freund des Deserteurs war. (GLA 74-6283, 154r-156r)

Auftreten des Vogts veranlaßte die Soldaten schließlich dazu, den Deserteur in Ruhe zu lassen und sich zurückzuziehen[237].

Häufig bemühten sich Werber anderer Armeen um die Mirabeau'schen Deserteure[238] und nicht selten kam es zu Zwischenfällen. So suchten drei von vier Deserteuren, die im Juli 1791 einem kaiserlichen Werber, Unteroffizier vom K. u. K. Regiment Bender, nach Freiburg folgten, in Emmendingen bei der dortigen hachbergischen Oberamtsverwaltung um Schutz nach, und weigerten sich weiterzuziehen[239]. Am 14. August wurde ein österreichischer Werber von einem Franzosen bei einer Auseinandersetzung in Herbolzheim niedergeschossen[240], und bei der Werberei in Lautenbach verlor ein Werber ein Auge[241].

Konflikte gab es auch dadurch, daß Soldaten ohne Grund und Erlaubnis fremdes Gebiet betraten und Unruhe und Aufsehen erregten. 10 oder 12 Reiter und ebensoviele Soldaten zu Fuß erschreckten am 22. Mai 1791 auf der Landstrasse oberhalb Kippenheims zwei Passanten[242]. Drei Tage später trommelten am Vormittag zwei Tambours in Kippenheim, bis sie beim Gasthaus zum Ochsen angehalten und aus dem Ort gewiesen wurden[243].

---

237 GLA 74-6283, 154r-156r; der Wirt, der den Deserteur gegen die Vorschrift beherbergt hatte, wurde anschließend zur Rechenschaft gezogen (GLA 74-6283, 155r/v).

238 Auch die Mirabeau'sche Legion vermehrte sich durch Anwerbung von Deserteuren. (vgl. Anm.[103])

239 GLA 74-6282, 243r-244r

240 GLA 74-6283, 72r/v; er überlebte nur mit einigem Glück (GLA 74-6283, 112r).

241 GLA 74-6283, 193v-194v; vgl. auch die Auseinandersetzung der Mirabeau'schen Soldaten mit einem preußischen Werber in Kehl (GLA 74-6288, 137v-138r) und GLA 74-6282, 229r/v; GLA 74-6283, 72r/v, 73v

242 GLA 74-6281, 191r/v; am 1. September 1791 befanden sich erneut 20 Mann auf Mahlberger Gebiet (GLA 74-6283, 119r-120v) vgl. auch GLA 74-6283, 84r/v

243 GLA 74-6281, 194v

Ein Säbel, den man einem Straßburger namens Bär abgenommen und zerbrochen hatte[244], verursachte wie die Provokationen der Mirabeau'schen Legion am Grenzübergang in Kehl[245], viel Aufregung. Besonders im Juni fingen immer wieder Mirabeau'sche Soldaten mit der französischen Schildwache Streit an. Die Bemühungen des Kehler Amtes, die fremden Soldaten aus der Stadt zu weisen, zogen sich bis zum beginnenden Spätjahr 1791 hin[246].

2. Probleme im bischöflichen Oberamt

Auseinandersetzungen mit der Bevölkerung nahmen in der bischöflich-straßburgischen Herrschaft eine Sonderstellung ein. Die Vorgesetzten des Oberamtes hatten immer wieder zwischen Bürgern und Soldaten zu vermitteln[247]. Rohans Rolle als Landesherr war nicht nur durch die Strei-

---

[244] GLA 74-6281, 239v; GLA 74-6283, 45r-46r, 47r-48r, 104r-105v; der Vorfall belastete das Verhältnis zischen Rohan und dem Straßburger Maire wie auch die Beziehung zu Karlsruhe in gleicher Weise.

[245] Vgl. unter anderem GLA 74-6282, 42r-43v

[246] GLA 74-6281, 242v-243r, 244r-245r; GLA 74-6282, 12r/v, 48r/v, 53r/v, 93r/v; eine besondere Rolle spielte in Kehl der ehemalige Maire von Schlettstadt. Die Gebrüder Herrenberger hielten sich lange mit den Mirabeau'schen Soldaten in Kehl auf (GLA 74-6282, 48r/v, 53r). Die Karlsruher Sicherheitsvorschriften vom Juni 1791 - Reisende sollten genau beobachtet, auf hohen Türmen und Anhöhen das Umland beobachtende Posten eingerichtet, die Rheinschiffe abends fest angeschlossen und die Grenzen mit Patrouillen gesichert werden (GLA 74-6282, 1r-3v, 34r/v, 63r-66r; Schilling v. Canstatt, 450) - waren nur bedingt dazu geeignet, die vielen Grenzverletzungen und die Unsicherheit der Bevölkerung zu mindern. Zumindest gelang es die Ruhe zu wahren und entstehenden Unruhen frühzeitig zu wehren, wenn auch die Einrichtung neuer Wachen eine erneute Belastung der badischen Untertanen zur Folge hatte.

[247] Um immer wieder auftretende Unstimmigkeiten zu schlichten, sandte Rohan beispielsweise Hofrat de Heille, der des Deutschen nicht einmal gänzlich mächtig war, nach Oberkirch. De Heille war hoffnungslos überfordert. (GLA 74-6285, 113r/v)

tigkeiten innerhalb des Lagers belastet[248]. Sowohl Bürgerschaft als auch Soldaten beanspruchten den Kardinal für sich, und Streitigkeiten arteten daher leicht in größere Unruhen aus.

Zu einem Handgemenge kam es am Sonntag, 29. Mai 1791, als mehrere Jugendliche, die sich gegen die Anweisungen der wachhabenden Soldaten dem Grafenhausener Posten näherten[249], von demselben mit Gewehrkolben weggetrieben wurden. Durch die Verletzung zweier Bürger veranlaßt, versuchten die Grafenhausener Sturm zu läuten, fanden aber die Kirchentüren von Soldaten besetzt. Drei Bürger wurden verhaftet. Als daraufhin eine Delegation der Grafenhausener vom Kardinal in Ettenheim die Freilassung der Gefangenen und Genugtuung forderten, wurde ersteres gewährt. Genugtuung erhielten die Grafenhausener nicht. Die dort stationierten Soldaten mußten sich am darauffolgenden Montag daher verborgen halten, wollten sie Zusammenstößen mit der Bevölkerung aus dem Weg gehen[250].

Am 2. Juli gab es erneut Unruhen, als beim Kegeln zwischen Bauern und Soldaten in Ringsheim ein Streit aus-

---

[248] Die angeworbenen rechtsrheinischen Soldaten fühlten sich gegenüber den Franzosen zurückgesetzt; auch warf man dem Kardinal vor, er würde sein eigenes Korps der übrigen Legion vorziehen. (GLA 74-6284, 150r)

[249] Die Soldaten befürchteten einen Überfall (GLA 74-6281, 204r/v)

[250] Einer der Offiziere, der sich bei der Schlägerei besonders hervorgetan hatte, hatte sich nach Orschweier abgesetzt (GLA 74-6281, 205r). Die Grafenhausener sollen sich übrigens in Mahlberg erkundigt haben, wie man dort auf einen Aufstand reagieren würde. Das Oberamt Mahlberg berichtet daraufhin nach Karlsruhe:
"... die hiesigen und andern benach=
barten halten sich ruhig, und scheinen nicht
geneigt zu seyn, sich in fremde Händel zu
mischen, sondern sich nur als denn zu Wehre
zu sezzen, wenn sie angegriffen werden
sollten." (GLA 74-6281, 205v)
Die Karlsruher Regierung brachte ihre Zufriedenheit darüber zum Ausdruck (Anmerkung auf dem Schreiben vom 4. Juni 1791 (GLA 74-6281, 204r))

brach, der auf beiden Seiten Verletzte forderte[251]. Hundert bewaffnete Legionäre von Kappel eilten gemeinsam mit Mirabeau und dem Kardinal nach Ringsheim, um Ruhe und Ordnung wiederherzustellen[252].

Der Landesherr gab den Ringsheimern sein Mißfallen darüber, daß sie Anlaß zu solchen Unruhen gegeben hätten, zur Kenntnis, was die Bürger in ihrer Meinung, der Kardinal stehe auf Seiten der Soldaten, bestärkte[253].

Am 10. August gab es in Ringsheim erneut Ärger. Mitglieder der 'Freiwilligen' hatten sich unter Alkoholeinfluß damit vergnügt, Fensterscheiben einzuwerfen. Auch diesesmal kam es zu einer Schlägerei, die mehrere leicht Verletzte mit sich brachte. Jene Soldaten, die den Aufruhr provoziert hatten, wurden mit harten Strafen belegt, und Maßnahmen gegen künftige Ausschweifungen getroffen[254].

---

251 GLA 74-6282, 85r, 115v; ein Ringsheimer war so schwer verletzt worden, daß man an seiner Genesung zweifelte (GLA 74-6282, 105r). Der Kardinal ließ ihm 2 Louisd'or zukommen und ordnete an, daß alles Erforderliche zu seiner Wiederherstellung unternommen werde (GLA 74-6282, 105r).

252 "Wäre dem Stürmen kein Einhalt geschehen, so würde die starcke Vorder-Oesterreichische Gemeind Herbolzheim dazu gekom̄en seyn, welche sich bereits auf den Weg begeben hatte." (GLA 74-6282, 105v)

253 GLA 74-6282, 105v

254 GLA 74-6283, 62r/v, 73r/v; 15 Soldaten reagierten daraufhin mit Desertion, nicht ohne den Ringsheimern, die sie für diese Maßnahmen verantwortlich machten, zu drohen. Die Gemeinde hielt daher in der Nacht vom 13. auf den 14. August 1791 aus Furcht vor Brandstiftung - die Ernte war bereits eingebracht und die Scheunen bis an den First gefüllt - Wache (GLA 74-6283, 73r/v). Es soll an dieser Stelle allerdings nicht vergessen werden, daß Legionäre, als es im August in Grafenhausen durch ein Gewitter tatsächlich zu einem Brand kam, das Feuer einzudämmen halfen und ein Übergreifen auf andere Gebäude verhinderten (GLA 74-6283, 84v).

VIII. GEFAHR FÜR LEIB UND LEBEN

Die Lebenshaltungskosten in Ettenheim stiegen allmählich an[255], und im September 1791 traten im Oberamt 'Faulfieber' auf[256]. Hinzu kam die wachsende Bedrohung der Bevölkerung durch eine Reihe schwerwiegender Verbrechen.

1. Zwischen Wald und Reben

Im Juli bereits war die Mirabeau'sche Legion in Wildereiverdacht geraten. Im Wirtshaus Linde in Wittenweier beobachte man am 2. Juli vier Soldaten beim Treffen von Vorbereitungen[257]. Einen Tag später verzehrten vier andere Soldaten in der gleichen Wirtsstube einen mitgebrachten Hasen, ohne daß man ihnen etwas beweisen konnte[258].

Zur Zeit der Weinlese begannen Soldaten gruppenweise, um vor den Rebbannwarten sicher zu sein, die Rebberge heimzusuchen. Die Bannwarte wagten nicht, die Bewaffneten festzunehmen, und kaum eine Frau wagte sich noch allein in die Reben[259]. Als Anfang September 1791 eine

---

255 GLA 74-6284, 166v-167r
256 GLA 74-6283, 160v; vgl. Diarium II, *133v
257 GLA 74-6282, 102r-103r; gegen zwei Uhr morgens verschwanden sie, kehrten allerdings nach neun Uhr vom Tau durchnäßt zurück (GLA 74-6282, 102r).
258 GLA 74-6282, 103r
259 GLA 74-6283, 140v;
"Das schlimste dabei ist, daß die Weibsleute sich fast nicht mehr getrauen, allein in die Weinberge zu gehen, weil man diese Leuten in Ansehung des weibl$^{\underline{n}}$ Geschlechts nichts gutes erwarten kann, und es ist zu befürchten, daß das Uibel sich noch vermehre, wenn die Zeitigung der Trauben zunimmt." (GLA 74-6283, 140v)

arbeitende Frau auf badischem Territorium von acht Soldaten überrascht wurde und sich gerade noch rechtzeitig zurückziehen konnte, beschloß das Oberamt Mahlberg, die Rebwachen zu verdoppeln und in Ettenheim zu protestieren[260]. Oberamtsverweser Stuber antwortete umgehend auf das Mahlberger Schreiben vom 7. September[261] und sicherte strengste Bestrafung der Übeläter, die man erwischen würde, zu[262]. Der Kardinal entschuldigte sich schriftlich beim Markgrafen für die Vorkommnisse[263]. In der Folge enden diese Zwischenfälle. Der letzte nennenswerte Vorfall ereignete sich Ende September, als mehrere 'Volontairs' in den Rebbergen von Ettenheimer Bürgern - trotz heftiger Gegenwehr mit den Seitengewehren - festgenommen und Oberamtsverweser Stuber ausgeliefert wurden[264].

2. Willkür, Schikane und übertriebene Strafen

Das übergroße Mißtrauen der Verantwortlichen in Ettenheim, vorab des Kardinals, als auch die Versuche, Soldaten mit Wacheschieben und Patrouillen zu beschäftigen, bedingten eine Reihe von Zwischenfällen.

Frühzeitig hatte man Posten in Ringsheim errichtet, die Passanten anhielten und über Herkunft und Ziel bzw. Zweck ihrer Reise befragten. An einem Tor der Residenzstadt war ein 12- bis 13jähriger Junge postiert, der selbst von dort

---

260 GLA 74-6283, 141r/v; die Frau hatte sich zunächst nicht getraut, den Vorfall anzuzeigen (GLA 74-6283, 141r).
261 GLA 74-6283, 160r
262 GLA 74-6283, 190r, 191r
263 GLA 74-6284, 55r/v
264 GLA 74-6284, 10v; Mirabeau, dem die Soldaten übergeben wurden, ließ dieselben verurteilen und inhaftieren (GLA 74-6284, 10v).

stammend Straßburger Bürger identifizierte[265].

Am 21. April 1791 wurde der Sonnenwirt Caspar Jenne von Teningen ohne Angabe von Gründen in Kappel verhaftet, nach Ettenheim abgeführt und erst am darauffolgenden Tag wieder freigelassen[266]. Einem Kaufmann von Riegel widerfuhr ähnliches bei Ringsheim[267]. Vor allem aber waren es Elsässer, insbesondere Straßburger, die unter der Willkür der Soldaten zu leiden hatten[268].

Ein Straßburger namens Genshirt, der aufgrund von Erbschaftsangelegenheiten in Emmendingen war, wurde auf dem Rückweg in Ringsheim angehalten, in Ettenheim 'eingetürmt' und am anderen Morgen mit der Entschuldigung, daß ein Versehen der möglicherweise angetrunkenen Soldaten vorgelegen habe, wieder entlassen[269].

Am 21. Mai wurde Friedrich Hofmann aus Westhausen in Kappel von Soldaten, solange bis der dortige Stubenwirt eingriff, verprügelt[270]. Als 40 Mann am 29. Mai mit einem Schiff von Basel kommend in Kappel anlegen wollten, hielt man sie dort für die Vorhut einer Invasion der Franzosen. Das Schiff wurde, allerdings ohne größeren Schaden anzurichten, beschossen[271].

Bereits einen Tag später ereignete sich in Kappel der nächste Zwischenfall. Zwei oder drei Straßburger Schiffleute wurden, während sie Holz in Kappel abholen wollten, als verdächtig verhaftet und, obschon der dortige Stubenwirt für ihre Zuverlässigkeit bürgte, mit 'Stock-

---

265 GLA 74-6281, 239v

266 GLA 74-6281, 178r/v

267 GLA 74-6281, 178v; man rechtfertigte diese Maßnahmen mit 'gefährlichen Reden', die man von Jenne als auch von dem Riegler Kaufmann gehört haben wollte (GLA 74-6281, 178v).

268 Vgl. GLA 138-83, 158r

269 GLA 138-83, 158r/v

270 GLA 183-83, 157v-158r; bei seiner Rückreise soll Hofmann noch einmal ähnliches widerfahren sein (GLA 138-83, 158r).

271 GLA 74-6282, 34v

streichen belegt[272].

Am 10. Oktober sollen in Oberkirch die Wirte Grimeisen und Kiener aus Straßburg mit Schimpfworten überhäuft und

"... meuchelmörderischer Weise an hellem Tage,
sowohl in dem Ort, als auf öffentlicher
Landstraße geschlagen und fast getödet
worden (sein).[273]"

Wenige Tage später wurde Catarina Herr als angebliche Spionin des Maire von Straßburg mißhandelt[274], während der Hänfer Michael Mißmer für vielleicht etwas gewagte Worte im November eine Nacht in Haft verbringen und 12 Taler Strafe bezahlen mußte. Darüberhinaus erhielt er 50 Hiebe auf den Hintern[275]. Besonders übel wurde es in Straßburg aufgenommen, als der von dort stammende Johann Jacob Jung am 7. Dezember mit seinem Vater an der Rheinbrücke in Kehl belästigt wurde[276].

---

[272] Nachdem man die Schiffleute zu ihren Booten gebracht hatte, sollen sie ein zweitesmal verprügelt worden sein. Auch scheint man sie bestohlen zu haben. Vgl. über diesen Vorfall: GLA 74-6282, 34v-35r, 53r; GLA 138-83, 158v-159v; die Berichte sind nicht völlig harmonisierbar. Auf diesen Vorfall hin haben die Straßburger übrigens einen ebenso unschuldigen auswärtigen Bürger als Genugtuung inhaftiert (GLA 74-6282, 200r/v).

[273] GLA 138-83, 157r; vgl. auch GLA 74-6284, 34v-35r; die Straßburger beschwerten sich aufgrund dieses Vorfalles bei der Nationalversammlung in Paris (GLA 74-6284, 52v-53r).

[274] Man schlug ihr ins Gesicht, warf ihr Gepäck in den Rhein und drohte der Witwe:
"... sags der Maire von Strasburg
hat dich geschickt, wenn dus sagst, so
soll dir nichts geschehen, wo nicht, so wirst
du aufgehangen."
(GLA 138-83, 161r, vgl. auch 160v)

[275] Mißmer mußte in der Nachbarschaft in Pflege gehen, bevor er heimreisen konnte. (GLA 138-83, 159r-160v); auch in Oberkirch erhielt im Dezember ein Ortenauer Bürger von Soldaten 28 Stockstreiche (GLA 74-6284, 177r).

[276] GLA 138-83, 162v-163v; ob jener Mann mit der Kokarde einer der bischöflichen Soldaten war, ist allerdings unwahrscheinlich (GLA

3. 'Mißliebige Händel und Sittenverderbl. Verführungen'

Opfer einer Unzahl schwerer Verbrechen wurde vor allem die einheimische Bevölkerung. Im ganzen Oberamt Ettenheim beschuldigte man die Soldaten, besonders die gebürtigen Franzosen, immer wieder Frauen bedroht zu haben[277]. Dies wurde mit Sicherheit durch Feste in Ettenheim gefördert. Tanzveranstaltungen in der Stadt zogen die Jugend der Umgebung in nicht geringer Zahl an[278].

Als im Juli 1791 ein 12jähriges Mädchen vergewaltigt wurde, war dies letzter Anlaß für die Errichtung des Lagers in Ettenheimweiler[279]. Wie notwendig es war, für eine bessere Kontrolle über die Soldaten zu sorgen, zeigt auch der Vorfall vom 6. Juli 1791. Abends zwischen 6 und 7 Uhr stiegen einige Soldaten in ein Ettenheimer Bier-

---

138-83, 162v-163v); vgl. auch den Vorfall unter GLA 138-83, 161r-162r

277 GLA 74-6281, 205r/v

278 Das badische Oberamt Hachberg fürchtete daher um die Sitte seiner Schützlinge, und die Vorgesetzten von Broggingen und Tutschfelden beklagten sich bei ihrer Oberamtsverwaltung darüber,
"... daß nicht nur
ledige Manns und Weibs Personen, sonder(n)
auch Weiber dieser bede(n) Orte an Sonn-
und Werktagen dem Tanzen in Ettenheim
und dortiger Gegend nachziehen Woher
bey den jungen Purschen mißliebige Händel,
bey den Weibsleuten aber Sittenverderb(liche)
Verführungen zue besorgen stehet, welche
zu steuren wir unter Anhoffung hoechster
Genehmigung beeden Gemeinden der gemes=
senen Befehl ertheilt haben, daß alte und
junge Leute beiderley Geschlechts sich der Tänze
und anderer öffentl. Lustbarkeiten im Et=
tenheimischen um sogewisser enthalten sol=
len, als wir wiedrigenfalls die übertre=
tende ledige Leute durch Stok Streiche die
verheurathete aber mittels Einthürmung
hievon abhalten und xxxxxx zur Strafe ziehe(n)
werden." (GLA 74-6282, 167v-168r)

279 GLA 74-6282, 105v; vgl. Anm.[85]

haus ein, wo sie mit den beiden Töchtern des Besitzers 'nach Gefallen umgehen wollten'. Nur durch Feuriorufe gelang es den sich wehrenden Wirtsleuten, den Soldaten Einhalt zu gebieten und die Bevölkerung zu Hilfe zu rufen.

Nachdem die herbeigeeilte Wache, um die Unruhen beizulegen, zwei Bürger verhaftet hatte, wollten die aufgebrachten Ettenheimer Sturm läuten, wurden allerdings durch Soldaten daran gehindert. Da man jedoch auf der Freilassung der Inhaftierten bestand und der Tumult immer größere Ausmaße annahm, ließ Mirabeau Militär aufmarschieren und den Feuerbefehl auf die Bevölkerung geben. Im letzten Moment konnte die Ausführung aber durch die Ortsverwaltung und angesehene Bürger verhindert werden; die Inhaftierten wurden freigelassen, und die Bürgerschaft gab sich damit zufrieden[280].

Auch als die Lager eingerichtet waren, dauerten die Zusammenstöße mit der Bevölkerung fort. In Lautenbach mißhandelten am 1. September 1791 Soldaten bei einer Auseinandersetzung in einem Wirtshaus den Wirt, dessen Ehefrau und das Gesinde. Ein Bauernbursche wurde schwer verwundet und einem Werber, der zum Frieden mahnte, mit einem Stein das Auge ausgeworfen[281]. Im Oktober fügte man einem Wirt

---

280 GLA 74-6282, 136r-137r; Mirabeau ließ daraufhin in allen Ortschaften des Oberamtes Ettenheim Gerichte einberufen, bei denen die Bürger ihre Klagen über die Soldaten vorbringen sollten (GLA 74-6282, 137r).

281 GLA 74-6283, 193v-194r;
"... Dieser Vorgang erregt eine nachtheilige Sensation in dem Ober Amt Oberkirch. Die Bürger sagen: Gott bewahre uns, vor solche Sicherheits Truppen, die der Herr Kardinal unter diesem Vorwand der Stadt Oberkirch aufgedrungen hat."
(Landvogt von Blittersdorf in einem Schreiben vom 16. September an die Regierung in Karlsruhe, GLA 74-6283, 194r)

in Kappel eine gefährliche Verletzung im Unterleib zu[282]. Als am Barbaratag 1791 ein Bürgerssohn, der sich als Schneider anwerben lassen wollte, ohne Erlaubnis über ein von Truppen bewachtes Feld ging, wurde er von einem Jäger erschossen[283]. Schimpfreden über den Kardinal wurden in Ettenheim laut und mehrten sich, nachdem ein weiterer Bürgerssohn im Dezember an einer Wirtshaustüre von einem Soldaten mit jemand anderem verwechselt und durch einen Säbelhieb im Unterleib so verwundet wurde,

"... daß die Gedärme sich gleich aus der Wunde gedränget...[284]"

Von weiteren grausamen Verbrechen zeugten die zwei Leichen, die man um die Jahreswende in Renchen in einem Dunghaufen gefunden hatte[285], und vor allem die vielen Frauenschicksale der Jahre 1791 und 1792. Dreißig Frauen wurden durch Soldaten schwanger, eine sogar 'venerisch angesteckt'[286]. Am 22. Januar 1792 wurde Chatarina Beck in den Turm gesperrt. Unter dem Boden eines Schweinestalles hatte man die Leiche ihres unehelichen Kindes

---

[282] GLA 74-6284, 59v; der Husar, der das Verbrechen begangen hatte, wurde durch Spießruten gejagt und anschließend einem K. und K. Werber in Ringsheim übergeben (GLA 74-6284, 71r).

[283] GLA 74-6284, 150r/v; Rohan ließ seinem Vater 6 Louisd'or überreichen (GLA 74-6284, 153r; vgl. auch GLA 74-6284, 166r).

[284] GLA 74-6285, 20v; daß der Übeltäter nach Renchen in Haft gebracht wurde, erregte den Unwillen der Bevölkerung, die mutmaßte, daß er dort unbehelligt bleiben werde. Als der Junge Anfang 1792 starb, wunderte sich die Nachbarschaft darüber, daß keine Ausschreitungen festzustellen waren (GLA 74-6285, 20v-21r, 22v-23r, 34r, 49v).

[285] GLA 74-6285, 34r

[286] GLA 74-6284, 150v; GLA 74-6285, 40v, 92r; letztere hatte viel mit Obst im Lager gehandelt. Nach bekanntwerden der Krankheit wurde der Kippenheimerin untersagt mit ihren Schwestern weiterhin im selben Bett zu schlafen. Da sich die Hebammen weigerten, ihr Geburtshilfe zu leisten, fungierte Landchirurgus Oberle als Geburtshelfer. Im Januar 1792 brachte die bald darauf genesende junge Mutter einen Sohn zur Welt (GLA 74-6284, 150v; GLA 74-6285, 40v).

gefunden[287].

IX. PROPAGANDA UND PROVOKATION

Das revolutionäre Elsaß stand der Mirabeau'schen Legion in nichts nach. Johann von Türckheim, der im Juni des Jahres 1791 Eltern und Freunde besuchen wollte, konnte Straßburg nur in Frauenkleidern wieder verlassen[288], im Juli wurde Michael Blank im Gegenzug für die Mißhandlung mehrerer Straßburger Schiffleute in Kappel durch die Mirabeau'schen Soldaten als völlig unbeteiligter inhaftiert[289], und Michael Hammerstihl, der am 13.Juli 1792 in Rohans Auftrag mit Briefen unterwegs war, wurde von Elsässern in den Rhein geworfen[290].

Von der gespannten Atmosphäre an beiden Rheinufern zeugen die Unmenge der Flugschriften dieser Jahre[291], wie auch

---

287 Chatarina Beck wurde als Kindsmörderin zum Tod verurteilt, vom Kardinal allerdings begnadigt und somit lediglich verbannt. Sollte sie das Straßburger Gebiet erneut betreten, würde das Urteil vollstreckt werden. Vgl. zu ihrem Fall: Diarium II, *145r, *146v; GLA 74-6285, 92r

288 GLA 74-6282, 9r/v; vgl. über ihn auch: Julius Rathgeber, Eine Straßburger Patricierfamilie: Bernhard Friedrich von Türckheim und sein Haus, in: Julius Rathgeber, Elsässische Geschichtsbilder aus der französischen Revolutionszeit - Ein Beitrag zur elsässichen Sittengeschichte (Basel 1886) 185-216

289 Diarium II, *137r; vgl Anm.[272] dieses Kapitels und Kapitel 7 Anm.[29]

290 Diarium II, *153r; dies waren nur einige Beispiele. General Klinglin wurde am 28. Juni 1791 in effigie verbrannt, seine Frau und Schwester auf der Flucht gefangengenommen (GLA 74-6282, 15v). Scharen von Menschen vermochten lediglich ihr Leben zu retten (vgl. GLA 74-6282, 53r/v; GLA 74-6283, 51r, 202r, 203r). Auch wenn einige Emigranten sich recht exzentrisch gaben (vlg. GLA 74-6285, 143r-145r), darf dies nicht darüber hinwegtäuschen, daß der Großteil froh war, überhaupt irgendwo Hilfe und Unterkunft zu bekommen.

291 Weit über 600 Seiten Umfang hat allein die Sammlung der 'politischen Schriften' der Jahre 1790 und 1791 im Archiv des heutigen

die Ausgaben der von Abbé Beck in Offenburg gedruckten

Dekanats Lahr (DAL-Politische Schriften zur Französischen Revolution, besonders Elsas betr.) und Maßnahmen wegen Flugblättern begegnen in den Polizei-Akten des badischen Staates immer wieder (z.B. GLA 74-6281, 1r, 10r, 13r, 16r, 31r/v, 148r/v, 186r/v; oder auch: GLA 74-6282, 42r/v, 167r/v; GLA 74-6283, 29r/v, 102r; GLA 74-6284, 13r/v; GLA 74-6288, 137r und öfters). Michael Hennig hat einige Aussagen, vorwiegend aus rechtsrheinischen Schriften zusammengestellt:
"In einer Broschüre heißt es: "Man beredete das dumme Volk, daß es inskünftige kein Ohmgeld, kein Pfund= und Haar=Zoll mehr wird bezahlen dürfen, und jetzt fallen die neuen Auflagsdekrete in unsere unglückliche Provinz wie Donner und Hagel". "Anstatt ein Mittel auszufinden, wie man die Unterthanen mit der Zeit glücklich machen könnte, so hat man angefangen, uns wider den König, wider den Hof, wider unsere Herrschaften, wider Gott, wider die Priester, wider den Nächsten aufzuhetzen." "Die Hauptsache ist, daß jetzt die Spitzbuben die Kirchengüter verthan haben; die Schulden (sc. des Staats) sind nicht nur nicht bezahlt, sondern haben sich um ein Drittel vermehrt."
In einer Broschüre vom Jahre 1792 schreibt ein Elsässer an seine Landsleute, die der Neuerung anhingen: "Gestehet es doch, seit zwei Jahren habt ihr große Dinge gemacht. Ihr waret zwar nicht reich, aber ihr hattet so ziemlich zu leben; nun seid ihr Lumpen und eben darum seid ihr so trotzige Flegel. Ihr waret gute Leute, jedermann lobte eure Ehrlichkeit, man hatte gern mit euch zu thun; jetzt ist nichts mehr als Bescheißerey und Betrug in allen euren Handlungen; ihr habt keinen Begriff mehr von der Gerechtigkeit; was euch gefällt, das nehmet ihr; Straßenräuber handeln ebenso. Ehedessen hattet ihr noch gute Sitten, weil ihr noch Religion hattet; ehedessen wußte man euch von anderen Gläubigen zu unterscheiden; anheut ist Jud, Heid, lutherisch, kalvinisch und katholisch alles einerlei. Das Wirtshaus ist eure Kirche, und die Habsucht euer Gott. Ehedessen hattet ihr eine gleichsam angeborene Hochachtung gegen eure Vorgesetzten; jetzt haben König, Richter, Priester und sogar eure Eltern keine Gewalt mehr über euch; der Teufel ist an allen Ecken los. Dieß ist die Folge eurer göttlichen Konstitution, welche euch so glücklich machen sollte."
"Was habt ihr gewonnen? Die Freiheit. Was ist denn diese Freiheit? Niemalen waren die Gefängnisse so voll wie heute. Jeder Narr spielt heut den Meister; die Maires, die Distrikte, die Departementer, die Gerichte, die Klubs werfen euch ins Loch, daß es eine Lust ist. Wo ist denn diese so gepriesene Freiheit, und welche sind die freien Bürger? Es ist das Lumpengesindel, welches den Rädelsführern und Aufwieglern zu eurem Werkzeug dienet. Diese haben die Freiheit, zu rauben, zu verheeren, umzubringen."
"Was habt ihr gewonnen? Die Gleichheit. Ich sehe nirgends keine andere Konstitutions=Gleichheit, als das allgemeine Elend; Dank sei der unvergleichlichen Revolution, wir sind alle gleich zu

Zeitung 'Wahrheits Freund'[292].

Trotz aller Neutralität und Nichteinmischung waren auch Badens Beziehungen zu Frankreich und ebenso die des übrigen Deutschlands seit Ausbruch der Revolution unterkühlt[293]. Die Wirtschaftsbeziehungen gingen merklich zurück, wie die Straßburger Messe im Jahre 1791 deutlich machte [294]. Die beständigen Provokationen und Zwischenfälle an der Rheingrenze bei Kappel beziehungsweise Rheinau drohten größere Ausmaße anzunehmen.

Grund gerichtet. Der Unterschied ist nur, daß einer bisweilen mehr Papier (Geld) als der andere in der Brieftasche hat; aber was Gold und Silber anbelangt, so sind alle unsere Beutel gleich leer, ausgenommen jene unserer hochgebietenden Gesetzgeber."
"Was habt ihr gewonnen? Das Wahlrecht. Und was für Leute erscheinen bei den Wahlen? Die Auswürflinge der Gemeinde, die Klubisten. Und wer sind meistenteils eure Auserwählten? Hundsfötter und Lumpen, die keinen Groschen vermögen; Leute ohne Treue und Glauben, lauter Klubisten, von euren hoch=wohl=edel und gebietenden Herren Deputierten, die ihr nach Paris geschickt, angefangen, bis auf den Maire vom kleinsten Dörfchen."
"Die Municipalbeamten sind meistens unruhige Köpfe, die Distrikts= und Departements=Glieder arglistige und durchtriebene Kauzen, die froh sind, daß ihr sie zum Speck eingesperrt habt. Unter euren Friedensrichtern habt ihr Weber, Sattler, Schneider, Schmiede, Perückenmacher und Schuhflicker." "Unter den Deputierten bei der Nationalversammlung sind Bankrottirer und Dummköpfe, Leute, denen ihr keinen großen Thaler würdet anvertrauen."
"Eurer Brendel ist ein ketzerischer Schwelger, welcher Aergernis auf Aergernis häufet; euer armseliger Martin ist ein Hornviehe, und alle eure geschworne Pfarrer. Ach Himmel! was sind das für Leute! Sie sind so verächtlich wegen ihrer Schwelgerei, ihrer Ausgelassenheit und ihrem lüderlichen Leben, daß sie nicht wert sind, daß sie der Teufel holet. Sehet, das sind eure Auserwählten."
In dieser Weise führt die Broschüre alle einschlägigen Fragen durch und findet überall, daß die Revolution dem Volke nur Schaden gebracht habe. Den Protestanten, denen ihre Kirchengüter, ihre Stiftungen belassen wurden, und welche die Katholiken, die so fürchterlich unterdrückt wurden, verhöhnten, sagt er voraus, daß es ihnen schließlich auch nicht besser gehen werde."
(Michael Hennig, Geschichte des Landkapitels Lahr (Lahr 1893) 243-245)

[292] GLA 74-6281, 173r; Diarium II, *135r; vgl. GLA 74-6282, 217r/v

[293] trotz Berichten wie GLA 74-6282, 128v-129r

[294] GLA 74-6281, 40r; GLA 74-6282, 29r

X. KAISERLICHE INTERVENTION

Schon am 14. November war dem Kaiser in Wien eine Beschwerde der Franzosen über die Emigranten im bischöflich Straßburgischen vorgelegt worden. Worms hatte Condé ausgewiesen und an Ludwig XVI. ein Entschuldigungsschreiben gesandt; Rohan wurde vom Kaiser zu erkennen gegeben, daß die Truppen am Rhein nicht länger geduldet werden könnten[295]. Am 16. Januar 1792 übermittelte der Freiburger Regierungsrat Fechtig den kaiserlichen Entscheid[296].

1. Nach Oberkirch

Im Januar 1792 wurden außer dem Regiment 'Royal Rohan', das der Kardinal in seiner Nähe behalten wollte, sämtliche im Oberamt Ettenheim stationierten Soldaten in die Untere Herrschaft des Hochstiftes verlegt[297]. Am 13. Januar verließ Condé Ettenheim und am 16. folgte der Rest der Mirabeau'schen Legion[298]. Auch das Regiment der 'Chevaliers de la Couronne', das im Oberamt Ettenheim beherbergt worden war, zog sich in Richtung Oberkirch zurück; die von Condé urpsrünglich nach Ettenheim beorderten Wagen und Transporte wurden nach Oberkirch umdirigiert. Zwei bis zweieinhalbtausend Leute lagen daraufhin in der Unteren Herrschaft[299].

---

295 V. Weiß, Bd. XV, 374, 380-381, 390
296 GLA 74-6285, 66r
297 GLA 74-6285, 64r/v
298 Diarium II, *144v; GLA 74-6285, 53r/v, 64r-65r, 66r-68r, vgl. auch 23r/v
299 GLA 74-6285, 53r, 56r/v, 58r, vgl. auch 49r-50v; die Lebenshaltungskosten in Ettenheim sanken durch die Verlegung der

Insbesondere das Kloster Allerheiligen litt unter der Einquartierung. Am 14. Januar erschien eine Ordonanz bei Küchenmeister Pater Lorenz in der Oberkircher Niederlassung, um dem Kloster mitzuteilen, daß der Prince de Condé dort sein Hauptquartier einrichten werde. Das Haus wurde mit Beschlag belegt und der obere Stock als neue Wohnung des Prinzen geräumt[300]. Condé zog noch am gleichen Abend mit dem Versprechen, dem Kloster alles zu bezahlen, in Oberkirch ein[301].

Neben Oberkirch war auch in Sasbach, Renchen, Ulm und Kappel jedes Haus mit Soldaten besetzt, so daß die Eigentümer kaum Platz fanden. In Renchen und Sasbach lagen je 500 Mann[302].

Rohan war der Meinung, mit dem Abzug der Soldaten aus der Oberen Herrschaft dem Protest der Anliegerstaaten Genüge geleistet zu haben, doch der Oberrheinische Kreis gab sich mit dieser Verlegung nicht zufrieden. Man forderte, daß die Legion bis Ende Januar zu entlassen sei[303].

Ganz im Gegensatz zu dieser Forderung, wurde die Ausrüstung der Soldaten vermehrt, die Desertion durch eine große Zahl von Rekruten ausgeglichen. Eine Unmenge von Flüchtlingen strömte in vollgestopften Chaisen Anfang 1792 ins Rechtsrheinische[304]. Die Emigranten spielten sogar mit dem Gedanken, einen Teil der Soldaten wieder nach Ettenheim, wo

---

Truppen beträchtlich (GLA 74-6285, 66v-67r)

300 GLA 74-6285, 59r-62v; dabei wurden auch die Zimmer des Prälaten nicht geschont. Die Verfügungsgewalt über die Küche wurde den Mönchen entzogen, die daraufhin klagten, keinen Ort mehr zu haben, wo ihre Köchin wirken könne (GLA 74-6285, 59r-62v).

301 GLA 74-6285, 59r-62v; als in Renchen durch Unfug der Soldaten das Sonnenwirtshaus samt den Stallungen niederbrannte, entstanden 6000 fl Schaden, die Condé übernehmen wollte. 150 Louisd'or bezahlte er umgehend (GLA 74-6285, 61v-62r).

302 GLA 74-6285, 61r/v

303 GLA 74-6285, 52r, 72r

304 GLA 74-6285, 51r, 93r, 114r-115v, 118r/v, 136r/v

nur noch das Regiment 'Royal Rohan' lag, zurückzuverlegen[305]. Selbiges Regiment sollte zusätzlich auf 1100 Mann ausgebaut werden[306].

Der Abt von Maursmünster befand sich im Auftrag des Kardinals in Wien, um eine Verlängerung der Aufenthaltsfrist für die Truppen zu erwirken[307], während Abbé d'Eymar und Oberamtsverweser Stuber ebenfalls in dieser Sache unterwegs waren[308]. Im eigenen Interesse berief der Herzog von Württemberg nach Verhandlungen mit der Regierung in Freiburg und dem Kardinal eine Konferenz auf den 6. Februar nach Hornberg ein, wo man über Maßregeln zur Auflösung des Mirabeau'schen Korps verhandeln wollte[309]. Abbé d'Eymar enttäuschte die Versammlung jedoch mit der Mitteilung, daß das Korps nicht aufgelöst, sondern demnächst von einem nichtoberrheinischen Reichsstand übernommen werde[310].

---

305 GLA 74-6285, 79r/v, 80r; die Rohan'schen waren in verschiedenen angemieteten Zimmern untergebracht. Bis zu 20 Soldaten teilten sich diese Räume, die außer Strohsäcken und einem Ofen, in dem die ganze Nacht ein Feuer unterhalten wurde, keinerlei Einrichtung hatten (GLA 74-6285, 80r).

306 GLA 74-6285, 136r; die weiße Kokarde der Soldaten des Regiments Rohan wurde durch eine rote ersetzt, um sie als Reichstruppen auszuweisen (GLA 74-6285, 136r)

307 GLA 74-6285, 112r; die Emigranten hatten die Hoffnung immer noch nicht aufgegeben, in wenigen Wochen in Frankreich einzumarschieren (GLA 74-6285, 47r-48r; vgl. GLA 74-6284, 203v-205r, 208r/v). Enghien klagt über die Verzögerung des Angriffs: "In Koblenz wartet man immer auf die Hilfe der Mächte. Der König wollte es, und man gehorchte seinen Befehlen. Aber wer weiß, ob nicht ein kühner Streich unserem unglücklichen Monarchen das Leben gerettet hätte. Und könnte man ihm nicht helfen, selbst gegen seinen Willen? Gäbe es eine bessere Entschuldigung für einen Ungehorsam, als den König zu retten und unserer Geschichte ein blutiges Blatt zu ersparen, und all das zu leisten ohne die Hilfe der Fremden?" (zitiert nach: v. Weiß, Bd. XX, 385)

308 GLA 74-6285, 117r/v, 122v

309 GLA 74-6285, 117r/v, 122v; Erwin Dittler, Emigrantentruppen in der Herrschaft Ettenheim unter Louis René Edouard, Prinz von Rohan-Guémenée, Fürst und Bischof von Straßburg im Jahre 1791, in: Die Ortenau (55/1975) 139

310 Dittler, Emigrantentruppen, 139; die Mirabeau'sche Legion führte ab dieser Zeit den Namen 'Legion Hohenlohe' (GLA 74-6285, 136r/v);

Die Vertreter des oberrheinischen Kreises, versuchten daraufhin vor allem sicherzustellen, daß eine weitere Stationierung der Emigrantentruppen am Oberrhein auch tatsächlich ausgeschlossen sei[311]. Als der Abmarschbe-

---

"Meier forderte in seinem Votum sofortigen Aufschluß, an wen, wohin und wann die Truppen überlassen werden sollten, um genau beurtheilen zu können, ob auf diese Weise der Zweck der Conferenz erfüllt werde. Da dieselben unbewaffnet transportirt werden sollten, wäre es wünschenswerth, daß sofort mit der Entwaffnung begonnen würde. Für den Fall, daß der Plan der Truppenüberlassung sich nicht verwirklichen sollte, möge der Cardinal erklären, welche andere Vorkehrungen er dann zu treffen gedenke.
Abbé d'Eymar verweigerte jedoch jeden weiteren Aufschluß und verließ Hornberg am folgenden Tage (7. Febr.) mit der Erklärung, sein Auftrag sei erschöpft, ohne sich durch einen ihm nachgesandten Sekretär zur Rückkehr bewegen zu lassen.
Man beschloß daraufhin, den Cardinal selbst zu ersuchen, die Conferenz neu zu beschicken oder die dem Abbé d'Eymar vorgelegten Fragen bestimmt zu beantworten.
Der Cardinal entschuldigte das Benehmen seines Abgesandten, da derselbe "Gesundheitshalber" die Conferenz habe verlassen müssen, und beauftragte zugleich den Hofrath Stuber, an dessen Stelle sich nach Hornberg zu begeben. Stuber gab nunmehr die etwas bestimmtere Erklärung ab, das Gebiet des Reichsstandes, der die Truppen in Dienst nehme, sei weder im schwäbischen Kreise noch am Rhein gelegen, der Abzug des Corps werde in kurzer Frist erfolgen, da der Prinz von Condé die erforderlichen Requisitionsschreiben "täglich" erwarte; für die Aufrechterhaltung der Ruhe und Ordnung werde Sorge getragen, die Waffen werde man erst einen Tag nach dem Abmarsch der Truppen nachführen lassen. (9. Febr.)" (Erdmannsdörfer über den Bericht des Geh. Rath Meier über die 'Hornberger Conferenz', Karlsruhe, 14. Februar 1792 (Erdmannsdörfer, Bd. I, 424));
um die Verhandlungen günstig zu beeinflussen, hatte man in der Unteren Herrschaft den Anschein der Abrüstung erweckt, indem die Gewehre eingesammelt und in Magazine gebracht worden waren, was jedoch nichts daran änderte, daß sie in greifbarer Nähe waren (GLA 74-6285, 117r/v).

311 Die steigende Zahl der Auswanderer, die sich im Anmarsch befindlichen österreichischen Regimenter, die Absprachen zwischen den Großmächten und Mittelstaaten (GLA 74-6285, 125r-126r, 191r; GLA 74-6286, 6r-7r, 73v-74v) und die Gebete der Bevölkerung um den Erhalt des Friedens (Diarium II, *146v) deuteten daraufhin, daß die Rheinstaaten mit baldigem Kriegsausbruch rechneten. Damit stieg die Furcht der Landesherren vor dem Unsicherheitsfaktor der kontrarevolutionären Armee, der man einen Verzweiflungsangriff auf Frankreich zutraute (GLA 74-6285, 117v; vgl. die Äußerungen d'Enghiens (Anm.[307])).

fehl für das Regiment Berwick nach Koblenz am 13. Februar 1792 wieder zurückgenommen wurde, schien es noch einmal, als sollten die Soldaten doch im Oberkirchischen bleiben[312]. Am 20. Februar 1792 begann jedoch der anbefohlene Abmarsch endgültig. Die ehemalige Mirabeau'sche Legion marschierte ins Hohenlohische. Bis zum 6. März war die Untere Herrschaft des Bistums Straßburg geräumt[313].

2. 'Royal Rohan'

Das immer noch in Ettenheim einquartierte Regiment 'Royal Rohan', das unter der Leitung des 25jährigen Prinzen Louis de Rohan-Rohan stand, wollte der Kardinal in der Oberen Herrschaft als Schutztruppe erhalten[314]. Keinerlei Anstalten, die Soldaten des Kardinals zu verlegen, wurden getroffen. Immer noch wurde exerziert und rekrutiert[315], obschon das Truppenwachstum durch die starke Desertion zum Stillstand gekommen war[316]. Am 28.

---

[312] GLA 74-6285, 131r

[313] GLA 74-6285, 145r-146v; Diarium II, *146r; Dittler, Emigrantentruppen, 139;
eine Auseinandersetzung um falsche Angaben über die Truppenstärke durch den Vicomte ist einer der letzten Belege über die Beziehung Rohans zu Mirabeau. Aufgrund der Verwarnung durch den Kardinal reichte Mirabeau seine Demission ein, die von Condé jedoch nicht angenommen wurde (GLA 74-6285, 148r/v). Louis Boniface Riqueti de Mirabeau Tonneau starb am 15. September bei einem Duell nach einem Trinkgelage in Freiburg (Diarium II, *154v; Wittkopp, 369).

[314] GLA 74-6286, 79r

[315] GLA 74-6286, 55r; Waffen, die man passierenden Franzosen im Badischen abgenommen hatte, wurden zurückgefordert (GLA 74-6286, 58r/v).

[316] GLA 74-6286, 73r/v; als den Soldaten erlaubt wurde, außerhalb der Stadt spazieren zu gehen, verschwanden 20 Mann auf einmal (GLA 74-6286, 73r/v; vgl. auch 79v).

April hatte sich der Kardinal in Freiburg ohne viel Erfolg um die Genehmigung für eine Beibehaltung des Regiments eingesetzt[317], da er nach der von Frankreich aus am 20. April erfolgten Kriegserklärung militärischen Schutz unbedingt nötig habe[318]. Am 29. April fuhr der Prince de Rohan-Rohan nach Koblenz, um - wie man sagte - von dort aus die Erlaubnis zum weiteren Verbleib in Ettenheim erwirken zu können, wenn nicht gar die jetzige Hohenlohische Legion wieder zurückzuführen[319]. Als am 20. Mai 1792 die Fahnen des Regiments in Ettenheim geweiht wurden[320], war jedoch bereits bekannt, daß in wenigen Tagen der Abmarsch der Soldaten bevorstand[321]. Ende Mai verließ 'Royal Rohan' die Stadt in Richtung Worms[322].

Nicht nur der Kardinal bedauerte den Abmarsch der Soldaten. Die Zahl der an den Fremden Verdienenden war nicht gering gewesen[323], und neben der ungeheuren Belastung der Bevölkerung gab es selbstredend auch einige positiven Begleiterscheinungen der Einquartierung[324].

---

317 GLA 74-6286, 81r; während der Fastenzeit wurde den Soldaten ohne Ausnahme Christenlehre erteilt (Diarium II, *147r).

318 Bereits im Juli 1791 forderte Graf Ludwig von der Provence von Carl Friedrich militärischen Schutz für Rohan (Erdmannsdörfer, Bd. I, 396)

319 GLA 74-6286, 92r/v, vgl. auch 163r

320 GLA 74-6286, 136r; die Offiziere speisten im Schloß und die Gemeinen erhielten jeweils 20 Sous (GLA 74-6286, 136r)

321 GLA 74-6286, 136r, 139r

322 GLA 74-6286, 141r, 147r; Diarium II, *150v

323 Machleid nennt nur einen Teil von ihnen: Diarium II, *141r/v

324 Zwei Apotheker und ein Arzt ließen sich während der Anwesenheit der Fremden in Ettenheim nieder (Diarium II, *142r/v).

4. Kapitel

DER BISCHOF

Ebenso vehement, wie sich Rohan als Reichsfürst den Neuerungen der Französischen Revolution wiedersetzte, trat er den Vorstellungen der Revolutionäre auf kirchlichem und religiösem Gebiet in seiner Funktion als Bischof der Straßburger Diözese entgegen. Nach seiner Emigration auf rechtsrheinisches Gebiet, wurde die bischöfliche Kurie in die Ortenau verlegt[1]. Am 22. Januar 1791 verfügte der Kardinal bei einem Besuch in der Reichsstadt Offenburg, daß dort das Domkapitel und der Hohe Chor den Stiftsgottesdienst halten solle, wie derselbe

" ... bis zu seiner dermaligen Aufhebung in dem Münster zu Straßburg gehalten worden.[2]"

---

1 DAL-Protocollum Capituli ruralis Lahrensis ab anno 1731, 236
2 GLA 74-6281, 27v; vgl. Archives municipales de Strasbourg, Actes du grand chapitre, Documenta generalia 1789-1810; als im Jahre 1792 die elsässischen Geistlichen aus Offenburg ausgewiesen wurden, hatte man diejenigen, "... die zum Straßburgischen Domstifft gehören und den Chor

Gemeinsam mit dem feierlichen Chorgebet wurde im Jahre 1791 das Domkapitel selbst in der Reichsstadt konstituiert[3], bis letzteres im Mai des gleichen Jahres endgültig in die Residenzstadt Ettenheim überführt wurde[4]. Mit Schreiben vom 21. Mai wurden die Pfarrherren darüber aufgeklärt, daß sie Anfragen und Anträge nunmehr dorthin zu richten hätten[5].

Kaum zwei Monate nachdem somit durch eine notdürftige Verwaltung die kirchliche Ordnung aufrecht erhalten wurde, verabschiedete man in Frankreich die 'Constitution civile du clergé'[6], mit deren Auswirkungen am Oberrhein wir uns in folgendem zu beschäftigen haben.

I. DIE RELIGIÖSE FRAGE UND DIE GEISTLICHEN

Die Verfassungsgeber des revolutionären Frankreichs hielten sich als Vertreter der Nation - wie zuvor der König - für berufen, Fragen der Kirchenverfassung und Kirchenordnung zu entscheiden[7]. Im Zuge der Neugestaltung der kirchlichen Verhältnisse löste die verfassungsgebende

---

halten"
übrigens von dieser Maßnahme ausgenommen (GLA 74-6287, 230r/v)

3 GLA 74-6281, 27v-28r

4 GLA 74-6281, 173r; vgl. Michael Hennig, Geschichte des Landkapitels Lahr (Lahr 1893) 242

5 DAL-Protocollum, 232-233

6 Vgl. über sie: Ludovic Sciout, Histoire de la constitution civile du clergé (1790-1801) 4 Bde. (Paris 1872-1881)

7 "In der Gesellschaft des 18. Jahrhunderts dachte selbst von den kühnsten Theoretikern keiner an eine Regierungsform, die auf der Trennung von Kirche und Staat gegründet war. Die Reform der Kirchenverfassung schien vor allem eine unausweichliche Folge der allgemeinen Umwälzung aller Institutionen zu sein, und im besonderen eine Konsequenz daraus, daß die Kirchengüter der Nation zur Verfügung gestellt worden waren."
(Albert Soboul, Die große Französische Revolution (Frankfurt 1973) 143)

Versammlung am 13. Februar 1790 zunächst die Mönchsorden auf. Das Kloster zu verlassen oder sich in bestimmten dazu vorgesehenen Einrichtungen zusammenzuschließen, waren die Alternativen, die den Ordensleuten blieben. Am 20. April entzog man der Kirche die Verwaltung ihrer Güter. Darüberhinaus erwog man die Bildung einer Kirchenkommission. Die bürgerliche Kirchenverfassung wurde am 12. Juli 1790 gebilligt[8].

Am 1. August wurde Kardinal de Bernis, der französische Botschafter in Rom, von Ludwig XVI. beauftragt, die Zustimmung Pius' VI. zu erhalten. Doch Pius VI., darauf bedacht, die Lage Ludwigs XVI., zu dem er Vertrauen hatte, nicht noch weiter zu verschlimmern, hielt es für angebracht, eine abwartende Haltung einzunehmen. Dies hatte die verhängnisvolle Auswirkung, daß die verfassungsgebende Versammlung, als der Bischof von Quimper am 30. September starb, gezwungen war, ohne die römische Entscheidung zu handeln[9]. Die damit bekundete Absicht, den Papst systematisch zu ignorieren und unverzüglich Neuerungen einzuführen, brandmarkte sogar Geistliche, die in keinerlei Weise mit der aristokratischen Opposition liiert waren, als Gegner und verstärkte die Gärung, die

---

[8] Soboul, 143-144; Erzbischof Boisgelin von Aix war einer der Gegner dieser Einrichtung. Er gab zwar zu, daß eine "... lang anhaltende Abfolge von Mißbräuchen..." in Frankreichs Kirche geherrscht habe, rief aber der Versammlung die grundlegenden Prinzipien der Kirche im Bereich ihrer Ordnung und Jurisdiktion ins Gedächtnis zurück und erklärte dieses Projekt für einen offenen Anschlag auf die Katholische Kirchenverfassung. Die Versammlung überging seine Bemerkungen. (Soboul, 144)

[9] Vgl.: Roger Aubert, Die Katholische Kirche und die Revolution, in: Hubert Jedin, Handbuch der Kirchengeschichte, Bd. VI/I (Freiburg 1971) 29-30; Martin Schmidt, Die Französische Revolution und die religiösen Kräfte, in: Raymund Kottje/Bernd Moeller, Ökumenische Kirchengeschichte, Bd. III (Mainz 1974) 85-87; Soboul, 140-142; begünstigt durch diese Zwangslage setzte sich die 'presbyterialistische Wahlordnung', die eine Bestellung der Bischöfe durch 'Wahlmänner des Volkes' vorsah, durch (Soboul, 140-142).

sich auf dem Lande auszubreiten begann. Von den örtlichen Behörden alarmiert, versuchte sich die Nationalversammlung rasch durchzusetzen. In Dekreten vom 27. November und 26. Dezember 1790 forderte sie von allen Geistlichen, die ein öffentliches Amt bekleideten - das heißt von den Bischöfen, Pfarrern und Vikaren -, die gleiche Eidesleistung, wie von den zivilen Beamten: sie sollten schwören,

"... dem Staat, dem Gesetz und dem König treu zu sein und mit ihrer ganzen Kraft die Verfassung aufrechtzuerhalten.[10]"

Der Eid auf die 'Zivilkonstitution des Klerus' schloß natürlich die Zustimmung zu der Neuregelung der kirchlichen Angelegenheiten ein. Eidesverweigerung galt als Verzicht auf das Amt, und Unruhestifter sollten vor Gericht gestellt werden[11].

II. AUS GÖTTLICHER BARMHERZIGKEIT UND IN DER GEMEINSCHAFT DES HEILIGEN APOSTOLISCHEN STUHLS, GESETZMÄSSIG ERWÄHLT

In der Folge dieser Geschehnisse sah sich auch die Straßburger Obrigkeit dazu veranlaßt, die Wahl eines neuen Bischofs anzustreben. Louis Kardinal de Rohan, der sich standhaft gegen die französischen Maßnahmen[12] wehrte und

---

[10] Aubert, 30

[11] Vgl. zum Eid auch: Johann Baptist von Weiß, Weltgeschichte, Bd. XV (Graz/Leipzig ^{3}1894) 155-160

[12] Aufgrund des Finanzenproblems - am 9. und 27. August 1789 beschlossene Anleihen wurden nicht gezeichnet, und die Tatsache, daß der König sein Tafelgerät zu Münze schlagen ließ, war auch kein Weg zur endgültigen Lösung der Finanznot - schien der Griff nach den Kirchengütern ein Ausweg zu sein. Am 29. September 1789 verfügte ein Beschluß über das Silber, das für die 'Würde des Gottesdienstes entbehrlich' war und am 2. November wurden

den Eid auf die Zivilkonstitution verweigerte, wurde als nicht mehr tragbar im Frühjahr des Jahres 1791 seines bischöflichen Amtes entsetzt und die Wahl eines neuen Bischofs eingeleitet [13].

1. Der Afterbischof

Von vorneherein stieß man auf erhebliche Schwierigkeiten bei der Bischofsneuwahl. Über die Hälfte der Wahlmänner scheinen die Wahl verweigert zu haben, mit der Begründung, sie seien nicht mit hinlänglicher Vollmacht versehen [14]. Trotzdem wurde am 6. März 1791 der aus einfachen Verhältnissen stammende Professor des Kirchenrechtes an der Universität zu Straßburg, Abbé Franz Anton Brendel [15],

---

per Dekret alle kirchlichen Güter eingezogen. Der Bischof von Autun, Charles-Maurice de Talleyrand (1754-1838), hatte selbiges am 10. Oktober vorgeschlagen, mit der Verpflichtung, daß der Staat in angemessener Weise für die Ausgaben des Gottesdienstes, den Unterhalt seiner Diener und die Unterstützung der Armen aufzukommen habe. Mindestens 1200 Livres sollten die Inhaber einer Pfarrstelle im Jahr erhalten. Für den Erlös aus dem Verkauf der Kirchengüter wurde am 19. Dezember eine eigene Kasse eingerichtet, wobei die Güter selbst als Pfand für die Ausgabe sogenannter 'Assignaten', regelrechten Schatzanweisungen mit einem Zinssatz von 5 %, die nur in Bodenbesitz rückzahlbar waren, dienten. (Soboul, 140-143)

[13] DAL-Generalia und Nominalia III, Rubrik: Bistum und Primat. Betreff: Strassb. Fastenbriefe 1780-1804, Brief seiner Hochfürstlichen Durchlaucht und Eminenz des Herrn Cardinals von Rohan, Fürstbischoffen zu Strassburg (13. März 1791) 2; vgl.: Albert Kürzel, Cardinal L. R. E. Rohan zu Ettenheim, in: Zeitschrift der Gesellschaft für Beförderung der Geschichts-, Alterthums- und Volkskunde von Freiburg, dem Breisgau und den angrenzenden Landschaften (2/1870-72) 49-50; Hermann Schmid, Die Rechtsrheinische Restdiözese Straßburg in den Jahren von 1802-1808, in: Die Ortenau (61/1981) 131; Rodolphe Reuss, La Constitution civile du clergé et la crise religieuse en Alsace (1790-1795), Bd. I (Strasbourg 1922) 128-145

[14] Vgl. Anm. 13

[15] Reuss, 129; Kürzel 50; Franz Anton Brandtler (Brändtl/Brendel) wur-

"... ein ßehr gelehrter mann...[16]",

als Bischof von Straßburg erwählt und gleich darauf in Paris konsekriert.

Aus der Verbindung mit dem 1756 in Wipfeld am Main geborenen ehemaligen Franziskaner Eulogius Schneider[17],

---

de als Sohn von Mathias Brandtler, Holzhändler aus Tyrol, und Johanna Franziska Wild aus Walschbronn (Lothringen), zu Lohr im Spessart am 4. Oktober 1735 geboren. Er wuchs in Memmelshoffen bei Sulz unterm Wald auf, wo sein Vater als Schaffner des Prinzen von Hessen-Darmstadt residierte. Nachdem er bei Herrn Baaron, ehemaliger Pfarrer von Kessenbach, in Ober-Ensisheim ein Jahr studiert hatte, besuchte er von 1750 bis 1754 das Kolleg von Hagenau, lernte daraufhin in Pont-a-Mousson französisch, studierte Theologie im Seminar zu Straßburg und feierte am 26. Dezember 1759 in Sulz unterm Wald seine Primiz. Ein halbes Jahr war er Kaplan in Hüttenheim, wurde 1761 Pfarrer in Sulz unterm Wald, wo er am Gründonnerstag sein Amt antrat, 1765 Domprediger und 1767 Kontroversprediger in Straßburg. Seit 1769 lehrte er kanonisches Recht am Seminar. Beim Ausbruch der Revolution beteiligte sich Brendel an den politischen Versammlungen, und leistete - obschon er mit den Geistlichen von Straßburg eine Deklaration gegen die Zivilkonstitution unterzeichnet hatte - am 20. Februar 1791 den Eid. Nach seiner Wahl empfing er am 13. März 1791 aus den Händen Bischof Gobels in Paris die Weihe.
Am 25. März erneuerte er den Eid vor dem Hochaltar im Münster, in Gegenwart der weltlichen Autorität, und pontifizierte.
Nachdem die Seminaristen des Straßburger Seminars Frankreich verlassen hatten, versuchte Brendel die vakanten Pfarrstellen der Stadt Straßburg durch Kapuziner zu besetzen, die jedoch nach ihrer Verweigerung desselben durch den Maire Dietrich aus der Stadt ausgewiesen wurden.
Nachdem das Münster am 20. November 1793 in einen Tempel der Vernunft umgewandelt worden war, zog sich Brendel zurück und wurde im Seminar festgehalten. Nach seiner Freilassung 1794 reichte er im Juni 1797 seine Demission ein und wurde Archivar des niederrheinischen Departements. Am 3. Prairial im Jahr VII (23. Mai 1799) starb er 64 Jahre alt. Die Exequien wurden durch constitutionelle Priester in der Kirche Jung Sankt Peter in Straßburg gehalten.
(Ludwig Gabriel Glöckler, Geschichte des Bisthums Straßburg, Bd. II (Straßburg 1880) 60-63; vgl. Reuss, Bd. I, 157-160; Franz Xaver Schwartz, Populäre Kirchengeschichte von Straßburg und Basel, Bd. II (Rixheim 1878) 266-268)

[16] Joann Conrad Machleid, Diarium II, *131v

[17] Über Eulogius Schneider vgl.: Christoph Friedrich Cotta, Eulogius Schneiders Schicksale in Frankreich - Nachdruck der Ausgabe Straß-

lassen sich einige Rückschlüsse auf den neuen konstitutionellen Bischof von Straßburg ziehen. Schneider, der im Juni 1791 in Straßburg eintraf - seine erste Rede im Münster suchte die Übereinstimmung des Evangeliums mit der neuen französischen Staatsverfassung zu beweisen[18] - beeinflußte Brendel mit Sicherheit nicht nur auf dem Gebiet der Sakramententheologie[19].

Franz Anton Brendels Wahl hatten 416 Wahlmänner ausgerichtet, von denen 224 protestantischer und jüdischer Konfession waren[20]. Dies änderte selbstredend nichts an

---

burg 1797 (Hamburg 1979); Leo Ehrhard, Eulogius Schneider - Sein Leben und seine Schriften (Straßburg 1894); Jean Eugène Muehlenbeck, Euloge Schneider - 1793 (Strasbourg 1896); Edmund Nacken, Studien über Eulogius Schneider in Deutschland (Bonn 1933)

18 v. Weiß, Bd. XIII (Graz/Leipzig [3]1894) 436

19 Brendel war der Meinung, daß lediglich drei Sakramente Geltung hätten, während Schneider nur zwei anerkannte. Wegfallen sollten Ehe und Firmung; letzte Ölung und Priesterweihe erachtete man als obsolet, wenn nicht gar gefährlich.
"Brendel hätte gern die Priesterweihe beibehalten, denn nur dadurch wahrte er seine Stellung als Bischof. Schneider aber hielt entgegen: die Bestimmung zum Priester sei jetzt Sache der Gemeinde. Die Beichte hielten beide für unbequem. Schneider sogar für gefährlich. Brendel aber meinte, sie sei für die Constitution notwendig; die Geistlichen könnten dadurch die liberalen Grundsätze im Geiste des Volkes beseitigen und die Zweifel schwacher Köpfe heben; sei die Revolution vollendet und befestigt, so könne man die Beichte preisgeben. So wurde die Beichte provisorisch beibehalten. Das Abendmahl, meinte Brendel, sei nöthig zur Unterscheidung vom Protestantismus - das müsse ihm Schneider zugestehen, dann opfere er ihm die letzte Ölung. "Wahrhaftig, ein aufgeklärtes System!" - soll Schneider ausgerufen haben. "Luther und Calvin würden darauf eifersüchtig sein. Also Sie drei Sacramente und ich zwei und ein provisorisches." Demnach waren zwei und ein halb Sacramente das Übereinkommen dieser tiefen Gottesgelehrten! Eifriger noch als auf der Kanzel war übrigens Schneider im Club; hier beantragte er auch die Aufhebung des Cölibates. Die Nationalversammlung, an welche dieser Antrag gelangte, überließ es jedem Priester, sich selbst davon zu befreien."
(v. Weiß, Bd. XIII, 438);
Schneider selbst war in der Folge Generalvikar von Franz Anton Brendel (Christoph Prignitz, Einleitung, in: Cotta, X).

20 Kürzel, 50; Reuss, Bd. I, 136-137; Rohan selbst sprach von 286 Nichtkatholiken (vgl.: DAL-Fastenbriefe, Brief Seiner Hochfürstlichen Durchlaucht... (13. März 1791) 2).

der Tatsache, daß sich Rohan als alleiniger und legitimer Bischof betrachtete und dies auch war. Am 13. März wandte sich der Kardinal an die Geistlichen seiner Diözese und legte feierlichen Protest ein. Durch die pathetische Sprache der Zeit hindurch ist die Verbitterung des Kardinals deutlich zu spüren [21].

---

[21] "Man kündet euch, und allen Gläubigen unseres Diözeses die Wahl eines neuen Bischoffes an; man sagt euch, er seye durch den Wunsch und die Stimme des Volkes zu dieser Würde erhoben worden; und, um diese unrechtlich = und in so vielfältigem Betrachte ungültige Wahl zu rechtfertigen, behauptet man, der Stuhl unserer Kirche sey ledig, und Wir unseres Hirtenamtes entsetzet, weilen Wir uns geweigert, einen Eid zu leisten, den Unser Gewissen und die Kirchengesetze in gleichem Maaße verwerfen."
(DAL-Fastenbriefe, Brief Seiner Hochfürstlichen Durchlaucht...
(13. März 1791) 1)
Getreu der Auffassung, daß man alles von seinem Ursprung her beurteilen müsse, untersucht der Fürstbischof die Umstände der Wahl genauer:
"Provisorische Verwalter, welche durch eine willkührlich = und tyrannische Gewalt, ohne die Beystimmung, und ganz gewiß gegen den Wunsch des Volkes ernennet, und aufgestellet sind, haben die Wahlmänner zusammen berufen. Wer waren diese Wahlmänner? - Jedermann weiß: mehr als die Hälfte davon haben sich zu wählen geweigert, und erkläret, daß sie mit keiner hinlänglichen Vollmacht versehen seyen. Unter der Anzahl derjenigen, welche Bosheit oder Schwachheit dazu verleitet, hat eine äusserst kleine Zahl Katholischer mitgestimmt. Es setzen also beyläufig 286 der Augsburgischen Confession zugethane Bürger heut zu Tag einen Priester auf den bischöflichen Stuhl zu Strasburg, einen Priester, aus unserem Kirchsprengel, der schwach genug ist, Gewissen, Religion, die Ruhe, das Seelenheil des Volkes den Täuschungen der Eitelkeit, und den Einbildungen des Enthusiasmus aufzuopfern! - Wir bemitleiden ihn Allerliebste! wir seufzen über seine Verirrung, wir würden auch die bedauren, welche durch eine traurige Blindheit ihm anzuhängen verleitet wurden; allein fest und unerschütterlich in den Grundsätzen des Glaubens, und der Disziplin, für die wir bis zum Tode kämpfen werden; inniglich überzeugt, daß das, was das sichtbare Oberhaupt der Kirche verworfen, was wir sämtliche Bischöffe Frankreichs verdammet, und mit dem Bannfluche belastet, was die Stimm und Authorität unseres Metropolitans Irrthum und Neuerung heiset, was die grösere Mehrheit der Seelsorger und Pfarrer zu beschwören sich geweigert, nicht Wahrheit seye, nicht seyn könne, werden wir eine so wichtige, mit dem Zeugniß unseres Gewissens verbundene Uebereinstimmung der blosen Meinung einer geringen Anzahl verirrter, oder bestochener Menschen ganz gewiß vorziehen; wir werden von der unsern Händen anvertrauten Gewalt Gebrauch

Am 25. März berichtet das Mahlberger Oberamt der Karls-

---

machen, wir werden diejenigen aus der Mitte unserer Heerde verstoßen, und mit kennbaren Merkmalen bezeichnen, welche das Gift des Irrthums, und des Abfalles darin auszugießen, und zu verbreiten gesucht. Diesemnach erklären wir,

1. Daß wir alle unsere vorherige Erklärungen und Verwahrungen andurch so viel nöthig, wieder aufs neue wiederholen.

2. Daß wir dem Heil. Stuhl zu Rom und Ihrer päbstlichen Heiligkeit getreu leben und sterben wollen: deren Gesinnung und Entscheidung uns um so bekannter ist, als sie die ohngezweifelte Probe dardurch offentlich an Tag gelegt, da Sie unseren bischöflichen euch zugefertigten Hirtenbrief und Unterricht, worinnen wir unser Glaubensbekenntniß, welches jeder Katholisch= und orthodoxe Bischof für das Seinige erkennen wird, verzeichnet, in das Italienische übersetzen, und zum Drucke befördern lassen.

3. Daß, da wir mit unserem Kirchensprengel durch ein Band, welches nur durch unsern Tod, oder ein Urtheil der Kirche zerrissen werden mag, verbunden sind, wir uns nun und allezeit für den einzigen und rechtmäßigen Bischof der Kirche und der Diozöse Strasburg betrachten, mithin die Verrichtungen und Schuldigkeiten unseres Hirtenamts so lange fortsetzen werden, als uns nicht Macht und Gewaltthätigkeit davon abhalten wird.

4. Daß wir den Hrn. Franz=Anton Brendel, oder jeden andern, welcher, unter was für einem Vorwande, sich erfrechen würde, irgend eine Handlung bischöflicher Gerichtsbarkeit in dem Umfang unserer Diozöse auszuüben, zum voraus für einen allen kanonischen Strafen und Censuren unterworfenen Schismatiker halten, unter dem ausdrücklichen Vorbehalt, gegen denselben, seine Beförderer, Verkündiger, anmaßliche Wahlmänner und Anhänger das Urtheil der Exkommunikation, welches sie sich aufgelastet, zuerkennen, und auszusprechen.

5. Daß jeder Priester, welcher verwegen genug wäre, die Amtsverrichtungen der Seelsorg in Ausspendung der Heil. Sakramenten, und sonstigen Handlungen in Kraft der von einem andern als uns und unseren Generalvikarien erhaltenen Gewalt, auszuüben, sich die nämliche Strafen zuzuziehen, von uns für einen, ohne Schickung und Karakter, Eingedrungenen, für einen Menschen, welcher den Eid des Gehorsams, den er uns bey seiner Ordination geleistet, gebrochen, und ipso facto für unfähig werde gehalten werden, die von ihm angemaßte Jurisdiction auszuüben.

6. Daß kein seinem Glauben getreuer katholischer Christ ohne Gefahr seiner Seeligkeit, und ohne sich vielfältigem Ungemach auszusetzen, sich an irgend einen Seelsorger, Priester und Pfarrer, welche ihre Gerichtsbarkeit von einem andern Bischof, als uns erhalten hätte, wenden könne.

7. Obigen Verfügungen zufolge, und damit die unserm Hirtenamte untergebene Glaubige, so viel es in unserer Gewalt ist, an geistlichen Hilfsmitteln auch fürohin keinen Mangel leiden, verlängern wir alle von uns ertheilte Gewalt, für so lang wir es für nöthig erachten werden, jedem, sowohl Welt= als Ordenspriester, der sei-

ruher Regierung, daß Rohans Rundschreiben unter großer Gefahr ins Elsaß befördert worden sei[22].

Als abzusehen war, daß der schismatische Bischof nicht bereit war, sich dem Kardinal zu unterwerfen, reagierte Rohan erneut. Erzbischof Friderich-Carl-Joseph von Mainz hatte dem Kardinal einen Brief zukommen lassen, der sich

---

nen Pflichten und der Kirchendisziplin getreu, uns als seinem rechtmäsigen Hirten unterwürfig wird geblieben seyn, und sich mit Ablegung des aufgedrungenen, unbeschränkten Eids nicht wird besudelt haben. Gleichwie wir hingegen von nun an die Gewalt Beicht zu hören und die heil. Sakramenten auszuspenden allen jenen Priestern entziehen, die sich des Meineids und der Kirchenspaltung schuldig werden gemacht haben; uns anneben vorbehaltend, wider diese Treulosen, wie oben gesagt, nach Vorschrift der Geseze und Kirchenverordnungen zu verfahren.

Wir ermahnen euch demnach, Allerliebste Brüder, die Glaubigen über die Gefahren und Folgen einer Kirchentrennung zu unterrichten, dieselben vor allen Fallstricken, womit man sie umringen wird, zu bewahren, ihnen mit Beispielen der Geduld und des Muthes vorzuleuchten, welche wir niemal mehr, als in diesen Tagen des Jammers und der Bedrängung nöthig gehabt.

Was uns betrifft, unsere liebe Mitbrüder, so werden wir nicht aufhören, alles zu thun, was in unserer Gewalt ist, damit unseren getreuen Schäflein die geistliche Hilfe, die wir ihnen schuldig sind, nicht entgehe. Wir werden zu diesem Ende diejenigen Masreglen ergreifen, welche christliche Liebe und Eifer uns anrathen werden, um den vereinigten Anfällen der Ketzerey, des Unglaubens und der Gottlosigkeit die wirksamsten, unveränderlichsten Grundsätze entgegen zu stellen. Stehet uns in diesem Augenblicke der Trübsal, und des Greuels mit euren eifrigsten Gebethen bey, und suchet bey dem Gott der Güte und Erbarmniß für uns und euch diejenige Stärke und Geduld zu erlangen, die wir so sehr bedürfen, um diese beträchtliche Last der Qualen und Bekümmerniße gehörig zu ertragen.

Gegeben zu Ettenheim, den 13. März 1791.

Der Kardinal, Prinz von Rohan,
Fürstbischof zu Straßburg."

(DAL-Fastenbriefe, Brief Seiner Hochfürstlichen Durchlaucht... (13. März 1791) 2-4)

[22] GLA 74-6281, 101r; möglicherweise spielt der Hinweis auf oben genanntem fürstbischöflichem Schreiben auf eben diese Schwierigkeiten an. Rohan berichtet darin, daß Pius VI. einen Verschlag, in dem sich mehrere ins Italienische übersetzte Exemplare seines Hirtenbriefes neben anderen Schriften befanden, unter dem Namen des Kardinals in Straßburg hatte abfertigen lassen. Dieser sei dort angehalten, auf Befehl des Straßburger Maire geöffnet, durchsucht und beschlagnahmt worden (DAL-Fastenbriefe, Brief Seiner Hochfürstlichen Durchlaucht... (13. März 1791) 4).

an die Welt- und Klostergeistlichen der Straßburger Diözese richtete. In diesem auf den 17. März 1791 datierten Schreiben[23] bringt der Erzbischof und Kurfürst seinen Schmerz über die Straßburger Bischofswahl zum Ausdruck[24]. Rohan griff die Schützenhilfe des Metropoliten bereitwillig auf und verbreitete das Schreiben aus Mainz am 25. des gleichen Monats, nicht ohne selbst einige Worte voranzustellen, in denen er noch einmal kurz seine Position darstellte, und darauf hinwies, daß er sich der vollen Unterstützung des Papstes erfreute[25].

---

[23] DAL-Fastenbriefe, Brief Seiner Hochfürstlichen Durchlaucht und Eminenz, des Hrn Kardinals von Rohan, Fürst Bischofs von Strasburg (25. März 1791)

[24] "Unser Schmerz ist merklich vermehret worden, da wir vernommen, daß nicht allein an die Stelle eines Fürstbischofs, der sich in diesen jammervollen Zeiten stäts durch geprüfte Standhaftigkeit im Glauben ausgezeichnet, der noch lebt, und seine bischöfliche Würde nicht niedergelegt, ein anderer gesetzet, sondern auch bey der Neuerung dieses letztern eine Wahlform gehalten worden, dergleichen in den Geschichtsbüchern aller Jahrhunderte keine kann aufgewiesen werden." (DAL-Fastenbriefe, Brief Seiner Hochfürstlichen Durchlaucht und Eminenz, des Hrn Kardinals von Rohan, Fürst Bischofs von Strasburg (25. März 1791) 7)
"Daher mißkennen und verwerfen wir denjenigen, den, wie es heißt, neulich in den bischöflichen Sitz von Strasburg Eingedrungenen, und mit aller uns von der Kirche gegebenen Gewalt verbieten wir, ihm anzuhangen und gesetzmäsigen Gehorsam zu leisten; wir erklären zum voraus eines großen Verbrechens schuldig alle, die es thun würden.
Deswegen halte euch Glaub und Religion ab, daß weder ihr, weder eure Heerde einigen Schaden von ihm oder seines gleichen leiden. - Ihr sollt wissen, daß er keine Gewalt habe zu binden oder zu lösen, noch sonst einige bischöfliche Verrichtung auszuüben. Alle seine Lossprechungen (es sey denn bey Todesgefahr) werden ungültig seyn, und dem Urtheil Sr. Eminenz eurem Bischofe vorbehalten bleiben." (DAL-Fastenbriefe, Brief Seiner Hochfürstlichen Durchlaucht und Eminenz, des Hrn Kardinals von Rohan, Fürst Bischofs von Strasburg (25. März 1791) 9)

[25] Der Papst habe "... uns klar und nachdrücklich zu erkennen gegeben, wie er gesinnet sey, in betreff der bürgerlichen Verfassung der Geistlichkeit, des von ihr geforderten Eides, der neuen Bischofswahle, wie auch in Bezug auf diejenigen, die sich erfrechen, die eingedrungenen Bischöffe entweder zu bestätigen oder

Vermutlich bezieht sich Rohan in diesem Zusammenhang auf das päpstliche Breve 'Quot aliquantum', in dem Pius VI. am 10. März 1791 - drei Monate nachdem er das erstemal um Weisung angegangen worden war [26] - die Zivilkonstitution des Klerus verurteilte, da sie mit ihren Verfügungen bezüglich der kanonischen Einsetzung der Bischöfe, der Wahl der Seelsorger und der Einsetzung der Bischofsräte die 'göttliche Konstitution der Kirche' verletzte. In seinem weiteren Breve 'Caritas' vom 13. April 1791 erklärt der Papst alle Weihen der neuen Bischöfe als sakrilegisch, verbat ihnen alle Amtshandlungen und drohte den vereidigten Priestern mit Suspendierung, sofern sie nicht widerrufen würden. Bei dieser Gelegenheit verurteilte der Papst übrigens auch die Erklärung der Menschenrechte, da ihre Prinzipien im Widerspruch zur katholischen Lehre über den Ursprung der Staatsgewalt, die Religionsfreiheit und die gesellschaftlichen Ungleichheiten stünden[27].

2. Unruhen um die Exkommunikation

Da Rohan auf diese Weise die Unterstützung von Papst und Metropolit erfuhr, konnte er weiter gegen den 'Afterbischof' - wie man ihn nannte [28] - vorgehen. Am 21. März

---

einzuweihen; und endlich gegen alle, welche diesen Irrlehren anhangen und also ihren Glauben verläugnen. Seine Heiligkeit bestätigen das Urtheil, welches schon von so vielen Bischöffen gefället worden." (DAL-Fastenbriefe, Brief Seiner Hochfürstlichen Durchlaucht und Eminenz, des Hrn Kardinals von Rohan, Fürst Bischofs von Strasburg (25. März 1791) 2)

26 Rudolf Reinhardt, Kirche und Klerus, in: Kottje/Moeller, Bd. III, 88

27 Aubert, 32; DAL-DECLARATIO SUMMI PONTIFICIS PII PAPAE VI. (13. April 1791)

28 DAL-Fastenbriefe, Brief Seiner Hochfürstlichen Durchlaucht und Eminenz, des Hrn Kardinals von Rohan, Fürst Bischofs von Strasburg (25. März 1791) 4

wurde in Ettenheim die 'Canonische Warnung und Verordnung'

"An Franz Anton Brendel, naturalisierten Priester und anmaßlichen Bischoffe des Bisthums Strasburg; desgleichen an alle Welt= und Klostergeistliche, und an alle Rechtglaubige besagten unsers Bisthums[29]"

unterzeichnet. Der Kardinal betonte, daß es landkundig sei, daß das Bistum Straßburg weder durch Tod, noch durch Verlassung, noch durch gerichtlichen Ausspruch der Kirchengewalt erledigt sei, Franz Anton Brendel durch den Präsidenten einer sogenannten Wahlversammlung, nach einer durch eine notorisch unbefugte Gewalt geschehenen Zusammenberufung und befohlenen Wahl, die in allem Betracht ungültig, als erwählter Bischof des niederrheinischen Departements ausgerufen worden sei. Dieser könne von allen Rechtgläubigen für nichts anderes als einen Eingedrungenen und - nach dem Ausspruch des Tridentinums - Dieb, der nicht durch die Türe in den Schafstall eingegangen, angesehen werden. All dies erfordere, daß Brendel mit dem Bannfluch belegt werde. Doch man wolle

"... nicht den Tod des Sünders, sondern seine Bekehrung...[30]"

und gewähre ihm daher eine achttägige Frist, von dem Tage an gerechnet, an welchem ihm diese Verwarnung bekannt würde, um seinen Fehler einzusehen und in den Schoß der Kirche zurückzukehren[31].

---

[29] DAL-Fastenbriefe, Canonische Warnung und Verordnung (21. März 1791) 2;
vgl. Reuss, Bd. I, 173-174; Schwartz, Bd. II, 270-271

[30] DAL-Fastenbriefe, Canonische Warnung und Verordnung (21. März 1791) 5

[31] "So erklären wir, kraft der göttlichen Gewalt, die uns gegeben ist, nachdem wir den allerheiligsten Namen Gottes angerufen, und alles wohl überlegt haben,
1. Daß gedachter F. A. Brendel, von dem Tage an, wo der ihm gege-

Die Verbreitung dieser Bannandrohung wurde umgehend an-

---

bene Termin fruchtlos wird verstichen seyn, sich den Fluch, der in dem 7ten Kanon der 23 Sizungen des H. Tridentinischen Kirchenraths ausgesprochen wird, zugezogen haben wird, und daß es dazu keineswegs nöthig seye, daß unseres Orts eine fernere Erklärung hierüber gemacht werden.

Und anerwogen, gedachter F. A. Brendel, wider alle kanonische Satzungen, zum Bischof geweiht worden ist, erklären wir ihn für einen der Kirchentrennung schuldigen, und für einen solchen, der sich in unseren Sitz einzudringen, und sich die bischöfliche Gewalt, die er kraft einer unerlaubten und Sakrilegischen Konsekration auszuüben gedenket, anzumasen sucht; und in dieser Hinsicht erklären wir ihn den kanonischen Strafen unterworfen. Weswegen wir ihm auch nicht nur jede Ausübung des bischöflichen Amts, sondern auch die Verrichtung der heiligen Geheimniße verbieten. Diesem zufolge erklären wir weiter:

2. Daß alle Sakramenten, die er ausspenden würde, eben so viele Gotteschändereyen, und alle von ihm ausgeübte Iurisdiktions=Akten, als zum Beyspiel die anmaßliche Ertheilung der Ehedispensen, oder der geistlichen Iurisdiction ohne alle Kraft und Würkung seyn würden.

3. Erklären wir wie ebenmasen für Schismatiker alle Pfarrer unseres Bisthums, alle Vikarien, und andere einheimische oder fremde Priester, die von mehrersagtem F. A. Brendel die Einsetzung in die Seelsorge empfangen würden, wir suspendieren sie, wie ihn, von der Verrichtung der heiligen Geheimniße, und von aller geistlichen Macht. Anneben ermahnen wir alle Rechtglaubige unseres Bisthums, daß die Lossprechung, die dergleichen von der Kirche getrennte Priester, ihnen etwa ertheilen möchten, null und nichtig seyn würden, den Fall jedoch der Sterbestunde ausgenommen; indem die Kirche von jener Liebe, die sie gegen ihre Kinder heget, angetrieben, allen Priestern ohne Ausnahm, in einem so wichtigen Augenblick, die Gewalt von allen Sünden loszubinden ertheilet.

4. Erklären wir, daß alle von den wirklichen Seelsorgern abgedrungene oder abzudringende Abgedungen ihrer Pfarrpfründen nichtig sind; daß sie allein die rechtmäßige Seelenhirten solang bleiben werden, als sie ihre Aemter nicht in unsere Hände werden aufgegeben, und wir solche Abdankungen werden angenommen haben; und daß jene, die sich in derley Pfarreyen die Eigenschaft und die Verrichtungen eines Seelsorgers anzumasen unterstünden, Eingedrungene, und der Kirchenspaltung Schuldige seyn würden. Folglich verbieten wir mit allem Ernst, und zwar unter Straf der Suspension, jedem Priester oder Geistlichen, solche Pfarreyen anzunehmen, sich in selbe von dem schismatischen Bischofe einsetzen zu lassen, und vermittelst einer solchen Einsetzung einige geistliche Verrichtung vorzunehmen; massen ein von der weltlichen Macht allein abgesetzter Seelsorger keineswegs aufhört der einzige rechtmäßige Hirt seiner christlichen Heerde, und in dieser Eigenschaft verpflichtet zu seyn, derselben soviel es die Umstände immer gestatten, alle Obsorge und geistliche Hilfe zu leisten.

geordnet. Am Sonntag Laetare, 3. April 1791, verlas Pfarrer Mast in Ettenheim von der Kanzel die 'Canoni-

---

5. Und damit wir, so viel es in unserer Gewalt ist, die so erschreckliche Seuche der Kirchenspaltung um sich zu fressen, und die Masse der Rechtglaubigen unseres Sprengels anzustecken verhindern mögen, befehlen wir allen Welt= und Klostergeistlichen und semtlichen unserem Hirtenamt untergeordneten, sich gegen F. A. Brendel und seinen Anhängern so zu betragen, wie die Kirche will, daß man sich gegen die Schismatiker betragen solle. Wir verbieten ihnen mit dergleichen in geistlichen Handlungen, unmittelbaren oder mittelbaren Umgang zu pflegen; und dieses zwar unter den durch die Gesetze angedrohten Strafen, worin man nach Verlauf obbesagten Termins, durch die That selbst verfallen würde.
6. Diesem zufolge verbieten wir jedem, wessen Standes er seye, nicht nur allein oftbesagtem F. A. Brendel als rechtmäßigen, und die von ihm aufgestellte Pfarrer oder Vikarien als rechtmäßige Seelsorger zu erkennen, sondern auch ihrer Messe beyzuwohnen, und mit ihnen in dem genuß der H. H. Sakramenten, in Ausübung des Gottesdienstes, oder auf was sonst immer für eine Weise in geistlichen Dingen Gemeinschaft zu pflegen.
7. Und da wir mit einem heiligen Unwillen und mit tiefestem Schmerz haben vernehmen müssen, auf was eine erschreckliche Weise das Heiligthum Sonntags den 6ten März ist entheiligt worden, so interdizieren wir, kraft unserer gegenwärtigen Verordnung und bis auf unsere weitere Verfügung, unsere Domkirche, sonderlich den Chor, mit Ausschluß jedoch der sogenannten St. Lorenzen=Kappell, und des zur Abhaltung des Pfarr=Gottesdienstes gewidmeten Altars. Und diese Ausnahm gestatten wir nur für solang, als besagte Pfarrkappell durch den wirklichen Pfarrherren oder durch einen anderen von ihm rechtmäßig bestellten Priester wird versehen werden, und erwähnter Pfarrherr seine Pfründe nicht durch Absterben oder gesetzmäßige von uns benehmigte Abgebung wird verlassen haben.
8. Da die Zeiten leider! immer schlimmer werden, und es vielleicht nah an dem ist, daß alle ihrem Gewissen getreue Priester sich in Höhlen und Wälder werden verkrichen müssen, und nur mit Todesgefahr die H. H. Sakramenten werden ausspenden können; so verordnen wir, daß für alle Rechtgläubige unseres Bisthums jenseits des Rheins die österliche Zeit allsogleich ihren Anfang nehmen solle, und daß sie, für dieses Jahr, ihrer österlichen Pflicht genugthun werden, wenn sie nur von einem Priester, der sich mir dem ruchlosen allen Geistlichen Beamten aufgedrungenen Bürgereid nicht besudelt haben, die H. Kommunion empfangen werden.
9. Da anneben die Umstände der offenkundigen Verfolgung, worinn wir uns befinden, uns nicht gestatten, unsere gegenwärtige Warnung und Verordnung auf die sonst gebräuchliche gerichtliche Weise kundbar zu machen, so erklären wir hiemit, daß dieselbe für genugsam angedeutet zu halten ist, sobald selbe in unserem Bisthume sattsam wird verbreitet und bekannt gemacht worden seyn.
Weswegen wir befehlen, daß dieselbe während dem Gottesdienst öf-

sche Warnung' des Kardinals und informierte die Bevölkerung darüber, daß der neue Bischof exkommuniziert und mit dem Bann belegt worden sei; alle Priester, die zu ihm hielten, würde das gleiche Schicksal treffen[32].

Außerhalb des Territoriums des Hochstiftes Straßburg gestaltete sich die Verbreitung dieser Nachricht jedoch ungleich schwieriger. Die Landvogtei Ortenau verhielt sich allgemein vorsichtig gegenüber Veröffentlichungen des Kardinals. Das Fastenschreiben des Jahres 1791 durfte nicht verkündet werden, da es 'auch im Elsaß sich ereignende Vorgänge streift', und wegen der 'Canonischen Warnung' erhielten alle Pfarrer den schriftlichen Befehl, diese und alles, was Rohan noch als Bischof ergehen liesse, nicht öffentlich bekannt zu machen, bevor das 'placitum regium' erteilt sei[33]. Nicht nur von seiten Österreichs versuchte man jeden Anschein zu vermeiden, als würde man die von Rohan angestrebte Gegenrevolution begünstigen. Auch die badischen Pfarrherren erhielten den Befehl, die Publikation der bischöflichen Verordnung zurückzuhalten, bis man dieselbe in den benachbarten Landen gestattet hätte, wobei man besonders darauf warten wollte, was von Österreichs seiten her erfolgen werde[34].

Die Verbreitung des bischöflichen Schreibens konnte jedoch durch diese Vorkehrungen nicht verhindert werden. Am 5. Mai gestand Oberamtmann von Harrant in Bühl, daß die 'Canonische Warnung' dort, wie an vielen anderen Orten, bekannt sei, obwohl es zu keiner Verlesung von der Kanzel gekommen sei[35]. Die Maßnahmen des Bischofs waren

---

fentlich verlesen, an den Kirchenthüren in unserem ganzen Bisthume, und wo es sonst nöthig seyn mag, angeschlagen werden solle." (DAL-Fastenbriefe, Canonische Warnung und Verordnung (21. März 1791) 6-8)

[32] Diarium II, *131v

[33] GLA 74-6281, 118v

[34] GLA 74-6281, 138r-139v

[35] GLA 74-6281, 181r

der Bevölkerung rechts und links des Rheins präsent[36].

3. Reaktion und Niederlage

"Wir, Franz Anton Brendel, aus göttlicher Barmherzig=
keit, und in der Gemeinschaft des heiligen apostolischen Stuhls, gesetzmäßig erwählter Bischof des Niederrheinischen Departements, ertheilen Unsern ehrwürdigen Mitarbeitern und allen Glaubigen Unsers Kirchsprengels, Unsern Gruß und Segen, in Jesu Christo unserm Herrn.[37]"

So beginnt der Hirtenbrief des 'Herrn Bischofs des Niederrheins', den Brendel am 22. April 1791 als Reaktion auf die Rohan'sche Herausforderung unterzeichnete. Im Blick auf das Amt, das weit über Brendels eigene Kräfte gehe und dessen er sich unwürdig erachte, demütig beginnend, schwingt sich der Tonfall des Schreibens auf zur Aufforderung, den 'ungerechten Bann' so zu verachten, wie er, Brendel selbst, ihn vollkommen verachte, da er von jenem herrühre, der keine Gerichtsbarkeit mehr habe. Der konstitutionelle Bischof verlangt von seinen Anhängern, nicht mehr Bischöfe, Pfarrer und andere öffentliche Kirchendiener für die ihrigen zu erkennen, welche des Gesetzesbruches schuldig, ihres Amtes entsetzt sind. Man könne sie nicht mehr anerkennen, ohne sich desselben Lasters schuldig zu machen [38].

---

[36] Nur blaß läßt sich der ganze Umfang der Animosität auf beiden Seiten hinter den 10 000 Livres erahnen, die von französischer Seite auf Rohans Kopf ausgesetzt wurden (Kürzel, 50)

[37] DAL-Hirtenbrief des Herrn Bischofs des Niederrheins (22. April 1791) 1

[38] DAL-Hirtenbrief des Herrn Bischofs des Niederrheins (22. April 1791) 5

In einem Versuch eines Beweises aus Schrift und Tradition legt Brendel im Verlauf seines Schreibens die Berechtigung der neuen Ordnung dar. Auch die Tatsache, daß Protestanten mitgestimmt hätten, als er auf den bischöflichen Stuhl erhoben wurde, versuchte er zu erklären: Protestanten seien rechtmäßige Wahlleute, die dem Gesetz gehorchen müssen. Nichts habe sie gehindert, sich zu erkundigen, wer in Straßburg die 'erste Würde' verdiene, und darüber hinaus müßten sie schließlich ihren Anteil zum Unterhalt des Bischofs beitragen. Es gehe also nicht an, ihnen das Wahlrecht abzusprechen [39].

---

[39] DAL-Hirtenbrief des Herrn Bischofs des Niederrheins (22. April 1791) 7; "Wir sind also gesetzmäsig geweihet, und haben alle Gewalt des bischöflichen Ordens; wir sind ächte Nachfolger der Apostel, wahre Statthalter Jesu Christi; wir haben unsere Würde und geistliche Gewalt nicht von einer Bulle, sondern unmittelbar von der heiligen Weihung empfangen. Es ist also nicht nöthig, um rechtglaubend zu seyn, dem Pabst das Recht über kanonische Einsetzung der Bischöfe zuzumessen, oder nur in ihm dieses Recht zu erkennen. Wir verehren ihn, wir bringen ihm unsere demüthige Huldigung, als dem sichtbaren Oberhaupt der Kirche Jesu Christi, als dessen Statthalter vorzugsweise; wir erkennen in ihm die vornehmste Würde, in Dingen, so die Ehre und Jurisdiktion betreffen; wir werden demselben allzeit durch das Band des nemlichen Glaubens, durch den Gebrauch der nemlichen HH. Sakramenten vereiniget bleiben, und niemahlen wird uns etwas von seiner Gemeinschaft absondern können.

So sind wir denn keine Eingedrungene, Abtrinnige, Ketzer, oder gar, wie man unverschämt vorgiebt, Räuber und Diebe, welche durch unerlaubte Weege in den Schafstall des Herrn eingegangen. Man ziehet wider uns den tridentinischen Kirchenrath an, und gerade dessen fleißige Erwägung und ein stätes Lesen dieses H. Rathes ist es, was uns zu einer Einwilligung entschlossen, die unsern Glauben bestürzt hätte, wenn wir sie nicht auf dessen heiligen Verordnungen gegründet gesehn. Es verdammet, dieser Rath, die freche Verwegenheit jener, welche sich zu behaupten unterstunden, daß die Kraft der fürchterlichen Verrichtungen des geistlichen Amts von Einwilligung oder Bestimmung des Volkes abhänge; wir aber mit ihm verdammen diese Lehre. Man muß daher, allerliebste Brüder, der größten Untreue fähig seyn, so boshafter Weise die Wahl mit der Sendung zu verwechslen, und die Stimmen des Volkes, welches den Hirten wählet, mit dessen kanonischer Einsetzung zu vermengen, die doch allein ihm den Gewalt ertheilet, das Amt auszuüben, zu dem er bestimmt ist. Die Wahl, wovon der tridentinische Kirchen-

Allen Anstrengungen zum Trotz konnte Brendel unter den Geistlichen des Elsaß kaum Anhänger finden. Noch weniger Zustimmung brachte ihm die Bevölkerung entgegen. Nicht unwesentlichen Anteil an dieser Entwicklung hatte sicherlich die Tätigkeit der in Ettenheim untergebrachten bischöflichen Kurie. 'Unaufhörlich' sollte man die Stimme des rechtmäßigen Hirten vernehmen[40].

Der Kardinal sorgte bereits am 19. April dafür, daß ein weiteres Schreiben des Erzbischofs und Kurfürsten zu Mainz der Öffentlichkeit bekannt gemacht wurde. Friderich-Carl-Joseph sprach sich erneut gegen die französischen Umwälzungen, besonders die Kirchengüter betreffend, aus[41]. Am 2. Mai 1791 veröffentlichte der Kardinal ferner ein päpstliches Schreiben vom 16. April, in dem er ausdrücklich für seine Haltung gelobt wurde[42].

In Karlsruhe verfolgte man die publizistische Tätigkeit des Kardinals mit gespanntem Interesse[43]. Fast alle Schrei-

---

rath redet, ist nur eine äusserliche Handlung. Ehedem hienge sie von der Geistlichkeit und dem Volke ab; in der Folge aber, nach Erforderniß der Umstände und Zeit, fiel sie der Obrigkeit, den Kaysern, den Königen zu. Unterdessen beschwerte sich niemals die Kirche hierüber. Nunmehr aber hat die hohe Versammlung der französischen Nation die Wahl dem Volk, welchem am meisten an ihrer Gutheit gelegen ist, zuerkannt; und wir haben uns diesem Gesetze unterworfen." (DAL-Hirtenbrief des Herrn Bischofs des Niederrheins (22. April 1791) 9-10); eine eingehendere Interpretation des Schreibens ließe selbstverständlich weitere Rückschlüsse auf Brendels Person zu. Dies würde den Rahmen dieser Arbeit jedoch sprengen - ist auch nicht ihr Thema. Die Zitation des Textes mag daher genügen.

40 DAL-Fastenbriefe, Ludwig=Renat=Eduard, Prinz von Rohan... (19. April 1791) 1

41 DAL-Fastenbriefe, Ludwig=Renat=Eduard, Prinz von Rohan... (19. April 1791) 6-8

42 DAL-Fastenbriefe, Louis René Edouard, Prince de ROHAN... (2. Mai 1791)

43 Die Nachricht des Mahlberger Oberamtmannes an seine Karlsruher Vorgesetzten vom 7. April 1791, daß man in Offenburg mit dem Druck einer päpstlichen Bulle betreffs der französischen Geistlichkeit beschäftigt sei und am 6. bereits ein ganzer Wagen voll gedruckter Exemplare nach Ettenheim unterwegs gewesen wäre, ist

ben in dieser Sache - so auch die oben erwähnte erzbischöflich mainzische Erklärung - gelangten nach Karlsruhe[44]. Die Karlsruher Regierung befürchtete das Schlimmste, als sich herausstellte, daß die Maßnahmen des Kardinals ihren Zweck nicht verfehlten. Die Animositäten in Straßburg wuchsen in dem Maß, in dem die Bevölkerung ihre Verbundenheit mit dem römischen Kardinal erklärte. Die Assignaten wurden von den elsässischen Bauern nur unter Zwang angenommen und den Käufern der Nationalgüter wurde gedroht, wenn dieselben ihre erworbenen Ländereien bebauen wollten[45]. Die Reaktion darauf, daß weder Brendel noch seine Priester vom Volk akzeptiert wurden, blieb nicht aus. Das provisorische Direktorium des niederrheinischen Departements schrieb an die Nationalversammlung und bat um Nationalgarden aus dem Innern Frankreichs, um den grossen Gefahren, die drohten, begegnen zu können[46].

Trotz aller Anstrengungen fällt dem konstitutionellen Bischof in der folge kaum noch nennenswerte Bedeutung zu[47].

---

nur ein bescheidener Hinweis auf diese Anteilnahme. (GLA 74-6281, 119r)

44 GLA 74-6281, 140r; vgl. 148v

45 GLA 74-6285, 34v

46 Michael Hennig faßt zeitgenössische Flugblätter zusammen, die aus der Sicht der Revolutionäre die 'Mißstände' anprangern: "Und worin bestanden die Gefahren?
Darin, daß es "leider noch Leute gab, welche von Priestern unterjocht, dumm genug sind zu glauben, sie verteidigen die Religion, indem sie doch nur blinderweis den Anstiftungen gesezwidriger Pfaffen folgen." "Sie meiden allen Umgang mit den geschworenen und konstitutionsfähigen Priestern. Wenn diese den Gottesdienst halten, so sind die Kirchen leer, da doch ein erstaunlich großer Zulauf ist, wenn ein gesetzwidriger Mönch nur eine stille Messe liest." "Nirgends sind die neuen Pfarreien aufgerichtet, und nirgends sind neue Pfarrer erwählt, als in dem einzigen Straßburger Distrikt; in den Distrikten von Hagenau, Benfelden und Weißenburg hat es noch viel mehr Schwierigkeiten, die Pfarreien zu besetzen; einesteils weil geschworene Priester selten sind, anderntheils weil das hartnäckige Landvolk sehr übel über diese Punkte zu sprechen ist." (Hennig, 243)

47 Nur noch einmal erregt er in Karlsruhe Aufsehen, weil ein als

Am 19. März 1792 bringt Papst Pius VI. in einem Schreiben an seinen Klerus und das Volk in Frankreich seine Freude über die Standhaftigkeit der Katholiken zum Ausdruck, ohne diejenigen Bischöfe zu vergessen, die er - wie beispielsweise den Bischof von Autun - als Haupturheber jener Spaltung bezeichnet. Der Papst ermahnt die 'eingedrungenen Afterbischöfe' und geschworenen Priester - ein letztes Mal, wie er schreibt - auf das ausdrücklichste, in den Schoß der römischen Kirche zurückzukehren[48].

Franz Anton Brendel konnte sich noch fünf weitere Jahre halten, bis er in der Folge der Dechristianisierung im Juni 1797 seine Demission gab. Er starb als Bezirksarchivar am 23. Mai 1799[49].

III. PRIESTERSCHICKSALE IM SCHATTEN DER GROSSEN POLITIK

Die Auseinandersetzung zwischen den beiden Männern, die den Stuhl des Bistums Straßburg beanspruchten, war eingebettet in eine Reihe weiterer Ereignisse, die - wie wir bereits verschiedentlich sahen - den Ablauf des Ge-

---

zuverlässig geltender Landschreiber die Nachricht verbreitete, der schismatische Bischof sei Ende Juni 1791 in Schwarzach eingetroffen. Als am 5. Juli diese Meldung bereits dementiert wurde, da nicht Brendel sondern Lanz der Bischof ist, den die Schwarzacher beherbergten, schwand das Karlsruher Interesse an diesem Mann beinahe gänzlich (GLA 74-6282, 27r; 84r)

[48] DAL-DECLARATIO ULTERIOR SUMMI PONTIFICIS PII PAPAE VI. (19. März 1792)

[49] André Marcel Burg, Die alte Diözese Straßburg von der bonifazischen Reform (ca. 750) bis zum napoleonischen Konkordat (1802), in: Freiburger Diözesan Archiv (86/1966) 346-347

schehens kreuzten und beeinflußten. Greifen wir noch einmal in die Anfangszeit der Revolution zurück und betrachten die Geschehnisse unter einem anderen Gesichtspunkt.

1. Bischöflicher Unterricht

Noch in seiner provisorischen Residenz in Ettenheimmünster unterzeichnete der Straßburger Kardinal am 28. November 1790, einen Tag, nachdem in Paris zum erstenmal der Eid der Kleriker auf die Zivilkonstitution per Dekret verlangt wurde, einen 'Bischöflichen Unterricht', der seinen Geistlichen und den Gläubigen in 'jenen Tagen der Verwirrung und der Trübsal Wort des Trostes und des Lebens sein sollte'[50]. Gleichsam in einem Glaubensbekenntnis werden die Leser der bischöflichen Verordnung über die unstreitigen Grundsätze unterrichtet, von denen Kardinal de Rohan nicht glaubt abweichen zu können[51]. Dies ist die Begründung dafür, daß

---

[50] DAL-Fastenbriefe, Bischöflicher Unterricht (28. November 1791) 4

[51] "Erstens halten und bekennen wir uns alle zu der Katholischen, Apostolischen, Römischen Religion.
Zweytens erkennen wir den Pabst, als das sichtbare Oberhaupt und den höchsten Gewalthaber der ganzen Kirche. Die Obergewalt der geistlichen Gerichtsbarkeit, welche Er in derselben ausübet und allezeit ausgeübet hat, ist ihm von Christo Jesu selbst ertheilet worden.
Drittens hat die Kirche von Christo Jesu selbst das Recht empfangen ihre Geseze und Verordnungen zu machen, welche die allgemeine Zucht betreffen. Die weltliche Macht kann diese Verordnungen gleichwohl unterstützen, aber Sie kann dieselbe ohne die Einwilligung der Kirche nicht ändern.

sich der Kardinal gegen die Bestimmungen der Konstituante vom 12. Juli 1790, die auch die Neuaufteilung der Diözesen mit sich gebracht hatte, zur Wehr setzte. Es sollten nur noch 83 den Departements entsprechende Bistümer geben, was das Verschwinden von 52 Diözesen bedeutete[52]. Auch der Stuhl von Straßburg war von Grenzänderungen betroffen, und so rief Rohan den Gläubigen, die man

"... ohne die von der Kirche vorgeschriebenen Satzungen zu beobachten...[53]",

dem Straßburger Bistum einverleibt hatte, zu:

"ich habe euch nicht von der Kirche, nicht von Christo Jesu empfan=
"gen, ihr seyd meine Schafe nicht und ich bin euer Hirt nicht" ... den
Gläubigen, welche man von meiner Heerde trennen will, werde ich väterlich
zurufen: "wo eilet ihr hin, liebe Kinder, bleibet, bleibet bey eurem Hirten,
"die Kirche hat euch in meinen Schafstall gesezet: die Kirche allein kann euch
"in einen andern übertragen, höret die Stimme eines Fremden nicht an, fol=
"get ihm nicht...[54]"

Viertens sind alle Bischöfe aus Anordnung Gottes dem Pabste unter=worfen; keine weltliche Macht kann ihnen den gemeinschaftlichen Umgang verbieten, den Sie in Stücken, welche die Religion betreffen, mit ihrem Oberhaupte haben müssen.
Fünftens müssen sich alle Christen, in allem, was den Glauben betrift, ihren Bischöfen, wenn sie mit dem Päbstlichen Stuhle in Gemeinschaft stehn, unterwerfen, und können nur jene als rechtmäßige Hirten ansehen, welche ihnen von der Kirche gegeben werden.
Sechstens ist der geistliche Ordensstand ein Stand der Heiligkeit; die Gelübde, welche man in demselben ablegt, gründen sich auf die Räthe der Evangelischen Vollkommenheit.
Siebentens ist ein jeder Christ höchstens verpflichtet, alle Schuldigkeiten eines aufrichtigen und getreuen Bürgers zu erfüllen; er kann die genaue Beobachtung der Staats=Geseze schwören, in so weit diese den wesentlichen Punkten der Religion oder der geistlichen Obergewalt, die Gott seiner Kirche anvertrauet hat, nicht zuwider sind."
(DAL-Fastenbriefe, Bischöflicher Unterricht (28. November 1791) 6-7)

[52] Aubert, 27
[53] DAL-Fastenbriefe, Bischöflicher Unterricht (28. November 1791) 8
[54] DAL-Fastenbirefe, Bischöflicher Unterricht (28. November 1791) 8

Allergrößte Mühe gab sich der in Ettenheimmünster residierende Bischof, die Behauptung zurückzuweisen, durch die neue französische Kirchenverfassung werde die Geistlichkeit wieder sein, wie sie in den ersten Zeiten der Kirche gewesen sei, bevor er mit der Aufforderung, dieses Schreiben in der Messe öffentlich zu verlesen, schließt[55].

2. Im Zeichen priesterlichen Gehorsams

Rohan war davon überzeugt, daß man in Frankreich auch den nächsten Schritt wagen und die Priester zur Ablegung des Eides zwingen werde. Am 8. Dezember 1790 ließ er über den Prälaten von Ettenheimmünster in Schuttern, Gengenbach, Allerheiligen und Schwarzach verbreiten, daß die Konstitution, auf die die Seelsorger im Elsaß schwören sollen,nicht nur der Kirchenzucht, sondern auch der katholischen Lehre zuwiderlaufende Anordnungen enthalte. Er selbst sei daher entschlossen, soviele der Geistlichen, die den Eid zu schwören sich weigern würden, als möglich in den rechtsrheinischen Teilen der Diözese aufzunehmen, um sie vor den ihnen drohenden Strafen zu schützen. Der Kardinal hoffte, daß auch sein ortenauischer Klerus diesem seinem Beispiel folgen werde. Bis auf den Prälaten von Schuttern gaben alle Klöster mehr oder minder zustimmende Antworten. Schuttern jedoch erinnerte daran, daß man zuerst die 'Verhaltungs Befehle' der Freiburger Regierung abwarten müsse[56].

Gleichzeitig hatte Rohan die Erzpriester der drei orte-

---

[55] DAL-Fastenbriefe, Bischöflicher Unterricht (28. November 1791, 5-15; der 'Bischöfliche Unterricht' des emigrierten Bischofs war eine der letzten Verordnungen, die bei Ludwig le Roux, in der bischöflichen Druckerei zu Straßburg, gedruckt worden war (DAL-Fastenbriefe, Bischöflicher Unterricht (28. November 1791) 15)

[56] GLA 74-6281, llr/v

nauischen Ruralkapitel in eben dieser Sache angegangen. Bei einer Kapitelsversammlung Anfang 1791 brachten die Pfarrer des Offenburger Landkapitels zum Ausdruck, daß sie in der Mehrzahl nicht gewillt wären, dem Wunsch ihres Bischofs zu entsprechen[57]. Der am 21. April 1789 gewählte Erzpriester des Lahrer Kapitels[58], Joann Anton Eduart Sartori, war jedoch gewillt zwei der elsässischen Geistlichen bei sich aufzunehmen. Das Mahlberger Oberamt gab ihm daraufhin zu bedenken, daß der vom Kardinal eingeschlagene Weg bedenkliche Folgen haben könnte. Man hieß ihn abzuwarten und wandte sich am 13. Januar an den Markgrafen in Karlsruhe, mit der Bitte, die dortige Meinung zum bischöflichen Vorhaben mitzuteilen[59].

Nachdem am 26. Dezember 1790 der Eid auf die 'Constitution civile du clergé' zum zweiten Male per Dekret gefordert worden war und auch am Rhein die Vorbereitungen für die Vereidigung des Klerus getroffen wurden, vermutete das Mahlberger Oberamt, daß dieses Vorhaben am 16. Januar durchgeführt werde. Es war zu befürchten, daß bereits in der zweiten Januarwoche mehrere Geistliche den Rhein passieren würden. Allgemein war davon die Rede, daß ein großer Teil der elsässischen Seelsorger entschlossen sei, den Anordnungen ihres Oberhirten nachzukommen[60]. Die Badische Regierung mußte rasch reagieren. Am 15. Januar schlug das Hofratskollegium dem Markgrafen vor, sich so wenig als möglich in die französischen Angelegenheiten einzumischen[61], und Blittersdorf in Mahlberg wurde auf Geheiß des 'Geheimen Rats' am 17. aufgetragen, dem Fürstbischof 'auf schickliche Art' klarzumachen, daß die Karlsruher

---

[57] GLA 74-6281, 11v
[58] Diarium II, *106r; DAL-Protocollum, Deckblatt
[59] GLA 74-6281, 12r
[60] GLA 74-6281, 12v
[61] GLA 74-6281, 14r/v

Einwilligung zur Unterbringung von Emigranten auf badischem Gebiet nie zu erhalten sein dürfte. In gleicher Weise wurde Obervogt von Harrant befohlen, dafür Sorge zu tragen, daß im Gebiet des Ottersweirer Landkapitels, welches auch badisches Gebiet umfaßte, ebensowenig 'Widriges' geschehe, wie in den übrigen beiden Straßburger Kapiteln rechts des Rheins[62].

Blittersdorf hatte die Hofratsverordnung bereits am 16. Januar in Händen und ließ selbige gleich darauf an Erzpriester Sartori weiterleiten. Rohan selbst zu unterrichten - wie es ihm aufgetragen war - zögerte er[63]. Es war ihm bekannt, daß Rohan alles, was ihn an der Verwirklichung seiner Vorhaben hinderte, äußerst übel aufnahm[64]. Er unterließ den Besuch in Ettenheim letztendlich ganz.

In Straßburg und dem übrigen Elsaß spitzte sich der Konflikt endgültig zu. In Ettenheim wurde von Plünderung der Straßburger Peterskirche durch einige Protestanten in der ersten Januarwoche berichtet, was möglicherweise mit den Vorbereitungen um den abzulegenden Priestereid zusammenhängen mag[65]. Straßburg machte um den 23. Januar herum - in diesem Zeitraum sollte geschworen werden - einen äußerst unruhigen Eindruck. Auf den Plätzen der Stadt wurden Ka-

---

62 GLA 74-6281, 30r/v

63 Am 17. konnte er nicht wegen des Friesenheimer Waldgerichtes; am 23. konnte er, mußte aber erfahren, daß der Kardinal bereits am 22. nach Offenburg verreist war (GLA 74-6281, 27r-28r). Ein neuer Anlauf am 30. Januar scheiterte an einer 'fürdauernden Unpäßlichkeit' des Landvogts von Blittersdorf. Doch sei der Besuch in Ettenheim inzwischen auch überflüssig geworden. Sartori habe den Bischof umgehend von jenem oberamtlichen Schreiben vom 17. Januar unterrichtet. Der Kardinal sei äußerst aufgebracht gewesen, als er die von einem reitenden Boten überbrachte Nachricht des Erzpriesters gelesen hatte. Augenblicklich habe er einen Kapitelsboten zurückrufen lassen, der, im Begriff ein Rundschreiben betreffs der Aufnahme der erwarteten Geistlichen den Pfarrherren zuzustellen, bereits in Ringsheim angelangt war (GLA 74-6281, 32r/v).

64 GLA 74-6281, 32v

65 Diarium II, *128v

nonen aufgestellt und Wachen wie Patrouillen verstärkt. Mehrere katholische Frauen hatten bereits am 18. versucht, einen Aufruhr zu erregen. Ebenso zuverlässig schienen die Nachrichten, daß 60 Dörfer im Elsaß beschlossen hatten, die katholische Geistlichkeit in ihrem Widerstand gegen den Eid zu unterstützen[66].

In ganz Frankreich gestaltete sich die erzwungene Eidesleistung als Mißerfolg. Von zwei Dritteln der geistlichen Deputierten der Konstituante und allen Bischöfen außer sieben, von denen ohnehin bereits vier wegen ihres Unglaubens oder ihrer ungehörigen Lebensführung in Mißkredit geraten waren, wurde der Eid verweigert. Darüber hinaus widersetzte sich nahezu die Hälfte des Pfarrklerus dem Druck der Regierung. In fast allen Gegenden Frankreichs betrug die Zahl des verweigernden niederen Klerus 60 bis 70 Prozent, im Norden und Westen und nicht zuletzt im Elsaß wurde sogar von 80 bis 90 Prozent die Eidesleistung abgelehnt. Auch von denen, die besonders in Paris, im Zentrum und vor allem im Südosten Frankreichs der Forderung der Nationalversammlung nachkamen, schwörten viele mit Vorbehalten - wie beispielsweise: 'sous réserve du spirituel' -, welche die örtlichen Behörden stillschweigend hinnahmen; ganz abgesehen von den Widerrufen, die ziemlich rasch einsetzten[67].

In Straßburg sah man sich gezwungen, Ende März alle Pfarrer - bis auf den einen, der den Bürgereid geleistet hatte - ihrer Ämter zu entsetzen, die Kapuziner und Franziskaner, die den Abbé Brendel, der am 6. desselben Monats gewählt worden war, nicht als ihren Bischof anerkennen

---

[66] GLA 74-6281, 25r/v; vgl. Reuss, Bd. I, 44-47
[67] Aubert, 30-31

wollten, aus der Stadt zu verweisen und das Seminar, da die Seminaristen gleicher Gesinnung waren, aufzuheben[68].

3. In der Sorge um seine Priester

Rohan brachte seine Freude über die Standhaftigkeit seines Klerus in einem Hirtenschreiben zum Ausdruck. Er müsse gestehen, daß seine Geistlichen, obschon sie längere Zeit keine Anweisung von ihm empfangen haben, seinen Unterricht kaum nötig hätten. Ihr ganzes Betragen sei ihm Unterpfand der Treue; Verleumdung und Verfolgung hätten mit vereinigten Kräften den Heldenmut der Welt- und Klostergeistlichen des Straßburger Bistums nicht erschüttern können. Weiter beschwört der Kardinal dieselben, auch fernerhin den Glaubensfeinden keine Gelegenheit zu einem 'Höhnischen Frolocken über unsere Schwachheit' zu geben[69]. Als Zeichen dafür, daß auch Pius VI. auf Seiten des Fürstbischofs von Straßburg stehe und man im Straßburger Bistum richtig gehandelt habe, ließ Rohan ein Schreiben des Papstes an Kardinal Lomenie de Brienne, Erzbischof von Sens, in Offenburg drucken, in welchem letzterer aufgefordert wird, den Eid nicht zu leisten und den heiligen Gesetzen der katholischen Kirche treu zu bleiben. Bereits am 6. April wurde ein mit diesen Schriften beladener Wagen von Offenburg nach Ettenheim geführt[70].

Noch im März hatte sich Rohan - diesesmal offiziell -

---

[68] GLA 74-6281, 110v-111r

[69] DAL-Fastenbriefe, Brief Seiner Hochfürstlichen Eminenz des Herrn Kardinal von Rohan (Ettenheim 1791) 1, 11

[70] DAL-Fastenbriefe, Schreiben seiner Päbstlichen Heiligkeit PIUS VI. an Herrn Kardinal von Lomenie de Brienne Erzbischof von Sens (Rom, 23 Februar 1791); GLA 74-6281, 124r/v

an den Markgrafen gewandt, um doch noch die Erlaubnis zu erhalten, französische Geistliche auf badischem Gebiet unterbringen zu können. Doch erneut faßte der Geheime Rat am 20. März den Beschluß, daß das Ansinnen des Fürstbischofs zur Zeit abzulehnen sei[71]. Den elsässischen Geistlichen, die ihrer Ämter entsetzt ihre Pfarreien verlassen mußten, wollten sie nicht den Verfolgungen der Revolutionäre anheim fallen, konnte demnach lediglich auf dem rechtsrheinischen Territorium des Straßburger Hochstiftes Unterkunft verschafft werden. In der ersten Aprilwoche begann die erste Emigrationswelle die katholische Geistlichkeit des Elsaß zu erfassen. Tag und Nacht überquerten Priester die Grenze[72]. Besonders am 6. April scheint eine größere Zahl den Rhein passiert zu haben [73]. Am 11. April sollen in Ettenheim selbst 8 geflohene Pfarrer untergebracht sein[74], darunter auch Pfarrer Jägle von Straßburg, der die Bischofsstadt wegen persönlichen Streits mit Abbé Brendel verlassen mußte[75].

Weit schwieriger gestaltete sich die Unterbringung der Ordensleute, besonders der Kapuziner, die eine bedeutende Rolle in der Straßburger Diözese spielten[76]. Nachdem sich die Revolutionäre schon früh Gedanken um die Berechtigung der Klöster gemacht hatten[77], mußten am 27. April die Franziskaner und Kapuziner ihre Klöster räumen[78]. In Kehl wurden in den drauffolgenden

---

71 GLA 74-6281, 99r
72 Diarium II, *131v
73 GLA 74-6281, 117v
74 GLA 74-6281, 130r/v
75 GLA 74-6281, 114v
76 Burg, 215-332
77 Soboul, 143-144
78 Bereits Anfang April 1791 ging das Gerücht von einem Mandat um, nach welchem die Kapuziner und Franziskaner ihre Bärte schneiden, Hosen und eine blaue Montur "wie die nation hat..." anzie-

Tagen mehrere Ordensangehörige bemerkt, die auf der Suche nach einer neuen Bleibe die badische Herrschaft durchquerten. Bis zum 7. Mai war es Rohan gelungen, 6 Kapuziner im Offenburger Konvent, 6 im Oberkircher, 2 im Hospitio zu Oppenau und 16 in Bad Peterstal unterzubringen. In Bad Peterstal sollten darüberhinaus weitere eintreffen, so daß sich ihre Zahl auf 50 vermehren würde. Allenthalben rechnete man damit, daß schließlich auch Bad-Griesbach elsässische Kapuziner beherbergen müsse[79].

Äußerst ungern fügte sich die rechtsrheinische Kapuzinerprovinz in die Aufnahme einer solchen Menge von Ordensleuten. Vor allem die Unterbringung in den Oberkirchischen Bädern wurde von den Klöstern äußerst ungern gesehen, da der 'Termin' dadurch geschwächt würde und die Klöster ohnehin genug zu tun hätten, ihren Lebensunterhalt durch das sich täglich verringernde Almosen zu verschaffen. Doch hatte man dem Ordensprovinzial recht deutlich zu verstehen gegeben, daß, wenn die Provinz dem Wunsch des Kardinals nicht nachkommen würde, der Mahlberger Kapuziner-Konvent seinen Termin im Oberamt Ettenheim verlieren werde. Auch wurde eine Änderung bezüglich des Konvents zu Oberkirch und des Hospizes zu Oppenau angedroht[80].

In Mahlberg konnten keine Kapuziner untergebracht werden, da der dortige Konvent darauf verwies, ohne landesherrliche Erlaubnis keinerlei Zugeständnisse machen zu können. Obschon Rohan noch einmal den Vorsatz faßte, Carl Friedrich um diese landesherrliche Erlaubnis anzugehen, war von vorneherein abzusehen, daß in dieser Sache vom Markgrafen kein Entgegenkommen zu erwarten war[81].

---

hen "und Gewehr ergreiffen" sollen. Diejenigen, die sich nicht unterwerfen würden, sollten die Klöster räumen (Diarium II, *132r)

[79] GLA 74-6281, 148v, 172v

[80] GLA 74-6281, 172v-173r

[81] GLA 74-6281, 173r

Die Oberkircher Zeitung vom 12. Mai 1791 brachte den Ärger über diese permanente Weigerung der Karlsruher Regierung zum Ausdruck[82]. Den elsässischen Kapuzinern mußte ein weiteres Haus auf bischöflichem Territorium, in Renchen nämlich, zugewiesen werden[83].

Auch die Benediktiner des Elsaß waren von keinem anderen Schicksal getroffen. Pater Stöber berichtet, daß mehrere Patres aus dem Elsaß in Ettenheimmünster Aufnahme fanden. Darunter befand sich auch Abt Exuperius von Ebersmünster, der 1793 die Beisetzung des Ettenheimmünsterer Abtes Landelin Flum in der Gruft hinter dem Hochaltar leitete, gemeinsam mit seinem Prior Pater Joseph, der das Ende der Revolution nicht erleben sollte. Auch er wurde in Ettenheimmünster beigesetzt. Darüberhinaus weilten auch Pater Andreas und Pater Paulus von Maursmünster, Pater Ildefons Beck und Pater Zyriack, der Pfarrer von Altdorf, im Ettenheimmünsterer Konvent[84].

Auch die Klöster der Reichenau, in Gengenbach, Schuttern und Einsiedeln gewährten den Ordensbrüdern Unterkunft[85].

Im Juni verschärften sich die Maßnahmen der Revolutionäre gegen die eidverweigernden Priester. Am 24. berichtet der Kehler Amtmann, daß die Offiziere der Linientruppen am gleichen Tag mit einem neuen Eid belegt worden seien. Im gleichen Zusammenhang wurden die Eidverweigerer unter dem Klerus der Stadt im Straßburger Seminar in Verwahr genommen[86].

---

[82] GLA 74-6281, 185r; die Oberkircher Zeitung 'Wahrheits Freund' wurde unter Rohan herausgegeben und erschien am 1. Mai 1791 erstmals (Diarium II, *135r); vgl. Kapitel 3, Anm. [292]

[83] GLA 74-6281, 184r-185r

[84] PfA-Ettenheimmünster, P. Bernard Stöber, Kurze Beschreibung der Pfarrey Münsterthal bei St: Landelin von dem siebenden Jahrhunderte nach Christi Geburt bis auf das Jahr 1804, 157

[85] Burg, 344

[86] GLA 74-6281, 243r

Einen Monat später, am 22. Juli 1791, ließ Rohan alle Geistlichen morgens um 10 Uhr zu sich kommen. Wenn Blittersdorf über dieses Treffen berichtete, daß der Kardinal den in Ettenheim weilenden elsässischen Geistlichen zu erkennen gegeben habe, daß sie sich dem Willen der Nationalversammlung unterwerfen und sich ins Straßburger Seminar begeben sollten, so muß diese Nachricht allerdings verwundern, besonders wenn man weiß, daß die Geistlichen gleichzeitig durch ein päpstliches Schreiben darauf hingewiesen wurden, daß Rohan voll und ganz mit den Ansichten Pius' VI. übereinstimme[87]. Blittersdorf berichtete weiter, daß Rohan den emigrierten Priestern vorgeschlagen habe, von Brendel Pfarreien anzunehmen[88] und ihren zukünftigen Pfarrkindern in der Beichte zuzusprechen, sie selbst hätten ihre Jurisdiktion von Rohan und er sei ihr rechtmäßiger Bischof[89].

Unter Berücksichtigung der damals vorgelegten 'Relation', die dem Kardinal durch einen Gesandten aus Regensburg zugekommen sei und nach der sich alle Fürsten des Reiches außer Baden, Bayern und Hannover für den Krieg mit Frankreich ausgesprochen hätten und die Wende nunmehr unmittelbar bevorstehe[90], kann diese 'Versammlung' vom 22. Juli allerhöchstens von dem Vorhaben des Kardinals zeugen, mittels seiner Priester den Boden für die 'Conterrevolution' im Elsaß zu bereiten. Rohan wußte um den Einfluß, den seine Priester auf die Bevölkerung hatten und kaum jemand wäre besser dazu geeignet gewesen, die Stimmung innerhalb der Bevölkerung zu beeinflussen, als sie.

Blittersdorfs Vermutung, der Fürstbischof wolle sich die

---

[87] GLA 74-6288, 138v-139r
[88] Brendel war gezwungen, aus Mangel an geschworenen Priestern auch ungeschworene einzustellen
[89] GLA 74-6288, 138v-139r
[90] GLA 74-6288, 138v-139r

fortdauernde Anhänglichkeit der elsässischen Geistlichen zwar sichern, diese 'teuren Gäste' aber, die auf des Kardinals Versicherung hin alles verlassen haben, auf 'eine gute Art' los werden[91], trifft zum damaligen Zeitpunkt ganz sicher nicht als Hauptgrund solcher Pläne zu. Bedenklich stimmen muß auch, daß weder im Juli noch im darauffolgenden August des Jahres 1791 belegt wäre, daß Priester ins Elsaß zurückgekehrt wären[92].

Im Gegensatz dazu berichtet Machleid, daß am 29. Juli weitere Pfarrherren und Geistliche in Ettenheim angekommen sind. Die Verfolgten flüchteten bei Nacht über die Grenze und mußten sogar zu Verkleidungen Zuflucht nehmen. Einer trug die Kleidung eines Rotgerbers. Auch war es lediglich der Barmherzigkeit eines Protestanten zu verdanken, daß jener mit einem Schiff den Rhein überqueren konnte. Für die Unterbringung der Neuankömmlinge wurde im 'badwirtshauß' des Klosters Ettenheimmünster gesorgt, wo der Abt umsonst Wohnraum zur Verfügung stellte[93].

Die Zahl der geflüchteten Geistlichen in Ettenheim selbst stieg ebenfalls weiter an. Bis zum 6. August waren es so viele, daß sich die Klöster endgültig weigerten, noch mehr von ihnen aufzunehmen. Rohan sicherte den Emigranten daher einen monatlichen Betrag für ihren Unterhalt zu. Man sprach von 16 fl 30 xr[94], tatsächlich waren es dann jeweils 38 Pfund, die insgesamt 50 Geistlichen im Monat zuteil wurden[95]. Dieses Geld sollte solange bezahlt

---

91 GLA 74-6288, 139r

92 Anders wiederum sieht die Sachlage aus, wenn die Datierung des Blittersdorfschreibens falsch wäre. Wenn der Brief im Jahre 1792 anzusiedeln ist, würden die Nachrichten des Landvogts an Glaubwürdigkeit gewinnen.

93 Diarium II, *138r; die emigrierten Geistlichen hatten sich dort um ihr eigenes Geld zu verköstigen (Diarium II, *138r).

94 GLA 74-6283, 38r/v

95 GLA 74-6283, 53r

werden, bis die Geistlichkeit des Elsaß in ihren vorigen Stand wieder eingesetzt worden wäre, was nach Ettenheimer Schätzungen spätestens nach 6 Wochen geschehen sein würde[96].

Mit jeder Woche vergrößerten sich die Schwiergkeiten um die Unterbringung der Kleriker. Die Bettelmönche mußten im Oppenauer Tal Zuflucht suchen, da kein Kloster mehr für ihre Unterkunft aufkommen wollte[97]. Ein Ende der Auswanderungen war nicht abzusehen. Im September waren Geistliche aller Orden in der Hauptstadt des straßburgischen Oberamtes Ettenheim anzutreffen. Sowohl Kapuziner, als auch Dominikaner, Klosterfrauen von Hagenau und eine Reihe von Weltpriestern, alles in allem um die 50 Kleriker, fanden dort ihre Unterkunft, so daß man in der Pfarrkirche 'von bettzeit morgens ahn bis mitags um 12, uhr' täglich 20 Messen hören konnte,

"... weilen in straßburg
alle kirchen ßollen zuegeschloßen ßein
wann es war ist, ßo ist eß mehr alß gottloß...[98]",

empörte sich die Ettenheimer Bevölkerung.

4. Priesterliches Leben im Ausnahmezustand

Im Spätjahr 1791 begannen wohl einige der ausgewanderten Priester, die Hoffnung auf baldige Wiederherstellung der

---

[96] GLA 74-6283, 58r/v
[97] GLA 74-6283, 53r; vgl. 73r
[98] Diarium II, *141r

vorrevolutionären Zustände aufzugeben. Man hatte sich daran gewöhnt, mit dem Ausnahmezustand zu leben. Eine Amnestie gab Ende September 1791 grundsätzlich die Möglichkeit, ins Elsaß zurückzukehren. Der Mangel an Pfarrern in den linksrheinischen Orten war im Laufe des Jahres allzu drückend geworden. Tatsächlich scheinen einige Priester diesem Angebot nachgekommen zu sein[99]. Sie bildeten allerdings immer noch die Ausnahme.

Es waren weniger elsässische Priester als rechtsrheinische Geistliche, aus denen sich der Klerus des Abbé Brendel rekrutierte. Im Herbst 1791 erhielt er wöchentlich Zuzug aus allen Gegenden von Pfarrern, Mönchen und Theologieprofessoren, die vom Geist der Aufklärung beseelt, den Bürgereid leisteten. Brendel war sogar dazu übergegangen, einige Stellen in Zeitungen ausschreiben zu lassen. Etwa neunzig 'geistliche Abenteurer' aus Kreisen der Aufklärung siedelten über den Rhein in das neue konstitutionelle Straßburger Bistum über. Die Zahl der geschworenen Priester stieg auf 215, und Brendel konnte wenigstens die wichtigsten Stellen besetzen und sogar ein konstitutionelles Priesterseminar einrichten[100].

In diesen Zusammenhang gehört auch die Flucht der beiden Benediktinerpatres des Klosters Ettenheimmünster, Paul Löhmann und Augustin Fahrländer[101], die am 19. Dezember 1791 das Kloster - unter dem Vorwand, frische Luft schnap-

---

[99] GLA 74-6284, 10v

[100] Burg, 338; Erwin Dittler, Karl und Dr. Sebastian Fahrländer von Ettenheim und die revolutionäre Bewegung am Oberrhein, in: Die Ortenau (54/1974) 279

[101] Paul Löhmann hatte 1773 seine ewigen Gelübde abgelegt und war 1778 zum Priester geweiht worden (Diarium II, *144r). Pater Augustin, der am 8. November 1758 als Sohn des Bäckers Johann Michael Fahrländer und dessen dritter Ehefrau Maria Elisabeth Mayer geboren und auf die Namen Franz Josef Karl getauft worden war (vgl. Dittler, Fahrländer, (54/1974) 174-193, (55/1975) 288, (56/1976) 213-276), hatte seine feierliche Profeß im Jahre 1777 abgelegt und war 5 Jahre später geweiht worden (Diarium II, *144r)

pen zu wollen[102] - verließen und sich ins Seminar zu Straßburg begaben, wo ihnen herzliche Aufnahme zuteil wurde. Nach Ablegung des Eides betraute man sie im Elsaß mit Pfarreien[103]. Karl Fahrländer - wie er sich fortan unter Verwendung seines bürgerlichen Namens wieder nannte - sollte dabei in der Geschichte der Revolution am Oberrhein noch eine nicht unbedeutende Rolle spielen[104].

Der Zulauf des konstitutionellen Klerus hielt sich jedoch in Grenzen. Die Zahlen der emigrierenden Priester überwiegen bei weitem[105] und deren Unterbringung und Versorgung entwickelte sich zu einem beständig wachsenden Problem, zumal sich die badische Regierung weiterhin mit Erfolg der Unterbringung elsässischer Emigranten widersetzte[106]. In Karlsruhe war man noch immer der Hoffnung -

---

[102] Diarium II, *144r

[103] GLA 74-6284, 177r; Dittler, Fahrländer, (54/1974) 187-188

[104] Vgl. Dittler, Fahrländer, (54/1974) 174-193, (55/1975) 288, (56/1976) 213-276; Joann Conrad Machleid prophezeit ihm und seinem Kollegen:
"... allein schwarze und
Rothe lumpen, geben kein gueth papier
ßo meinaidige männer an ihrem ordenß
gelibt, und werden haben gar kein glick."
(Diarium II, *144r)

[105] Bis zum 12. Februar 1792 war die Anzahl der Geistlichen im Oberamt Ettenheim so zahlreich geworden, daß Rohan für Ettenheimweiler einen Franziskaner abstellte, der auch dort täglich um 7 Uhr eine Messe zu lesen hatte. Auch ein Beispiel dafür, daß die emigrierten Geistlichen bereit waren, in der rechtsrheinischen Seelsorge tätig zu werden. (Diarium II, *146r)

[106] Die ablehnende Haltung der Karlsruher Regierung war mittlerweile so deutlich geworden, daß von seiten des Ettenheimer Oberamtes keine Anfragen mehr an sie gerichtet wurden. Während das Generalvikariat des Speyrer Bistums am 24. April 1792 in einem Schreiben darum bat, eine päpstliche Deklaration in Betreff der bürgerlichen Einrichtung der französischen Geistlichkeit, die den Pfarrern bereits zugestellt worden war, von den Kanzeln den badischen Untertanen des Speyrer Bistums zum Verlesen freizugeben, erging vom Straßburger Vikariat weder nach Karlsruhe noch nach Freiburg eine vergleichbare Anfrage (GLA 74-6287, 15r/v; die 'DECLARATIO ULTERIOR SUMMI PONTIFICIS PII PAPAE VI.', mit

selbst nach der 1792 erfolgten Kriegserklärung -, die badischen Lande aus der Konfrontation heraushalten zu können.

Im August 1792 nimmt die Auswanderungswelle der französischen Geistlichkeit infolge der immer stärkeren Dechristianisierung noch einmal zu. Zwanzig Priester kamen Anfang August in Ettenheim an[107]. In der letzten Augustwoche stiegen die Zahlen erneut. Bis Anfang September hatten sich etwa

"... 155 arme vertribene geistliche auch
pfarheren hiehero bey der nacht verstohlener
weiß über den Rhein geflechtet, hiehero komen,
daß vile däg in der pfarkirch, und im Bpital,
bey 40: 30 H: meßen des dagx geleßen werten...[108]"

Mitte September überquerte erneut eine große Zahl den Rhein bei Sasbach, Rust und Kappel, um im Oberamt Ettenheim Unterkunft zu finden[109]. Erwähnenswert ist, daß sich der 'ungeschworene und rechtschaffene Pfarrer zu Rheinau' trotz aller Animosität an der Kappel-Rheinauer-Grenze, bis zu diesem Zeitpunkt hatte halten können. Die Rheinauer Bevölkerung hatte Eingriffe von Seiten der Revolutionäre nicht zugelassen. Im September mußte auch er Frankreich verlassen. Sein Kaplan blieb bis zum 16. September in der Pfarrei Rheinau, um den Sonntagsgottesdienst

---

einer Einführung des Speyrer Bischofs, ist im Dekanatsarchiv Lahr erhalten). Das Vicariat des Speyrer Bischofs wurde übrigens am 7. Juli 1792 ersucht, von der Verkündigung des genannten päpstlichen Breves Abstand zu nehmen (GLA 74-6287, 14r). Gleichzeitig hatte man festgelegt, daß dem Bischof von Straßburg, sollte dieser doch noch um Erlaubnis fragen, eine ebenso negative Antwort zukommen zu lassen sei (GLA 74-6287, 13r)

107 GLA 74-6287, 107r

108 Diarium II, *154v

109 Das Oberamt Mahlberg befürchtete, erneut um die Erlaubnis angegangen zu werden, Emigranten auf badischem Territorium unterzubringen.(GLA 74-6287, 147r/v)

zu halten; danach folgte er seinem Pfarrer über den Rhein[110].

Die Ausreise der Geistlichen wurde durch die kriegerischen Auseinandersetzungen zwischen dem Kaiser und dem revolutionären Frankreich erschwert. Die emigrierenden Geistlichen - die Zahl der in der Umgegend von Ettenheim untergebrachten war auf 200 angestiegen[111] - wurden von österreichischer Seite her einer Reihe von Sicherheitsmaßnahmen unterwofen. Man eskortierte die Ankommenden nach Freiburg, examinierte sie dort und entließ sie erst, wenn sie sich als unverdächtig herausstellten. Ausnahmen wurden nur gemacht, wenn der Kardinal persönlich für einen Priester bürgte[112].

Obschon die Geistlichen schon lange nicht mehr in der Stadt Ettenheim allein untergebracht werden konnten, sondern auf die umliegenden Orte verteilt wurden[113], ergab eine Zählung vom 4. Oktober 1792, daß noch immer 117 Priester in der kleinen Stadt selbst weilten[114].

Bei der großen Zahl der Messen, die in der Pfarrkirche und auf den übrigen Altären der Stadt gelesen wurden, war es nicht verwunderlich, daß der Ettenheimer Pfarrer Mast über Mangel an Meßwein klagte. Als er sich an den Abt von Ettenheimmünster wandte, um eine Weinlieferung von 70-80 Ohm zu erlangen, wollte dieser zunächst nichts davon wissen, wurde jedoch nach Appelation an den erzbischöflichen Stuhl zu Mainz gleichwohl zu deren

---

[110] GLA 74-6287, 147v
[111] GLA 74-6287, 161v
[112] Der Anlaß dieser Vorkehrungen bestand in der anscheinend nicht unbegründeten Vermutung, daß die militärischen Vorbereitungen Österreichs von einem dem Schein nach wegen Verfolgung ins Rechtsrheinische gekommenen Geistlichen an Frankreich verraten worden waren. (GLA 74-6287, 161v)
[113] GLA 74-6287, 182v
[114] Diarium II, *155r

Abgabe genötigt[115].

Aber nicht nur der Meßwein, sondern auch die finanziellen Mittel des Fürstbischofs erschöpften sich - wie so oft in diesen Jahren. Die Unterstützung von 36 Pfund, die seit geraumer Zeit schon nur noch den Bedürftigsten zugesichert wurde, mußte man Anfang November 1792 auf 18 Pfund heruntersetzen. Die Zeit, wann dieselbe ganz versiegen werde, war abzusehen[116].

Die geflohenen Priester selbst hatten zum großen Teil nicht die nötigen Geldmittel, um ihren Unterhalt selbst zu bestreiten. Die Aussicht auf Frieden war für viele zudem so weit in die Ferne gerückt, daß ein Teil der Geistlichen es vorzog, wieder nach Frankreich zurückzukehren, um dort den priesterlichen Dienst in den Pfarreien wieder aufzunehmen[117]. Hinzu kam, daß selbst diejenigen Landesherren, die sich zu Beginn der Revolution bereit erklärt hatten, emigrierte Priester aufzunehmen - wie beispielsweise die Reichsstadt Offenburg - diesen nun erklärten, daß es wünschenswert sei, wenn sie die Exilstätte bald verlassen würden[118].

Um die große Zahl derjenigen, die diesseits des Rheins das Ende des Krieges und die Entscheidung abwarteten, dennoch weiter unterstützen zu können, fügte der Kardinal am 4. Januar 1793 einem 'Breve Apostolicum, Gallicanum Clerum exulem concernens' vom 21. November 1792 einen Spendenaufruf an die Geistlichen in den drei rechtsrheinischen Kapiteln hinzu[119]. Diese Sammlung für die Emigranten er-

---

[115] Kürzel, 51

[116] GLA 74-6287, 230r

[117] "Von Ettenheim geht ein groser Theil der Geist= lichen wieder ins Elsaß zurück." ... berichtet das Oberamt Mahlberg am 8. November 1792 nach Karlsruhe (GLA 74-6287, 230r)

[118] GLA 74-6287, 230r

[119] DAL-Protocollum decretorum et mandatorum episcopalium emanoto-

brachte allein unter den Mitgliedern des Lahrer Kapitels über 337 fl, die um weitere 150 fl aus der Kapitels-Kasse vermehrt, wenigstens einen Teil der nötigen Gelder für die weitere Beherbergung der französischen Gäste abdeckte [120].

Ansonsten wurde es still um die elsässichen Priester auf straßburgischem Territorium rechts des Rheins. Am 2. August 1794 wurde noch einmal eine Sammlung für die Emigranten angeordnet [121], bevor die Nachrichten über den elsässischen Klerus endgültig abbrechen. Eine endgültige, alle Teile befriedigende Lösung der Angelegenheit wurde nie erreicht. Nach und nach begab sich ein Großteil der Geistlichen ins Elsaß zurück und versuchte sich in den veränderten Zuständen zurechtzufinden.

Ein Teil der elsässischen Kleriker blieb endgültig in Ettenheim. Etwa 20 Geistliche verstarben in den Jahren 1790 bis 1803 in ihrem Exil. Sie wurden auf dem Ettenheimer Friedhof, nahe der Kirche, beigesetzt[122].

IV. SEMINARISTEN OHNE SEMINAR

In der Folge des Konzils von Trient hatte Kardinal Karl im Jahre 1607 ein den Jesuiten anvertrautes Seminar für die Weltkleriker in Molsheim errichtet, das von Erzherzog Leopold weiter ausgebaut worden war. Die Jesuiten wa-

---

rum ab anno 1733 ad venerabile Capitulum nostrum Lahrense transmissorum, 103-108, 108-112

120 DAL-Protocollum, 248

121 DAL-Protocollum decretorum, 127-130; die Lahrer Kapitelsangehörigen erbrachten diesesmal übrigens neben den offiziellen 150 fl über 379 fl, die nach Ettenheim übersandt wurden (DAL-Protocollum, 263-264)

122 PfA-Ettenheim, Sterbebücher

ren zu einem großen Teil an der katholischen Erneuerung in der Straßburger Diözese beteiligt gewesen. Bereits 1557 weilte Petrus Canisius in Zabern, 1558 predigte er in Straßburg und 1567 kam er erneut ins Elsaß. Unter Bischof Johann von Manderscheid, der die Jesuiten 1580 in Molsheim ansiedelte, hatte der Plan eines Jesuitengymnasiums Gestalt angenommen. Trotz zweimaliger Vertreibung in den Jahren 1592 und 1610 entfalteten sie eine fruchtbare Tätigkeit in ihrem Kolleg, dem Seminar, in der Akademie und in der ganzen Umgebung. Von Molsheim aus waren 1604 eine Niederlassung und ein Gymnasium in Hagenau und 1615 in Schlettstadt gegründet worden. Bereits 1632 konnte ein Haus in Ottersweier eröffnet werden. Durch diese Einrichtungen wurde das geistige und wissenschaftliche Niveau der oberen Schichten sowie der sittlich-religiöse Stand des einfachen Volkes in der Straßburger Diözese entscheidend gefördert[123].

1682 - das Straßburger Bistum hatte sich deutlich nach Paris ausgerichtet - kam ein Vertrag mit den Jesuiten im Einvernehmen mit dem König und dem Domkapitel zustande, wonach jene das Molsheimer Seminar nach Straßburg in den Bruderhof überführen sollten, und 1685 wurde in Straßburg ein eigenes Jesuitenkolleg eingerichtet[124]. Infolge verschiedener königlicher Edikte erhielten die französischen Jesuiten der Provinz Champagne schließlich das Straßburger Seminar, während die Kollegien zu Molsheim, Hagenau und Schlettstadt der deutschen Ordensprovinz bis zu deren Auflösung im Jahre 1765 erhalten blieben[125].

Die über die Grenzen Frankreichs herausragende Diözese

---

[123] Burg, 303-305; vgl. Karl Hahn, Das Aufkommen der Jesuiten in der Diözese Strassburg und die Gründung des Jesuitenkollegs in Molsheim, in: Zeitschrift für die Geschichte des Oberrheins (64/1910) 246-294

[124] Burg, 310

[125] Burg, 326

Straßburg bildete in Molsheim die aus der Ortenau kommenden Kandidaten aus, während die elsässischen Theologiestudenten im Straßburger Seminar ihren Studien nachgingen [126]. Nachdem am 1. Oktober 1765 die Aufhebung der Gesellschaft Jesu auch in Straßburg vollzogen wurde, übernahm der Weltklerus den höheren und mittleren Unterricht in den umgestellten Kollegien von Straßburg und Molsheim [127]. Erst die Französische Revolution schuf neue Voraussetzungen für die Priesterbildung.

Obschon der am 6. März 1791 gewählte konstitutionelle Straßburger Bischof das Seminar bei sich behalten wollte, sprachen sich die Seminaristen einhellig für ihren eigentlichen Bischof aus. Die Folge davon war, daß das Seminar aufgehoben wurde. Etwa 60 Seminaristen verließen Straßburg und begaben sich über den Rhein in die Obhut des Kardinals[128].

Am 31. März trafen fünf Seminaristen mit ihren 'Instructores' in Ettenheim ein, wo sie über Nacht blieben, um am anderen Tag in das Kloster Schuttern weiterzureisen; dort sollten sie 'biß außtrag der ßach' bleiben[129]. Das Kloster hatte sich bereit erklärt - vorbehaltlich der Zustimmung der Freiburger Regierung - das Seminar in Zukunft zu beherbergen [130]. Ebenso beteiligten sich auch die Benediktinerabteien in Gengenbach und Ettenheimmünster an der Unterbringung der Seminaristen[131]. Am 2. April

---

126 Wolfgang Müller, Zur Kirchengeschichte der Ortenau, in: Dieter Weis, St. Bartholomäus Ettenheim (München/Zürich 1982), 207

127 Burg, 328-329

128 PfA-Ettenheimmünster, Stöber, 156; Kürzel, 50; GLA 74-6281, 110v-111r; Rohan betrachtete die Anliegen seines Seminars 'inter alia Episcopalia negotia' als eines der vordringlichsten (DAL-Protocollum, 239)

129 Diarium II, *131v

130 GLA 74-6281, 111r

131 Diarium II,*131v; vgl. Medard Barth, Seminaristen und Benedik-

1791 führte der Kardinal selbst 'etlich zwanzig' Studenten in den Ettenheimmünster'schen Konvent, wo dieselben unter der Leitung zweier Priester zunächst verbleiben sollten[132]. Am 11. April wurde die Karlsruher Regierung darüber informiert, daß der größte Teil der Seminaristen in Ettenheimmünster, die übrigen in Schuttern, Gengenbach und Schwarzach untergebracht waren[133]. Die Klöster trugen die Last, diese Gäste zu beherbergen, allerdings nur ungerne. Der Schutterner Prälat griff daher zum damals üblichen Mittel, der Freiburger Regierung neben dem Gesuch, das Seminar für die straßburgische Diözese in Schuttern errichten zu dürfen, die geheime Bitte zuzustellen, dieses Gesuch negativ zu bescheiden, um einer längeren Unterbringung der Studenten zu entgehen. Anfang Mai 1791 wurde in Freiburg der Antrag des Schutterner Konvents abgelehnt, und die Errichtung des Seminars in Schuttern war damit unmöglich geworden. Dennoch verblieb ein Teil der Studenten noch geraume Zeit im Kloster Schuttern, zum größten Leidwesen des Konvents[134].

Am 18. Juni weilte der Kardinal persönlich in Schuttern und spendete dort im Kloster sowohl den Kandidaten für das Welt- als auch Ordenspriestertum die hl. Weihen. Für die Straßburger Diözese wurden bei diesem Anlaß Subdiakone, Diakone und Priester geweiht[135]. Acht Tage später versammelte sich ein Teil des Priesternachwuchses in Ettenheim, um gemeinsam mit dem Bischof der Feier des Fronleichnamsfestes beizuwohnen[136].

Im Juli befanden sich immer noch 14 Semianaristen in Schut-

---

tiner des Elsaß als Flüchtlinge im Kloster Ettenheimmünster während der Französischen Revolution, in: Freiburger Diözesan Archiv (71/1951) 178-184

132 Kürzel, 50; PfA-Ettenheimmünster, Stöber, 156

133 GLA 74-6281, 130r

134 GLA 74-6281, 176r

135 DAL-Protocollum, 240

136 Diarium II, *135v

tern, die, wie man dem Kardinal in selbigem Monat zu verstehen gab, im August den Konvent endgültig zu verlassen hätten. Der Prälat von Schwarzach erklärte sich daraufhin bereit, sieben von ihnen aufzunehmen[137]. Ein Teil der Seminaristen wurde auf Schloß Wolfsau untergebracht[138], während wieder andere nach Kloster Allerheiligen übersiedelten, wie der 'Liber Renovationis Votorum ab anno 1727 usque 1802' zeigt. Für das ganze Jahr 1792 ist deren Aufenthalt dort weiter belegt[139].

In Ettenheimmünster hatte man den Studenten bis zum 11. Oktober 1791 Unterkunft gewährt. Sie waren mit ihrem Vizeregens, Direktor und Professor innerhalb der Klausur untergebracht, im unteren Stock der Abtei, wo auch ihr Studierzimmer lag. Die Mahlzeiten nahmen sie gemeinsam mit den Religiosen des Klosters im Refektorium ein. Im Oktober mußten die Seminaristen das Kloster verlassen, da ihnen der Konvent keinen weiteren Aufenthalt zugestand[140]. Bevor das Kloster die Seminaristen wieder aufnehme - was der Kardinal, der für die Studenten keine andere Unterkunft habe, dringend verlangte - solle das Kostgeld für den bisherigen Aufenthalt bezahlt werden. Rohan stellte hierauf einen Wechsel über 4392 Livres auf das Seminar aus, welches diesen Betrag dem Kloster

"... mit dem Bedinge, wenn es wiederum zu seinen Handen sollte gestellt werden...[141]",

bezahlen sollte. Im entgegengesetzten Falle müsse sich

---

137 GLA 74-6288, 139r
138 Burg, 344
139 Karl Sachs, Schicksal des Klosters Allerheiligen und Mittelbadens während der Koalitionskriege (Anhang), in: Die Ortenau (14/1927) 31
140 Kürzel, 50; PfA-Ettenheimmünster, Stöber, 156
141 Kürzel, 50

das Kloster damit trösten, ein Werk der Barmherzigkeit geübt zu haben. Das Kloster müsse sich 'in Zeit und Umstände schicken', wie auch Rohan selbst alles verloren habe[142]. Ettenheimmünster mußte die 12 Studenten, die in der ersten Novemberhälfte 1791 gemeinsam mit ihren Vorstehern erneut einzogen, auf seine Kosten unterhalten, wies denselben allerdings einen eigenen Speiseraum zu[143].

Über den Aufenthalt der Seminaristen selbst ist recht wenig bekannt. Vizeregens Franz St. Quentin tat sich einigemale durch seine Rednergabe hervor. Am 11. Dezember hielt er eine kurze Ansprache bei der Fahnenweihe der Gegenrevolutionstruppen, und anläßlich des Todes von Abt Landelin Flum im Jahre 1793 übertrug man ihm die Trauerrede[144]. Als 1793 im Münstertal das Fleckfieber ausbrach, wurde auch er infiziert. Er überlebte die Krankheit nicht und wurde auf dem Friedhof bei St. Landelin beigesetzt[145]. Auch zwei Seminaristen fanden durch die Seuche den Tod. Die übrigen Studenten verblieben bis zum Jahre 1796 im Benediktinerkloster Ettenheimmünster[146].

Die Seminaristen, die an anderen Orten der Straßburger Diözese untergebracht waren, machten lediglich durch die

---

142 Kürzel, 50; GLA 74-6284, 81r

143 Kürzel, 50-51

144 PfA-Ettenheimmünster, Stöber, 157, 160; Kürzel, 50-51; die Traueransprache wurde anschließend auf Kosten des Klosters in Freiburg gedruckt (PFA-Ettenheimmünster, Stöber, 160). Zum Aufenthalt der Studenten in Ettenheimmünster und zu den Ereignissen um die Seminaristen vgl.: PfA-Ettenheimmünster, P. Gervasius BULFFER: ARCHIVUM MANUALE. Tomus I. Continens Fundationes & Renovationes Monasterii Jtem Abbates Omnes & Cuncta, Quae Sub ipsis Acta Sunt A Primo usque ad hodiernum, 254-257.

145 PfA-Ettenheimmünster, Stöber, 162; Kürzel, 50-51; Pater Stöber charakterisierte St. Quentin folgendermaßen: "... ein fürtrefflicher Prediger, und schöner, junger hofnungsvoller Mann." (PfA-Ettenheimmünster, Stöber, 162; vgl. auch: Barth, 183)

146 Kürzel, 50-51

verschiedentlich gespendeten Weihen auf sich aufmerksam. Im Jahre 1791, am 17. Dezember, weihte Weihbischof Lanz in der Klosterkirche von Gengenbach Welt- und Ordenspriester[147]. Am 22. Dezember 1792 fanden Weihen in Offenburg, am 21. September 1793 wieder in der Klosterkirche Gengenbach statt[148]. Im Jahre 1794 sind im Ettenheimer Raum 24 Seminaristen belegt, von denen 12 nach Allerheiligen verlegt wurden, wo sie unter Direktor Beckmann und Bruno Franz Liebermann, ehemaliger Lehrer am Straßburger Seminar, ihren Studien nachgehen sollten[149].

Am 30. Mai 1795 fand zum vorläufig letzten Mal eine Weihe in der Pfarrkirche von Hofweier statt[150]. Andere elsässische Theologen erhielten ihre Weihen in ihrem jeweiligen Exil in den übrigen deutschen Diözesen, in der Schweiz bis hin nach Italien[151].

Durch die im Jahre 1796 über die Ortenau hereingebrochenen militärischen Ereignisse versiegen die Quellen über den Priesternachwuchs in den letzten Jahren des 18. Jahrhunderts. Das Schicksal der Seminaristen in diesen Jahren entzieht sich fast völlig unserem Zugriff.

---

147 DAL-Protocollum, 240

148 DAL-Protocollum, 246, 255; Burg spricht auch von einer Weihe im Kloster Allerheiligen (Burg, 344).

149 Sachs, Die Ortenau (12/1925) 25; vgl. über Bruno Liebermann die äußerst interessante Darstellung von Joseph Guerber, Bruno Franz Liebermann (Freiburg 1880). Liebermann selbst wurde am 12. Oktober 1759 geboren und kam 1792 nach Ettenheim. Bereits im Jahre 1795 kehrte er wieder ins Elsaß zurück, um dort die Arbeit in der Seelsorge wieder aufzunehmen. Gestorben ist der spätere Generalvikar am 5. November 1844. (Guerber, bes. S. 3, 112-113, 137-138)

150 DAL-Protocollum, 271

151 Burg, 344

5. Kapitel

DER PRIESTER

Spielte im laufe der bisherigen Darstellung der Politiker und Reichsfürst, der Kirchenmann und Bischof eine hervorragende Rolle, so begegnet immer dann, wenn es um das konkrete religiöse Leben innerhalb der Pfarrei Ettenheim geht, ein Priester, der - im Unterschied zum Eindruck, den man aus der Zeit vor der Französischen Revolution meinte gewinnen zu müssen - ein bereitwilliger Diener und Vorbild für den Klerus der Straßburger Diözese war.

im Gegensatz zur laut polternden politischen Tätigkeit des Reichsfürsten und zum emsigen Bemühen des Kirchenpolitikers, bleibt der Priester Louis René Edouard, Prince de Rohan-Guémené, fast gänzlich im Dunkel der Quellen verborgen. Um so wertvoller sind die Nachrichten, die Joann Conrad Machleid in seinen Diarien überliefert. Nur seine Aufzeichnungen über die Ettenheimer Religiosität geben uns Aufschluß über diesen Aspekt der Persönlichkeit des Kardinals.

I. FESTE IM GLANZ PRUNKVOLLER LITURGIE

Machleid ist Zeuge für ein reges Interesse der Bevölkerung an den zahlreichen im Geiste des Barock prachtvoll ausgestalteten Gottesdiensten[1]. Dies ist einer der Gründe, warum er minutiös die liturgischen Feierlichkeiten durch die Jahre hindurch festhält.

Die Schilderung derartiger Festlichkeiten nimmt in den Jahren, in denen der Fürstbischof in Ettenheim weilte, ungewöhnlich breiten Raum ein, beginnend mit dem Weihnachtsfest des Jahres 1790, an dem der Landesfürst - die letzten Baumaßnahmen an der fürstlichen Residenz in Ettenheim waren gerade beendet - selbst an der Christmette teilnahm. Der Kardinal wurde in der Nacht, vor Beginn der Messe, mit Kreuz und Fahnen abgeholt, wonach er mit allen Bedienten, geistlichen und weltlichen Würdenträgern zur Kirche hinaufzog. Musik mit Pauken und Trompeten begleitete die Prozession. Rohan selbst erschien im Ornat. Zeichen seiner weltlichen Würde war der rot gekleidete Kammerdiener, der den silbern und goldenen Reichszepter dem Fürsten vorantrug[2].

Gleiches vollzog sich auch vor dem Hochamt und der Vesper des Weihnachtstages. Die Ratsherren trugen dabei den Himmel, und der Propst von Neuweiler stand Amt und Vesper als Zelebrant vor. Machleid bewunderte an letzterem, daß er

"... ein gulden creüz wie ein prelat[3]"

---

[1] Anläßlich des Fronleichnamsfestes 1790 trug Machleid ein: die Feier dieses Festes sei...
"nie ßo schön, ßo lang ich (Machleid) hier burger bin..."
gewesen (Joann Conrad Machleid, Diarium II, *122v), was als Beleg für grundsätzliches Interesse genügen mag.

[2] Diarium II, *128r

[3] Diarium II, *128r

trug.

Am Sonntag, 2. Januar 1791, zelebrierte Rohan selbst am Hochaltar, während Stadtpfarrer Mast assistierte[4], und am 20. Januar wohnte der Kardinal dem Amt und der Vesper des Sebastianusfestes bei[5]. Die darmstädtischen und 'burgerlichen ßoldatten', mit Ausnahme derjenigen, die die Wache versahen, nahmen am Gottesdienst teil. Machleid erinnerte sich, daß die Kirche in den 20 Jahren ihres Bestehens noch nie mit so vielen Fremden angefüllt war, wie an diesem Tag. Viele Bewohner der benachbarten Orte waren zum Gottesdienst und der anschließenden Prozession - 'wo eß in 50 iaren nit geweßen' - erschienen, vor allem um den Kardinal 'in ßeinem cardinal Rothen habit' mit dem 'Reichsstab, von purem goldt, und ßilber' zu sehen[6].

Bereits am Palmsonntag begegnet der Kardinal und dessen Gefolge erneut im Pfarrgottesdienst. Wiederum wurde er im Schloß mit Kreuz und Choralmusik, mit all seinen bewaffneten Soldaten zu Amt und Vesper abgeholt und im Anschluß daran auch wieder von der Kirche zu seiner Residenz geleitet[7]. In der sich anschließenden Karwoche besuchte Rohan mit all seinen Leuten sämtliche Gottesdienste[8]. Am Gründonnerstag zelebrierte er selbst am Marienaltar der Stadtpfarrkirche, spendete das Sakrament der Buße und teilte die Kommunion aus. Weihbischof Lanz assis-

---

4 Diarium II, *128v

5 Seit der Epidemie des Jahres 1582 kam dem Pestpatron Sebastian in Ettenheim große Verehrung zu. Dies äußerte sich vor allem in der 'Sebastianusbruderschaft', einzige große religiöse Vereinigung der Stadt im 18. Jahrhundert. Sie war der Anlaß dafür, daß sich der Sebastianusaltar und das nördliche Deckengemälde, Sebastians Glorie darstellend, in der Stadtpfarrkirche befinden (vgl. Hubert Kewitz, Geschichte der Pfarrei Ettenheim bis in die erste badische Zeit, in: Dieter Weis, St. Bartholomäus Ettenheim (München/Zürich 1982) 134, Abb. 49/133)

6 Diarium II, *129r

7 Diarium II, *132v

8 Diarium II, *132v

tierte ihm bei der Benediktion des heiligen Öles [9]. Nachdem der Kardinal auch am Karfreitag allen Gottesdiensten beigewohnt hatte, zelebrierte er am Karsamstag wie am Ostertag selbst. In der Ostervesper erteilte er den Segen[10]. Am Mittwoch, 27. April 1791, gingen mehrere Ettenheimer Kinder zum erstenmal zur Hl. Kommunion. Machleid erwähnt, daß bei diesem Anlaß der Kardinal die

"bieble, und meitele ßelber geßpißen.[11]"

Kaum ein Festtag des Jahres 1791 verging ohne die Anwesenheit des Kardinals. Bereits an Christi Himmelfahrt ist seine Teilnahme an allen Gottesdiensten, an Predigt, Amt und Vesper - er teilte persönlich die Kommunion aus - ein weiteres Mal belegt[12]. Wiederum war er von seinen Bedienten, den Soldaten und dem ganzen Hof begleitet
neut ist feierliche Musik nachweisbar, welch letztere anscheinend eine große Rolle spielte, so daß Machleid sich immer wieder von neuem veranlaßt sah, diesen Umstand festzuhalten. Wir wissen, daß die Straßburger Rohans eine recht enge Beziehung zur Musik unterhielten[13], und auch die Jahre im Ettenheimer Exil scheinen für eine solche zu sprechen.

Machleid berichtet ferner, daß Rohan und sein Hofstaat auch am Pfingsttag und Dreifaltigkeitssonntag, sowie am Fronleichnamsfest in den Gottesdiensten anzutreffen war[14].

---

[9] Diarium II, *132v

[10] Diarium II, *132v

[11] Diarium II, *132v; wenn Oberamtsverweser Stuber am 17. Februar 1803 feststellte,
"wie sehr das Volk diesem unglücklichen Fürsten zugethan gewesen" (GLA 229-27013, 2v) so hat sicherlich der Umstand, daß sich der 'hohe Herr' so häufig unter dem gemeinen Volk und gerade im Gottesdienst sehen ließ, einen großen Teil zu dieser Zuneigung beigetragen

[12] Diarium II, *134v

[13] Vgl. René Kopff, Die Straßburger Fürstbischöfe von Rohan und ihre Beziehungen zur Musik des 18. Jahrhunderts, in: Weis, 278-287

[14] Diarium II, *134v

Für die Prozession dieses Tages hatte man besonderes geplant, doch verhinderte der anhaltende Regen die Durchführung des Vorhabens. Am Sonntag, 26. Juni 1791, wurde die Fronleichnamsprozession daher nachgeholt. Hinter der sprachlichen Kargheit der machleidschen Schilderung läßt sich die ganze Pracht dieser Festlichkeit erahnen:

Der Prozessionsweg - ganz geprägt von barockem Lebensgefühl - war auf das prächtigste hergerichtet. Um das Rathaus hatte man 26 Gobelins aus dem Besitz des Kardinals[15] unter freiem Himmel aufgehängt, die Stadtsoldaten, der Vicomte de Mirabeau mit seinen sicherlich teilweise uniformierten und armierten Truppen waren anwesend, messingene Kanonen und Katzenköpfe feuerten zu Ehren des Allerheiligsten Salut. Machleid berichtet in seinem katholischen Stolz, daß Fremde aus allen umliegenden Orten, sogar die 'luteraner' gekommen waren, um das farbenprächtige Zusammenspiel der vielen Geistlichen, der Seminaristen und Ministranten, der städtischen Beamten und des Hofstaates des Kardinales zu sehen. Mehrere Altäre hatte man am Zugweg errichtet. Am Thomastor, beim Adler in der Vorstadt, bei den Häusern der Herren Laible und Stoll und beim Sonnenwirtshaus unmittelbar am Rathaus machte die Prozession jeweils Station. Der Beschreibung des Chronisten zufolge war die ganze Stadt auf den Beinen. So scheint es nicht verwunderlich, daß die Prozession, die um 8 Uhr begann, erst gegen 12 Uhr mittags endete[16].

---

[15] Vgl.: Dieter Weis, Die Ettenheimer Rohan-Gobelins, in: Weis, 258-277

[16] Diarium II, *135r/v
"historia von dem corporis christi fest.

Erstens - haben auff dem hochaltar 65 weiße kerze(n)
gebrent, no 2: hat der lantsfürst bischoff und
kardinal, daß hochwirdg ßelbsten getrage(n),
und allen den ßegen geben, no: 3 ßein 26 stück
tapeten, um das Rathauß auffgemacht geweße(n),

Über die Osterfeiertage und am Gründonnerstag - so bleibt nur noch nachzutragen - hatte der Kardinal nach Machleids Angaben in jenem Jahr 17 050 Menschen die Heilige Kommunion selbst gespendet[17].

Diese Monate scheinen die in liturgischer Hinsicht glanzvollsten Wochen im Ettenheimer Oberamt gesehen zu haben. Von solchen Feierlichkeiten hören wir so bald nicht wieder, obgleich der Kardinal auch weiterhin in den Gottesdiensten anwesend war. Am Allerheiligen- und Allerseelentag 1791 nahm Rohan wiederum mit 'ßeiner ganzen hoffstatt, mit allen ceremonin' am Gottesdienst teil und zelebrierte am 1. November auch auf dem Marienaltar[18], ebenso wie am darauffolgenden Weihnachtsfest 1791, am Neujahrstag 1792 und dem sich am 6. Januar anschließenden Dreikönigstag. Daß er in diesen Gottesdiensten von seinem Gefolge begleitet wurde, erübrigt sich anzufügen[19]. Gerade im Hinblick auf die große Anzahl elsässischer Priester in Ettenheim erachtete es Machleid als besonders vorbildlich, daß der Kardinal in der Karwoche 1792 täglich

---

4 heidnische stück, die vier welttheil, 4 him=
=lische Zeichen, die verzweifflung, und der=
=gleichen merer, in vier Eck groß bey 20 schue
no: 4 der General mirabo, thete die ßoldate(n)
ßelber comodieren, hußaren, dragoner, granadier,
und mußcgatier, mann gab 3: biß 5 ßalve
mit 8 meßene stückle und 9 unßere kazenköpf
neben unßeren statt ßoldaten 36 mann,
in allem unßerem ambt bey 600 mann starck,
mit 4 trumen, baucken, deß fürsten mußicant(en),
neben unßeren statt und kirchen mußicanten,
ßo vornem in allem mit einem wort, alß eß
nur hat ßein könen, eß ware eine ßuma
groß mit aller orten fremder leüthen all=
=hier, ßo gar vile luteraner, die der proc=
ession und allem zueschaueten, erstens am
ßontag in der octav, weilen an corporis christi
nicht hat kenen um gehn wegen großen regen=
wetter, ..." (Diarium II, *135r/v)

[17] Diarium II, *135v

[18] Diarium II, *142r

[19] Diarium II, *144r/v

die Gottesdienste sowie die Passion besuchte und diesen in der vollen Länge beiwohnte, 'allen briesteren zum Exempel'[20]. Die emigrierten Priester scheinen auf Machleid keinen solch positiven Eindruck gemacht zu haben[21]. An seinem Landesherren kritisiert der Ettenheimer Bürger lediglich die 'lauen' Vorschriften zur Fastenzeit 1792, für die der Bischof letztendlich verantwortlich zeichnete[22]. Ansonsten findet der sonst nicht zimperliche Chronist keine tadelnden Worte über Rohan, der auch Ostern 1792 in Amt und Vesper anwesend war und ebenso wieder an der Prozession teilgenommen hatte. Der Kardinal zelebrierte in einem prunkvollen Meßgewand und wurde wie üblich mit Kreuz und Fahnen unter dem Himmel nach Hause geleitet[23].

II. IN DER AUSÜBUNG DES AMTES

In kaum einem Jahr ist der Priester Louis René Edouard de Rohan-Guémené so greifbar wie im Jahre 1791. Daß die Nachrichten ab 1792 rarer werden und sogar gänzlich abreißen, liegt am zunehmenden Alter Machleids und dessen Tod im Jahre 1794[24].

---

[20] Diarium II, *148r

[21] "... eß gibt ßo laue und schlechte geistliche ja auch briester, die kaum ßein hochwürdigen Ja sogar am altar, wo daß hochwirtige ßacrament außgeßezt ist schier kein Reverenz gegen Gott machen, alß wann ßie keine knie hetten, kaum daß manß eine wenig ßicht, alß wann ßie ßich deßen Ehr schamen thetten, alßo wirt der chatolische klauben lau und kalt wan mann die =leuth ßolches von geistlichen ßehen und hören." (Diarium II, *148r)

[22] Diarium II, *147r

[23] Diarium II, *148v

[24] Diarium II, *163r - Anmerkung von anderer Hand

Neben seinen ausführlichen Nachrichten über die großen Kirchenfeste des Jahreskreises überliefert uns Machleid in den letzten vier Jahren seines Lebens einige wichtige Details, die das Bild über das Priestertum Rohans weiter abrunden und trotz aller Lücken einigermaßen geschlossen wirken lassen.

Einiges spricht dafür, daß auf Antrieb des Kardinals im Juli 1791 im Lager der Mirabeau'schen Truppen ein Altar errichtet wurde, damit auch die Legionäre ohne größere Mühe ihrer Sonntagspflicht nachkommen konnten. Pfarrer Mast von Ettenheim hat diesen Altarstein am 10. Juli 1791 benediziert und an diesem Sonntag auch eine Soldatenmesse gelesen[25]. Während der Fastenzeit des Jahres 1792, die Truppen im Ettenheimer Oberamt hatten sich bereits vermindert, hatte man die fürstlichen Soldaten dreimal die Woche zusammengerufen. Montags und mittwochs wurde ihnen im Spital eine Fastenpredigt mit Christenlehre gehalten und zwar den Katholiken ebenso wie den Protestanten ohne Ausnahme. Hinzu kamen die diversen Messen, die für die Soldaten verpflichtend waren[26]. Am 20. Mai 1792 hielt Rohan den Soldaten in der Pfarrkirche eine Messe mit französischer Predigt. Im Rahmen dieses Gottesdienstes wurde die neue Kriegsfahne geweiht[27].

Besondere religiöse Bedeutsamkeit kam den Ereignissen im Sommer 1791 zu. Am 18. Juni wurde im Kloster Schuttern die Priesterweihe erteilt, was sich - wie wir bereits an anderer Stelle gesehen haben - im Laufe der Jahre an verschiedenen Orten der Straßburger Diözese wiederholen sollte[28].

---

[25] Diarium II, *136v
[26] Diarium II, *147r
[27] Diarium II, *150r
[28] DAL-Protocollum Capituli ruralis Lahrensis ab anno 1731, 240; vgl. Kapitel 4, Anm.[135-149]

Nachdem am 28. August der Bischof von Konstanz in Ober- und Niederhausen das Sakrament der Firmung gespendet hatte[29], wurde knapp einen Monat später, am 24. September, in Ettenheim gefirmt. Vormittags empfingen die Kinder Ettenheims, Weilers, Altdorfs, Ettenheimmünsters, aus Münchweier, Wallburg, Schweighausen, Wittelbach und Dörlinbach das Sakrament, nachmittags die aus Ringsheim, Grafenhausen und Rust[30]. Bereits morgens um 8 Uhr erreichten die ersten Gruppen mit ihren Pfarrherren in Prozession die Stadt Ettenheim[31].

Bei all der Pracht, die bei den liturgischen Feiern der Jahre nach 1790 begegnet, darf nicht übersehen werden, daß der Kardinal ebenso das Bedürfnis hatte, die Messe ungesehen feiern und ihr ebenso beiwohnen zu können. Auf eine Kapelle in seiner Ettenheimer Residenz weisen die Trauungen hin, die dort vollzogen wurden[32]. Darüber hinaus ließ Rohan Ende 1791 die zuvor einstöckige Sakristei aufstocken und eine Kapelle über dieser einrichten,

"damit er und ßein
hoffstatt könen alda meß und bredg hören,
ßambt den prinzeßinen, auff den hoch
altar und kanzel ßehen megen amen.[33]"

Den ganzen Dezember über, bis Weihnachten, ließ der Fürstbischof an der Umbaumaßnahme arbeiten, und dies von seinem eigenen Geld, wie Machleid ausdrücklich hinzufügte[34]. Am 2. Februar 1792 hat der Kardinal das erste Mal Gebrauch von dieser Kapelle gemacht[35]. Der Raum ist heute noch, wenn auch leicht verändert, vorhanden. Besonders

---

29 Diarium II, *140v
30 Diarium II, *141v; DAL-Protocollum, 240
31 Diarium II, *141v
32 Diarium II, *163r ist möglicher Hinweis darauf; vgl. auch *128r
33 Diarium II, *143r
34 Diarium II, *143r
35 Diarium II, *145r

das große Fenster, das vom Kirchenraum aus sichtbar ist, erinnert auch den heutigen Kirchenbesucher an die Tage, als das ehrwürdige Gotteshaus Bischofskirche des letzten Bischofs der alten Straßburger Diözese war.

III. WALLFAHRTEN UND VOLKSFRÖMMIGKEIT

Die Wallfahrt zur Schmerzhaften Muttergottes auf dem Kahlenberg [36] gewährt möglicherweise ein wenig Einblick in die persönliche Religiösität des Fürstbischofs. Niemals zuvor in der Geschichte der im Süden der Stadt Ettenheim gelegenen Kahlenbergkapelle scheint die Verehrung dieses Gotteshauses größer gewesen zu sein, als in den Jahren der Anwesenheit des Kardinals.

Ein Hinweis auf das Interesse an der Kapelle auf dem Kahlenberg ist die Renovation in der Woche vor dem Pfingstfest des Jahres 1793[37]. Am 20. November wurde das kleine Gotteshaus durch Abbé François Regis Weinborn eingeweiht[38]. Von einer weiteren Weihe durch Abbé d'Eymar ist am 15. Dezember die Rede, anläßlich derer d'Eymar eine Messe auf dem neu gefaßten Altar las[39]. Montags wurde nach Machleids Angaben regelmäßig ein Gottesdienst in der Kapelle gefeiert, auf den um 11 Uhr die Glocken der Pfarrkirche hinwiesen[40].

---

[36] Bereits 1670 ist auf dem niederen Kahlenberg südlich Ettenheims eine Kapelle belegt, die in veränderter Form heute noch erhalten ist; vgl. über die Kapelle: Hubert Kewitz/Dieter Weis, Die anderen kirchlichen Denkmäler in Ettenheim, in: Weis, 149-152

[37] Diarium II, *158v; die Kapelle wurde sowohl innen als auch außen frisch hergerichtet. Der Altar im Chorrund wurde frisch gefaßt. Bezahlt wurde die Renovation mittels Spenden (Diarium II, *158v).

[38] Diarium II, *161v

[39] Diarium II, *162r

[40] Diarium II, *162r

Daß Rohan die Verehrung der Schmerzhaften Mutter Gottes auf dem Kahlenberg persönlich gefördert hätte, läßt sich aus den Quellen nicht belegen; doch ist das Zusammenfallen der Blüte der Wallfahrt mit seiner Anwesenheit in Ettenheim auffallend. Während die Opfererträge im Jahr 1793 bei 2 Gulden lagen, erbrachten sie 1795 schon über 16 Gulden und stiegen in der Folgezeit weiter an[41]. Die Kapelle erhielt einen eigenen Mesnerdienst. Von Januar 1796 bis Ende Mai des gleichen Jahres hatte Johann Rauch 24 Wochen lang den 'Kallenberg bedient', im darauffolgenden Jahr waren es 25 Wochen und 1798 sogar 30[42]. Zu Beginn des 19. Jahrhunderts nahm die Verehrung nahezu schlagartig wieder ab[43].

Sicher läßt sich aus diesen Ereignissen entnehmen, daß Gedanken der Aufklärung und eines wie auch immer gearteten Rationalismus dem Kardinal selbst fremd waren[44].

Darauf weist auch die Betroffenheit Rohans durch einen vielbeachteten Vorfall des Jahres 1792 hin. Wie in jedem Jahr hatte Amtsschreiberin Maria Anna Haßner als gebürtige Böhmin auch am 16. Mai 1792 zu Ehren des Heiligen Nepomuk einen Blumenstrauß an das Kreuz auf dem Arm der

---

[41] Kewitz/Weis, Denkmäler, 150
[42] Kewitz/Weis, Denkmäler, 150
[43] Kewitz/Weis, Denkmäler, 150
[44] Dies rückt das Bild zurecht, das man von Rohan aufgrund des Verbotes der Wallfahrt zum Gnadenbild von Maria Sand bei Herbolzheim gewinnen zu müssen glaubt. Kaiser Joseph II. hatte das Verbot und die Schließung der Wallfahrtskirche angeordnet. (Vgl. A. Schäfer, Herbolzheim/Breisgau - Kleiner Kirchenführer (München/Zürich 1961) 10)
Trotz der anscheinenden Freundschaft des Kardinals zu Joseph II., den er während seiner Botschaftertätigkeit kennengelernt hatte (vgl. Kapitel 1), darf mit Sicherheit angenommen werden, daß Rohan die Geistesströmung des aufgeklärten Josephinismus in keinster Weise teilte.

Brunnenfigur des Ettenheimer Nepomukbrunnens[45] gebunden.

"... dißer strauß
aber ware 5 wochen und 3 dag an dem cruxifix
wo der heilig auff dem arm ligen hat, angebunden,
ohne Grund, ohne Wurzel, an einem düren stengel,
ßo abgehauen ware, ßo that die weiße lilien den
25=te(n) brachmonat vollkomen auffgangen und
anfangen zu bliehen, acht dag lang frisch und schön
an dißem diren stein, daß unßer Gnädiger lants
fürst und cardinal, weltlich(en), ßambt Geistlichen, ßambt
der ganzen gemein, ßich thuet verwunderen, und thäte
=fremde leuth glein, und große, Junge, und alt, diße
wunderßach zue ßehen, hiehero komen ßein, und alda
vor dem bildnuß, nider kneien und betten thuen,
Waß eß noch bedeiten thuet ist allein Gott bekant,
hoffentlich nix übelß.[46]"

IV. ROHAN UND DIE THEOLOGIE

Rohans theologischer Horizont läßt sich - unter der Voraussetzung, daß der Kardinal seine Hirtenbriefe schwerlich selbst verfaßt hat - aufgrund der Quellenlage kaum eruieren. Während des gesamten Aufenthaltes in seinem Ettenheimer Exil ist lediglich eine 'theologische' Äusserung aus dem Mund des Fürstbischofs selbst überliefert. Als im Frühjahr 1795 der aufgeklärte protestantische Theologe Friedrich Christian Laukhard den Kardinal in Ettenheim aufsuchte und beide auf Laukhards Konfession zu sprechen kamen, habe der Straßburger Bischof geantwortet:

"Das ist einerlei! Die Liebe zum Guten macht die wahre Religion, der

[45] Der Brunnen wurde am 9. März 1736 unter Schultheiß Matthäus Meyer, von einem Bildhauer aus Schuttern geschaffen, errichtet. Die Kosten beliefen sich auf 20 Gulden. (Diarium II, *221r)
[46] Diarium II, *221r

Name tut dazu nichts.[47]"

Wenn wir die Frage der Glaubwürdigkeit von Laukhards Aufzeichnung - welche letztendlich wohl nicht mehr zu beantworten sein wird - dahingestellt lassen, so haben wir es mit einer Äußerung Rohans zu tun, die sicher von wenig theologischem Gespür zeugt. Während die liturgischen und praxisbezogenen Kenntnisse des Kardinals als durchaus gediegen erscheinen[48], dürfte seine Ausbildung in dogmatischen und systematischen Fragen kaum zureichend gewesen sein. Daraus jedoch folgern zu wollen, daß Rohan zu keinem anderen Glaubensbekenntnis fähig gewesen sei, scheint nach Lage der Dinge allerdings bedeutend zu weit zu gehen. Das energische Eingreifen des Kirchenfürsten gegen den Umsturz der traditionellen, für sein Empfinden gottgewollten Ordnung und der kirchlichen Verhältnisse Frankreichs, läßt die tiefe Verwurzelung innerhalb der katholischen Tradition erahnen. Nicht nur der Politiker, auch der Bischof, der ganze Mensch waren durchdrungen vom Zeitalter des 'Ancien régime', aus dem der katholische Glaube und seine Gedankenwelt nicht wegzudenken war.

---

[47] Friedrich Christian Laukhard, Magister F. Ch. Laukhards Leben und Schicksale, Bd. I (Stuttgart 1908) 322;
Laukhard berichtet weiter:
"Ich wunderte mich, einen katholischen Bischof, dessen Hirtenbriefe zu Anfang der Revolution ganz anders lauteten, so reden zu hören. Aber einige Tage darauf, als ich einem Benediktiner zu Ettenheimmünster diese Aeußerung des Kardinals erzählte, belehrte mich dieser eines Besseren, indem er sagte, der Kardinal habe als Prinz wenig Theologie studiert; er wisse also nicht recht, wie wichtig der wahre Glaube sei usw."
(Laukhard, Bd. I, 322)

[48] Die Aufzeichnungen Machleids geben darüber Aufschluß.
(Vergleiche in diesem Zusammenhang beispielsweise die Abschnitte I und II dieses Kapitels)

6. Kapitel

DER MENSCH

Wer war dieser Bischof von Straßburg, dieser Fürst des Heiligen Römischen Reiches? Wie sind die verschiedensten Urteile über diesen Menschen zu werten? An keiner Stelle der vorliegenden Darstellung werden sich weniger Antworten finden, nirgendwo werden mehr offene Fragen übrig bleiben...

I. CHARAKTER IM SPIEGEL DER ZEIT

"C'est un beau prélat, fort peu dévot, fort adonné aux femmes; plein d'esprit et d'amabilité, mais d'une faiblesse, d'une crédulité qu'il a expiiées bien cher, et qui a coûté bien des larmes a notre pauvre reine dans la misérable histoire du Collier.[1]"

---

[1] Henriette-Louise de Waldner de Freundstein, Baronne d'Oberkirch über Kardinal de Rohan, in: Suzanne Burkard (Hrsg.), Memoires de la Baronne d'Oberkirch sur la cour de Louis XVI et la société française avant 1789 (Paris 1970)

Die Urteile von Zeitgenossen[2] liefern ein nahezu übereinstimmendes Bild des Kirchenfürsten Louis de Rohan, in das sich die Schuldforderungen des Jakob Hubert von Zabern 'im Namen des mit Anna Rodes erziehlten Kindes' nahtlos einfügen[3]. Bis zum Jahre 1786 scheint der Kardinal unter dem Einfluß seines astronomischen Einkommens[4] und barocken Lebensgefühls in keinster Weise dem Bischofsamt gerecht geworden zu sein. Nach Ende der Halsbandaffäre und endgültig nachdem die Truppen aus Ettenheim abgezogen waren, machen die Quellen einen Wandel sichtbar. Als Laukhard im Jahre 1795 nach Ettenheim kam, war es nicht der Barockfürst, den der Magister vorfand:

"Ich dachte da einen alten abgemergelten Wollüstling zu sehen, der die Spuren seiner Ausschweifungen auf dem Gesichte trüge, denn ich hatte von dem Herrn Kardinal viel Skandalöses gehört und gelesen. Allein ich fand ein wirklich ehrwürdiges Gesicht eines schon in den Jahren stehenden hohen Prälaten der römischen Kirche. Sein anständi-

---

[2] Abbé Georgel sprach in Bezug auf Rohan von jugendlichem Zauber und der Gabe der Beredsamkeit und Überredung (Alexander Lernet-Holenia, Das Halsband der Königin (Wien/Hamburg 1962) 21). Lernet Holenia schließt sich dem mit einem zweifelhaften Resumee an:
"Über alle einem Geistlichen unangemessenen Eigenschaften also verfügte er, nur hatte er - so scheint es - nicht die bei einem Geistlichen noch verzeihlichste: den Hang zur Homosexualität."
(Lernet-Holenia, 21)

[3] "Erstlich Jakob Hubert von Zabern
im Namen des mit Anna Rodes
erziehlten Kindes an Ehesteuer
welche der Höchstselige denen=
selben versprochen 458 fl. 20 ß"
(GLA 229-27185, Inventarium über die gesam̄te Liegenschaften, Fahrnisse, Einnehmende und bezahlende Schulden, weilen Sr Hochfürstlichen Eminenz und Durchlaucht des Herrn Kardinals Prinzen von Rohan, Fürst und Bischofen zu Straßburg p. p.); die Forderung gehörte übrigsns zu den vielen 'welchen wiedersprochen, mithin zur Zeit noch nicht liquid sind' (GLA 229-27185).

[4] Vgl. Johann Baptist von Weiß, Weltgeschichte, Bd. XIV (Graz/Leipzig [3]1894) 353

ges Wesen und seine schön modulierte Stimme würden mir Ehrfurcht eingeflößt haben, wenn ich nicht gewußt hätte, daß er schon durch die fatale Begebenheit mit dem Halsband und durch große Verletzung des Völkerrechts an der traurigen Revolution auch stark schuld gewesen ist.[5]"

---

[5] Laukhards Bericht über seinen Ettenheimaufenthalt sei wegen seiner Bedeutung in voller Länge wiedergegeben:
"An einem Sonntag ging ich mit einem Sergeanten von den Emigranten aus Freiburg ab, kam gegen Abend nach Ettenheim, sieben gute Stunden von Freiburg, schlief im Wirtshaus, und den anderen Tag führte man mich zum Prinzen Rohan und zu seinem Onkel, dem Kardinal Rohan, ehemaliger Bischof von Straßburg. Der Prinz ist ein wahrer Laffe, gerade wie man sich nur einen simpelhaften Geck von Emigrierten denken kann; er springt, singt, trällert und faseliert herum, wie ein Geschöpf seiner Art es nur vermag. Der Kardinal hat mir etwas besser gefallen. Ich dachte da einen alten abgemergelten Wollüstling zu sehen, der die Spuren seiner Ausschweifungen auf dem Gesichte trüge, denn ich hatte von dem Herrn Kardinal viel Skandalöses gehört und gelesen. Allein ich fand ein wirklich ehrwürdiges Gesicht eines schon in den Jahren stehenden hohen Prälaten der römischen Kirche. Sein anständiges Wesen und seine schön modulierte Stimme würden mir Ehrfurcht eingeflößt haben, wenn ich nicht gewußt hätte, daß er schon durch die fatale Begebenheit mit dem Halsbande und durch grobe Verletzung des Völkerrechts an der traurigen Revolution auch stark schuld gewesen ist.
Er unterhielt sich lange mit mir, und auf mein Geständnis, daß ich lutherisch sei, sagte er: "Das ist einerlei! Die Liebe zum Guten macht die wahre Religion, der Name tut dazu nichts." Ich wunderte mich, einen katholischen Bischof, dessen Hirtenbriefe zu Anfang der Revolution ganz anders lauteten, so reden zu hören. Aber einige Tage darauf, als ich einem Benediktiner zu Ettenheimmünster diese Aeußerung des Kardinals erzählte, belehrte mich dieser eines Bessern, indem er sagte, der Kardinal habe als Prinz wenig Theologie studiert; er wisse also nicht recht, wie wichtig der wahre Glaube sei usw.
Ettenheim ist ein ganz hübsches Städtchen, welches nebst etwa 20 diesseits des Rheins gelegenen Ortschaften dem Bischof zu Straßburg zugehört. Diese Ländereien sind auch das einzige, was dem Kardinal von allen seinen Herrlichkeiten übrig geblieben ist, denn seine großen Güter in der Bretagne, seine Besitzungen im Elsaß, ja sogar seine Mobilien hat die Nation für eine gute Prise erklärt.
Der Staat, den der Kardinal damals machte, war gering - ein Mainzer Domherr hat sonst größeren gemacht. Doch standen noch Soldaten vor dem Schloß Schildwacht. Eine von den Mätressen des Prinzen habe ich auch gesehen; es war ein dickes Saumensch aus dem Emigrantengesindel und, wie ich gehört habe, die Frau eines gewesenen Pächters, welche der Prinz von Rohan=Guémené ihres Reichtums wegen unterhielt und sich von ihr Geld vorschießen ließ.
Nach einem kurzen Aufenthalt in Ettenheim ging ich nach Ettenheim-

II. 'KEINE GEFÄLLIGKEIT, KEINE ARTIGKEIT, DIE DER CARDINAL UNS NICHT ERWEIST[6]'

Obschon Rohans Ettenheimer Exil von vergleichsweiser Einfachheit geprägt war, spielten Feste in seiner Umgebung eine große Rolle . Besonderes Gewicht wurde dem Ludwigstag, dem sogenannten 'lantsfürsten dag' beigemessen, über dessen Gestaltung im Jahre 1791 wir einigermaßen unterrichtet sind. Nachdem der Kardinal selbst um 7 Uhr am Hochaltar der Pfarrkirche eine stille Messe gelesen hatte, wurde er und die gesamte Hofhaltung gegen 10 Uhr mit Kreuz, Fahnen, dem von vier Ratsherren getragenen Himmel, mit Trommeln, Pfeifen und sonstiger Musik als auch den Soldaten im Schloß zum Hochamt, das Abbé d'Eymar hielt, abgeholt[7]. Während man sich daran anschließend mit einer Reihe geladener Gäste zu einem Festessen im Palais einfand, warteten die Stadt-Soldaten mit drei Salven Salut auf[8]. Am Abend wurde neben anderen Gebäuden, zusätzlich zu einem Feuerwerk, das Rathaus durch über 1000 in bis über den Dachreiter in Laternen angebrachten Kerzen illuminiert[9].

Im Gegensatz zu diesem Fest - Beispiel für die enge Verbundenheit von kirchlicher und weltlicher Feier - begegnen auch rein weltliche 'Lustbarkeiten'[10], wie etwa im

---

münster, einer überaus reichen Benediktinerabtei..."
(Friedrich Christian Laukhard, Magister F. Ch. Laukhards Leben und Schicksale, Bd. I (Stuttgart 1908) 321-323;
möglicherweise ist der genannte 'Prinz von Rohan=Guémené' identisch mit dem im Testament erwähnten Neffen des Kardinals (vgl. GLA 229-27186).

6 Der Duc d'Enghien 1795/96, zitiert in: v. Weiß, Bd. XX (Graz/Leipzig [3]1896) 389

7 Diarium II, *140r/v; Rohan spendete im Anschluß den bischöflichen Segen (Diarium II, *140r/v)

8 Diarium II, *140r/v; zur Belohnung erhielten die Soldaten mehrere Becher Wein (Diarium II, *140r/v)

9 Diarium II, *140r/v

10 Selbstverständlich kannte das Oberamt Ettenheim auch vor der An-

März 1791, als der Kardinal begleitet von zwei Prinzessinnen und seinem Gefolge in Lahr der Vorführung einer englischen Kunstreitertruppe beiwohnte[11]. Die Leutseligkeit Rohans, der sich mitten unter die Zuschauer setzte, wurde besonders gerühmt[12].

Von ähnlichem Charakter war ein Fest, für das man in der Kreuzwoche 1793 einen Tanzplatz unter einer Linde am Thomastor aufschlug[13]. Auf einem Baum hatte man eine Plattform für die Spielleute angebracht und am 20. Mai, am Pfingstmontag, eine Tanzveranstaltung unter der Linde stattfinden lassen[14]. Am folgenden Tag fand sich der Kardinal selbst zu einem 'Vesper' auf dem Baum ein[15].

Ungebrochene Lebensfreude und Hoffnung bringen die Feste, Feierlichkeiten und Spazierfahrten[16] des Kardinals zum Aus-

---

kunft Rohans größere 'Lustbarkeiten' (vgl. Diarium II, *80v, *110v); vgl. aber die Bemerkung Machleids, Diarium II, *153v

[11] A. Ludwig, Unsere Heimatstadt Lahr, in: Der Altvater (3/1963) 163; mit 25 Pferden und in mit Gold und Silber besetzten roten Staatsuniformen hatten die Reiter den mit seinem Gefolge in sechs Kutschen eintreffenden Kirchenfürsten zuvor am Vogtstor empfangen. Die Vorführung selbst fand auf einem Bauernhof am selben Tor statt (Ludwig, 163); vgl. auch GLA 74-6285, 44r

[12] Ludwig, 163

[13] Diarium II, *158v-*159r; Machleid kritisierte dieses Unterfangen. Seiner Meinung nach hätte man 'in diesen üblen zeiten' eher 'Bet-Plätze' errichten sollen (Diarium II, *158v-*159r)

[14] Diarium II, *158v-*159r; der Kardinal soll vom Schloß aus zugesehen haben (Diarium II, *158v-*159r)

[15] Diarium II, *158v-*159r; aus einer Feuerleiter hatte man eine 'Stegen' gemacht, damit man bequem auf die Plattform, auf der Tische und Sessel aufgestellt waren, gelangen konnte (Diaraium II, *158v-*159r).
Lustbarkeiten dieser Art waren dem Kardinal aus dem Elsaß bekannt (vgl. Hubert Kewitz, "Occupatorische MaasRegeln" - Das Schreiben von Markgraf Karl Friedrich an Kardinal Rohan vom 14. 9. 1802, in: Die Ortenau (61/1981) 129

[16] Im Oktober 1791 fuhr man beispielsweise auf den Limburger Berg bei Sasbach, dem elsässischen Markolsheim gegenüber, wobei 12 Böller in Richtung des Elsasses abgeschossen wurden. Die Schüsse erreigten einiges Aufsehen.
(GLA 74-6284, 49r-50r)

druck und erwecken den Anschein eines unkomplizierten, einfachen Menschen. Das Verhältnis Rohans zu Kindern scheint diesen Eindruck weiter zu vertiefen.

III. DER BISCHOF UND DIE KINDER

Auch in seiner Beziehung zur Familie des Oberamtsverwesers Stuber, von deren Treue und Ergebenheit der Kardinal überzeugt sein konnte, schlug sich Rohans umgängiges Wesen nieder. Besonders die Aufzeichnungen der Tochter des Oberamtsverwesers, die Erinnerung an ihren Spielplatz im Schloßhof, ihren vierbeinigen Spielgefährten - ein Hund des Kardinals - und den Fürstbischof selbst, der sich manchmal 'den Spaß erlaubte', der kleinen Henriette Stuber Pasteten oder Zuckerwerk aus dem Fenster in ihr aufgehobenes Schürzchen herabzuwerfen, geben einigen Aufschluß über diesen Charakter[17].

---

[17] Henriette Stuber, Memoiren einer Ahnherrin (Abschrift einer Handschrift) *3-*4;
"Meine Eltern (...) waren beide sehr feine gebildete Leute, da beide ihre frühere Erziehung in Frankreich erhalten hatten, so daß ihnen der damalige feine Ton nicht fremd war, und alles, was nach Ettenheim kam, besuchte meine Eltern, wo (sic!) daß alle Tage ein ausgesuchter Zirkel bei meiner Mutter war, die darüber dennoch ihre Pflichten als Hausfrau und Mutter keineswegs vergaß, und beides sehr wohl miteinander zu verbinden wußte; so kam es, daß ich immer im Zimmer bei ihr war, ja meistens hatte sie noch eins von den kleinen Kindern auf dem Schoß oder auf dem Sofa neben sich sitzen während sie mit den Prinzessinen Rohan sprach, oder ihnen eine feine weibliche Arbeit zeigte, in denen sie sehr wohl erfahren war oder von dem Herzog von Enghien sich aus seinen früheren Feldzügen erzählen ließ, während mir der Marquis von Sully zeigte, wie man Filet strickte, oder der Maltheser Commandeur von Farques mich ein französisches Liedchen lehrte, und der Baron von Grünstein mir versprach, ich sollte morgen auf dem kleinen Pferdchen und auf dem Sattel der Prinzess Charlotte reiten lernen, diese wollte mir beides schenken, allein da wir keinen Pfer-

Die Taufe ihres Bruders, des Louis René Eduart Charles Dorothée Stuber[18], anläßlich derer seine Taufpaten, der Kardinal und die Princesse Charlotte de Rohan-Rochefort, der finanziell angeschlagenen Familie nichts anderes als ein Hauptmannspatent für den Täufling und fünfzig Ellen Brabanter Spitzen - 'unnütze Herrlichkeiten' - zu schenken wußten[19], beleuchtet den Eindruck, den man von Rohan

---

destall hatten, so mußten wir das Geschenk ablehnen, da wir lieber eine Kuh im Stall hatten, die uns Milch gab, als ein Pferd, das uns nichts nützte. Oft, wenn ich aus der Schule kam, spielte ich meistens im Schloßhof, weil mir da nichts geschehen konnte. Der Cardinal hatte einen von den großen Schäferhunden vom Montblanc. Dieser war mir so zugetan, daß ich auf seinem Rücken reiten durfte, was mir lieber war als das versprochene Pferdchen besonders, wenn sich manchmal der Cardinal den Spaß machte, mir aus dem Fenster oben herab in mein aufgehobenes Schürzchen einen Teller voll kleiner Pasteten oder Zuckerwerk herabzuwerfen..."
(Stuber, *3-*4)

18 PfA-Ettenheim, Taufbuch 1791

19 Henriette Dietz, geb. Stuber, Familien-Nachrichten (Karlsruhe 1853) (Abschrift einer Handschrift) *13-*14; auch die Stubers waren von Einquartierungen nicht verschont. Henriette Dietz, geb. Stuber, berichtet:
"So gab es noch manche Scene. Meine Mutter hatte es in ihrem Hause nicht besser, denn als einstmals die Condé-Anführer der Regimenter miteinander Streit bekamen, zogen sie die blanken Degen neben meiner Mutter, die vor der Wiege meines Bruders sass, und wollten aufeinander losgehen. Meine Mutter tritt mit Würde vor sie hin und sagt: "Meine Herren, wenn Sie Ihren Streit ausfechten wollen, so gehen Sie an einen geeigneten Ort, hier an der Wiege meines Sohnes werde ich dergleichen nicht leiden." - Beide steckten beschämt ihre Degen ein und baten meine Mutter um Verzeihung ihres Benehmens. - Meine Eltern hatten alle möglichen Prüfungen durchzuleben, und sie haben sie redlich bestanden. So war, wie ich schon sagte, im Hause beinahe kein Kreuzer Geld vorrätig, und man durfte nicht merken lassen und musste noch ein gutes Gesicht zu der Not machen. Als mein Bruder Louis geboren ward im Jahre 1792, da bot sich der Kardinal Rohan und die Prinzessin Charlotte Rohan-Rochefort, die Nichte des ersteren, zu Taufpaten an (Nach Auskunft der Taufbücher fand die Taufe 1791 statt (Anm. d. Verfassers)). Die Taufe ward natürlich in der Kirche mit grossem Pomp vollzogen, und mein Bruder erhielt die Namen Louis René Eduart Charles Dorothée. Nach der Taufe schickte der Fürst einen grossen Korb voll Konfekt nebst einem Hauptmann-Patent bei den 50er Leibhusaren (die er zu seiner Leibwache erhielt) für den kleinen Täufling, und die Prin-

gewinnen muß, von einer wieder anderen Seite und rückt den in gewisser Weise naiven Kirchenfürsten unweigerlich in die Nähe der nicht minder weltfremden französischen Königin Marie Antoinette.

IV. 'DER FÜRSTBISCHOF IST, UND WILL AUCH NICHT MEHR HERR IN SEINEM LAND SEYN'

Je tiefer man in die Persönlichkeit des Kirchenfürsten Louis de Rohan eindringt, um so zwiespältiger erscheint dessen Charakter. Die Halsbandaffäre, die beginnende Auseinandersetzung um den Umsturz der politischen Ordnung Frankreichs und die Ereignisse um die 'Constitution civile du clérge' bezeugen ein Kämpfertum, das an den Rand der Selbstaufgabe reicht, gepaart mit einem Höchstmaß an Empfindlichkeit und Gereiztheit[20], die das Handeln des

---

zessin meiner Mutter 50 Ellen Brabanter Spitzen zum Geschenk. Mein Vater musste dagegen dem Bedienten, der diese unnützen Herrlichkeiten brachte, den letzten Kronentaler, den er im Hause hatte, zum Trinkgeld geben! Wären diese Kostbarkeiten Silber gewesen, so hätten sie doch etwas nützen können. So aber kann man sich die betrübten Blicke auf diese fürstlichen Geschenke denken! - Meine Mutter entwickelte bei allen diesen Prüfungen einen Heldenmut und christlichen Geist. Wer hätte je geahnt, daß diese freundliche, liebenswürdige, geistreiche Frau, bei der es jedem immer wohl war, oft sehr oft mit Mangel kämpfen musste, und oft das Notwendigste entbehrte, während sie immer eine offene Hand für andere hatte."
(Dietz, *13-*14)

20 Im Jahre 1791 urteilt das Mahlberger Oberamt über den Kardinal de Rohan:
"Überhaupt scheint es, daß der Herr Fürst-Bischoff alles Übel nehmen, was Höchstdeßen Absichten und Verlangen, nicht entspricht."
(GLA 74-6281, 32v)

Kardinals bestimmten. In gleicher Weise verdeutlichen sie allerdings auch eine ungewöhnliche Leichtgläubigkeit und Verführbarkeit, die den Fürstbischof immer wieder hinter seinen einflußreichen Ratgebern zurücktreten lassen[21]. Diese Zwiespältigkeit und Unberechenbarkeit im Wesen Rohans bestimmen das Urteil des badischen Landvogts von Blittersdorf, das sich in dem Satz

"... der
Fürstbischof ist, und will auch nicht mehr Herr in seinem Land seyn.[22]"

ausdrückt.

Louis de Rohan war alles andere als ein überragender Politiker, eher ein Opfer seines allzuoft ausgenutzten grenzenlosen Vertrauens, ohne klare Linie, und ohne auf Probleme und Notlagen vorbereitet worden zu sein - und in seiner zweiten Lebenshälfte wider alle Erwartung nichts anderem als Problemen und Schwierigkeiten begegnend.

V. WAS FÜR EIN MENSCH...

Kann man dem Menschen Louis de Rohan in einem Urteil gerecht werden? Lebensfroh, großzügig und liebevoll im Um-

---

[21] Dies zeigen der Einfluß Cagliostros und der de la Motte während der Halsbandaffäre, die Abhängigkeit vom Landvogt von Bruder während der Reichsexekution im Oberamt Oberkirch und die Auseinandersetzungen des Kardinals mit Mirabeau, die Legion, die dem Kardinal über den Kopf gewachsen war, betreffend. Von Blittersdorf urteilt: "Vielleicht giebt es aber auch Leute, denen
es daran gelegen ist, daß der Herr
Cardinal nicht auf andere Gesinnungen
gebracht werden..."
(GLA 74-6281, 72r)

[22] GLA 74-6285, 117v

gang mit Kindern, verträumt als Politiker, verstand er es, sich immer wieder zwischen alle Stühle zu setzen, und mit der schlafwandlerischen Sicherheit eines mit beiden Beinen von der Erde losgelösten Menschen Weltgeschichte zu machen. Im Gegensatz zum Eindruck, den man in den Jahren vor der Revolution gewinnen zu müssen glaubt, war dieser Bischof im Exil jedoch ein religiöser Mensch, tieffromm und gläubig mit einem kämpferischen Zug, der für die überkommenen Formen auf die Barrikaden ging. Hier war er nicht mehr jener Wetzstein der Lästerzungen, war jener 'Hurenbock' - wie ihn der ein oder andere Ettenheimer in unserer so aufgeklärten Zeit ohne Tabus in seinem deftigen Dialekt bezeichnen möchte - nie gewesen. Die Ettenheimer des ausgehenden 18. und beginnenden 19. Jahrhunderts hatten ihn zweifellos geliebt.

Noch im November 1791 war der Kardinal voller Hoffnung, voll jenes kindlichen Urvertrauens, so daß seine einzige Sorge schien, die Elsässer könnten alles Wild in den Wäldern schießen, und für ihn würde nichts mehr zum Jagen übrigbleiben[23].

---

[23] GLA 74-6284, 102r

Büste des Kardinals im Bürgersaal der Stadt Ettenheim. Geschaffen im Jahre 1783 durch J.N. Roëttiers de la Tour, zeigt sie Louis de Rohan im Alter von 49 Jahren.

Armand Gaston Maximilien, Prince de Rohan-Soubise, Bischof von Straßburg von 1704—1749

François Armand Auguste, Prince de Rohan-Soubise-Ventadour, Bischof von Straßburg von 1749—1756

Louis César Constantin, Prince de Rohan-Guémené-Montbazon, Onkel des letzten Fürstbischofs von Straßburg und Straßburger Bischof von 1756—1779

Louis René Edouard, Prince de Rohan-Guémené (1779—1803)

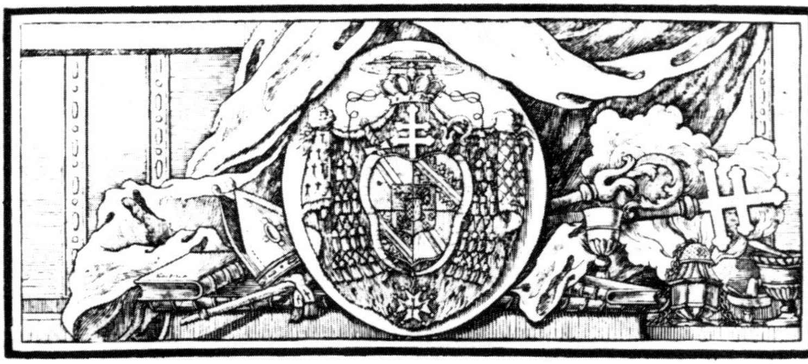

LOUIS RENÉ ÉDOUARD, PRINCE DE ROHAN, par la grace de Dieu & l'Autorité du Saint Siége Apoſtolique CARDINAL de la Sainte Egliſe Romaine, Evêque-Prince de Strasbourg, Landgrave d'Alſace, Prince du Saint Empire, Grand Aumônier de France, Commandeur de l'Ordre du Saint Eſprit, &c. &c.

Ludovicus Renatus Eduardus, Fürſt von Rohan, durch die Gnade GOttes und des Heil. Apoſtoliſchen Stuhls Gewalt Kardinal der Heil. Römiſchen Kirch, Biſchof und Fürſt zu Strasburg, Landgraf von Elſas, Fürſt des Heil. Römiſchen Reiches, Groſſer Allmoſenierer in Frankreich, des Ordens des Heil. Geiſtes Commenthur. ꝛc. ꝛc.

Auszug aus der Verordnung des Kardinals anläßlich des 100jährigen Jubiläums der Wiedereinführung des katholischen Gottesdienstes in Domkirche und Stadt Straßburg vom 12. Oktober 1781 mit den Titeln, die Rohan bis zur Halsbandaffäre führte.

Datum Ettenheimii in Castello nostro die prima mensis Octobris Anno Millesimo Septingentesimo Nonagesimo Quinto.

Cardinalis princeps de Rohan

Unterschrift des Kardinals auf der Ernennungsurkunde für Pfarrer Philipp Karl Guntz von Ettenheim aus dem Jahre 1795 (Dekanatsarchiv Lahr)

Siegel des Kardinals unter einer Urkunde vom 4. September 1796

Bischöfliche Verordnung,

die

vierzigtägige Fasten des Jahres 1794 betreffend.

Ludovicus Renatus Eduardus, Prinz von Rohan, durch Gottes Gnade, und des heiligen apostolischen Stuhls Gewalt, Kardinal der heiligen römischen Kirche, Fürst-Bischof von Strasburg, Landgraf vom Elsaß, des heiligen römischen Reichs Fürst, Provisor der Sorbonne 2c. 2c.

Wir entbieten allen Erzpriestern, Pfarrherren, Vikarien, Predigern, wie auch allen Gläubigen dieses Bistums, diesseit des Rheins, Heil und Segen in Christo JESU!

Allerliebste Brüder!

Wir kündigen euch öffentliche Bußtage an, die, vermittelst eines uralten Gebrauches, unter dem Namen der vierzigtägigen Fasten alljährlich eintreten. Wird es wohl nöthig seyn, daß wir euern Eifer auffordern, oder euch eine zweckmäßige Nutzung dieser erwünschlichen Tage der Buße und der Versöhnung anempfehlen, da euch ohnehin schon so dringende Bewegursachen hiezu in den betrübten Umständen gegenwärtiger Zeit vor Augen liegen?

Ihr sehet, allerliebste Brüder! ihr sehet, wie wir, den Greuel der Verwüstung am heiligen Orte stehen. Ruchlose Königsmörder, verwegene Gotteslaügner sind in das Eigenthum des Herrn eingedrungen, haben die Tempel entweihet a), die Altäre geschändet, die heiligen Gefäße geraubet, die

cher Gesundheit, oder haushälterischer Nothwendigkeit eines weitläufigern Nachlaßes und Erlaubniß bedürfen, können vertraulich ihre Ursachen ihren Seelsorgern vortragen. Wir haben nicht nöthig, diese anzumahnen, das Begehren ihrer Pfarrkinder mit aller Liebe anzuhören, sich auf ihr Gewissen und Redlichkeit zu verlassen.

2.) Das Eyeressen ist bis auf den grünen Donnerstag ausschließlich erlaubet.

3.) Die Seelsorger sollen, wenigstens zweymal die Woche, ihre Pfarrkinder an den bequemlichsten Tagen und Stunden versammeln, ihnen einen heilsamen Unterricht vortragen, nach welchem sie den Seegen mit dem allerheiligsten Sakramente im Speiskelche geben werden.

4.) Der Anfang der österlichen Zeit wird für die Soldaten, und alle dem Kriegsstande Zugehörigen auf den vierten Sonntag in der Fasten bestimmt.

5.) Wir ermahnen alle Gläubigen unseres Bistumes, welche der verliehenen Erlaubniß zufolge Fleisch essen werden, diese Milderung durch häufigeres Allmosen nach ihrem Vermögen zu ersetzen.

Wir erneuern hiemit auch alle Verordnungen, die wir in Hinsicht der gegenwärtigen Angelegenheiten gegeben haben, und wollen, daß die öffentlichen Gebethe und Andachten vom Priester und Volk eifrigst fortgesetzt werden; damit der Herr die Geisel seiner Gerechtigkeit endlich zurücknehmen, die Unternehmung der vereinigten Mächte seegnen, die Feinde der Religion und der allgemeinen Ruhe demüthigen, und uns einen Frieden geben wolle, der seiner Ehre und des allgemeinen Heiles würdig ist.

Gegeben zu Ettenheim, den 4ten Hornung 1794.

Unterschrieben

Kardinal und Prinz von Rohan.

Und weiter unten

auf Befehl Sr. hochfürstlichen Eminenz

Weinborn.

Erste und letzte Seite des Fastenbriefes aus dem Jahre 1794 mit den Titeln, die Louis de Rohan nach 1786 führte

Ansicht Ettenheims aus der Zeit um 1815

Michael Heinrich Stuber, Oberamtsverweser von Ettenheim

hor und Turm der Ettenheimer Pfarrkirche vom Friedhof aus

Die Fassade der Ettenheimer Stadtpfarrkirche St. Bartholomäus

Der Chorraum mit dem Baldachin unter dem der Bischof seinen Platz hatte

Louis Antoine Henri de Bourbon, Duc d'Enghien

Charlotte Louise Dorothée, Princesse de Rohan-Rochefort, Großnichte des Kardinals

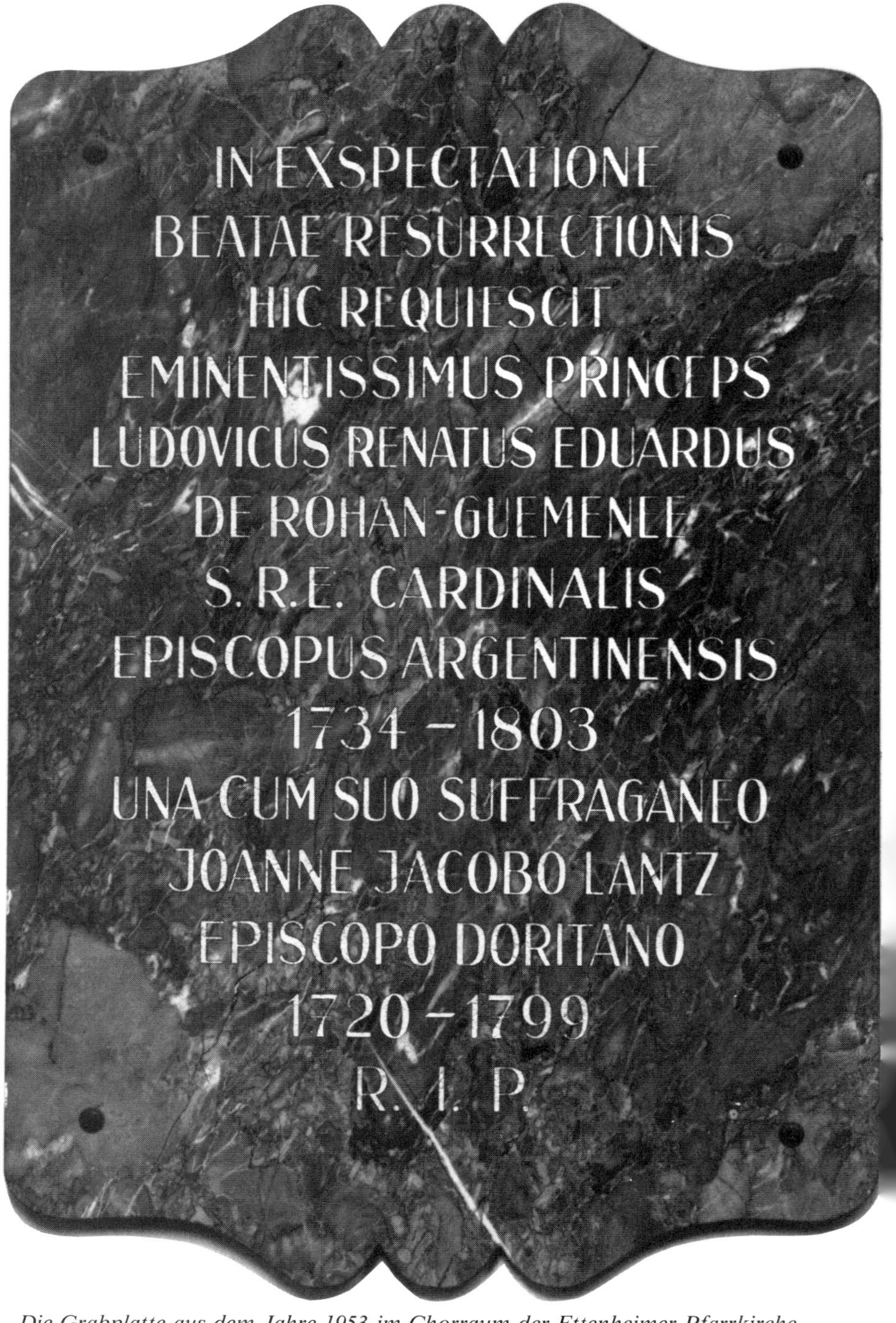

Die Grabplatte aus dem Jahre 1953 im Chorraum der Ettenheimer Pfarrkirche

7. Kapitel

DIE ANGST

Nur an wenigen Stellen unserer bisherigen Betrachtung wird deutlich, daß ein Gefühl Rohans stetig an Bedeutung gewann. Nun jedoch, an der Nahtstelle zweier Lebensabschnitte, zu der Zeit, als der Prinz immer klarer einsehen mußte, daß mit einer baldigen Rückkehr nach Frankreich nicht mehr zu rechnen, ja diese selbst gänzlich in Frage gestellt ist, bricht das Phänomen der Angst immer deutlicher durch. Und die Gründe dafür waren allgemein bekannt. Bereits Anfang des Jahres 1791 sprach man in der Ortenau ganz offen davon, daß die Franzosen versuchen würden, den Kardinal von der Grenze zu entfernen[1]. Rohan hatte nicht nur durch die Aufforderung an die Geistlichkeit, den Eid auf die Zivilkonstitution zu verweigern, und die Erlaubnis, einen Teil der zur Gegenrevolution bestimmten Truppen auf seinem Territorium unterzubringen, den unversöhnlichen Haß des revolutionären Frankreich auf sich gezogen. Daß

---

[1] GLA 74-6281, 82r/v

dieses danach trachte, unter den 'mißlich gestimmten' rechtsrheinischen Untertanen, insbesondere im Acher- und Renchtal, Unruhen anzufachen, war ein auch in Karlsruhe nicht unbekanntes Gerücht[2].

I. VON AUFRÜHRERN UND EMISSÄREN

Nachdem die ersten großen Unruhen der Revolution überstanden waren, stellen wir im Februar des Jahres 1791 eine erhöhte Furcht vor Aufruhr und Umsturz fest. Am 14. meldet die Speyerische Regierung ihren badischen Nachbarn, daß ein als Pferde- bzw. Vieh- oder auch Kurzwarenhändler verkleideter Straßburger Bürger dem Vernehmen nach durch rechtsrheinisches Gebiet ziehe und die Untertanen zu Aufständen zu ermuntern suche, wobei sicherlich noch mehrere andere unter ähnlichen Vortäuschungen, um Aufruhr zu stiften, unterwegs seien[3].

Warnungen dieser Art waren der Karlsruher Regierung nicht neu. Bereits am 4. Februar hatte Rohan den Oberkirchischen Amtsverweser Solf zu sich bestellt, der nach seiner Rückkehr zwei Tage später in allen Gemeinden des Oberamtes ein auf den 4. Februar datiertes Schreiben der Öffentlichkeit bekannt machte[4].

---

[2] GLA 74-6281, 82r/v

[3] GLA 74-6281, 78r; in Karlsruhe bemühte man sich lediglich, die besorgten Nachbarn darauf hinzuweisen, die notwendigen Anordnungen bereits getroffen zu haben (GLA 74-6281, 84r/v).
GLA 75-6281, 70r/v;

[4] "Es seye zuverlässig
in Erfahrung gebracht worden, daß Elsasser
Einwohner ausgeschickt seyen, um in dem
OAmt Oberkirch und in der Nachbarschaft
neue Aufruhr anzuzettlen. Es werden
dahero die Unterthanen durch diese offentliche

Am selben Tag warnte Solf das Oberamt Ortenau vor elsässischen 'Emissären' und unterrichtete daraufhin den Vogt von Achern. Obervogt von Harrant aus Bühl erstattete seinerseits der markgräflichen Regierung umgehend Meldung und berichtete von Rohans Anweisung an die Geistlichkeit, die Bevölkerung vor Aufwieglern zu warnen und zu Ruhe und Ordnung zu mahnen[5].

Der badische Landvogt von Blittersdorf in Mahlberg[6] war davon überzeugt, daß sich zum damaligen Zeitpunkt keine französischen Emissäre im Oberamt Oberkirch aufhielten und ebensowenig irgendwelche Regungen, die auch nur von weitem neue Unruhen zu befürchten Anlaß geben könnten, unter dem Volk zu verspüren seien[7]. Obervogt von Harrant

---

Verkündigung gewarnet, daß sie sich zu
keinerlei neuen Unruhen verleiten
lassen sollen, indem bei verspührter
geringster Bewegung nicht nur die Vorigen
Churmainz- und Churpfältzsiche Truppen
sondern auch erförderlichen falls noch
eine größere Anzahl derselben eintreffen
würden." (GLA 74-6281, 70r/v)

5 GLA 74-6281, 35r/v; Der Pfarrer von Kappel(rodeck?) habe vom Renchener Erzpriester brieflich erfahren, daß Paris gegen 1 Million Livres einen Aufstand zu initiieren gedenke und bereits zwei Personen gegen 24 000 Pfund Aufträge in diese Richtung übernommen hätten (GLA 74-6281, 35r/v). Es sollte sich herausstellen, daß der Erzpriester lediglich gehört habe, daß Rohan aus Straßburg Briefe mit solchen Warnungen erhalten habe (GLA 74-6281, 81v-82r).

6 Das nichtsdestoweniger gut unterrichtete Oberamt Mahlberg erhielt von alldem keine offizielle Nachricht aus Ettenheim. Blittersdorf führte dies auf die Tatsache zurück, daß sich die markgräfliche Regierung in allen Angelegenheiten bezüglich des Oberamtes Oberkirch oder der angestrebten Gegenrevolution ablehenend verhalten habe. (GLA 74-6281, 71r/v)

7 GLA 74-6281, 71r/v
"Worauf sich die Nachrichten gründen,
die der Herr Cardinal und Fürst Bischof
aus dem Elsaß erhalten, ist mir unbewußt;
aber soviel habe ich an diesem Herrn
bemerckt, daß sie glauben, das gantze
OAmt Oberkirch bestehe biß auf einen kleinen
Haufen, der dem LandVogt Bruder anhanget,
aus lauter Rebellen, und nur die Furcht

verwies darauf, daß vor der Aussendung irgendwelcher 'Emissäre' bekanntlich schon seit Jahr und Tag gewarnt werde, ohne daß man sich bisher viel darum hätte kümmern müssen. Er vermutete, daß die im Februar 1791 sich häufenden Gerüchte in dieser Sache allesamt auf das Rundschreiben des Kardinals, der sich beständig mit 'Re- und Contra-Revolutionen' beschäftige, zurückzuführen seien und wollte die Warnungen als unbegründet angesehen wissen[8].

Auch wenn die Unbegründetheit der Befürchtungen des Kardinals von allen Seiten beteuert wurde, änderte dies nichts an Rohans Furcht. Am 10. April 1791 wurde das Mahlberger Oberamt von Ettenheim aus benachrichtigt, daß der 'Münz-

---

vor Executions Truppen halte sie noch
in den Schrancken zurück; dieses ist,
warum der Herr Cardinal einer jeder
solchen Nachricht Glauben beimesset, und
warum Sie beständig wegen dem
OAmt Oberkirch in Sorgen sind." (GLA 74-6281, 71v-72r)
Und sehr aufschlußreich gerade im Hinblick auf Rohans Charakter fügt Blittersdorf hinzu:
"Vielleicht giebt es aber auch Leute, denen
es daran gelegen ist, daß der Herr
Cardinal nicht auf andere Gesinnungen
gebracht werden, ..." (GLA 74-6281, 72r/v)
Für die badischen Untertanen und die Ruhe seines Amtsbezirkes glaubte er garantieren zu können (GLA 74-6281, 71v).

8 GLA 74-6281, 36r;
"... besonders da es denen Bühlern
und der dortigen ganzen Gegend noch in
zu frischem Andenken ist, wie streng man
in vorigem Jahr sowohl in dieseitigen als
den benachbarten Lichtenauischen und
Straßburgischen Landen, mit den unruhigen
Köpfen verfahren ist, als daß sie sich den
Gedanken zu einem Aufruhr sollten
beygehen laßen, ..." (GLA 74-6281, 36r)
Nichtsdestoweniger wurden in Bühl die Untertanen darüber aufgeklärt, welche Folgen es für die Bewohner haben könnte, wenn man - so milde beherrscht - auf eventuell herumziehende und den Aufruhr predigende Fremde hören würde. Anordnungen - besonders in Bezug auf Durchreisende - wurden erlassen (GLA 74-6281, 36r).

controler Rivage' aus Straßburg mit etwa sechs bewaffneten und verkleideten Nationalgardisten am Abend des 9. Aprils dort, um im Rechtsrheinischen Unruhe zu stiften beziehungsweise andere 'strafwürdige Absichten' zu verfolgen, aufgebrochen sei. Das Oberamt Mahlberg vermutete, daß man in Ettenheim ein Attentat auf den Kardinal befürchtete[9], unternahm seinerseits jedoch nichts, da man, wenn beispielsweise gegen den dort angesehenen Rivage 'Arrest-Briefe' erlassen worden wären, mit recht eine Verstimmung der Straßburger befürchtete. Dem Ettenheimer Oberamt antwortete man lediglich, daß die nötigen Anweisungen erlassen worden seien und der Bevölkerung erneut eingeschärft würden[10]. Rohan ging im festen Glauben, einen Angriff auf seine Person befürchten zu müssen, nur noch in starker Begleitung aus; zwei bis drei seiner Bedienten waren ständig mit geladenen Waffen versehen[11].

In der Beurteilung der Gefahr, in der sich Rohan sah, stehen wir vor ungelösten Rätseln. All die Gerüchte einfach vom Tisch zu wischen, hieße es sich zu einfach zu machen. Daß mit ziemlicher Sicherheit Versuche gemacht wurden, von französischer Seite ins rechtsrheinische Oberamt einzufallen, haben wir bereits gesehen[12]. Jeden nächtlichen Aufruhr in den Lagern der Legion als Probealarm einzustufen entspricht nach Lage der Quellen sicher nicht der Realität. Wie sicher die Informationen Rohans,

[9] GLA 74-6281, 129r/v, diese Befürchtung habe man in Ettenheim von höchster Stelle aus den Soldaten bekannt gemacht und Flugblätter verteilt, die die 'Animositäten' schüren sollten, wie Blittersdorf und Hugo in Mahlberg argwöhnen (GLA 74-6281, 129r/v).

[10] GLA 74-6281, 129r/v

[11] GLA 74-6281, 133v

[12] Vgl. Kapitel 3

die er allenthalben an die umliegenden Herrschaften weitergeben ließ, jedoch waren, entzieht sich allerdings unserer Kenntnis.

Als gesichert festhalten dürfen wir, daß der Fürstbischof von der rechtsrheinischen Bevölkerung keinen Anschlag zu befürchten hatte[13]. Ganz anders gestaltete sich jedoch das Verhältnis zum Elsaß. Daß von daher eine konkrete Bedrohung bestand, glaubte der Kardinal in seiner nächsten Umgebung feststellen zu müssen. Am 17. Februar 1791 mußte er seinen 'Obriststallmeister' entlassen, da dieser heimlich mit dem Straßburger Bürgermeister korrespondiert und ihm mehrere geheime Briefe zugestellt hatte[14]. Wenn jemand ein Interesse an der

---

[13] Auch wenn der katholische Pfarrer zu Friesenheim, ein Ordensgeistlicher des Klosters Schuttern, am 16. Juni 1791 in Mahlberg gegen zwei Bauern - Lorenz Meier, den Bauer auf dem Geroldsecker Schloß und Johannes Erb, den Kübler zu Friesenheim - wegen deren ehrenrührigen Reden gegen den Kardinal im Friesenheimer Ochsen Klage führte, ändert dies nichts an dieser Feststellung. Obschon der Geistliche als Motivation seiner Klage anführte, die Person des Kardinals sei zu sehr angegriffen, als daß solche Lästerungen ungeahndet bleiben dürften, vermutete das Oberamt Mahlberg, daß der Ordensgeistliche weit mehr über die Äußerungen der zur fraglichen Zeit angetrunkenen Beklagten zum Kloster Schuttern mit Bezug auf den Friesenheimer Hochwald als wegen deren Ansichten über die Mirabeau'sche Legion und den Kardinal erbost war.
(GLA 74-6282, 192r-195v)

[14] Joann Conrad Machleid, Diarium II, *130v; als Schwager des Maire Dietrich war er dazu vermutlich unschwer zu bewegen gewesen. Rohan muß durch diesen Vorfall tief getroffen worden sein. Wenn man Joann Conrad Machleid glauben darf, so hatte jener 'schelm und dieb', 12 Jahre beim Kardinal in Dienst gestanden und alles bei ihm 'gegolten'. 3000 fl betrug seine jährliche Besoldung und täglich hatte er die 'fürstliche daffel genoßen'. Noch am gleichen Tag, an dem der Verrat entdeckt worden war, mußte er Ettenheim verlassen und nach Straßburg abreisen.
"... er ware deß Judaß iscariot ßin
cam̄erat, veretter, und Rechter Roter dieb."
(Diarium II, *130v)

Entfernung des Fürstbischofs aus Ettenheim hatte, so waren es die neuen Machthaber Frankreichs; wenn es eine ernsthafte Bedrohung des Kardinals im Jahre 1791 gab, so ging sie von jenseits des Rheins aus.

II. VON ATTENTÄTERN UND PROPAGANDISTEN

"den 1: te(n) august ist ein ßpion auß straßburg,
wo ihrer 10 mann haben zueßamen geschloße(n),
unßerem kardinal, und lants fürsten, auff daß
leben zue gehn, und um zue bringen, hart
auf der haubt wacht, arredirt, und doplet
geschloßen, ein mann von 30 Jahren, dißer
ist in das Zuchthauß gefanger, geführt=
worten.[15]"

In Mahlberg meldete man am 5. August 1791 der Regierung in Karlsruhe:

"Zu Ettenheim ist ein Franzos gefänglich eingezogen worden, der sehr enge verwahrt wird, welcher nach seiner eigenen Bekanntniß in Verhör, von Paris zu dem Ende abgesendet worden seyen solle, um den Herrn Cardinal zu ermorten, andern die er zu gewinnen gesucht, und ihm vertraulich eröfneten, daß sie gleiche Absicht hegten, haben sein Vorhaben alsdann gehöriger Orten angezeigt.[16]"

Diese Sätze halten einen Vorfall fest, der über Monate hinweg ein ganzes Heer von Beamten in Atem hielt, und die Prozeßakten des Generallandesarchives in Karlsruhe berichten in aller Ausführlichkeit über diesen Fall. Doch je

---

[15] Diarium II, *138v
[16] GLA 74-6283, 25r

tiefer man versucht in den Fall des Franzosen Julian d'Espiard einzudringen, desto undurchsichtiger, rätselhafter wird er. Obschon endgültige Klarheit aus heutiger Sicht nicht mehr zu erlangen sein wird, soll in folgendem dennoch der Versuch gewagt werden, wenigstens annähernd zu erfassen, worum es an jenem 1. August 1791 ging. Dazu müssen wir weiter ausholen und zurückblicken auf den Anfang des Jahres 1766.

1. Offizier im königlichen Dienst

Zu Beginn des Jahres 1766 wurde in Sauliere in Burgund dem Edelmann d'Espiard ein Sohn geboren und am 9. Januar von einem katholischen Priester auf den Namen Julian getauft. Das Kind wuchs mit seinen Eltern und weiteren 9 Geschwistern in Liernois heran, wo die Familie ein Lehen bewirtschaftete. Zwar aus adeligem Haus, doch bei weitem nicht reich, kamen die 8 Söhne der Familie in königlich französischen Diensten unter[17]. Julian, der viertjüngste, wurde in der königlichen Militärschule in La Fleche erzogen und erhielt von dort eine Pension über 200 Livres[18]. Während der militärischen Unternehmungen Frankreichs in der Neuen Welt befand sich Julian d'Espiard in Amerika, wo er nach eigenen Angaben M. J. Motier Marquis de la Fayette und Alexander Comte de Lameth kennenlernte[19].

Mehrere Jahre lang war er daraufhin Offizier im königlich französischen Regiment Bourbonnais. Am 10. Februar 1783 ernannte man ihn zum 'Unterlieutenant', und am 3. Juli 1787 erhielt er das vom König unterschriebene Anstellungspatent als 'Zweiter Lieutenant'[20].

---

17 GLA 138-83, 19r-20r, 73v, 80r
18 GLA 138-83, 20r
19 GLA 138-83, 55v
20 GLA 138-83, 80r; beide Schreiben sind erhalten (GLA 138-83)

Nach Ausbruch der Unruhen in Paris folgte der junge Offizier seinem Regiment, das im Laufe der Entwicklung in Frankreich den Namen '13. Französisches Infanterie-Regiment' erhalten hatte, im Frühjahr 1791 nach Straßburg. Am 4. Mai kam er in der elsässichen Metropole an[21].

Bis zu diesem Zeitpunkt können wir das Leben d'Espiards einigermaßen objektiv verfolgen; von diesem Datum an finden wir uns jedoch zwischen grundverschiedenen, felsenfest verankerten Behauptungen wieder, zwischen denen es keinen Ausgleich zu geben scheint. Lediglich die unterschiedlichen Positionen sind festzuhalten und Tendenzen, Möglichkeiten und Lösungsversuche aufzuzeigen.

2. Zwischen Rache und Mord

Anfang Mai beginnt die Person des Julian d'Espiard im Zwielicht der Spekulation unterzutauchen. Stimmt es, daß das Regiment selbst mehrmals den Wunsch äußerte, den Offizier los zu werden, wie uns die Municipalität in Straßburg glauben machen möchte[22]? Oder trifft die Aussage d'Espiards zu, der vorgibt, in Straßburg seine Beziehungen ausgespielt und vom dortigen Bürgermeister eine bedeutende Aufgabe in Aussicht gestellt bekommen zu haben[23]? Wie glaubwürdig sind seine Angaben über

---

21 GLA 138-83, 27v

22 GLA 138-83, 165r

23 D'Espiard behauptete aufgrund der Bekanntschaft zu la Fayette und Alexander Lameth, die ihm nach eigenen Angaben gemeinsam mit dem Herzog von Orleans während der Unruhen in Paris eine große Belohnung versprochen hätten, 'wenn Er sich zu Ihren Absichten brauchen lasse' (GLA 138-83, 54r), öfters beim Straßburger Maire Dietrich zu Gast gewesen zu sein, zumal er sich beständig sehr

den 25jährigen damaligen Präsidenten des Straßburger Clubs, Caspar Noisette, der etwa zu jener Zeit auf der dortigen Kaufmannsstube 'Zum Spiegel' die 'Motion', daß man Rohan ermorden solle, gemacht und dafür allgemeinen Beifall erhalten haben soll[24]? Wie glaubwürdig ist er, wenn er von einem Auftrag des Straßburger Maire spricht, nämlich Streitereien mit der Nationalgarde zu beginnen, um sein Einverständnis mit der Municipalität so geheim als möglich zu halten[25]?

Sicher ist lediglich, daß Julian d'Espiard am 12. Mai 1791 tatsächlich Streit begann und im Straßburger Münster randalierte[26]. Zeugen, die bei der Überführung aufgeboten wurden, waren, da der Delinquent geständig war, überflüssig. Am 17. Mai wurde er zu 48 Stunden Gefängnis verurteilt. Die Unkosten des Prozesses, wie auch der 100 Exemplare des Urteils, das in Deutsch und Französisch verfaßt an den 'gewöhnlichen Orten' in der Stadt Straßburg ausgehängt wurde, mußte der Angeklagte tragen[27].

Bereits am 26. Juni erregte Julian d'Espiard durch 'aufrührische' und 'verächtliche' Reden gegen die Nation in der Öffentlichkeit erneut Aufsehen. Auf eine Verwarnung

---

eifrig für die neue 'Constitution' gezeigt habe (GLA 138-83, 28v). Bei einer dieser Gelegenheiten soll ihm Dietrich im Beisein des Gemeindeprokurators Levrault versprochen haben, 'sein Glück zu machen' (GLA 138-83, 28v-29r, 27r).

[24] GLA 138-83, 33v-34r; wenig später war das Gerücht allgemein bekannt, daß ein Feldwebel des Regiments Bourbonnais diesen Auftrag übernommen habe (GLA 138-83, 33v)

[25] GLA 138-83, 27v; die Absprache soll dahin gelautet haben, daß die Municipalität Julian d'Espiard zum Schein bestrafen, die Art der Strafe öffentlich bekannt machen und der Offizier daraufhin suspendiert werden solle. Weiterhin habe man beschlossen, daß er seine Demission verlangen solle (GLA 138-83, 27v).

[26] GLA 138-83, 165r

[27] GLA 138-83, 165r

hin beschimpfte er die Nationalgarde und wiederholte dies am darauffolgenden Tag noch einmal[28]. Nach erfolgter Anzeige erging am 11. Juli 1791 über Julian d'Espiard folgendes Urteil: Er wurde

"... in
achttägige Thurnstrafe und in die Kosten verfället, auch beschloßen, daß die Procedur ohnverzäglich den Comissarien der National Versamlung vorgelegt werden solle.[29]"

Am 18. Juli 1791 wurde d'Espiard vom kommandierenden General Gelb suspendiert[30].

Drei Tage vergingen zwischen der Entlassung d'Espiards aus der Haft am 19. Juli gegen 18 Uhr[31] und seiner endgültigen Demission als Offizier des 13. Französischen Infanterie Regiments am 22. des selben Monats[32]. In diesem

---

[28] GLA 138-83, 165r/v

[29] GLA 138-83, 165v; dort lernte d'Espiard den 38jährigen Michael Blank (über ihn vgl. GLA 138-83, 47r), der am 9. Juli mit Briefen aus dem Schloß zu Ettenheim in den Bischofshof geschickt und dort aufgrund des gespannten Verhältnisses zwischen Straßburg und Ettenheim festgenommen worden war, kennen (Diarium II, *137r; vgl. zu seinem Fall auch Kapitel 3 Anm.[289]; GLA 74-6282, 34v-35r, 53r, 200r/v; GLA 138-83, 158v-159r). Blank verbrachte 14 Tage in Straßburger Haft und traf am Donnerstagnachmittag, 14. Juli, gegen zwei Uhr im Bürgerlichen Gefängnis, wohin man auch Julian d'Espiard gebracht hatte, mit demselben zusammen. Gemeinsam mit dem Turmhüter nahmen beide dort ihre Mahlzeiten ein, hatten allerdings aufgrund der Sprachbarriere kaum Kontakt miteinander. Blank erinnerte sich beim nachmaligen Prozeß daran, daß gleichzeitig ein zuvor in Ettenheim gewesener Herr von Kirchheim inhaftiert war. Möglicherweise hat d'Espiard über diesen von der in Ettenheim stationierten Legion erfahren bzw. Informationen eingezogen.(GLA 138-83, 47r/v)

[30] GLA 138-83, 19v, 165v

[31] GLA 138-83, 47r/v; Blank konnte das Gefängnis bereits um 16 Uhr verlassen und behauptete d'Espiard gegen 18 Uhr noch einmal in Straßburg gesehen zu haben (GLA 138-83, 47r/v).

[32] GLA 138-83, 165v; die Urkunde - ohne Unterschrift und Siegel - ist erhalten geblieben (vgl. GLA 138-83, 80v)

Zeitraum - so behauptet Julian d'Espiard -, am 21. Juli, soll er um 6 Uhr zu Dietrich gerufen worden sein und in der Wohnung des Bürgermeisters von Maire und Gemeindeprokurator den Auftrag erhalten haben, als Spion nach Ettenheim zu gehen, soviele Soldaten als möglich zur Desertion zu bewegen und den Kardinal bei guter Gelegenheit zu ermorden[33].

3. Zwischen Straßburg und Ettenheim

Nachdem d'Espiard seine Habe verkauft und die Schulden bezahlt hatte[34], beantragte er als Bürger von Sauliere bzw. Liernois einen Paß, der am 22. Juli ausgestellt wurde und als Ziel Lyon angibt[35]. Am gleichen Tag brach der ehemalige Offizier von Straßburg auf und folgte dem Weg, der ihm nach eigenen Angaben von der Municipalität vorgeschrieben worden sein soll nach Belfort, wohin er mit seinem Paß leicht gelangen konnte[36]. Von dort aus war es bekanntermaßen leicht über Mömpelgart - trotz des ausdrücklichen Verbotes - ins Reich zu gelangen. Obschon dem ehemaligen Offizier zunächst der Weg nach Mömpelgart verwehrt wurde[37],

---

[33] GLA 138-83, 25r, 30r; man soll ihm einen Paß versprochen, zwei Louisd'or mit auf die Reise gegeben und empfohlen haben, sich unter dem falschen Namen Testard unter die Mirabeau'sche Legion zu engagieren, um so leichter ein Gewehr erhalten und bei Ausführung seines Auftrages seine Familie nicht in Mitleidenschaft zu ziehen (GLA 138-83, 25r-30r). Selbstredend widersprach die Straßburger Municipalität diesen Behauptungen und stellte den weiteren Verlauf der Ereignisse als Rache d'Espiards an der Straßburger Obrigkeit dar.

[34] Es blieben ihm danach noch 48 Livres übrig. (GLA 138-83, 20r)

[35] GLA 138-83, 22v; der Passierschein ist erhalten (GLA 138-83, 80v)

[36] GLA 138-83, 20v; 26r

[37] GLA 138-83, 22v-23r

gelang es ihm dennoch mit Hilfe eines Bekannten, des Zahnarztes Leveque, dem er in Belfort begegnete, den Ort zu erreichen[38], wo er einen Teil seines Reisegepäcks zurückließ und sich über Pruntrut in Richtung Freiburg begab[39]. Fünf Stunden oberhalb der Zähringergründung traf er, nachdem er den bisherigen Weg vermutlich allein und zu Fuß zurückgelegt hatte, auf den 21jährigen Metzger Leonard Pfister aus Schaffhausen[40], der ihn von da an - obschon das Verhältnis beider anscheinend gewisser Spannungen nicht entbehrte - mehr oder minder ständig begleitete.

Pfister behauptete später, daß er sich beinahe von d'Espiard, der beständig betrunken gewesen sei, gelärmt, laufend unanständige Lieder gesungen und von Weibsleuten gesprochen habe, getrennt hätte[41], blieb jedoch in der Begleitung des sich sonst unverdächtig verhaltenden Franzosen, bis beide in Freiburg ankamen, wo Pfister, seinem Vorhaben getreu, als Metzger unterzukommen suchte und d'Espiard allein weiterzog[42]. Da sich in Freiburg für den Eidgenossen jedoch keine Stelle fand, beschloß er nach Lahr weiterzureisen, wobei er bei Emmendingen erneut auf den ehemaligen französischen Offizier stieß, ohne sich jedoch weiter um diesen zu kümmern. Unterhalb Hecklingens - Pfister wurde von einem nach Lahr fahren-

---

[38] GLA 138-83, 26r/v

[39] GLA 138-83, 80v

[40] GLA 138-83, 21r; der ledige Protestant Johann Leonard Pfister befand sich auf der Suche nach einer Metzgerstelle auf dem Weg über Morges, Bern, Solothurn und Basel nach Freiburg, nachdem er in Morges die letzten zwei Jahre bei Sebastian Pfluger seiner Profession nachgegangen war, und schloß sich bei Schliengen dem auch nach Freiburg reisenden d'Espiard an (GLA 138-83, 21r, 47v-49r).

[41] GLA 138-83, 48v-49r, 51r/v

[42] GLA 138-83, 48v-49r, 51r/v; unterwegs waren beide von einem Fuhrmann mitgenommen worden (GLA 138-83, 21r, 47v-49r).

den Bauern mitgenommen - holte er den vorausgezogenen d'Espiard noch einmal ein, und dieser überredete den Bauern gegen ein 'Maas Wein', ihn ebenfalls mitzunehmen. Beide gelangten auf diese Weise, ohne viel miteinander zu sprechen, da d'Espiard nach Pfisters Angaben nichts anderes als 'ärgerliche Sachen' geredet habe, in die Nähe von Altdorf[43].

Zu dieser Zeit scheint d'Espiard davon gesprochen zu haben, daß er sich in Worms unter die Emigrantentruppen anwerben lassen wolle, wobei ihn der Bauer anscheinend auf die Möglichkeit, dies in Ettenheim zu tun, hingewiesen hat[44]. Auf jeden Fall setzte er sowohl Pfister als auch d'Espiard bei Altdorf ab, wo beide in der Folge dem Schneider Driquet[45] begegneten[46]. Dieser erkundigte sich, als er bemerkte, daß die beiden Fremden vor seiner Wohnung Französisch sprachen, woher sie kämen. Im Laufe des sich entwickelnden Gespräches versuchte der ehemalige Offizier zu erfahren, ob in dieser Gegend wirklich ein Korps Truppen stehe, wer dasselbe kommandiere, und ob man dafür anwerbe. Auch bat er, nachdem Driquet ihm diese Fragen beantwortet hatte, sich bei demselben umziehen zu dürfen, und einen Teil seiner Kleider, die er dort zu lassen gedenke, ihm später nachzusenden. Driquet bewilligte dies und schlug darüberhinaus Leonard Pfister vor, zu versuchen als Regimentsmetzger in Ettenheim unterzukommen, woraufhin er die beiden dorthin begleitete[47]. Zwischen 17 und 18 Uhr an diesem Samstagabend be-

---

[43] GLA 138-83, 33r, 49r/v; der Bauer wollte in Lahr Bier abholen (GLA 138-83, 49r/v).
[44] GLA 138-83, 21r
[45] Driquet - 48 Jahre alt, katholisch und verheiratet - stammte aus Molsheim und hielt sich aufgrund der revolutionären Unruhen in Altdorf auf.(GLA 138-83, 46r)
[46] GLA 138-83, 33r, 49r/v
[47] GLA 138-83, 13v

gegnete ihnen der Quartiermeister Simmonaire[48], dem Driquet die beiden Fremden vorstellte und deren Anliegen unterbreitete. Julian d'Espiard bestand allerdings darauf, mit General Mirabeau persönlich zu sprechen und verhielt sich so erstmals verdächtig[49].

4. Unter Verdacht des Hochverrates

Der Neuankömmling war für Quartiermeister Xaverius Simmonaire bereits nach dieser ersten Begegnung am 30. Juli 1791 suspekt, zumal die Beschreibung eines Feldwebels des Regiments Bourbonnais, der gerüchteweise den Kardinal zu ermorden suchte, auf den jungen Franzosen zu passen schien[50]. Von daher erklärt sich Simmonaires Frage, ob Julian etwa bei Bourbonnais gedient habe und Feldwebel gewesen sei. Obgleich dieser versicherte, niemals Feldwebel gewesen zu sein, blieb Simmonaires Verdacht bestehen, weshalb er seinem Vorgesetzten, dem Chevalier de Duvailler[51] Meldung machte und den Neuankömm-

---

[48] GLA 138-83, 13v; der 29jährige Xaverius Simmonaire, von Molsheim gebürtig, befand sich zu diesem Zeitpunkt bereits fünf Monate in Ettenheim (GLA 138-83, 13r)

[49] GLA 138-83, 46r/v, 49v-50r; Bereits seit vier Monaten war in Ettenheim das Gerücht bekannt, daß ein Feldwebel des Regiments Bourbonnais abgesandt worden sei, um den Kardinal zu ermorden (GLA 138-83, 6v-7r, 13r/v), und d'Espiard gestand später, daß er sich durch seine Unvorsichtigkeit selbst weitgehend verdächtig gemacht habe (GLA 138-83, 32r). D'Espiards Erscheinung wird als schlank, von mittlerer Größe, mit schwarzen, in einem Zopf gebundenen Haaren, braungebranntem Gesicht, grauen Augen, länglicher Nase und recht starkem schwarzem Bart beschrieben. Seine Kleidung bestand aus einem braunen, grün gefütterten Rock, einem weißen Halstuch, schwarz-weiß gestreiften Hosen, weißen Strümpfen, Schuhen ohne Schnallen und einem großen, runden, grün gefütterten Hut (GLA 138-83, 75r).

[50] Vgl. hierzu Anm.[49]

[51] Der 37jährige Katholik Carl Hyacint Chevalier de Duvailler, wohnhaft

ling zwei Kameraden zur vorläufigen Beobachtung übergab[52].

De Duvailler, dem d'Espiard ebenfalls verdächtig schien[53], erfüllte dennoch dessen beständiges Bitten, mit Mirabeau persönlich sprechen zu können, indem er den General über den Verdächtigen informierte und auf Anweisung des Vicomte d'Espiard nach seinen Wünschen befragte. Wenig später kam es zu einer Unterredung zwischen Mirabeau und d'Espiard, nach der der General, alle Verdächtigungen zurückweisend, d'Espiard in Freiheit setzte und seine Aufnahme unter die Freiwilligen veranlaßte[54].

Quartiermeister Simmonaire hatte den Auftrag erhalten, den Franzosen auf ein Jahr in Militärdienst zu nehmen[55]. Doch während man im Korps der Freiwilligen dem Neuankömmling die übliche Achtung entgegenbrachte[56], war Duvaillers Verdacht - durch angebliche Widersprüche in den Formulierungen des jungen Franzosen genährt - nicht gewichen, so daß er zwei Personen damit beauftragte, d'Espiard zu beschatten[57]. Einer von ihnen, Franz Simonet[58], erfuhr dabei, als er an diesem Samstagabend, 31. Juli, mit dem Verdächtigen in der Ettenheimer Sonne ein paar Gläser

---

in Toul in Lothringen, befand sich zu diesem Zeitpunkt seit vier Monaten in Ettenheim. (GLA 138-83, 6v)

52 GLA 138-83, 7r, 14r

53 GLA 138-83, 6v-7r

54 GLA 138-83, 7r/v

55 GLA 138-83, 14r/v; Julian erklärte bei der Einschreibung, daß er Offizier beim Regiment Bourbonnais gewesen sei und d'Espiard heiße. Mit diesem Namen unterschrieb er und belegte diese Angaben mit Urkunden aus seiner Brieftasche (GLA 138-83, 14r/v). Daß er nicht - wie angeblich von der Straßburger Municipalität empfohlen - mit Testard unterzeichnete, liegt - so behauptet d'Espiard - daran, daß er seinen Offiziersstand so leichter zu belegen hoffte. Erst bei Mißglücken seines Vorhabens wollte er sich des Decknamens bedienen (GLA 138-83, 32r, 66v-67r).

56 GLA 138-83, 22r

57 GLA 138-83, 7r-8r

58 Der 21jährige Franz Simonet aus Versailles brachte bereits ein halbes Jahr in Ettenheim zu. (GLA 138-83, 16r)

Wein trank, daß d'Espiard mit dem Straßburger Maire Schwierigkeiten bekommen habe, zwar Offizier gewesen wäre, sein Amt jedoch durch diesen verloren habe. Acht Tage sei er im Gefängnis gewesen, bis er endlich den Weg nach Ettenheim hätte einschlagen können und dabei noch zu einem Umweg von 76 Stunden gezwungen worden sei. Simonet fiel auf, daß der Verdächtige einen verwirrten Eindruck machte und ihm ins Gesicht zu sehen vermied[59].

Als sich Johann König[60], der in der Zwischenzeit die Sonne betreten und dem unbewaffneten Simonet, sich heimlich mit einer Waffe zu versehen geraten hatte, zu d'Espiard gesellte, versuchte letzterer, während Simonet das Lokal verließ, zu erfahren, ob der Kardinal zu Hause oder ausgefahren sei, auch ob er in großer Begleitung wegzufahren und dabei die Grenzen seiner Herrschaft zu überschreiten pflege[61]. Wieder zurückgekehrt nahm auch Franz Simonet an der sich nun entwickelnden lebhaften Unterhaltung teil. D'Espiard versuchte weiter in Erfahrung zu bringen, ob die Freiwilligen freien Zutritt zum Kardinal hätten, und erhielt die Antwort, daß nur Offiziere in das Schloß gelassen würden, worauf der ehemalige Offizier äußerte, ebenfalls vorgeführt werden zu wollen. Auf die verwunderte Rückfrage, ob er denn den Kardinal kenne, gestand d'Espiard, daß dies nicht der Fall sei, er ihn jedoch gerne kennenlernen würde[62], wobei er beiläufig erwähnte, den General Mirabeau alleine sprechen zu müssen, und selbiges im Laufe des

---

[59] GLA 138-83, 16r-17v

[60] Johann Ignatius Benjamin König war 34 Jahre alt, katholisch und in Colmar verheirateter Bürger. (GLA 138-83, 44r)

[61] GLA 138-83, 44r-45r

[62] GLA 138-83, 16v-17r, 44r-45r

Abends nochmehrmals wiederholte. Dabei wurden Simonet und König gemeinsam mit den mittlerweile hinzugekommenen Herren Galland und Desprès Zeugen, wie der verdächtige Franzose plötzlich den Seufzer ausstieß:

"Wenn ich nur einen gewüss(en) Menschen Neun stund von hier hätte...[63]"

D'Espiard geriet bei der Frage, wen er denn meine, in Verwirrung, bemerkte dann nach einiger Zeit, daß er auf den Maire von Straßburg anspiele, den er ermorden wolle, wenn er seiner habhaft werden könne[64].

Die Ereignisse begannen sich nun zu überstürzen. Desprès warf ein, daß nur ein niederträchtiger Mensch einen anderen ermorden wolle, d'Espiard verlor seine Fassung völlig, seufzte immerfort, rang nach Luft, wurde blaß und schlug schließlich einen Spaziergang vor. Diesem Vorschlag folgend traf man unterwegs auf Leonard Pfister, der um diese Zeit mitten in seinen Bemühungen stand, als Regimentsmetzger angenommen zu werden, und d'Espiard versuchte anscheinend einige Worte mit ihm zu wechseln, was König durch sein Hinzutreten verhinderte, so daß Julian dem Schweizer lediglich laut zurief, daß es sich um einen guten Militärdienst handele und Pfister sich doch auch anwerben lassen solle. Der Metzger antwortete nicht und ging seines Weges[65].

Während auch die kleine Gruppe Soldaten weiterging, sprach d'Espiard erneut davon, daß er Offizier im Regiment Bourbonnais gewesen sei, sich nun allerdings nur unter die Volontairs habe eintragen lassen, weil ihm nicht ausreichend Geld zur Verfügung stehe. Aus diesem Grund habe

---

[63] GLA 138-83, 44v-45r
[64] GLA 138-83, 44v-45r
[65] GLA 138-83, 45r/v

er bereits in Freiburg um Kriegsdienste nachgesucht[66]. Daß d'Espiard im Besitz eines Offizierspatentes sei, stieß bei den Soldaten jedoch auf wenig Glauben. Franz Simonet nahm den Verdächtigen daher nach dem Spaziergang mit in sein Zimmer und aß dort gemeinsam mit ihm zu Nacht, bevor de Duvailler, dessen Verdacht sich immer mehr zu erhärten schien, vorbeikam, um die Papiere des Neuankömmlings an sich zu nehmen und die Anweisung zu erteilen, denselben vorsorglich die Nacht hindurch in seinem Zimmer beobachten zu lassen[67]. Auch am darauffolgenden Sonntag blieb der junge Franzose keinen Augenblick unbewacht. Am Sonntag Nachmittag hatte beispielsweise Carl Lion[68] den Befehl erhalten, ein wachsames Auge auf denselben zu haben, obwohl er sich bislang ruhig verhalten hatte. Dann jedoch begann d'Espiard mit einigen Kameraden der Kompanie zu trinken, zog gegen Abend in offenbar angetrunkenem Zustand die Uniform an und begab sich vor das Haus, in dem er untergebracht war. Lion will dabei Vorbereitungen zur Desertion bemerkt haben[69], rief ihn laut an und hielt ihn zurück, wogegen d'Espiard heftig protestierte. Er habe keine Bewachung nötig, sei zuvor Offizier unter dem Regiment Bourbonnais gewesen und ließe nicht so mit sich umgehen. Dessen unbenommen nahm ihn Lion vorübergehend fest und erstattete Anzeige bei de Duvailler, der wiederum Noel de Pyrault und Joseph de Borie[70] verständigte und sich gemeinsam mit diesen in

---

[66] GLA 138-83, 45v

[67] GLA 138-83, 16r-17v

[68] Carl Lion aus Dijon war 34 Jahre alt und befand sich seit zwei Monaten in Ettenheim.(GLA 138-83, 14v)

[69] GLA 138-83, 14v-15r

[70] Noel Abraham Joseph de Pyrault, 26 Jahre, katholisch und aus Besançon stammend befand sich seit 6 Wochen in Ettenheim (GLA 138-83, 9v), ebenso wie der 22jährige aus Valences im Dauphinè stammende Katholik Joseph Maria Desideratus, Chevalier de Borie (GLA 138-83, 11r).

den Raum begab, in dem d'Espiard festgehalten wurde. Erneut wurde dem Verdächtigen durch Duvailler vorgeworfen, daß sein Verhalten nicht dem eines Offiziers entspreche und man daher nicht glaube, in d'Espiard einen solchen vor sich zu haben. Noch einmal protestierte dieser aufs heftigste, wollte seinen Kopf darauf verwetten, daß er wirklich Offizier, in La Fleche erzogen worden sei und d'Espiard heiße[71], brach jedoch nach einigem Zureden und der eindringlichen Mahnung, die Wahrheit anzugeben, in Tränen aus und seufzte: er sei ein verlorener Mensch, ein Elender, ein Verbrecher, er wäre im Club zu Straßburg gewesen und hätte dort viel Geld versprochen bekommen, dürfe jedoch weiter nichts sagen[72]. Daraufhin ließ man ihn einige Zeit in Ruhe und brachte ihn in ein abgesondertes Zimmer[73], bevor man ihn scharf und wohl auch recht unorthodox verhörte. Da man ihm zu erkennen gab, daß man ihn für nichts anderes als einen Spion halte, verlegte sich Julian d'Espiard, der keine andere Möglichkeit mehr sah, darauf, mehr oder minder Wahres zu bekennen[74].

Erst am darauffolgenden Morgen - man hatte sich zunächst damit begnügt, dieses 'Geständnis' anzuhören -, nachdem der Delinquent geschlafen und ein Frühstück - jedoch keinen Wein, Bier oder sonst ein berauschendes Getränk, wie eifrig beteuert wurde[75] - zu sich genommen hatte, vernahm man denselben noch einmal zu den bereits angegebenen Punkten und verfaßte eine 'Declaration'[76], in der d'Espiard folgendes zu Protocoll gab:

---

[71] GLA 138-83, 8r/v, 9v-10r, 15v
[72] GLA 138-83, 10r/v, 11v, 15v
[73] GLA 138-83, 10r/v, 11v, 15v
[74] GLA 138-83, 8v, 10v, 12r, 35r/v
[75] GLA 138-83, 8v, 10v, 12r, 35r/v
[76] GLA 138-83, 3r-4v

Als erstes habe ihn die Municipalität zu Straßburg gedungen, nicht nur die Handlungen des Kardinals auszuspionieren, sondern ihn sogar zu ermorden, alsdann habe man ihm gleichzeitig aufgetragen, sich über die Ettenheimer Truppen zu informieren und dieselben zur Desertion zu bewegen. Als drittes gestand er, daß er bei allen in Frankreich vorgefallenen Unruhen auf Befehl der vom Herzog von Orleans bezahlten Leute eine Rolle gespielt habe. So sei er am 5. und 6. Oktober 1790 bezahlt gewesen, sich in Frauenkleidung zu verstecken, zu bewaffnen und den König von Frankreich mitsamt der Königin zu ermorden. Zu Marseilles wäre er an der Ermordung des 'Herrn Boffet' beteiligt gewesen, und während der Unruhen in Nancy habe er sich ebenfalls in der Stadt befunden, sei in der Gesellschaft derjenigen gewesen, die den Herrn de Borie zu Lyon ermorden wollten, und wisse darüberhinaus noch viele die damalige Zeit betreffende Umstände anzugeben, da er überall selbst dabei gewesen sei[77].

Nach erfolgter Niederschrift dieser Angaben unterzeichnete der Delinquent mit 'Testard', und behauptete fortan, in Givry bei Chalons sur Saone in Burgund geboren zu sein[78].

Mit der Annahme dieses falschen Namens, durch den d'Espiard nach eigenen Angaben seine Familie zu schützen suchte[79], begann die Reihe der Unglaubwürdigkeiten und Widersprüche in diesem 'außergerichtlichen Protokoll'. D'Espiard scheint am Sonntag Abend durch den Alkoholgenuß des Nachmittags in einem nicht voll zurechnungsfähigen Zustand gewesen zu sein, scheint durch Angst und Furcht in völlige Verwirrung geraten zu sein; ein Zustand, der sich

---

[77] GLA 138-83, 1r-2v, 3r-4v
[78] GLA 138-83, 1r-2v, 3r-4v
[79] GLA 138-83, 67r

auch am anderen Morgen wenig geändert zu haben schien, zumal man den Verdächtigen anscheinend immer wieder fragte, ob er dies oder jenes getan habe, und er nur 'Ja' zu sagen brauchte[80].

Doch so ungesichert diese Deklaration in ihrem Wert war, so rasch und bereitwillig wurde das außergerichtliche Protokoll des Julian d'Espiard, alias Testard, von der Propaganda aufgegriffen. Bereits nach wenigen Tagen war es im ganzen Reich und ganz Frankreich publiziert und bekannt[81].

5. Hochverratsprozeß im Ettenheimer Oberamt

Am 31. Juli wurde das Oberamt Ettenheim vom Fiscal Mylius von der Verhaftung des Testard unterrichtet[82], woraufhin am folgenden Tag die Verhörung von Zeugen angeordnet[83], Julian d'Espiard in gerichtliche Haft gebracht und durchsucht wurde[84].

---

80 GLA 138-83, 41v; wir haben bereits an anderer Stelle gesehen, wie das Ettenheimer Militär mit Verdächtigen umzugehen pflegte (vgl. Kapitel 3 Abschnitt VIII). Dabei scheinen die Soldaten in ihren Annahmen bestätigt worden zu sein, da Julian d'Espiard einigemale Dinge anführte, die er durch Gerüchte erfahren hatte, die Duvailler, de Borie, Pyrault und Lion jedoch unbekannt waren (GLA 138-83, 9r/v, 10v). Zu denken gibt auch die Tatsache, daß d'Espiard nach Unterzeichnung des Protokolls heftig zu weinen begann (GLA 138-83, 71r).

81 'Annales Monarchiques, philosophiques, et Litteraires' vom 2. September 1791, Nr. 183; 'Hamburgische Staats und Gelehrten Zeitung' vom 2. September 1791; 'Hanauer Zeitung' (GLA 138-83, 166v) "Überhaupt hat man sich alle Mühe gegeben dieses angebliche Verhör in den mehresten Zeitungs Blättern Teutschlands bekannt zu machen" (GLA 138-83, 166v)

82 GLA 138-83, 1r-2v

83 GLA 138-83, 5v

84 GLA 138-83, 6r; bei dieser Gelegenheit wurde ein Verzeichnis seiner Habe erstellt. Neben etwas Bargeld fand sich ein weißes Schnupftuch mit den Initialen J. und D., vier weiße Krägen, von denen

Noch bevor die eigentliche Untersuchung begann, kam es anscheinend zu einer Unterredung zwischen dem Beschuldigten und dem Kardinal. Man berichtete von der Zusicherung, daß keine Todes-Strafe verhängt werde, wenn der Franzose die Wahrheit bekenne. Auch war d'Espiard während der folgenden Verhöre, die sich vom 3. bis 17. August hinzogen, gut untergebracht und wurde sogar von der Hofküche aus versorgt[85].

Landvogt von Bruder mit Oberamtsverweser Stuber, sowie Amtsschultheiß Müller, Stadtrat Hog und Fiscal Mylius standen der Untersuchung vor, während Xaver Sartori das Protokoll verfaßte. Die Beteiligten, die Herren de Duvailler, de Pyrault, de Borie, Simmonaire, Lion, Simonet, König, Driquet und Blank, wurden der Reihe nach mit Eid belegt und vernommen, und, da der größte Teil von ihnen der deutschen Sprache kaum mächtig war, Amtmann Stoll und der Kaufmann Laible als Dolmetscher hinzugezogen.

---

zwei ebenfalls die besagten Buchstaben trugen, ein altes, schwarzes, seidenes Halstuch, eine alte weiße Schlafmütze, ein schwarzes Hutband mit Schnallen, ein leinenes und seidenes Kopfband, ein paar zinnene Schuhschnallen, ein paar stählerne Hosenschnallen, eine Kleiderbürste, ein Schlüssel und das Offiziersschild mit dem Königl. Französischen Wappen. In einem gesonderten Beutel trug der Arrestant neben weiteren Kleidungsstücken seinen Offiziersdegen mit sich (GLA 138-83, 78r/v, 80r/v).
Julian d'Espiard beklagte sich darüber, daß bei der Prozedur ein paar Überstrümpfe, zwei paar 'florentseidene' Strümpfe und ein Hemd verloren gingen (GLA 138-83, 78v).
Unter den zahlreichen Schriftstücken haben sich folgende bedeutsame erhalten: Taufschein vom 9. Januar 1766, Anstellungspatent als 'Unterlieutenant' (10. Februar 1783), eben dasselbe vom König unterschrieben vom nämlichen Datum, Anstellungspatent als 2. 'Lieutenant' (3. Juli 1787), Abschied vom 22. Juli 1791 und ein Verzeichnis einiger in Mömpelgart zurückgelassener Dinge (GLA 138-83, 80v).

[85] GLA 74-6283, 113v

Der Befragung des angeblichen Attentäters wurde selbstredend eine besondere Aufmerksamkeit beigemessen, wie die insgesamt 170 Fragen[86], vermehrt um die Gegenüberstellung mit verschiedenen Zeugen belegen.

Doch das Bild des Julian d'Espiard bleibt widersprüchlich und lückenhaft. Mit einiger Mühe läßt sich der Verlauf des gesamten Vorfalles aus den Prozeßakten wie oben geschehen rekonstruieren[87]. Das Ettenheimer Oberamt mußte demnach den Eindruck gewonnen haben, daß d'Espiard sich lediglich zu dem Zweck unter die Mirabeausche Legion hatte anwerben lassen, um - nach eigenen Aussagen - den Auftrag Rohan zu ermorden, einfacher vollziehen zu können[88].

---

[86] GLA 138-83; die an Pfister gerichteten Fragen sind hier mitgezählt worden.
Leonard Pfister hatte Ettenheim, nachdem man ihm zu verstehen gegeben hatte, keinen Regimentsmetzger zu benötigen, seinem ursprünglichen Vorhaben getreu in Richtung Lahr verlassen, um bei einem Bekannten Arbeit zu finden. Da er diesen dort nicht mehr antraf und ihm das Geld auszugehen drohte, beschloß er, sich in Ettenheim anwerben zu lassen, wurde dort jedoch als Verdächtiger scharf beobachtet und schließlich, vermutlich wegen eines beiläufigen Grußes von d'Espiard, den Pfister ohne von dessen Verhaftung zu wissen, erwiederte, inhaftiert. (GLA 138-83, 13v, 17v-52v, bes.50r/v)

[87] Dies wird durch die Tatsache, daß d'Espiard nach anfänglichem Leugnen letztendlich - bis auf die abenteuerlichen Angaben des außergerichtlichen Protokolls über etwaige Aktivitäten während der französischen revolutionären Unruhen - gesteht, begünstigt (vgl. GLA 138-83, besonders die Zeugengegenüberstellungen). Selbstverständlich erfuhren die umliegenden Herrschaften recht bald, daß jenes Anfang August veröffentlichte 'außergerichtliche Protokoll' nicht der Wahrheit entsprach (GLA 74-6283, 113r); 'Despinal', nicht 'Destard', heiße der Ettenheimer Gefangene, meldete von Blittersdorf nach Karlsruhe (GLA 74-6283, 113r).

[88] Wir haben heute nicht mehr die Möglichkeit, die Redlichkeit des Verhöres in allen Punkten nachzuprüfen, obschon an keiner Stelle des Prozesses der Eindruck entsteht, als hätten sich die Verantwortlichen nicht um die Wahrheitsfindung bemüht. Inwieweit man allerdings bereits so voreingenommen war, daß man die Beschuldigung der Straßburger Municipalität nur allzugerne als begründet annahm, entzieht sich unserem Beurteilungsvermögen. Die

Nachdem die Tatumstände allmählich deutlicher wurden, entzog man dem Angeklagten das bis zum 12. August gewährte gute Essen und Bett, legte ihn in Ketten und verschaffte ihm ein Strohlager für die Nachtruhe[89]. Der von den Ergebnissen der Untersuchung unterrichtete Kardinal beschloß zur Abfassung des Urteils in Ettenheim ein eigenes 'provisorisches Collegium iuridicum' einzusetzen[90]. Am 22. August ergingen Schreiben an den Oberamtsrat Schmid von Seelbach, Amtmann Reich von Ettenheimmünster und Franz Joseph Stuber in seiner Eigenschaft als 'Freiherrlich Ehrtalischer Amtmann' nach Offenburg[91]. Da sich nur Reich und Stuber mit der Berufung in diese Kommission einverstanden erklärten[92], wurde zusätzlich Oberamtsrat Josef Solf von Oberkirch angegangen[93], wonach das Collegium iuridicum unter der Leitung von Hof- und Regierungsrat Nicolaus Franciscus de Heille - einzigem Vertreter der ehemaligen Zaberner Regierung in Ettenheim - am 29. August 1791 die Arbeit aufnahm[94]. Aus dem erneut von Xaver Sartori verfaßten Protokoll läßt sich entnehmen, daß man sich auch nach eingehender Bearbeitung des Untersuchungsmaterials nicht in der Lage sah, ein Urteil zu fällen, weshalb man dem Oberamt nahelegte,

---

folgenden Ereignisse sind nicht dazu geeignet, die Position des Ettenheimer Oberamtes durchsichtiger erscheinen zu lassen.

89 GLA 74-6283, 74r

90 In der Nachbarschaft hatte man vermutet, da die Akten nicht wie üblich an die fürstbischöfliche Regierung in Zabern gesandt werden konnten, daß man sie der Universität Freiburg zur Abfassung des Urteils zukommen lassen würde (GLA 74-6283, 74r).

91 GLA 138-83, 120r/v

92 Schmidt, dem die Brisanz der Angelegenheit bewußt war, benutzte allerlei Vorwände, um der Berufung zu entgehen (GLA 138-83, 121r-124v).

93 GLA 138-83, 128r-129r; in der vermutlich auf den 22. August 1791 zurückdatierten Urkunde, mit der der Kardinal das 'Collegium iuridicum' konstituierte, ist bereits sein Name erwähnt (GLA 138-83, 128r-129r; vgl. GLA 74-6283, 113r/v).

94 GLA 138-83, 125r-127r

zunächst die Straßburger Seite zu hören und gegebenenfalls eine Gegenüberstellung d'Espiards mit den von ihm beschuldigten Herren Dietrich, Levrault und Noisette zu veranlassen[95].

6. Straßburg contra Ettenheim

Am 31. August unterzeichnete Stuber, den Anweisungen der Kommission nachkommend, ein Schreiben an das Distrikt-Gericht zu Straßburg, worin selbiges, während Julian d'Espiard Ettenheim bereits am 30. August verlassen hatte, 'dienstfreundlich ersucht' wurde, den Maire Dietrich, Gemeindeprokurator Levrault und den Kaufmannssohn Noisette binnen 14 Tagen persönlich nach Ettenheim vor Gericht zu bringen[96].

---

95 GLA 138-83, 125r-127r

96 GLA 138-83, 131r/v; eine Gegenüberstellung in Ettenheim war demnach nicht mehr möglich. Am 3. August hatte der ehemalige Offizier, nachdem er noch einmal vernommen worden war (GLA 138-83, 193r-194v), Ettenheim in aller Stille in einem geschlossenen, von Offizieren bewachten Wagen verlassen, wobei man in Mahlberg annahm, daß der Gefangene nach Darmstadt gebracht werde (GLA 74-6283, 115r/v).
In Bühl machte man Station, ohne daß jemand den Wagen, in dem zwei Offiziere der Mirabeau'schen Legion den in Ketten gelegten Gefangenen bewachten, verlassen hätte, wechselte die Pferde (GLA 74-6283, 173r/v) und setzte die Fahrt in Richtung Waghäusel bei Philippsburg fort, wo d'Espiard einem Mainzischen Offizier übergeben wurde. Die Mirabeau'schen Offiziere kehrten umgehend nach Ettenheim zurück (GLA 74-6283, 173r/v, 175r/v), während der mutmaßliche Attentäter aller Wahrscheinlichkeit nach auf die Feste Königstein geführt wurde. In Bühl wie Rastatt war man der Überzeugung, daß er zu mehrjähriger Festungshaft verurteilt worden sei (GLA 74-6283, 175r/v).
Den Ärger der Karlsruher Regierung erregte die Tatsache, daß dieselbe nicht um die Erlaubnis für die Durchführung des Gefangenen durch badisches Gebiet gefragt worden war, von all dem auch erst am 12. September durch das Oberamt Yberg erfuhr (GLA 74-6283, 173r/v). Oberamtsrat Solf informierte die Karlsru-

Selbstverständlich erschienen die drei Straßburger nicht. Dahingegen traf ein auf den 8. September datiertes Schreiben der Municipalität gemeinsam mit einer gedruckten Abhandlung ein, in denen heftig gegen die Anschuldigungen, insbesondere gegen diejenigen des veröffentlichten 'außergerichtlichen Protokolls' vom 1. August, protestiert wurde[97]. Am 15. September erschien daraufhin das 'Schreiben des Hofraths und Oberamtsverwesers Stuber in Ettenheim, an die Munizipalität zu Strasburg', in dem einige Mißverständnisse richtig gestellt wurden und vor allem gegen die Meinung, daß die Ettenheimer Obrigkeit die Abfassung des erwähnten Protokolls begünstigt habe, angegangen wird. Stuber betonte darüber hinaus, daß man d'Espiard ordentlich vernommen habe[98], und verfaßte ferner ein in der 166. Nummer der 'Frankfurter Kaiserl. Reichs=Ober=Post=Amts= Zeitung'[99] veröffentlichtes 'Avertissement des Hoch-

---

her Beamten später in Ottersweier darüber, daß den Offizieren eine 'offene Requisition' mitgegeben worden sei, die nach Ansicht der Ettenheimer Verantwortlichen das Einholen einer förmlichen Durchführungserlaubnis unnötig machte. Die Soldaten machten von diesem Schreiben, dessen Entwurf erhalten geblieben ist (GLA 138-83, 130r), jedoch keinen Gebrauch, um etwaige Verzögerungen des Transportes zu vermeiden, zumal bei der großen Menge Kutschen und Reisender, die Tag und Nacht die an der Landstraße gelegenen Ortschaften passierten, ihr Gefährt kaum auffiel (GLA 74-6283, 174r/v).

97 GLA 138-83, 134r-137r; daß in Ettenheim mittlerweile bekannt war, daß der vermeintliche Attentäter nicht 'Tassart' oder ähnlich, sondern d'Espiard hieß, scheint bis zur Straßburger Municipalität, ebenso wie die weiteren Ergebnisse der Untersuchung aus der ersten Hälfte des Monats August, nicht durchgedrungen zu sein. Die Straßburger Schriften beriefen sich ausschließlich auf das 'außergerichtliche Protokoll'.

98 GLA 138-83, 140r-141v

99 Stuber hatte vergeblich versucht, das 'Avertissement' auch in Freiburg und Offenburg zur Veröffentlichung zu bringen, erreichte jedoch nur den Abdruck in der genannten Zeitung vom (17. Oktober 1791) und möglicherweise auch in der 165. Nummer vom 15. Oktober 1791 (GLA 138-83, 153r).

fürstlich Bischöflich Straßburgischen Oberamtes Ettenheim', durch welches der Maire Dietrich, der Gemeindeprocurator Levrault und Caspar Noisette vorgeladen wurden. Nach Verstreichen einer vierzehntägigen Frist wollte man die drei Beschuldigten als ihres Verbrechens überführt und geständig betrachten[100].

In Straßburg, das diesen öffentlichen Angriff nicht schweigend hinnehmen konnte[101], reagierte man am 20. Oktober, an dem Tag, an dem die Straßburger Behörden von dieser Zeitungsnotiz erfuhren, mit einer 'Nichtigkeitsbeschwerde', die besonders auf das schändliche Betragen d'Espiards im Mai des gleichen Jahres verwies. Johann Gottfried Scheid, Notar aus Kehl, hatte den Auftrag, diese 'querelam nullitatis' zu unterbreiten und die Antwort nach Straßburg zu überbringen[102].

Aus diesem Grund begab er sich am Montag, 22. Oktober 1791 nach Ettenheim, ließ seinen Wagen außerhalb des Stadttores halten und ging mit seinen Zeugen zum Wohnhaus des Amtmanns Stuber. Da derselbe nicht anwesend und Scheid von einer Magd an den Landvogt Bruder verwiesen worden war, eröffnete er diesem seinen Auftrag und unterbreitete das Requisitionsschreiben in beglaubigter Abschrift, dessen Annahme Bruder verweigerte, indem er die Behauptung aufstellte, nur Stuber sei in dieser Angelegenheit zuständig. Noch einmal begab sich Scheid

---

[100] GLA 138-83, 144r-145r, besonders 145r

[101] Kurz nach Bekanntwerden der Vorladung erschien ein in deftiger Sprache gehaltenes Flugblatt, das eindeutig auf diesen Umstand anspielte und den Straßburger Bürgermeister lächerlich machte. (GLA 74-6284, 62r, 67v)

[102] GLA 138-83, 151r-154r; über die Ausführung seines Auftrages sind wir durch einen ausführlichen Bericht von Straßburger Seite unterrichtet, der umso glaubwürdiger ist, als ihn das Mahlberger Oberamt in seinem Schreiben an die Karlsruher Regierung indirekt bestätigte (GLA 74-6284, 71v-72r; wir folgen GLA 138-83, 168r-173r).

Auszug

aus den

Berathschlagungen der Munizipalität der Gemeine von Straßburg,

Vom 6ten September 1791.

Nachdem der Munizipalität eine Zeitschrift, betitelt: Monarchische, Philosophische, Politische und Litterarische Annalen, Nro. 183 unter der Tages-Anzeige vom 2ten dieses Monats vorgelegt worden, worinn sich das vorgebene Interrogatorium eines Namens Tassard, welcher den 30 Julius 1791 zu Ettenheim angehalten worden, befindet und mit folgenden Unterschriften versehen ist: Chevalier du Vallier, der Chevalier von Borie, der Vikomte von Mirabeau; Und auf Ersehen der 136ten Numer des Frankfurter Journals in teutscher Sprache, worinn das nemliche Interrogatorium enthalten ist;

Hat die Munizipalität erwogen, daß die sowol ihr als dem Maire, Gemein-Prokurator und andern Bürgern in diesem Interrogatorium aufgebürdete Absicht, als hätten sie jemanden abgesandt, um eine Mordthat auszuüben, zu den niederträchtigen Verläumdungen, zu den sträflichen und geheimen Anschlägen gehöre, welche sich die Feinde des Vaterlands erlau-

A

ben, um die Achtung und das Zutrauen zu schwächen, welche die Vorgesezte des Volks geniessen; daß wenn die Munizipalität von Straßburg — welche so unverschämter Weise angeklagt wird, als wolle sie das Leben des Hrn. von Rohan durch Mörder in Gefahr sezen — ihn als einen Feind des Vaterlands, als einen Störer der öffentlichen Ruhe angezeigt hat — sie das weitere der Strenge der Geseze überlassen, und mit allen guten Bürgern die lächerlichen Zurüstungen und komischen Bemühungen des Hrn von Rohan und des Hrn. Mirabeau verachte, welche beide in ihrem bedaurenswürdigen Wahne sich sogar unterfangen, jener großen Nation zu drohen; daß man sich aber niemals anderer Waffen gegen sie bedient, als derjenigen, welche das Gesez zur Strafe der Rebellen und der Verräther vorschreibt; weil nur feige, niederträchtige oder durch Verrath irregeführte Menschen im Stande sind, mit mörderischen Gedanken schwanger zu gehen, oder dieses Vorhaben andern anzudichten.

Nachdem aber die Munizipalität das vorgegebene Interrogatorium mit Aufmerksamkeit durchgelesen, so entdekte sie sogleich unter dem sogenannten Tassard einen Hrn. Espiard, ehemaligen Offizier unter dem dreizehnten, ehemals Bourbonnois genannten, hier in Garnison liegenden Regiment, welcher auf ihr Begehren von dem nemlichen Regiment, als ein schlechter Mensch, nach zwei Polizei-Urtheilen, welche seine Ausschweifungen geahndet und bestraft haben, ausgeschlossen worden.

Da es nun in den Augen aller Rechtschaffenen und Unpartheilichen für die Munizipalität hinreichend gewesen wäre, wenn sie gegen die so lügenhafte und verläumderische Behauptungen sowohl des sogenannten Tassard als aller derjenigen, welche ihm sein Interrogatorium eingeflüstert haben, förmlich protestirt hätte, weil bei genauer Durchlesung der schändlichste Trug und die abscheulichste Eingebungen der Feinde der Freiheit und unsers Königreichs jedermann in die Augen fallen müssen; die Munizipalität aber sich es selbst und ihren Mitbürgern schuldig ist, die Verwegenheit des Schreibers zu rügen, welcher sich nicht allein zu einem feilen Werkzeug der Verläumdung brauchen ließ, sondern sie auch durch die Aeußerung seiner persönlichen Meinung über so gewagte Thatsachen vermehrt, indem er in einer Anmerkung sagt, daß sie wenigstens sehr wahrscheinlich seyen; und da die Preßfreyheit eine der grossen Wohlthaten ist, welche wir der Constitution verdanken, und es nothwendig und gesezmäßig ist, die Verwalter zu rügen, das Gesez aber ihre persönliche Moralität unter seinen Schuz nimmt, und nicht erlaubt, sie ungestraft zu verläumden, daher auch der Verfasser der monarchischen Annalen doppelt strafbar ist;

So hat die Munizipalität, um diese Frechheit ihrer gebührenden Strafe zu überliefern, deshalben schon beim Magistrat von Frankfurth ihre Klagen gegen die Kundmachung einer so schändlichen Schmähschrift, die unter seinen Augen erschien, angebracht, und überdies beschlossen, daß Hr. Schwendt, Deputierter dieser Gemeine bei der National-Versammlung gebeten, und bevollmächtiget werde, obgedachten Verfasser vor den gehörigen Richter zu belangen und belangen zu lassen, damit vorgemeldtes N°. 183 seiner Blätter wegen der darinn enthaltenen Verläumdung verboten und unterdrückt und er selbsten angehalten werde, seine Behauptungen zurücknehmen und zu widerlegen; auch solle Hr. Schwendt gebeten werden, diese Berathschlagung in alle öffentliche Blätter einrücken zu lassen.

Gegenwärtige Berathschlagung soll in beiden Sprachen gedrukt und an die Verwaltungs- und Gerichts-Stellen und Munizipalitäten dieses Departements, besonders aber an den Hrn. Stuber, Amtmann von Ettenheim geschikt werden, welcher die Kundmachung einer so abscheulichen Verläumdung scheint begünstigt zu haben.

Gegeben im Gemeine-Hauß zu Straßburg, den 6ten September 1791.

Unterschrieben: Dietrich, Maire; Saum, Wünderer, Pasquay, Thomassin, Hervé, Ottmann, Louis, Brackenhoffer, Lachausse, Munizipal-Beamte; Weber, Substitut des Gemeine-Prokurators; Rumpler, Sekretär.

A 2

Auszug aus der Munizipalität der Stadt Straßburg Polizey-Memoriali, vom Dienstag, den 17ten May 1791.

Auf die dem Hrn. Maire den 12ten gegenwärtigen Monats gethane Anzeigen, woraus ersichtlich, daß Hr. Julian Espiard, Offizier unter löbl. 13ten Regiment, ehedessen Bourbonnois genannt, der in einer von der Uniform seines Regiments verschiedenen Kleidung vorgeführet worden, sich an ermeldtem Tag in der Dom- und Münster-Pfarr-Kirche auf eine der Heiligkeit eines solchen Orts, und der der Wache, die ihn zu anständiger Aufführung angewiesen, schuldigen Achtung widrige Art betragen: des Hrn. Maire's, nach vorläufig eingezogener Erkundigung, daß die ermeldten Vergehens beschuldigte Person einen bekannten Wohnsiz habe, den nemlichen Tag ertheilte Erkanntniß, in deren Gefolg der Arrestat auf freyen Fuß gesezt, und die Sache vor die Munizipalität verwiesen worden: die Hrn. Espiard angelegte Citation; des Beklagten angehörte Verantwortung und Geständniß: der Deklaranten und Zeugen in Gegenwart des Beklagten eidliche Deklarationen und Aussagen, und in Erwägung, wie nothwendig seye, die Ehrfurcht, welche denen dem Gottesdienst gewidmeten heiligen Stätten gebühret, zu handhaben, und daß zu Erhaltung guter Ordnung diese Pflicht den Verwaltern noch mehr obliege, wann das Gesez alle Bürger jeden Glaubens-Bekanntnißes berechtiget, sich zu Ausübung ihres Gottesdiensts auf eine gesezliche Weise zu vereinigen, auch eben so nothwendig seye, die den Agenten der öffentlichen Gewalt schuldige Achtung zu erhalten, und des Gemeinde-Prokurators Requisition, hat das Municipal-Corps Erkannt:

Seye Hr. Julian Espiard wegen Vernachläßigung der Ehrfurcht, welche jedermann heiligen Stätten schuldig ist, und der Achtung, die der in der Domkirche zu Handhabung der Ordnung bestellten Wache gebührte, dessen sich derselbe den 12ten dieses in ermeldter Kirche schuldig gemacht, mit zweymal vier und zwanzig stündiger Gefängniß-Strafe zu belegen, und in die Kosten zu verfällen, sofort gegenwärtiger Spruch auf Hrn. Espiard's Kosten in beyden Sprachen zu drucken, und hundert Exemplarien gewöhnlicher Orten anzuschlagen.

Collationnirt,

Hermann, Sekretär-Adj.

Auszug aus den Registern des Polizei-Gerichts der Munizipalität der Gemeine von Straßburg, vom 11ten Julius 1791.

Auf Ersehen der in der Schreiberei der Mairie den 27ten Junius gemachten Anzeige, daß Hr. Espiard, Offizier des 13ten Regiments, ehemals Bourbonnois, den Tag zuvor empörische und respektwidrige Reden gegen die Nation, an einem öffentlichen Ort ausgestoßen, daß er auf die ihm gemachte Vorstellungen, in seinen Reden behutsamer zu seyn, sichs erlaubt, die ganze Nationalgarde zu beschimpfen, und den folgenden Tag diese nemliche Schimpfworte am nemlichen Ort wiederholt, weshalben ein hiesiger Bürger den Entschluß gefaßt, ihn anhalten zu lassen; und auf Ersehen der Requisition des Hrn. Maire vom nemlichen Tage an den kommandirenden Offizier der Linien-Truppen auf dem Posten des Parade-Plazes, gedachten Hrn. Espiard der Nationalgarde zu übergeben — der Antwort dieses kommandirenden Offiziers — des Befehls von Hrn. Maire an Hrn. Leorier Thurnwächter vom nemlichen Tag, kraft dessen ihm verboten worden, den Hrn. Espiard ohne einen Befehl der Munizipalität nicht aus dem Gefängnis zu lassen und bis er vom Hrn. Commandanten der Linien-Truppen der

Munizipalität überlassen worden, die ihn wegen Störung der öffentlichen Ruhe unter ihre Polizei begehrt hat. Nach Einsicht des Briefs von Hrn. Gelb, General-Commandanten der Linien-Truppen in den beiden Rheinischen Departementen vom 8ten dieses Monats an den Hrn. Maire, zufolg dessen Hr. Espiard wegen schlechter Reden gegen die Constitution und die Nationalgarde, gefänglich eingezogen worden, daher es auch nur allein der Munizipalität zukomme, von diesem blos bürgerlichen Vergehen Kenntnis zu nehmen, welcher er auch das Urtheil überlasse; welchem Hr. Gelb noch beisezte, daß Hr. Espiard seine militärische Strafe ausgestanden. Und nach Einsicht der Verordnung des Hrn. Maire vom nemlichen Tag, daß dem Gemeine-Prokurator alles dieses angezeigt und mitgetheilt werde, damit Hr. Espiard, auf sein Betreiben, vor das Polizei-Gericht gezogen werde. Endlich nach Einsicht der Vorladung des Hrn. Espiard auf Ansuchen des Gemeine-Prokurators, und des provisorischen Urtheils vom 9ten dieses Monats, kraft dessen dem Hrn. Espiard Abschrift der gegen ihn gemachten Anzeige ertheilt und vor einem Commissarius das Verhör sowol der Zeugen, die vom Gemein-Prokurator vorgeladen, und anderer, die er noch vorladen würde, als auch derer, welche Hr. Espiard zu seiner Rechtfertigung beibringen möchte, vorgenommen werden solle; nach geschehner Untersuchung und heutigem Bericht darüber, so wie nach angehörten Vertheidigungs-Mitteln des Hrn. Espiard und auf Ersehen des Polizei-Urtheils, welches den 7ten May jüngst über ihn ergangen, und wodurch er auf zweimal 24 Stunden in Arrest verurtheilt worden, weil er in der hiesigen Hauptkirche sich gegen die Ehrfurcht, die alle Menschen geheiligten Orten schuldig sind und gegen die Achtung verfehlt, welche den Beamten gebührt, denen die Handhabung der Ordnung in dieser Kirche aufgetragen ist: In Erwägung, daß Hr. Espiard aufrührische und respektwidrige Reden gegen die Nation und die Nationalgarde ausgestoßen, daß er, als er die Wache, welche ihn anhalten sollte, auf sich zukommen sah, einen Grenadier auffordern wollte, ihm zu helfen um sich widersetzen zu können, und daß er schon von dem Gericht gewarnt und gestraft worden; und in Erwägung, daß er sich die ganze Nacht vom 26ten auf den 27ten Junius jüngst Ausschweifungen überlassen, die einen Offizier sträflich machen, indem er die Nacht in einem öffentlichen Haus beim Trunke und mit Personen zugebracht, die ihm unbekannt waren; daß er in der nemlichen Nacht und den folgenden Morgen sich beleidigende Reden gegen seinen Obristen erlaubt; mit welchen Thatsachen sich noch nachtheilige Zeugnisse vereinigen, welche Offiziere seines Corps ihm geben; daß es in den wirklichen Umständen viel daran gelegen, die Führung der öffentlichen bewafneten Macht nur Männern anzuvertrauen, die durch ihren Patriotismus, ihre Klugheit und Mäßigung sich empfehlen und würdig sind, das Zutrauen derer zu verdienen, welche das Gesez ihnen untergeordnet hat; und nach angehörtem Antrag des Gemein-Prokurators und auf sein Gutachten Recht sprechend,

Hat das Munizipal-Polizey-Gericht den Hrn. Espiard auf acht Tage in das Gefängnis und in die Kosten verurtheilt, und verordnet, daß die Prozeß-Schriften den Commissarien der Nationalversammlung ohnverzüglich vorgelegt werden.

Collationnirt,

Hermann, Sekretär-Adj.

Gedrukt bey Ph. J. Dannbach, der Munizipalität Buchdrucker.

also zum Wohnhaus der Stubers und bat die Magd, das besagte Schreiben an Stuber weiterzuleiten, auch wenn - wie dieselbe einwarf - der Hofrat erst in einigen Tagen oder Wochen aus Wetzlar zurückkehren würde. Als die Magd den Brief entgegengenommen hatte - Scheid hatte das Haus noch nicht endgültig verlassen -, rief ihr Landvogt Bruder zu, sie solle ja nichts von dem Notar annehmen und ihm das Papier zurückgeben. Völlig verwirrt trug die Frau Scheid die Requisition nach und wußte sich, da dieser keine Anstalten machte, dieselbe wieder an sich zu nehmen, nicht anders zu helfen, als sie auf die Straße zu werfen, wo sie vorerst liegen blieb.

Während sich Scheid, unbeeindruckt von diesem Vorgang, mit den Zeugen seinem Wagen näherte, folgten ihm plötzlich, 'Arréte! Arréte! Arréte!' rufend, vier Mann des Mirabeau'schen Korps, woraufhin ihn einige Berittene vom Wagen abschnitten und auf Befehl des Landvogts festnahmen. Die Fremden wurden auf die mit Hessen-Darmstädtischen Soldaten besetzte Hauptwache geführt[103]. Scheid mußte Stock und Degen abgeben, erhielt jedoch vom wachehabenden darmstädtischen Unteroffizier die Zusicherung, mit geziemender Achtung behandelt zu werden, und wurde von Amtmann Stoll der zusammen mit Bruder in dieser Sache bei Rohan selbst vorgesprochen hatte, darüber informiert, daß dem Kardinal bewußt sei, daß Scheid nur seine Pflicht getan habe und der Arrest nicht mehr lange dauern würde[104].

---

[103] Unterwegs sollen die Festgenommenen mit beleidigenden Worten vom Landvogt Bruder erwartet worden sein (GLA 138-83, 169r)

[104] Stoll, der mit Scheid bekannt war, fragte den Notar:
"wie er sich habe unterstehen können, eine
Nichtigkeits Beschwerde des Herrn Dietrich
Maire von Straßburg zu insinuiren
da dieses eine odiose Sache seye -.
Er habe als Dolmetscher denen Verhören bei=
gewohnt, und der Espiard habe seine Aussagen
dreymal mit Thränen wiederholt, und deren

Schreiben

des Hofraths und Oberamtsverwesers Stuber in Ettenheim, an die Munizipalität zu Strasburg.

Vorbericht.

Die Munizipalität der Stadt Strasburg hat mir einen gedruckten Auszug aus ihrem Rathsprotokoll vom 6ten dieses durch Schreiben vom 8ten zugesendet.

Um zu beweisen, daß eine gewisse von dem allhier wegen attentierten Meuchelmorde peinlich einliegenden Julian von Espiard ausgestellte außergerichtliche Erklärung, welche dem zu Frankfurth heraus kommenden Journale: moralische, philosophische, politische, und litteralische Annalen betittelt, durch wen? ist unbekannt, einverleibet worden, eine verläumderische Schrift seye, füllt sie das gedachte Protokoll mit den schändlichsten Ausdrücken und Schmähungen gegen meinem Fürsten an; Sie dekretiret zugleich, daß mir solches zugesendet werden solle, weil es scheine, daß ich die Bekanntmachung der erwähnten angeblich verläumderischen Erklärung begünstiget habe, wiewohl sie in ihrem mir damal übermachten Schreiben zweifelt, daß meine Denkungsart etwas mit der Sache zu thun habe.

)(

Dieses Schreiben ist nicht gedruckt, aber das Protokoll vom 6ten September ist es. Ich bin also genöthiget meine so leichterdings und öffentlich gekränkte Ehre gleichfalls vor den Augen der Welt zu retten, sonach meine Antwort auf das Schreib[illegible] der Munizipalität dem Drucke, die Entscheidung der Sache aber dem unbefangen und gerechten Publikum zu überlassen.

P. P.

Ich nehme keinen Anstand Euer Wohl- und Hochedelgebohrne meine Meynung über das unterm 8ten dieses an mich erlassene Schreiben, und den damit überschickten Auszug aus ihrem Rats[illegible]otokolle zu eröffnen.

Weder ich, noch das hiesige Oberamt, woron ich blos ein Mitglied bin, haben die Bekanntmachung der von einigen französischen Offizieren unterschriebenen außer gerichtlichen Erklärung des sogenannten Destard oder vielmehr d'Espiard, welche von Euer Wohl- und Hochedelgebohrnen mit dem Namen eines verläumderischen Schreibwerkes beleget worden, veranstaltet, oder begünstiget; Soviel ist aber gewiß, daß Herr von Espiard von der Behörde wirklich einvernommen worden, und daß sein Verhör einen wesentlichen Theil des nach Vorschrifft der Reichsgesetzen gegen denselben instruirten Criminal-Prozesses ausmache. Ich kann nicht begreifen, wie man Euer Wohl- und Hochedelgebohrne keine Nachricht von dem in dieser Sache ergangenen Vorurthel ertheilet habe, welchem zufolge das dortige Distrikt-Gericht bereits unterm 31ten vorigen Monats requiriret worden, die Herrn Maire Dietrich, Gemeinde Prokurator Levrault, und Noisette den Sohn vor allhiesiges Oberamt zustellen, damit Sie über die ihnen zur Last liegende Anzeigen gehörig einvernommen und mit dem Inquisiten konfrontiert werden mögen. Der ihnen hierwegen anberaumte Termin gehet wirklich zu Ende, und nach dessen Umfluß kann sich das Oberamt nicht entbrechen, auch die weiter vorgeschriebenen Formalitäten zu beobachten, mithin dieselben durch öffentliche Ladung vorzurufen, und im widermaligem Nichterscheinungs-Falle in Contumaciam zu verurtheilen. Unmöglich kann ich mir einbilden, daß Euer Wohl- und Hochedelgebohrne den mir zugemittelten Rathsschluß in der Absicht gefaßt, um den gewöhnlichen Gang der Gerechtigkeit dadurch zu durchkreuzen, und die vollständige Untersuchung einer Sache zu verhindern, deren Aufklärung doch den erwähnten Personen nothwendigerweis am Herzen liegen muß. Finden dieselbe sich unschuldig, so haben sie hier die beste Gelegenheit ihre Unschuld vor den Augen des Publikums bekannt zu machen; sind sies nicht, so können Rathschlüsse von der Art, wie der mir Zugesendete sie gewiß nicht von einem Verdachte retten, den das Uebermaß der hierbei gebrauchten Vorsicht vielleicht nur noch mehr bestättiget.

Uebrigens kann ich mein Erstaunen darüber nicht bergen, daß ich unter den Unterschriften des gedachten Rathschlußes sowohl, als des mir zugegangenen Schreibens auch den Namen der hierbei vorzüglich intereßirten Person erblicken müße. So wie mir, und jedem Unbefangenen die besondere Anhänglichkeit gewiß auch auffallend ist, womit Euer Wohl- und Hochedelgebohrne sich um alles was die Ehre ihres Chefs betrifft, annehmen, so zwar, daß sie jedermann, der ihn beschuldiget, sogleich für einen Feind der Krone Frankreichs erklären. Ich bin weit entfernet, diese nicht gewöhnliche Ergebenheit zu tadeln, aber erlauben mir Euer Wohl- und Hochedelgebohrne dann auch, daß ich, der die Ehre hat ein beamter Sr. Hochfürstlichen Durchlaucht und Eminenz, des Herren Kardinal Prinzen von Rohan, Fürstbischofs zu Strasburg zu seyn, ihnen nicht verhalte, wie sehr ich mich über die Unanständigkeit zu beklagen Ursach habe, womit eine Municipalität sich erkühnt von einem Fürsten zu sprechen, dem ich nicht allein Pflichten und Standeshalber, sondern auch aus wahrer Ehrfurchtsvollester Devotion meine Dienste gewidmet habe: niemalen hätten sie vergessen sollen, daß der, welchen sie so ganz vertraulich, den Herrn von Rohan nennen, Fürst und Stand des deutschen Reiches ist, daß seine angebliche Verbrechen ihn in den Augen ganz Europens verachtungswürdig machen; daß seine Sache mit der gemeinschaftlichen Sache der Fürsten und Könige verbunden seye.

Ich kann nicht umhin ihnen die Bemerkung zu machen, daß man von einer so beträchtlichen, und angesehonen Versammlung eine genauere Beobachtung des Wohlstandes erwartet hätte; auch muß ich sie recht angelegentlich ersuchen, uns doch in denjenigen Fällen worinnen die Korrespondenz Euer Wohl- und Hochedelgebohrnen mit dem hiesigen Oberamte durch die beiderseitige Nachbarschaft erheischet wird, in die Lage zu setzen, solche fernerweit zu unterhalten, welches nur in soferne sie mit gebührender Ehrfurcht von unserm Landesherrn sprechen, möglich ist.

Ettenheim den 15ten Sept 1791.

Unterschrieben

Stuber.

Gegen 11[30] Uhr kam Bruder selbst und winkte Scheid, der als Arrestant ohne Hut, Stock und Degen zu ihm ging. Bruder erklärte demselben, daß der Arrest nur dessen Sicherheit diene und Scheid sich aus dem Wirtshaus bringen lassen solle, was er wünsche[105]. Danach kehrte der Notar auf die Wachtstube zurück.

Begierig zu erfahren, wie lange er noch in Haft bleiben müsse, sandte er einen Fuhrmann zu Bruder, um eine weitere Unterredung zu erbitten[106], bei deren Gelegenheit er darauf aufmerksam machte, daß die Angehörigen seiner Zeugen allmählich in Sorge sein müßten und er - sofern er

---

Wahrheit behauptet." (GLA 138-83, 169v-170r)
Stoll selbst behauptete, nachdem Scheid beteuerte, von diesem Fall keine Ahnung gehabt und lediglich seine Pflicht getan zu haben, daß er ein solches Geschäft nicht für 1000 Louisd'or übernommen hätte (GLA 138-83, 170r).

105 Bruder war nach der Unterredung mit dem Kardinal äußerst freundlich und sagte:
"Aber um Gottes wille, mein lieber Herr
L$\underline{\underline{t}}$ was haben sie sich ausgesezt, wißen
Sie nicht, daß der Name Dietrich bey dem
Mirabeauischen Corps so verhaßt ist, daß
wenn man gewußt hätte, daß sie deßen
Namen in der Tasche geschrieben haben,
sie Gefahr liefen von solchen auf die
ärgste Art mishandelt ja sogar in
Stücke gehauen zu werden! Sie sind mir
danck schuldig, daß ich sie zu ihrer
Sicherheit auf die Hauptwache bringen
laßen.
Wie kann man aber Nullitäten bey
einer procedur erdenken, ohne solche
gelesen zu haben. Sie hätten sollen klü=
ger und vorsichtiger handlen und sich keiner
solcher Gefahr aussetzen, wann man
mir 1000. Louisd'or gegeben hätte, so würde
ich keine dergleichen Insinuation in Stras-
burg verrichten, wann ich gleich die Eigen-
schaft dazu hätte." (GLA 138-83, 170v-171r; Hervorhebungen im Text weggelassen)

106 Fiscal Mylius sollte den Notar daraufhin zu Bruder bringen, wobei es zu Kompetenzschwierigkeiten kam, da der wachhabende Unteroffizier den Arrestanten diesem nicht ohne ausdrücklichen Befehl des Landvogts übergeben wollte (GLA 138-83, 171r).

noch länger bleiben müsse - die Kutsche zurückschicken wollte, sich auf diesen Fall allerdings ein Quartier in einem Wirtshaus erbitte. Bruder entschuldigte sich, daß er wegen Unpäßlichkeit des Kardinals noch keine näheren Anweisungen habe erhalten können, so daß Scheid erst gegen halb sechs Uhr davon in Kenntnis gesetzt wurde, Ettenheim möglicherweise noch am selben Tag verlassen zu können[107].

Wenig später erhielt er die Erlaubnis mit den beiden Zeugen aufzubrechen, wobei Bruder noch einmal versicherte, wieviel Dank er ihm dafür schulde, daß er ihn vor sicher zu befürchtenden Ausfälligkeiten der Soldaten bewahrt habe.

Auf des Landvogts Anordnung hin wurden die drei Fremden zu Fuß bis zur Grenze geführt, wo sie auf die Kutsche, die ihnen aus unerfindlichen Gründen nachgesandt wurde, warteten. Als das Gefährt an Ort und Stelle war, erklärte ein Hatschier, daß er Befehl vom Landvogt habe, dem Notar das auf der Straße gelegene Papier wieder zuzustellen. Da man sich noch auf Ettenheimer Territorium befand, sah sich Scheid genötigt, das Schreiben wieder an sich zu nehmen[108].

---

[107] Trotzdem wurde ein Zimmer in einem Wirtshaus hergerichtet (GLA 138-83, 172r)

[108] Das Requisitionsschreiben findet sich dennoch heute unter den Ettenheimer Unterlagen unter GLA 183-83, 151r-154r; J. Haas vermutet, daß es dem Ettenheimer Oberamt später zur Kenntnis gegeben wurde (vgl. J. Haas, Ein Hochverratsprozeß in Ettenheim im Jahre 1791, in: Schauinsland (30/1903) 32); da es sich allerdings um eine Kopie einer Kopie handelt, ist wahrscheinlicher, daß es am 22. Oktober während des Arrestes in Ettenheim kopiert wurde.
Mit Sicherheit darf man annehmen, daß dieser Vorfall bei Stubers Anwesenheit anders verlaufen wäre. Die Rolle, die der Landvogt von Bruder bei den Unruhen im Oberamt Oberkirch in den Jahren 1789 und 1790 spielte, wird durch den Fall des Notars Scheid noch einmal von einer anderen Seite beleuchtet.

Straßburg wandte sich in der Folge direkt an das Reichskammergericht in Wetzlar und legte dort seine 'querelam nullitatis insanabilis' vor[109]. Die 76 Seiten umfassende Schrift legt in ihrem ersten Teil in Beispielen dar, daß die Ettenheimer Verantwortlichen seit Ausbruch der Revolution gegenüber Straßburg feindlich gesinnt gewesen wären und der Haß des bischöflichen Militärs sich insbesondere gegen den Maire von Straßburg richtete[110]. Alsdann wurden die Straßburger Vorfälle um Julian d'Espiard und eine Zusammenfassung der Ereignisse, die in der Folge der Demission des Offiziers vorgefallen waren, angeführt, wobei das außergerichtliche Protokoll erneut, wie auch der Fall des Notars Scheid, der für Straßburg die Praktiken des Oberamtes Ettenheim charakterisierte, eine große Rolle spielte[111].

Im zweiten Teil versuchte man den Fall aufgrund der Formalien für nichtig zu erklären. Man wollte zeigen, daß die Personen der Richter, jene der Parteien und die Substantialien das Verfahren als nichtig erweisen würden[112]. Doch bereits am 16. April 1792 wurde die Klage der Straßburger abgewiesen und diese an die dem Kardinal vorgesetzte Stelle bzw. den Kardinal selbst verwiesen[113].

Damit beginnen die Nachrichten über den Fall des Franzosen Julian d'Espiard zu versiegen, und mit dem Hinweis darauf, daß am 15. Mai 1792 die Anweisung gegeben wurde, die in Ettenheim verbliebenen Habseligkeiten des Delinquenten zu versteigern, was auch am 16. erfolgte und nach Abzug der Steigerungsgebühr 11 fl 6 ß und 5 xr erbrachte, enden sie völlig[114].

---

[109] GLA 138-83, 155r-192r
[110] GLA 138-83, besonders 163v-164v
[111] GLA 138-83, 165r-173r
[112] GLA 138-83, 173r-192r
[113] GLA 138-83, 155r
[114] GLA 138-83, 79r

7. Attentat oder Propaganda

Eine Beurteilung von Fall und Prozeß bleibt mit einer Reihe offener Fragen belastet. So bleibt unbekannt, was aus Julian d'Espiard oder Leonard Pfister letztendlich geworden ist[115]. Auch die Wirren des Jahres 1792 - mit Ursache dafür, daß Straßburg nichts mehr in diesem Fall unternahm - trugen das ihre dazu bei, vieles im Dunkeln zu belassen. Angesichts dieser Quellenlage scheint es jedoch zu einfach, J. Haas in allem zu folgen und die Straßburger Municipalität von vorneherein von jedem Verdacht freizusprechen. Stuber selbst - aus seinen Amtshandlungen als äußerst zuverlässig bekannt[116] - macht nicht den Eindruck, als wäre er

"... von der Unschuld der Straßburger Herren überzeugt...[117]",

wie Haas vermutet.

War es Julian d'Espiard zuzutrauen, seine angebliche Rache an der Municipalität so weit getrieben zu haben, daß er selbst die Gefahr der Todesstrafe oder der Festungshaft auf sich nahm? War er ein solch guter Schauspieler, daß Tränen und Gefühlsausbrüche während des Prozesses nur Mittel zum Zweck gewesen wären? War er Strohmann des General Mirabeau, der sich immer darum bemühte, seinen Soldaten das Feindbild vor Augen zu halten? Wurde der Burgunder durch die Mirabeau'schen Offiziere in eine Position

---

[115] Während man Pfisters Freilassung als wahrscheinlich ansehen darf, scheint Henriette Stubers Kindheitserinnerung, daß Julian d'Espiard aus seiner Haft entfliehen konnte, eher eine Verwechslung der Tatsachen zu sein.
(Henriette Stuber, Memoiren einer Ahnherrin (Abschrift einer Handschrift) *6; vgl. Kapitel 9 Anm.[2]

[116] Auch die Straßburger Verantwortlichen konnten ihm lediglich vorwerfen, daß er dem Kardinal treu ergeben war. (GLA 138-83, 177v)

[117] Haas, 29

gedrängt, in der ihn der General nach einem Gespräch unter vier Augen für seine Zwecke auszunutzen vermochte? Oder war letztendlich der Straßburger Maire und das revolutionäre Frankreich, das schließlich durchaus den Versuch, in das Ettenheimer Oberamt verschiedentlich einzufallen, gemacht hatte, für diese Ereignisse verantwortlich?

Das Reichskammergericht in Wetzlar scheint bereits 1792 nicht in der Lage gewesen zu sein, diese Fragen eindeutig zu beantworten. Der Fall des Julian d'Espiard wird ein Rätsel bleiben.

3. Teil

TEMPORUM CALAMITATE MAERORE AERUMNIS CONFECTUS [1]

Obschon der Kardinal, als am 20. April 1792 von Frankreich der Krieg erklärt wurde, keine zwei Jahre in seinem Ettenheimer Exil verbracht hatte, sind uns diese in jeder Beziehung ereignisreichen Jahre mit all ihrer Hektik am besten zugänglich. Die Unmenge Soldaten, die sich - ungezähltes Leid verursachend[2] - im Bischöflich-Straßburgischen aufgehalten hatte, war zwar inzwischen abgezogen, doch verblieb - neben der neuen Belastung durch den Krieg - die Hofhaltung des Kardinals mit allen Unannehmlichkeiten für die Bürgerschaft in Ettenheim.

Ob der Bürgerstolz der Ettenheimer, nun ihren Fürsten und Bischof in ihren Mauern zu beherbergen, ob die glanzvollen Feste, die prächtigen Demonstrationen der geist-

---

1 PfA-Ettenheim, ursprünglich in Fasz. XII. a. I. eingebunden, Auszug aus dem offenbar zeitgenössischen Entwurf einer Grabschrift von Charlotte Louise Dorothée, Princesse de Rohan-Rochefort, für Kardinal de Rohan

2 Vgl. die Darstellung in Kapitel 3

lichen und weltlichen Macht diese Leiden aufwogen, übersteigt unser Urteilsvermögen.

Manchmal kann man sich eines solchen Eindrucks jedoch nicht erwehren[3].

---

[3] Dies zumal es auch Vorteile hatte, den Landesherrn so nahe zu wissen. Möglicherweise hatte er zum Beispiel damit zu tun, daß ab 23. Januar 1792 die 'kleinen meitle' in der neu eingerichteten Schule im Spital eine Ausbildung in Nähen, Stricken und Spinnen, doch auch in Lesen und Schreiben erhalten sollten. (Joann Conrad Machleid, Diarium II, *144v, *146v)

8. Kapitel

...DASS JENE KRIEGS ERKLÄRUNG DAS BISHERIGE GUTE EINVERSTÄNDNIS NICHT UNTERBRECHEN WERDE...

Rohans Bedeutung als Fürst und Politiker schwand durch die Kriegserklärung auf ein Minimum. So sehr er diese entscheidenden Auseinandersetzungen herbeigesehnt hatte, so sehr mußte er erkennen, daß ihm die Dinge über den Kopf gewachsen waren. Die Fäden entglitten dem alternden Fürsten und lediglich das Bischofsamt hob ihn aus der Masse der Emigranten noch hervor. Jenes Amt, das er in den Jahren vor der Revolution so sehr vernachlässigt hatte, war das einzige, das ihm blieb. Es waren die Erfahrungen mit der Revolution, die ihn sich darauf besinnen ließen.

I. STÜRMT DENN ALLES UNGLÜCK AUF MICH LOS

Noch im Mai 1791 war man darauf bedacht, im Elsaß zu retten, was zu retten war. Amtmann Solf stellte auf Verlangen des Kardinals eine 'Ehescheidungsurkunde von Tisch und Bett' für den alten Prince de Rohan-Rochefort und dessen Gemahlin aus, vermutlich um durch diese Maßnahme, die Rohan'schen Güter für die Kinder der Rocheforts zu erhalten[1].

Anfang September 1791 war dann zu hören, daß der Prince de Rohan-Rochefort das unsichere Grenzland mit seiner Tochter zu verlassen gedenke. Die Gerüchte über eine Auflösung der Ettenheimer Hofhaltung vermehrten sich mit der wachsenden Furcht vor einem französischen Überfall. Anfang November hieß es, daß sich der Prince de Rohan-Rochefort nach Freiburg, die Prinzessin mit ihrer ersten Hofdame, der Gräfin von Würmb, nach Koblenz und die zweite Hofdame nach Wien begeben würden. Auch Rohan solle daran denken, nach Freiburg überzusiedeln[2]. Andere Gerüchte sprachen davon, daß sich de Rohan-Rochefort nach Worms zurückziehen werde, während der Abbé d'Eymar in Trier bereits Räume für die Prinzessin bestellt haben solle[3]. Der Prinz und seine Tochter verließen Ettenheim wahrscheinlich erst am 30. April 1792[4], wobei Charlotte in Heidelberg blieb, ihr Vater jedoch nach Koblenz weiterzog[5].

Bereits am 28. Dezember dürfte Charlottes Mutter Ettenheim mit zwei schwer beladenen Wagen verlassen haben[6]. Rohan ließ einpacken und dem Vernehmen nach die Pferde beständig im Geschirr halten, um bei Gefahr rechtzeitig flie-

---

[1] GLA 74-6281, 175r-176r; dort auch die Rolle des Landvogts von Blittersdorf in dieser Angelegenheit

[2] GLA 74-6283, 140v, 200v; den Gerüchten um eine Auflösung der Hofhaltung wurde in Ettenheim widersprochen (GLA 74-6284, 23v-24r).

[3] GLA 74-6284, 125r/v; am 17. Dezember hieß es, daß Charlotte bereits nach Trier abgereist sei. Da Ende April erneut von einer Abreise der Prinzessin und ihres Vaters gesprochen wurde, scheint jene Nachricht unzutreffend zu sein (GLA 74-6284, 170r; vgl. Anm. [4]).

[4] GLA 74-6286, 79r/v, 92r/v

[5] GLA 74-6286, 82v

[6] GLA 74-6285, 20r/v; Pläne, schon früher abzureisen, waren durch einen Reitunfall ihrer Hofdame von Weishals zunichte gemacht worden (GLA 74-6285, 20r/v).

hen zu können[7]. Bei Nacht wurden auf Wagen verladene Wertsachen aus dem Besitz des Kardinals in die Schweiz gebracht[8].

Dem Beispiel ihres Landesherren und der benachbarten Herrschaften[9], folgten die Ettenheimer Beamten. Besonders die Juden der Gegend hatten Mühe, ihre wertvollsten Stücke teils nach Lahr, teils ins Vorderösterreichische und sogar bis in die Schweiz zu flüchten[10].

Weitere vier große, mit Hausrat gefüllte Verschläge ließ Rohan ins Haus des Stadtschreibers Sartori bringen, damit es weniger Aufsehen errege, wenn auch diese abtransportiert werden würden; was allerdings die Dienerschaft nicht hinderte, ihre Habseligkeiten und sogar den Wein unter den Augen der Öffentlichkeit fortbringen zu lassen[11].

Der Kardinal war davon überzeugt, in Ettenheim nicht mehr sicher zu sein und sich auf niemanden mehr verlassen zu können. Am Weihnachtsabend soll er in Gegenwart von Pfarrer Mast geweint und mit über dem Kopf zusammengeschlagenen Händen ausgerufen haben:

---

[7] GLA 74-6284, 170r

[8] GLA 74-6285, 20r/v

[9] Der Freiherr von Türckheim schickte seine Frau und Kinder beispielsweise nach Nürnberg. (GLA 74-6284, 199r/v)

[10] GLA 74-6285, 20r/v; der Ettenheimer Stadtschreiber und der Amtschultheiß sandten Teile ihres Besitzes ins Ausland (GLA 74-6285, 20r/v). Hofrat Stuber schickte seine Frau im Januar 1792 in Sicherheit (GLA 74-6285, 53v) und ließ, wie auch Amtsschultheiß Fischer, einpacken (GLA 74-6285, 53v).

[11] GLA 74-6285, 23r/v; auch dem Kloster Ettenheimmünster war von französischer Seite gedroht worden, da auf seinem Territorium Soldaten der Mirabeau'schen Legion beherbergt und die Fahnen der genannten Legion geweiht worden waren (GLA 74-6285, 20v). Das Kloster brachte daher ebenfalls seine wertvollsten Besitztümer in Sicherheit (GLA 74-6285, 20v). In der Nachbarschaft des Hochstiftes schenkte man trotz alledem Rohans Befürchtungen keinen Glauben (GLA 74-6285, 40v).

"Stürmt denn alles Unglück auf mich los.[12]"

Der Wiener Hof betrachtete die Anwesenheit Rohans auf rechtsrheinischem Territorium als Sicherheitsrisiko. Seine Bitte, während der in der Folge des Krieges zu erwartenden Unruhen im 'fürstlich Heitersheimischen Haus' in Freiburg wohnen zu können, scheint man im Januar 1792 abgeschlagen zu haben[13], woraufhin man in Baden vermutete, daß Rohan in St. Peter im Schwarzwald Zuflucht suchen werde, falls es zu Kämpfen am Oberrhein käme[14]. Tatsächlich bemühte sich Rohan um das Schloß in Riegel als Wohnsitz für den Fall etwaiger Kampfhandlungen[15], während man andernorts sicher annahm, daß der Kardinal bei seinem Metropoliten in Mainz Unterkunft erhalten werde[16].

Obschon Rohan zu Beginn des Jahres 1792 das Haus kaum noch ohne größere Begleitung verließ[17], wurden die Sicherheitsvorkehrungen, als im Mai das Gerücht laut wurde, 16 verkleidete Jäger seien mit dem Auftrag ausgesandt worden, den Kardinal zu ermorden, noch einmal verstärkt[18].

---

[12] GLA 74-6285, 23r
[13] GLA 74-6285, 51v-52r
[14] GLA 74-6285, 65r
[15] GLA 74-6286, 73v, 79v; im April 1792 scheint Rohan das Schloß aus diesem Grund besichtigt zu haben (GLA 74-6286, 73v).
[16] GLA 74-6286, 82v; der Wahrheitsgehalt all dieser Angaben über einen möglichen Zufluchtsort des Kardinals bleibt unsicher.
[17] Wenn er ausfuhr, wurde er von vier Husaren begleitet, während zwei Soldaten des Regiments Royal Rohan hinten auf dem Wagen standen. (GLA 74-6285, 80r)
[18] GLA 74-6286, 139r;
"Sogar jene, so mit einem Gefährte nach Ettenheim kommen, werden wegen der Ausfrage auf die Schloß Wache geführt."
(GLA 74-6286, 139r)

Die auf Druck der Anliegerstaaten geschehene Verlegung des Regiments 'Royal Rohan' verstärkte die Befürchtungen des Kardinals, obwohl am 31. Mai 134 Mann österreichischer Soldaten als Schutztruppe für den Kirchenfürsten nach Ettenheim verlegt wurden[19], weiter. Am 17. und 18. November 1792 waren erneut einige Ettenheimer unterwegs, um Rohan'sche Habe ins Ausland - diesesmal nach Villingen - zu befördern[20] und im März 1793 ließ der Kardinal, unter dem Vorwand, ungestört spazieren gehen zu können, einen 'Ausfall' anlegen,

"... durch deß H:
pfarers garthen über die stattmauren durch
in deß H: Laibliß garten, eine stegen hinundter
in daß finster weldelin, auff deß caßpar
=Jegers prelaten guet, Etliche stapflen
hinauff, alß dann kaner fürst ßpaziren
gehn, od(er) flien wo mann will, amen.[21]"

II. SCHWINDEN DER HOFFNUNGEN

Außer Furcht und Unsicherheit halten die Quellen nach Ausbruch der Revolutionskriege wenig fest. Die Zeiten, in denen der Kardinal für Skandale sorgte und in ehrlichem Ringen um die altvertrauten Zustände Soldaten um sich scharte, waren vorbei. Das Interesse der umliegenden Herrschaften an Louis de Rohan schwand. Nur mühsam läßt sich der weitere Lebensweg des Kardinals rekonstruieren.

---

[19] GLA 74-6286, 156r/v; alle zehn Tage wurde dieses Kommando abgelöst. Die drei Offiziere speisten an der fürstlichen Tafel und für die Versorgung der übrigen Soldaten kam die fürstbischöfliche Verwaltung auf (Diarium II, *150v-*151r, *151v, *152v, *157v, vgl. *150r, auch GLA 74-6287, 108r/v, 109r/v).

[20] Diarium II, *155v; man rühmte übrigens die gute Bezahlung, die ihnen zuteil wurde (Diarium II, *155v).

[21] Diarium II, *157r

Auch nach der Kriegserklärung versuchte man mit dieser schwelenden Unsicherheit fertig zu werden, indem man die Feierlichkeiten am Ettenheimer Hof fortdauern ließ, wenn dieselben auch spürbar ruhiger, bescheidener und weniger spektakulär verliefen. Anfang August 1792 verbrachte der Kardinal drei Tage in St. Blasien[22] und am 8. desselben Monats fuhr er mit der gesamten Hofhaltung nach Oberkirch[23], von wo er am 26. dem Kloster Allerheiligen[24] und am 15. September mit großer Wahrscheinlichkeit dem Badhaus des Schwetzinger Schlosses[25]

---

[22] GLA 74-6287, 90r, 107r; über den Verlauf dieses Besuches ist nichts bekannt.

[23] Diarium II, *160v

[24] Der 'Liber Renovationis Votorum ab anno 1727 usque 1802' berichtet darüber:
"Den 26ten Augustmonat beehrten uns Se. Eminenz Herr Cardinal Rohan, die sich schon einige Monate in unserm Hause zu Oberkirch mit seinem ganzen Gefolge aufhielten, mit ihrer Gegenwart, speisten hier zu Mittage und fuhren Abends nach Oppenau. Am folgenden Tage kam ein ausgewanderter Abbé, sagte, als er den Tisch in der Abtei wohl besetzt sah: Herr Cardinal ist doch recht gütig gegen sie! ... Wie so, fragte ihn confrater Leonhard (Lenz)? Weil er ihnen eine so gute Kost und gute Kleidung verschafft ... Sie haben recht, sagte cf. Leonhard im Scherze, und wir haben gesündigt, daß wir dem H. Kardinal, der gestern hier war, für seine vielen Gnaden zu danken vergessen: genießen sie dann die gute Kost, fuhr Leonard fort, mit dankbahrem Gemüthe, uns werden sie wie noch viele andere doch nicht danken.
Einige Zeit darauf wurden in unserem Hof zu Oberkirch 4 Wägen mit Wein beladen, hieher geführt zu werden. Zween Diener des H. Kardinals sahen zu. Einer fragte den andern: weißt wohl auch der H. Kardinal, daß sein Wein aus seinem Keller weggeführt und wohin er geführt wird? ... cf. Leonard war gegenwärtig und sagte ihnen: Diese Weine sind unsere Weine, sie kommen aus unserm Keller und werden für unser Haus auf Allerheiligen geführt. Sie wurden etwas aufgebracht, und cf. Leonard wollte mit diesen ... (Wort später unleserlich gemacht (Anm. d. Verf.)) nich (sic!) weiter anbinden."
(Karl Sachs, Schicksal des Klosters Allerheiligen und Mittelbadens während der Koalitionskriege, in: Die Ortenau (14/1927) Anhang, 43-44

[25] Die Fremdenbücher des Schwetzinger Badhauses weisen am 15. Sep-

einen Besuch abstattete, bevor er vier Tage später mit seinem Gefolge nach Ettenheim zurückkehrte[26].

Neben Jagden und Spazierritten[27] sorgten die in Ettenheim beständig anwesenden Franzosen für Abwechslung. Noch im Winter 1795/96 zogen Feste und Feiern Emigranten nach Ettenheim.

"Keine Artigkeit, keine Gefälligkeit, die der Cardinal uns nicht erweist[28]",

urteilte der Duc d'Enghien.

2. Am Rande der Geschehnisse

Während am Mittelrhein, in den Niederlanden und an anderen Kriegsschauplätzen starke Kämpfe stattfanden, war die Beschießung Kehls[29] das einzige militärische Ereignis der

---

tember 1793 den Eintrag auf:
"S.A.R. le prince Louis Ferdinand de Prusse; general major d'infanterie
m^de la Vicomtesse de (Name unleserlich (Anm. d. Verf.))
Le prince Louis de Rohan
m^de la Vicomtesse de (Name unsicher (Anm. d. Verf.))
(...)" (Staatliches Liegenschaftsamt Heidelberg, Schloßverwaltung Schwetzingen, Fremdenbücher des Badhauses, Bd. 1793-1808, Eintrag unterm 15. September 1793; vgl. Karl Kölmel, Die Fremdenbücher des Schwetzinger Badhauses, in: Baden - Monographie einer Landschaft (Karlsruhe 6/1954) 25)

[26] Diarium II, *161r

[27] Als beispielsweise der badische Oberforstmeister Carl Ludwig, Freiherr Schilling von Canstatt, am 24. Oktober 1791 das damals noch existierende Ettenheimer Lager besichtigt hatte, traf er auf seinem Rückweg auf den Kardinal, der ihn ein Stück weit begleitete; im Mai 1792 geschah ähnliches, nachdem der K. u. K. General Brentano den Rhein abgeritten hatte. (Carl Ludwig, Freiherr Schilling von Canstatt, Tagebuch, in: Lahrer Wochenblatt (1905), 451; GLA 74-6286, 139v)

[28] Johann Baptist von Weiß, Weltgeschichte, Bd. XX (Graz/Leipzig [3]1896) 381

[29] Die Festung Kehl, durch die Friedensschlüsse von Ryswick und Baden

ersten Kriegsjahre in der Ortenau.

Dies war sicherlich mit ein Verdienst Markgraf Carl Friedrichs, der bereits zehn Tage nachdem die Kriegserklärung bekannt geworden war verkünden ließ, daß die französischen Nachbarn zwar mit dem König in Ungarn und Böhmen im Krieg stünden, nicht jedoch mit dem Kaiser, das Reich daher immer noch im Friedenszustand und die Verträge mit Frankreich in Kraft seien. Alles wäre zu tun,

"... daß jene
Kriegs Erklärung das bisherige gute Einverständnis zwischen den diß= und jenseitigen Landen nicht unterbrechen werde...[30]"

Dennoch beherrschte auch am Oberrhein der Krieg das Geschehen. Die badische Regierung ließ die wichtigsten 'Staats

---

in ihrem Verbleiben beim Reich gesichert, war trotz ihrer Bedeutung vernachlässigt und erst im Sommer 1793, nachdem über 10 Jahre nur eine Brückenbesatzung von ein paar Mann in Kehl stationiert gewesen war, mit einem Korps schwäbischer Kreistruppen besetzt worden. Im Anschluß daran hatte man begonnen, nach Plänen des württembergischen Majors von Miller, die Widerstandskraft der Festung durch neue Gräben und Batterien zu verstärken. Als die Franzosen am 12. September 1793 die Bombardierung der Festung eröffneten, waren keine kasemattierten Räume vorhanden, so daß der Generalleutnant von Stain das Kreis-Infanterieregiment Wolfegg und fast die gesamte Artillerie zurückziehen und auf freiem Feld kampfbereit aufstellen mußte.
Ein dreitägiges Bombardement zerstörte Dorf und Stadt Kehl, ohne die Festung schwer zu beschädigen, während die Rheinbrücke von württembergischen Kanonieren in Brand gesteckt wurde. Ansonsten verharrte die aus österreichischen und schwäbischen Kreistruppen bestehende Oberrheinarmee unter Oberbefehl des Feldmarschalls Dagobert Wurmser in der Defensive. (Vgl. Manfred Krebs, Politische und kirchliche Geschichte der Ortenau, in: Die Ortenau (16/1929), 200-202)

30 GLA 74-6286, 116r; Franz II. wurde am 14. Juli 1792 zum Kaiser gekrönt (Diarium II, *153r; DAL-Protocollum Capituli ruralis Lahrensis ab anno 1731, 246; DAL-Protocollum decretorum et mandatorum episcopalium emanotorum ab anno 1733 ad venerabile Capitulum nostrum Lahrense transmissorum, 82-84), der Krieg jedoch bereits am 20. April 1792 erklärt.

Effecten und insbesondere die Hauptarchive' auslagern[31] und am 25. September 1792 folgte das Lahrer Ruralkapitel, indem das Archiv und einige Ornate beziehungsweise liturgische Geräte 'ob metum invasionis, ab insurgentibus et seditiosis gallis' nach Schuttertal gebracht wurden, diesem Beispiel[32].

Die Quellen berichten von ausgedehnten Truppenbewegungen am Oberrhein[33]. Der Raum Kippenheim-Mahlberg diente im Oktober 1792 den im Elsaß fechtenden Condé'schen Soldaten als Hauptquartier, bevor dasselbe Ende des Monats nach Lahr verlegt wurde[34]. In Oberkirch entstand ein Lazarett mit dem Namen 'Rohan'sches Spital'[35] und am 14. September 1792 wurde 'in dem Kloster Ettenheimmünsterischen Badhaus zu St. Landolin' ein Lazarett des Condé'schen Korps eingerichtet[36], was im Jahre 1793 zum Ausbruch von 'Fleck-' beziehungsweise 'Faul-Fiebern' führte[37].

---

[31] GLA 74-6286, 116r/v

[32] DAL-Protocollum, 251; als nichts weiter geschah, wurden die ausgelagerten Gegenstände zurückgebracht, am 4. Juni 1793 jedoch erneut fortgeführt (DAL-Protocollum, 251). Am 19. Oktober 1792 wurde auch das Mahlberger Archiv ausgelagert (GLA 74-6287, 210r)

[33] Vgl.: GLA 74-6286, 38r-39r, 52r-53r, 54r-55r, 73r, 79r, 82v, 83r/v, 90r-91r, 92v-93r, 139r/v, 162r-163r; GLA 74-6287, 9r, 90r; Diarium II, *149v, *150r, *151r, *152v, *153r, *155v; Schilling v. Canstatt, Aufzeichnungen des Jahres 1792 ganz; auf dem Kahlenberg als strategisch bedeutsamem Ort hatte man Alarmstangen errichtet (GLA 74-6287, 110r)

[34] GLA 74-6287, 194r-195r, 210r; Das Heer der Emigranten unter Condé war voller Zuversicht in den Krieg mit Frankreich gezogen: "Die Revolutionäre werden schon beim Anblick einer Armee davonlaufen. Alles wird sich zurückziehen vor Männern, welche nur Feinde der Unordnung sind; von allen Seiten wird man uns rufen, wir werden mehr einen Spaziergang als einen Feldzug nach Paris zu machen haben." (v. Weiß, Bd. XX, 385)

[35] Hans Martin Pillin, Oberkirch, Bd. I (Oberkirch 1975) 123

[36] GLA 74-6287, 146v

[37] PfA-Ettenheimmünster, Kurze Historische Beschreibung der Pfarrey Münsterthal bei St: Landelin von dem siebenden Jahrhunderte nach Christi Geburt bis auf das Jahr 1804 verfasset von P: Bernard <u>Stöber</u> des Ordens des heil Benedicts, Professen des aufgehobenen

Für weitere Belastungen der Bevölkerung sorgten die Soldaten auf ihre Art[38].

Klosters Ettenheimmünster geweßter Pfarrer dieser Pfarrey, 161-163; am 2. Juli 1793 war Abt Landelin Flum verstorben. Bei einbrechendem Winter hatte der Kardinal den neuen Abt Arbogast Heisler und das Kapitel dazu veranlaßt, das Badhaus für die verwundeten Soldaten...
"... zum großen Schaden des Klosters und hiesigen Ortes herzugeben; denn diese Soldaten brachten mit sich hieher das anstecken=de Fleck= oder Faul=Fieber. Es war nicht anders als wenn die Luft von diesem Lazaret ganz ver=giftet worden wäre. Aus dem Badhauße dämpfte ein abscheulicher Geruch bis in die Weite aus: und selbst das Kloster war von diesem Geruche ganz angefillet, so, daß man genöthiget war dassel=be alle Tage xxxxx einigemale mit Wachhol=der auszuräuchern.
Weil zu viele Soldaten an dieser fürchter=lichen Krankheit starben, und der Freythof zu St Landelin zur Begräbniß derselben nicht mehr hinlänglich war, wurde ihnen im Anfange des Jahres 1794 auf der Wiese hinder dem xxx Kauf=hauße bei der Brücke ein besonderer Platz zu ihrer Begräbniß ausgestecket, und geweyhet,
Mehrere hiesige Einwohner und auch aus Frankreich ausgewanderte mußten an dieser Krankheit ihr Leben einbüßen. In dem Kloster starben zween Seminaristen, und der Vize Prä=ses des Seminarium xxx Franz St: Quentin, ein fürtrefflicher Prediger, und schöner, junger hofnungsvoller Mann, dessen Leichnam in der Kapelle auf dem Freythofe zu St. Landelin feyerlich begraben worden. Auch musten an dieser Krankheit sterben ein Priester hiesigen Klosters, ein Baumstarker, frischer, erst 33 Jahre alter Mann, und ein noch junger, frischer Bedienter des Klosters. Die, welche auch von dieser Krankheit wieder genesten, hatten lange Zeit zu thun, bis sie wie=der davon„"sich ganz erholet hatten.
Auf das Fest der Erscheinung des Herrn wurde die ganze Herrschaft des Klosters mit Trup=pen und Pferden von der Armee des Prinzen Condé angefüllet, und darinn in das Winter quar=tier gelegt: doch am 22ten Jänner mußten sie alle ab, und nach Rothenburg am Neckar in Schwaben ziehen." (PfA-Ettenheimmünster, Stöber, 161-163)

[38] Vgl. GLA 74-6285, 119v-120v; GLA 74-6286, 162v; 74-6287, 257r;

3. Der König und der Bischof

Als Ludwig XVI. am 21. Januar 1793 die Guillotine be-

---

am 21. März 1792 verkündete der Ettenheimer Stadtbote, daß man keinem Soldaten etwas borgen solle, was für Reichstruppen wie Emigranten in gleichem Maße galt (Diarium II, *147r); Ende 1793 hatte der Krieg die Bevölkerung nach Machleids Angaben bereits 30 000 fl gekostet (Diarium II, *158r); vielleicht gehört auch folgende Nachricht zur Bilanz der ersten Kriegsjahre:
"den 22:te(n) merzen, hat mann einen dodten
cörper, nur zwar beiner in dem knoßen
wald an der hunts halden gefunden, ßo
ist der ober ambtmann, o(der) hoffrath, H schulz,
H: ambschreiber ßartori,2 umgelter
H: burgermeister Jeger, mein ßohn Josep
alß Chirurgus, zue sectionieren, mann hat
aber nichtß könen abnemen od(er) finden,
alß daß eß ein Weibsbild ware, den
kleideren nach, auß dem thal geweßen,
ßein mieße, wie lang eß schon ware,
geschehen, kan niemand ßagen, dann alles
ware darvon, und alle beiner ßambt
dem kopf ware schon ßchne weiß R: I: P."
(Diarium II, *157r)
Das Ettenheimer Bürgerbuch von 1695ff berichtet über die ersten Kriegsjahre:
"Bei den gegen Frankreich vorwaltenden Kriegsläuften ist die dahiesige Gegend und der ganze Rheinstrom mit K. K. und K. preußischen, auch Reichstruppen besetzt." (13. Januar 1793)
"Bei den fürwaltenden Kriegszeiten sind die ganze hiesige Rheingegend und das Rheinufer wegen beständig androhenden französischen Überfalls nicht nur mit K. K. Militär, sondern auch mit mehreren hundert Bürgern aus diesseitigen und den benachbarten Oberämtern und Ortschaften besetzt, auch liegen wirklich (d. h. zur Zeit) ein Teil der Prinz Condéischen Edelleute und ein Teil des Löblichen fürstlichen Regiments von Rohan dahier im Winterquartier." (12. Januar 1794)
"Bei dem noch andauernden leidigen Krieg gegen Frankreich wird wirklich ein Teil der hiesigen Mannschaft bei einem allgemeinen Landsturm zur Verteidigung des Vaterlandes aufgerufen, ausgewählt und geübt." (11. Januar 1795)
(Vgl. hierzu: Johann Baptist Ferdinand, Geschichtliche Niederschläge - im Ettenheimer Bürgerbuch von 1695ff., in: Neue Miszellen aus Heimat und Landschaft, Bd. II (1954-1959) (Ettenheim 1959 (maschinenschriftlich)) 153-154; das Original des Bürgerbuches im Archiv der Stadt Ettenheim ist nicht mehr auffindbar)

stiegen hatte, sank der Mut der Emigranten nahezu gänzlich. Trotz des Grams über die Halsbandgeschichte, trotz aller Verbitterung des Kardinals über das vergebliche Werben um die Gunst der Königin, hatte auch er auf das Monarchenpaar, die Personifikation des 'Ancien régime', seine ganze Hoffnung gesetzt. So unversöhnlich der Straßburger Kardinal und die franzözische Königin schienen, so ähnlich waren ihre Charaktere, so ähnlich ihr Auftreten als Vertreter des längst zu Ende gegangenen 'Ancien régime'. Unglücklich miteinander verstrickt wuchsen diese beiden 'mittleren Charaktere [39]' in den Herausforderungen dieser Zeit zu einer Größe heran, die ihre Möglichkeiten bei weitem zu übersteigen schien.

Am 1. Oktober 1792 hatte der Kardinal die Bevölkerung um Gebete für den König und die Königin gebeten[40]; knappe vier Monate später urteilte er:

"mortuus est heros verè christianus; heros![41]"

III. BISCHOF AM RANDE DER REVOLUTIONSKRIEGE

Bereits im Juli 1791 hatten die von Paris ins Elsaß gesandten Regierungskommissare beschlossen, diejenigen Geistlichen, die sich den Neuerungen verschlossen und die Bevölkerung angeblich aufwiegelten, in Straßburg in

---

[39] Vgl. zu diesem Begriff: Stefan Zweig, Marie Antoinette (Frankfurt 1980)

[40] DAL-Protocollum, 246; DAL-Protocollum decretorum, 85

[41] DAL-Protocollum decretorum, 99; Rohan bat in diesem Schreiben um die Gebete für den Verstorbenen (DAL-Protocollum decretorum, 99-101; vgl. DAL-Protocollum, 247); zur Hinrichtung Marie Antoinettes am 16. Oktober 1793 vgl. DAL-Protocollum, 255

Gewahrsam zu nehmen, sofern sie nicht ihren Aufenthalt in das Innere Frankreichs - mindestens fünfzehn Stunden von der Grenze entfernt - verlegen wollten[42]. Obschon jedoch das gemäßigte Departementsdirektorium im Unter-Elsaß diese Bestimmungen nur mit Vorsicht anwandte[43], verschärften sich die Maßnahmen insbesondere nach Kriegsausbruch[44].

1. Schreckensherrschaft der neuen Religion[45]

Nachdem am 26. August 1792 das Deportationsgesetz erlassen[46] und im selben Monat die Ablegung eines neuen Eides angeordnet worden waren, wurde am 23. April 1793 die Deportation sämtlicher unvereidigter Welt- und Ordens-

---

[42] André Marcel Burg, Die alte Diözese Straßburg von der bonifazischen Reform (ca. 750) bis zum napoleonischen Konkordat (1802), in: Freiburger Diözesan Archiv (86/1966) 340-341; tatsächlich verlegten etliche Priester ihren Wohnsitz nach Straßburg oder ins Innere des Landes, andere erhielten die Erlaubnis an ihrem Wohnort zu bleiben, viele waren nach Deutschland ausgewandert (Burg, 340-341).

[43] Burg, 340-341

[44] Auf die 'Assemblée Nationale' folgte am 1. Oktober 1791 die 'Assemblée Legislative' und - nach Ausrufung der Republik - am 21. September 1792 die 'Convention' (vgl. über diesen Wandel und die Auswirkungen am Oberrhein: Burg, 340-341)

[45] Im Rahmen dieser Abhandlung kann nur sehr oberflächlich auf die Ereignisse im Elsaß eingegangen werden. Vgl. neben der jeweils genannten Literatur vor allem: Rodolphe Reuss, La Constitution Civile du Clergé et la crise religieuse en Alsace (1790-1795) Bd. II (Straßburg 1922); Ludwig Gabriel Glöckler, Geschichte des Bisthums Straßburg, Bd. II (Straßburg 1880) 70-86; Franz Xaver Schwartz, Populäre Kirchengeschichte von Straßburg und Basel, Bd. II (Rixheim 1878) 274-374; vgl. auch Victor Pierre, La Déportation ecclésiastique sous le Directoire (Paris 1896)

[46] Burg, 341-344; den Eidverweigerern drohte die Abschiebung nach Guayana, sollten sie nicht innerhalb 14 Tagen Frankreich verlassen; Brendels Generalvikar Eulogius Schneider hetzte zudem seit Juli 1792 mit seinem 'Revolverblatt' gegen die kirchentreue Bevölkerung. (Burg, 341-344)

geistlichen angeordnet[47].

Am 5. Oktober, 11 Tage vor Marie Antoinettes gewaltsamem Tod, wurde der republikanische Kalender eingeführt, am 10., unter Druck einer drohenden Invasion, der Notzustand und die provisorische Revolutionsregierung ausgerufen. Die Convention vom 20. desselben Monats verordnete die Verhaftung und am 11. April 1794 die Hinrichtung aller 'Verräter', die einem Priester Obdach gewährten[48].

Eulogius Schneider stand mit dem 'Geschworenen' Taffin zusammen an der Spitze des am 15. Oktober 1793 in Straßburg errichteten Revolutionsgerichtes, und am 25. Oktober trafen Saint-Just und Lebas im Auftrag Robespierres als Regierungskommissare in Straßburg ein, um die systematische Dechristianisierung zu organisieren[49]. Der 'Geschworene' Scherer erklärte am 7. November, er wolle nicht mehr zur 'schwarzen Rotte der Priester' gehören, Brendel verzichtete am 19. schriftlich auf jede Amtshandlung als Priester und Bischof, während Eulogius Schneider bereits einen Tag später im Straßburger Münster bei einer Veranstaltung des Kultes der 'Vernunft' dem Priestertum öffentlich abschwor[50].

---

[47] Burg, 341-344; den Ausgewiesenen, die in die Heimat zurückkehrten, drohte Erschießung innerhalb vierundzwanzig Stunden (Burg, 341-344; vgl. Reuss, Bd. II, 187-189)

[48] Burg, 340-341

[49] Burg, 340-342

[50] Burg, 341-342; am 10. November 1793 feierte man mit großem Pomp zum erstenmal den Kult der 'Vernunft' in Notre-Dame de Paris (Schwartz, Bd. II, 295); der Kult der 'Vernunft' wurde durch Robespierre am 30. Mai 1794 durch den Kult des 'Höchsten Wesens' ersetzt (Reuss, Bd. II, 300); Reuss urteilt über das Dekret, das die religiöse Freiheit nicht anzutasten vorgab: "Il était facile, en conséquence, tout en maintenant théoriquement la liberté religieuse, de l'empêcher de vivre dans la pratique. L'article XV annoçait pour le 20 prairial une fête de l'Etre suprême." (Reuss, Bd. II, 300; vgl. seine Darstellung auf den Seiten 296-307)

Nach dem 24. November wurden mehrere hundert Statuen und Statuetten des Straßburger Münsters mutwillig zerstört, dreißig Menschen ließ Schneider innerhalb von sechs Wochen hinrichten[51]; und noch am 22. Juli 1794, sechs Tage vor Robespierres Hinrichtung, wurde von den Vertretern der Regierung in Straßburg, Hentz und Goujon[52], die Verhaftung aller 'Religionsdiener', auch der 'geschworenen' Priester, der Pastoren und der Rabbiner befohlen[53]. Auch nach Ende der 'Schreckensherrschaft' wurde die 'neue Religion' weiter unterstützt[54]. Erst das napoleonische Konkordat sollte dies ändern.

2. Worte eines Bischofs

Ein Großteil der Schreiben des letzten Straßburger Fürstbischofs, mit denen er auf die Umwälzungen in Frankreich reagierte, sind im Dekanatsarchiv Lahr erhalten geblieben. Neben den bereits erwähnten, vor allem kämpferischen Schriften und Verordnungen bezüglich außerordentlicher Gebete anläßlich des Todes beziehungsweise der Wahl gekrön-

---

[51] Burg, 342; am 14. Dezember 1793 heiratete Schneider in Barr, wurde am Tag darauf gefangengesetzt und in Paris am 1. April 1794 zur Guillotine geführt (Glöckler, Bd. II, 76; Schwartz spricht vom 10. April (Schwartz, Bd. II, 308); vgl. auch Burg, 340)

[52] Exbürgermeister Friedrich Dietrich war im Alter von 45 Jahren bereits ein Jahr zuvor ebenfalls hingerichtet worden (Hans Erik Hausner, Zeit Bild - Die Französische Revolution (Wien/Hamburg 1977) 181)

[53] Burg, 344

[54] Die Auswirkungen waren bis in die angrenzenden Gebiete zu spüren. Bereits im Februar 1793 hatten allein das Elsaß über 580 Priester verlassen und waren über die halbe Welt verstreut (Burg 344); Katholiken, die im Rechtsrheinischen aus 'erheblichen Ursachen' keine Heiratserlaubnis bekamen, wandten sich ins Elsaß,
"... wo dergleichen Trauungen nach bezahlter gebühr ohne wei=
=ters zu geschehen pflegen."
(DAL-Protocollum decretorum, 148; vgl. auch 149)

ter Häupter, neben Anordnungen von Sammlungen und Gebeten um den Frieden und den glücklichen Ausgang des Krieges[55] oder Verordnungen über liturgische Dankfeiern anläßlich bestimmter Siege und ähnlichem[56], nehmen die Fastenschreiben des Bischofs den größten Teil der Veröffentlichungen der bischöflichen Kurie ein.

Obschon der Kardinal diese Schreiben, ebenso wie die übrigen Schriften, mit Sicherheit nicht selbst verfaßt hatte, unterstreicht die Tatsache, daß die bischöflichen Verordnungen zur Fastenzeit nach seiner Emigration in der Regel von ihm selbst herausgegeben wurden[57], eine Besinnung auf seine bischöflichen Pflichten, die seit den Ereignissen der Jahre 1785 und 1786 mit wachsender Dichte bemerkbar wird.

Die Inhalte der einzelnen Fastenschreiben selbst ähneln sich stark. Nach einem Einleitungsteil, der gegen Ende des Lebens Rohans immer allgemeiner wurde, folgten in den Jahren nach Ausbruch der Revolution - wie in Fastenordnungen dieser Zeit üblich - äußerst milde Einzelbestimmungen[58], die den schweren Zeiten und den damit verbundenen ho-

---

[55] DAL-Protocollum, 244, 247, 260; DAL-Protocollum decretorum, 80-82, 101-102, 124-126

[56] DAL-Protocollum, 268, 273-274; DAL-Protocollum decretorum, 103; GLA 74-6287, 262r; Diarium II, *157r

[57] Die Fastenschreiben der Jahre 1791, 1792, 1794, 1799 und 1801 wurden von Rohan selbst unterschrieben (DAL-Generalia und Nominalia II. Rubrik: Bistum und Primat. Betreff: Strassb. Fastenbriefe 1780-1804; DAL-Protocollum, 258-259; der am 4. Februar 1787 in der Verbannung in 'Marmoutier-les-Tours' herausgegebene Fastenbrief ist anscheinend der einzige von Rohan vor seinem Exil unterzeichnete Fastenhirtenbrief (DAL-Fastenbriefe, Bischöfliche Verordnung die vierzigtägige Fasten des Jahres 1787 betreffend (2. Februar 1787) 1-3)

[58] Die Einzelbestimmungen der 'Bischöflichen Verordnung, die vierzigtägigen Fasten des Jahres 1792 betreffend' seien hier als Beispiel angeführt:
"Dieser Ursachen halber in Rücksicht auf die harten Zeiten, und doch zur Handhabung der Kirchenzucht erlauben wir den Weltlichen unsers Bistums die zukünftige Fasten hindurch Fleisch zu essen, am Sonntag Morgens und Abends, am Montag, Dienstag und Donnerstag nur einmal, und dieses bis auf den Palmsonntag ausschliesslich. Wir warnen sie zugleich, daß sie an den gedachten Tägen von der Pflicht

hen Belastungen der Bevölkerung Rechnung trugen[59]. Ge-

---

zu fasten nicht befreit sind. Diejenigen, welche wegen schwacher Gesundheit oder haushälterischer Nothwendigkeit einer weitläufigern, oder auch für den Abend sich erstreckenden Nachlaß und Erlaubniß bedürfen, können ihre Ursachen verträulich ihrem Seelsorgern vortragen; und wir ermahnen diese, mit aller Liebe das Begehren ihrer Pfarrgenossen anzuhören, sich auf das Gewissen und die Redlichkeit derselben zu verlassen, und solche Gnaden mit jener milden Gelindigkeit mitzutheilen, welche dem Geist der Liebe unsers göttlichen Heilandes und unserer heiligen Religion vollkommen beystimmt und eigen ist.

2. Das Eyer essen ist bis auf den Gründonnerstag ausschließlich erlaubt.

3. Die Seelsorger sollen wenigstens zweimal wöchentlich ihre Pfarrgenossen an den bequemlichen Täg und Stunden versammeln, ihnen einen heilsamen Unterricht vortragen, nach welchem sie den Segen mit dem allerheiligsten Sakrament in dem Speiskelch geben werden.

4. Wir ermahnen alle Glaubige des Bißtums, welche der verliehenen Erlaubniß zufolge Fleisch essen werden, diese Milderung durch häufigeres Allmosen nach ihrem Vermögen zu ersetzen.

5. Der Anfang der österlichen Zeit wird für die Soldaten und alle dem Kriegsstand Zugehörigen auf den vierten Sonntag bestimmt.

6. Ferner verordnen wird, daß alle Sonn= und Feyertäge, bis auf weitere Verordnung, um die Erhaltung des Friedens und der christlichen Einigkeit in allen Pfarr= und Klosterkirchen nach der Vesper das hochwürdigste Sakrament feyerlich ausgesetzt werde. Dann der 45. Psalm: Deus noster refugium & virtus, die Antiphon: da pacem domine mit den vorgeschriebenen Versikeln und Gebeten; eine andere von dem allerheiligsten Sakrament; die dritte von der allerseligsten Jungfrau: Sub tuum praesidium, und zuletzt die Fürbitte für den Landesfürsten, Domine salvum fac, eine jede mit ihren gehörigen Versikeln und Gebete abgesungen werden sollen, Die Andachtsübung soll mit dem Segen des allerheiligsten Sakraments beschlossen werden."

(DAL-Fastenbriefe, Bischöfliche Verordnung die vierzigtägigen Fasten des Jahres 1792 betreffend (15. Februar 1792) 6-7; weitere Einzelverordnungen sind veröffentlicht in: Jörg Sieger, 1790-1803, Louis René Edouard, Prince de Rohan-Guémené, und Ettenheim - Schicksal einer ungleichen Beziehung, in: Dieter Weis, St. Bartholomäus Ettenheim (München/Zürich 1982) 247 (Abb. 90), 249)

59 Machleid beanstandet dabei, daß das Fasten und die Bestimmungen über die Abstinenztage zu lau seien. Freitags und samstags Fleisch zu essen dürfe man nur den armen Leuten erlauben,
"die Reichen und herren könen fasten Bpeißen
haben und kauffen, die armen haben laider kein
Gelt, und mießen mit artepfel verlieb neme(n)
und wanß wohl geht mit kneple und bohen,

rade in den Jahren 1791 und 1792 hatte Rohan die Gelegenheit der Fastenbriefe benutzt, um auf die Zustände in Frankreich einzugehen und den Gläubigen Hinweise auf ein angemessenes Verhalten in diesen 'Tagen der Verwirrung' und 'Tagen des Jammers'[60] zu geben. In Karlsruhe intervenierte man denn auch gegen das Fastenpatent des Jahres 1791 und verhinderte die Publikation desselben durch badische Pfarrer, da 'Vorgänge im Elsaß darin eingeflochten' waren[61].

Für das Jahr 1792 gab es hingegen zwei Ausgaben des Fastenbriefes: eine deutschsprachige für das rechtsrheinische Gebiet und eine zweisprachige für das Elsaß, die in einigen Punkten von der deutschen Ausgabe abwich[62].

---

zue friden Bein, bey denn theiren verkörten kriegs Zeithen amen."
(Diarium II, *162r)

60 DAL-Fastenbriefe, Bischöfliche Verordnung die vierzigtägige Fasten des Jahres 1791 betreffend (21. Februar 1791) 1

61 GLA 74-6281, 118r

62 Im Vergleich zu den oben wiedergegebenen Bestimmungen der einsprachigen Ausgabe lauten diejenigen der elsässischen Ausgabe beispielsweise:
"... da Wir dann sowohl auf die sonderbare als allgemeine Bedürfnisse Nachsicht haben, so erlauben Wir
1. allen Weltlichen unseres Bißtums, die zukünftige Fasten hindurch Fleisch zu essen, am Sonntag Morgens und Abends; am Montag, Dienstag und Donnerstag nur einmal des Tags, und dieses bis auf den Palmsonntag ausschließlich. Wir warnen sie zugleich, daß sie an gedachten Tägen von der Pflicht zu fasten nicht befreit sind, daß sie mit einer einzigen Mahlzeit und Abends mit etwas wenigem sich begnügen sollen. Diejenigen, welche wegen schwacher Gesundheit oder haushälterischer Nothwendigkeit, einer weitläufigern, oder auch für den Abend sich erstreckenden Nachlaß und Erlaubniß bedürfen, können ihre Ursachen vertraulich ihren Seelsorgern vortragen; Wir haben nicht nöthig diese zu ermahnen, das Begehren ihrer Pfarrkinder mit aller Liebe anzuhören, sich auf ihr Gewissen und Redlichkeit zu verlassen, und solche Gnaden mit aller Gelindigkeit mitzutheilen, weil sie selbst wohl wissen, wie dieses barmherzige Mitleiden dem Geist der Liebe unsers göttlichen Meisters und unserer heiligen Religion vollkommen beystimme und eigen ist.
2. Da Wir die Vorstellungen, die man uns über die Lage der Geistlichen, und über die Beschwernissen, denen sie ausgesezt seyn

3. Von Protestanten und Juden

Insbesondere als 'Grand aumônier' soll sich Louis de Rohan um ein gutes Einvernehmen mit den französischen Protestanten bemüht haben[63], und die Einstellung der Kontroverspredigten im Straßburger Münster während der beginnenden Auseinandersetzung zwischen französischem Staat und christlichen Konfessionen geschah mit Sicherheit nicht gegen den Willen des Straßburger Bischofs[64].

Daß dies jedoch keine Verwischung der nun einmal bestehenden Unterschiede bedeutete - aus Rohans Gespräch mit Magister Laukhard könnte man einen solchen Eindruck gewinnen[65] - zeigt nicht zuletzt die Reaktion des Kardinals bei der auch von Protestanten vorgenommenen Wahl des Straßburger Gegenbischofs im März 1791[66].

---

könnten, wichtig und genugsam gefunden haben, haben wir dieselbe gleichwie auch die Klostergeistlichen und Klosterfrauen unsers Bißtums für dieses Jahr, doch ohne weiteren Erfolg in der Erlaubniß des obigen Artickels miteinbegriffen.
3. Das Eyer essen ist bis auf den Gründonnerstag ausschließlich erlaubt.
4. Der Anfang der österlichen Zeit ist für alle Glaubigen unsers Bißtums im Elsaß auf den zweiten Sonntag in der Fasten bestimmt.
5. Wir ermahnen alle Welt= und Kloster=Priester unsers Bißtums im Elsaß, in dem heiligen Meßopfer, sie mögen es feyerlich oder nicht feyerlich halten, allemal die Collecta: pro quâcunque tribulatione mit der Secreta und post communio, beyzufügen."
(DAL-Fastenbriefe, MANDATEMENT POUR LE CARÊME DE 1792 (15. Februar 1792) 9-10); in der Folge sind nur noch deutsche Fastenbriefe in den Sammlungen des Dekanatsarchivs Lahr zu finden (vgl. DAL-Fastenbriefe). Auf eine weitere Untersuchung der Fastenschreiben, die - obschon interessant - den Rahmen dieser Arbeit sprengen und für die Beurteilung Rohans selbst kaum etwas erbringen würde, soll hier verzichtet werden.

[63] Rohans grundsätzlich gutes Verhältnis zu den Protestanten wird nicht zuletzt bei dem bereits erwähnten Gespräch mit Magister Laukhard deutlich (vgl. Kapitel 5)

[64] Vgl. Kapitel 2 Anm.[52]

[65] Vgl. Kapitel 5

[66] Vgl. Kapitel 4; ein Hinweis auf Rohans Einsicht um die Notwendigkeit, klar um die getrennten Positionen zu wissen, kann auch sein Einsatz für die Trennung der Pfarreien Dundenheim und Ichenheim und die Ermöglichung eigener Gotteshäuser für die in diesen

Weniger ausgewogen war Rohans Verhältnis zu den Juden. Zwar waren sie immer dann, wenn es darum ging, unter Umgehung bürokratischer Schwierigkeiten Lieferungen oder ähnliches zu tätigen[67], gerne gesehen, doch brachte man ihnen ansonsten allgemein Verachtung und Haß entgegen[68]. Nachdem der Kardinal im September 1792 bei den 13 jüdischen Familien Ettenheims um 12 000 Gulden nachgefragt und sich diese mit der Unmöglichkeit eines solchen Darlehns entschuldigt hatten, drohte der Kardinal - vom Vorhandensein dieser Summe bei den Ettenheimer Juden überzeugt - dieselben aus der Stadt, bestenfalls in die Vorstadt, auszuweisen, sofern sie sich weigern sollten, das Geld aufzubringen. Obschon man vor diesem letzten Schritt zurückscheute, bedrängten einige Kaufleute den Landesherren, seine Drohung wahr zu machen. Sie selbst wollten die 12 000 Gulden aufbringen, wenn sie damit die Juden aus der Stadt vertreiben könnten[69].

Orten bestehenden beiden Konfessionen liefern (vgl. DAL-Protocollum decretorum, 86-99).

[67] In Kapitel 3 wurde darauf hingewiesen, welche Unmengen von Waren durch Juden nach Ettenheim gebracht wurden.

[68] Vgl. die Bemerkungen in den Diarien Machleids und dem Ettenheimaufsatz Kürzels (Albert Kürzel, Die Stadt Ettenheim und ihre Umgebung (Lahr 1883) 74-80); vgl. auch Karl Theodor Weiß, Geschichte und rechtliche Stellung der Juden im Fürstbistum Straßburg, in: Alemannia (23/1895) 97-143, 193-230; Wolfgang Schwab, Geschichte des Judentums in Ettenheim, in: Ettenheimer Heimatbote (1967) 6 Fortsetzungen

[69] Diarium II, *155v; GLA 74-6287, 146v, 230v; 4000 Gulden legten die Ettenheimer Kaufleute dem Kardinal vor; die übrigen 8000 Gulden wurden schließlich von den Zünften und dem Rat abgedeckt (GLA 74-6287, 146v, 230v); Machleid berichtet:
"den 30=te(n) october ware ein converenz
von einem Erßamen Rath,und beder zinffte(n)
Erstlich wegen des lantsfürsten ßeinen
12 000 gulden gelt, ßo die gemeind dem=
gnädigen lantsfürst thuet anschaffen zum
2 te(n) ßo mann allen falß ßolte brandschaz=
=ung den franzoße mießte auß zwang gebe(n)
ßo ßein 2 männer auß der gemeind ernent,
benedict werber deß Rats, und Joann kuenzer

Das Reichskammergericht, an das sich die Juden in dieser Sache wandten, verhinderte dieses Unterfangen jedoch und teilte dem Kardinal mit, bis auf weiteres mit der Entfernung der Juden innezuhalten[70].

4. Seelsorge im Ausnahmezustand

Obschon über die Seelsorge dieser Jahre kaum etwas bekannt ist, läßt sich aus einigen Hinweisen die Schwierigkeit pastoralen Wirkens in jener Zeit ablesen. Das 'Heilige Öl', das vor der Revolution in Zabern geweiht und dort geholt zu werden pflegte[71], wurde im Jahre 1791 durch Weihbischof Lanz in Ettenheim geweiht[72]. In den darauffolgenden Jahren bis zum Jahr 1796 nahm Lanz die Weihe des Öles in Schuttern vor[73].

Im Jahre 1795 resignierte Stadtpfarrer Franz Xaver Mast[74] und am 3. Oktober 1795 wurde Pfarrer Magister Philipp Karl Guntz, zuvor Kanonikatspriester in Straßburg, in Ettenheim installiert[75]. Bis zu diesem Zeitpunkt scheint demnach

---

darum zue schauen, daß manneß in der noth hatte, Gott aber der allmechtige wolle eß verhieten, in der dato armßeligen zeit." (Diarium II, *155v)

70 GLA 74-6287, 230v

71 Vgl. Michael Hennig, Geschichte des Landkapitels Lahr (Lahr 1893)

72 DAL-Protocollum, 239; Rohan las während der Weihe eine Messe auf dem Marienaltar (DAL-Protocollum, 239)

73 DAL-Protocollum, 242, 258, 260, 268, 276

74 Über die Ettenheimer Pfarrer vgl.: Hubert Kewitz, Die Pfarrer in Ettenheim - Die Kapläne der Liebfrauenpfründe - Geistliche Berufe aus Ettenheim, in: Weis, 175-185

75 DAL-Protocollum, 275-276; die Ernennungsurkunde trägt eine der wenigen bekannten Unterschriften des Kardinals nach seiner Emigration (vgl. Kewitz, Pfarrer, 178 (Abb. 69); weitere Unterschriften GLA 138-83, 129r; GLA 229-27 186; Archives municipales de Strasbourg - Actes du grand chapitre, Documenta generalia)

das religiöse Leben in Ettenheim und dem rechtsrheinischen Teil des Bistums trotz aller Schwierigkeiten seinen gewohnten Lauf genommen zu haben[76].

[76] Machleid berichtet als außergewöhnlich lediglich davon, daß am 21. Januar 1792 von Hof aus die 'Madam verßehen' worden sei, anläßlich dessen der ganze Hof mit brennenden Kerzen - der Kardinal ging hinter dem Allerheiligsten - abends zwischen 6 und 7 Uhr zur Kirche zog, wo Rohan das Vater Unser sprach und bis zum Segen blieb (Diarium II, *145r; insgesamt bleibt dieses Ereignis, das wohl mit einem Ablaß zusammenhängt, allerdings im Dunkeln), sowie von einer Absenkung der Kanzel um drei Schuh im Spätjahr 1792, womit eine bessere Verstehbarkeit der Predigt erreicht werden sollte (Diarium II, *155r). Vergleiche zur Religiosität dieser Zeit: Hubert Kewitz, Geschichte der Pfarrei Ettenheim bis in die erste badische Zeit, in: Weis, 109-146, besonders 132-139.

9. Kapitel

ZWISCHEN DEN RÄDERN DER REVOLUTIONSKRIEGE

Als im Jahre 1795 mit dem Frieden von Basel Preußen und andere Gegner Frankreichs aus der Koalition ausschieden, wurde die Bewegungsfreiheit der französischen Heere bedeutend gesteigert, wenn auch der am 31. Dezember mit Waffenstillstand beendete Feldzug die Franzosen über den Rhein zurückgeworfen hatte. Rheinhessen und die Pfalz waren von kaiserlichen Truppen besetzt und den für das Jahr 1796 erwarteten verstärkten französischen Anstrengungen gedachte man mit einer Offensive am Oberrhein zuvorzukommen, indem man den Waffenstillstand am 31. Mai von österreichischer Seite aufkündigte. Bonapartes Erfolge in Italien zwangen die Kaiserlichen jedoch Dagobert Wurmser mit 25 000 Mann dorthin zu entsenden, wodurch die Oberrheinarmee - 57 000 Mann unter Kommando des Feldzeugmeisters Baillet de Latour - für jegliche Angriffsoperationen größeren Stils zu schwach geworden war. In der Nacht vom 23. auf den 24. Juni nutzte Moreau diese Schwächung, um den Rhein bei Kehl zu überschreiten, die Festung zu überrumpeln und sie gegen heftige Angriffe eines von Willstätt aus vorgehenden schwäbischen Entsatzkorps zu behaupten...[1]

I. INVASIO GALLORUM

Furcht und Schrecken verbreitete das Erscheinen der französischen Truppen in der Ortenau. Viele flohen, brachten ihre Habseligkeiten in Sicherheit. Nahezu alle Pfarrer des Landkapitels Lahr verließen ihre Pfarreien; Gottesdienst und Seelsorge lagen darnieder. Die Franzosen sollen Tabernakel erbrochen, das Allerheiligste entehrt, sakrale Gegenstände und Gewänder geraubt haben. Reiche und Arme wurden geplündert, geschlagen und mit dem Tod bedroht, beleidigt und beschimpft. Was nicht fortgeschleppt werden konnte, wurde zerstört. Etliche Wochen dauerte dieser Zustand[2].

---

[1] Vgl. Manfred Krebs, Politische und kirchliche Geschichte der Ortenau, in: Die Ortenau (16/1929) 202

[2] DAL-Protocollum Capituli ruralis Lahrensis ab anno 1731, 277-278; Michael Hennig, Geschichte des Landkapitels Lahr (Lahr 1893) 245-246); Henriette Stuber hielt die Ereignisse folgendermaßen fest:
"Der Cardinal, alle die französischen Prinzen, die sich einige Zeit hier aufgehalten hatten, kurz alle Emigranten mußten plötzlich wieder flüchten. Ich selbst war nach der Schule mit den anderen Kindern in die Kirche gelaufen, denn es hieß, die Patrioten, so hieß man damals die Franzosen, wollten kommen, und da betete man laut, daß uns Gott vor ihnen verschonen möchte, denn sie brannten und plünderten überall, und es war ein panischer Schrecken über jedermann von uns gekommen. Als wir gerade so beteten, kam unser Kindsmädchen eilig, mich zu holen, weil wir flüchten müßten. Ich hatte keine Idee, was dies sei, und so freute ich mich darauf. Als wir zum Hause kamen, stand ein großer Leiterwagen mit 3 Pferden und einigen Bund Stroh darauf vor der Tür. Mein Vater hatte eine große Kiste voll Schriften, dann eine Bouteille mit Wasser, 2 Gläser und einige blecherne Löffel in einer Tasche; dies ward alles untergebracht. Dann wurden wir 4 Kinder, mein Bruder Louis, der etwa 4 Jahre alt war, meine Schwester Josephine, die kaum 2 Jahr, das Kindsmädchen mit dem Jüngsten, das 1/2 Jahr

alt war, Eduard, ich und endlich meine Mutter auf den Wagen. In diesem Augenblick kam noch eine Französin, deren Mann bei der Armee de Condé war, eine Gräfin d'Autaune mit ihren 2 Kindern, einem Knaben von 12 und einem Mädchen von 9 Jahren im Arm und bat meine Mutter um Gottes willen, sie mitzunehmen; da sie, eine vornehme Emigrantin, sonst verloren wäre, nahm meine Mutter sie mit. Mein Vater versprach, zu Fuß nachzukommen, da er persönlich für sich zu fürchten hatte, und so bat ihn meine Mutter dringend darum, denn es war ihm gedroht worden, wenn man ihn fände, würde er ohne Gnaden erschossen, weil er lange mit dem damaligen Maire von Arnsburg (sic!) Dietrich Schriften gewechselt hatte wegen einem Mörder, den der Vater ins Zuchthaus gebracht hatte, und welcher geschickt worden war, um die Prinzen, die damals in Ettenheim waren, zu ermorden. Er hatte diesen Mann namens Despiard arretieren lassen, da er keinen Paß hatte und in seinen Schriften gefunden wurde, daß er zu besagtem Zweck gekommen war, nun war aber dieser Despiard wieder aus dem Zuchthaus entkommen, und man hatte deshalb meinem Vater blutige Rache geschworen, und, da er noch bei Zeiten gewarnt wurde, schickte er seine Frau und Kinder voraus und, nachdem er alle Maßregeln getroffen und auch mit der Bürgerschaft verabredet hatte, wie sie sich, wenn der Feind käme, verhalten sollte, ging er erst, als der Feind schon beinahe am Tor war, zum andern hinaus; es war aber auch höchste Zeit, denn die erste Frage war nach dem Hofrat Stuber, sie wollten ihn henken! Da hieß es, er sei schon lange fort mit der ganzen Familie, und das Haus leer; es war aber nicht leer, sondern ein treues Dienstmäschen (sic!) war darin geblieben nebst allem, was sie noch besaßen, doch hatte das Mädchen klugerweise alle Läden zugemacht und zeigte sich nirgends, so daß jedermann glaubte, es wäre wirklich leer, und so blieb alles erhalten, bis sie wieder zurückkamen. Wir waren indessen mit unserem Wagen oben zum Tore hinausgefahren, mitten durch Flüchtende, welche Kinder, Kühe, Schweine und ihr bißchen Gut teils auf Karren, teils auf dem Kopfe tragend, da hinausströmten. Anstatt aber eine gebahnte Straße, die wir wohl hätten erreichen können, fuhren wir durch den Wald einen steilen Holzweg hinan auf den Steißberg (sic!). Oben auf dem Gipfel war ein einsames Wirtshaus, dahin wollten wir, und, da es schon von Flüchtlingen überfüllt war, erhielten wir zur Not eine kleine Dachkammer, wo wir auf unseren mitgebrachten Matratzen alle nebeneinander auf dem Boden lagen, nachdem wir noch zur Not eine Milchsuppe bekommen hatten. Viele mußten im Freien campieren, zum Glück war es Sommer. Der Tag war Peter und Paul. So waren wir doch nicht allein, und es war schauerlich schön, die vielen Menschen, die alle an kleinen Feuern im Freien kochten, und dann das ewige Rufen und Jammern, bald nach einem Kinde, bald nach einem Veih (sic!), das der eine oder andere meinte verloren zu haben, und so ging es die ganze Nacht..."
(Henriette Stuber, Memoiren einer Ahnherrin (Abschrift einer Handschrift) *4-*7)

hatten das Kloster verlassen, vor den Franzosen ihr Heil in der Flucht gesucht, sich ähnlich wie die Pfarrherren in den Wäldern oder in entfernteren Gegenden, bis hin nach Schwaben, Bayern und auch in der Schweiz verborgen. Chorgesang und feierlicher Gottesdienst waren verstummt[3]. In Allerheiligen und Ettenheimmünster verließen die Seminaristen ihre bisherigen Unterkünfte und zogen vor allem ins Schwäbische[4].

Rohan und sein ganzes Konsistorium hatten Ettenheim verlassen[5]. Weihbischof Lanz, der sich bereits einige Jahre in Schuttern aufgehalten hatte, wo er im Kloster wohnte,

---

[3] PfA-Ettenheimmünster, Kurze Historische Beschreibung der Pfarrey Münsterthal bei St: Landelin von dem siebenden Jahrhunderte nach Christi Geburt bis auf das Jahr 1804 verfasset von P: Bernard Stöber des Ordens des heil Benedicts, Professen des aufgehobenen Klosters Ettenheimmünster geweßten Pfarrherrn dieser Pfarrey, 163

[4] Karl Sachs, Schicksal des Klosters Allerheiligen und Mittelbadens während der Koalitionskriege, in: Die Ortenau (12/1925) 27; der Konvent von Allerheiligen verblieb im Kloster (Sachs, 27)

[5] DAL-Protocollum, 277, StA-Ettenheim, Stadtschaffnei-Rechnung 1796; als die Truppen in Ettenheim einmarschierten, wurde die Stadt nach Rohan'schem Besitz durchsucht. Folgendes wurde bekannt gegeben: "Freiheit! Im Namen der französischen Republik. Gleichheit!
Der Agent der französischen Republik fordert alle Bewohner der Stadt Ettenheim auf anzugeben, ob und welche Effekten sie von dem hier wohnhaft gewesenen Kardinal Rohan sowohl als von anderen französischen Emigranten in Händen haben, es sei nur, daß sie solche an sich gekauft oder als Unterpfand besitzen oder zum aufbewahren erhalten, oder wie immer sie auch solche an sich gebracht haben.
Der oder diejenigen, die in Zeit von 4 Tagen diesem Aufgebote nicht Folge leisten und in der Folge entdeckt wird, daß sie derlei Dinge in Händen haben, werden als Entwender am Eigentum des Staatsvermögen(s) der gedachten Republik angesehen und als solche bestraft werden.
Gegeben zu Ettenheim am fünften Tag des Obstmonats im vierten Jahr der französischen Republik (= 22. August 1796). Metternich, Agent." (Ernst Batzer, Testament und Hinterlassenschaft des Kardinals Rohan, in: Die Ortenau (10/1923) 30); die Lieferanten, die Waschfrau, halb Ettenheim wurde verhört und die Aussagen protokolliert. Die Beute blieb allerdings gering (Batzer, 30))

wich über den Schwarzwald ins Schwäbische aus, und Ettenheimer Fuhrleute waren am 28. Juni 1796 damit beschäftigt, die wichtigsten Unterlagen der Stadt Ettenheim vorerst nach Waldshut auszulagern[6]. Der Kardinal selbst hatte in Baden in der Schweiz Zuflucht gesucht, von wo er am 20. August 1796 an Erzpriester Anton Sartori, Pfarrer in Ottenheim, der als einer der wenigen trotz kriegsbedingter Wirren für Ruhe und Ordnung sorgte, schrieb.

"De tuis capacitate, discretione, vitae ac morum probitate et in rebus gerendis experientia in domino confidentés...[7] "

übertrug der Kardinal dem Erzpriester die notwendigen Kompetenzen im Bereich des Lahrer Kapitels für die Zeit seiner Abwesenheit[8].

Über den Verlauf dieser Zeit ist kaum etwas bekannt[9]; sicher ist lediglich, daß Rohan im Dezember 1796 wieder in Ettenheim war, da er am 30. in seiner Residenzstadt einen Brief herausgab, in dem er die Gläubigen um Gebete in diesen Kriegszeiten bat[10].

---

[6] DAL-Protocollum, 277; StA-Ettenheim, Stadtschaffnei-Rechnung 1796

[7] DAL-Protocollum decretorum et mandatorum episcopalium emanotorum ab anno 1733 ad venerabile Capitulum nostrum Lahrense transmissorum, 130

[8] DAL-Protocollum decretorum, 130-134

[9] Völlig unklar ist, wie lange der Kardinal in Baden in der Schweiz blieb und ob er noch weitere Orte zu dieser Zeit aufgesucht hatte. Lediglich der Zeitpunkt seiner Rückkehr läßt sich wie oben geschehen eingrenzen.

[10] DAL-Generalia und Nominalia XX. Rubrik: Landes= u. Reichssachen. Betreff: a. Kirchliche Landesfeiern von 1792-19, LUDOVICUS RENATUS EDUARDUS von Gottes Gnaden (30. Dezember 1796);
die Stadt Ettenheim hatte ihr Archiv, das zwischenzeitlich in die Schweiz gebracht worden war, wieder zurückbringen lassen (StA-Ettenheim, Stadtschaffnei Rechnung 1796).

Zu dieser Zeit befand sich die Ortenau zwar wieder in der Hand der Kaiserlichen[11], doch war die Lage noch lange nicht entspannt. Bis zum 10. Januar 1797 fanden heftige Gefechte um Breisach statt, und am 22./23. April traten die Franzosen, nachdem sie bei Diersheim erneut den Rhein überschritten hatten, nochmals den Vormarsch an. Erst der Friede von Campoformio, der im Oktober 1797 diesen ersten Koalitionskrieg beendete, brachte eine Beruhigung, ohne die Kampfhandlungen ganz zu beendigen [12].

II. DIE REVOLUTION UND DER PAPST

Auch der Kirchenstaat wurde von der nun Italien überspülenden revolutionären Welle nicht verschont. Der Zentralverwaltung der Kirche setzte diese so zu, daß für manche

---

[11] Die Franzosen hatten in der Zeit nach dem 21. Juni 1796 die Österreicher hinter die Rench, das schwäbische Korps von Offenburg ins Kinzigtal und den linken Flügel unter Condé nach Dinglingen und Lahr zurückgetrieben. Am 28. fielen die österreichischen Stellungen an der Rench, in die 26 000 Franzosen einzogen. Der Weg nach Württemberg war am 14. Juli geöffnet.

Moreau, der nur 2500 Mann zur Deckung des Rheintales zurückgelassen hatte,wurde durch einen Angriff im Rücken der französischen Hauptarmee zum Rückzug durch das Höllental gezwungen.
(Vgl. zu diesen Vorgängen die ausführlichen Darstellungen bei Krebs, 203-204)
Das Ettenheimer Bürgerbuch vermerkt am 8. Januar 1797:
"Die Ratserneuerung wird bei wieder glücklich durch die K. K. österreichischen Waffen eroberten Landen abgehalten."
(zitiert nach: Johann Baptist Ferdinand, Geschichtliche Niederschläge - im Ettenheimer Bürgerbuch von 1695ff., in: Neue Miszellen aus Heimat und Landschaft, Bd. II (1954-1959) 155; über das Bürgerbuch selbst siehe Kapitel 8 Anm. 38)

[12] Krebs, 203-204

das Ende des Paptstums als Institution gekommen schien, besonders als Pius VI. gefangengenommen und am 14. Juli 1799 nach Valence gebracht wurde [13].

---

[13] Vgl. zu diesem Fragenkomplex: Roger Aubert, Die Katholische Kirche und die Revolution, in: Hubert Jedin, Handbuch der Kirchengeschichte, Bd. VI/1 (Freiburg 1971) 55-59; August Franzen/Remigius Bäumer, Papstgeschichte (Freiburg [2] 1974) 337-338;
Papst Pius VI. befand sich in einer schwierigen Situation, die ihn veranlaßte, erst nach langem Zögern zur Verurteilung der französischen Maßnahmen zu schreiten. Zunächst hatte er versucht, eine gewisse Unparteilichkeit zu bewahren, um die Position des Königs nicht weiter zu gefährden. Dann jedoch hatte er sich voll auf die Seite der Gegenrevolution geschlagen. Abbé Maury wurde 1792 nach Deutschland entsandt, mit dem Auftrag, die Staatsoberhäupter zur Unterstützung der Konterrevolution in Frankreich mit Waffengewalt zu veranlassen. Trotz dieser Tatsache, trotz der strengen Maßnahmen, die gegen die der Sympathie für die französischen Ideen verdächtigen Römer ergriffen wurden, trotz des warmen Empfangs, der den französischen Emigranten im Kirchenstaat zuteil wurde, hatten die Franzosen nach der Annexion von Avignon nicht direkt gegen den Papst interveniert. Die österreichische Militärmacht riegelte die Halbinsel ab, die zudem von der englischen und neapolitanischen Flotte geschützt wurde. Nach Napoleons Blitzsiegen im Frühjahr 1796 und der Besetzung Mailands änderte sich diese Situation im Frühjahr 1796 jedoch schlagartig.
Pius VI. war gezwungen, mit Frankreich Verhandlungen aufzunehmen. Doch die französischen Forderungen - Kriegskontributionen und Zurücknahme aller vom Papst seit 1790 gegen die Zivilkonstitution des Klerus und die revolutionären Prinzipien ausgesprochenen Verurteilungen - waren nahezu unannehmbar. Als Bonaparte jedoch den Norden des Kirchenstaates besetzte und mit dem Marsch auf Rom drohte, entschloß sich Pius VI., der in diesem Fall eine Revolte seiner Untertanen befürchten mußte, um Wesentliches zu retten, nachzugeben. Am 26. Juni 1796 unterzeichnete er einen Waffenstillstand, der lediglich territoriale - Bologna, Ferrara und die Festung Ancona mußte der Papst abtreten - und finanzielle Klauseln enthielt und das Problem der Zurücknahme der Verurteilungen auf einen Friedensvertrag verschob. Im Laufe der Verhandlungen über diesen Vertrag erließ die Kurie das Breve 'Pastoralis sollicitudo', das die Katholiken Frankreichs darauf hinweisen sollte, daß
"die wahre Religion in keiner Weise dazu geschaffen ist, die bürgerlichen Gesetze umzustoßen" (Aubert, 57),
und ihnen die Unterwerfung unter die Regierung empfahl. Obschon die Legalität ihrer Existenz damit implizit anerkannt war, genügte 'Pastoralis sollicitudo' dem Direktorium nicht. Die weitere Forderung nach Zurücknahme der Verurteilungen konnte der Papst jedoch nicht positiv beantworten. Im September kam es zu neuen Verhand-

1. 'Ein lettichter Schlam hat die blühenden Fluren überschwemmt'

Die Ereignisse in Ettenheim unterschieden sich mittler-

---

lungen in Florenz, deren erfolgloser Verlauf gemeinsam mit der Entwicklung der Lage in Italien zugunsten Österreichs den Papst dazu verleitete, die Unterstützung Spaniens und Neapels zu gewinnen. Der Waffenstillstand wurde aufgekündigt und der Kaiser um Hilfe für bewaffneten Widerstand angegangen.
Als Bonaparte die Situation im Norden wieder bereinigt hatte, zeigte sich die Isolation des Papstes, der gezwungen war, am 16. Februar 1797 den Vertrag von Tolentino anzunehmen, womit Pius VI. nicht nur neue schwere Kriegskontributionen aufgelastet bekam, sondern auch den reichsten Teil des Kirchenstaates abtreten mußte. Nur so konnte der Papst die Erhaltung seiner weltlichen Macht sichern.
"Zudem sprach Bonaparte, der sich nun stark genug fühlte, um über die Weisungen des Direktoriums hinweg gehen zu können, nicht mehr von einem Widerruf der früheren päpstlichen Dokumente und sicherte sich so die Chance, später die religiöse Pazifikation in Frankreich mit einem zur rechten Zeit geschonten Papsttum aushandeln zu können." (Aubert, 58)
Die Situation verschlechterte sich erneut. Während in Frankreich der Staatsstreich vom Fructidor dem jakobinischen Antiklerikalismus seine alte Virulenz wiedergab, glaubten die 'zelonti' in Rom, in den an verschiedensten Stellen aufbrechenden Volksaufständen die Vorboten eines allgemeinen Aufstandes gegen die französische Okkupation sehen zu müssen. In dieser gespannten Atmosphäre wurde am 27. Dezember 1791 General Duphot ermordet. Das Direktorium befahl die sofortige Besetzung des Kirchenstaates; am 15. Februar 1798 proklamierten römische Jakobiner, die unter der Hand von französischen Agenten geführt wurden, die Römische Republik.

Der nun einundachtzigjährige Papst bat dringend darum, man möge ihn doch in Frieden in Rom sterben lassen, wurde jedoch gezwungen, in das damals noch unabhängige Herzogtum Toskana zu flüchten. Nur schwer konnte der von fast allen Mitarbeitern getrennte und zudem seit mehreren Jahren bei schwacher Gesundheit gewesene Papst sein Amt ausüben. Trotz allem gelangten auch in dieser Zeit mehrere Breven zur Veröffentlichung. Durch den als Staatssekretär fungierenden Nuntius in Florenz ließ Pius VI. die europäischen Herrscher um Hilfe gegen die Besetzung des Kirchenstaates bitten. Diese Appelle trugen in gewisser Weise zur Bildung der zweiten antifranzösischen Koalition bei, deren Erfolge die in der Zwischenzeit die Toskana besetzt haltenden Franzosen drängten, Pius VI. nach Frankreich zu bringen. Auf einer Bahre wurde der sterbende

weile kaum noch von denen in den umliegenden Ortschaften. Kaum ein Tag verging, ohne daß Soldaten, gleich aus welchem Regiment, in der Stadt lagerten[14]. Die Wirren der Revolutionskriege verwischten einstige kulturelle und politische Grenzen. Kaum jemand interessierte sich noch für den alternden Straßburger Bischof, dessen Bischofsstuhl es in der gewohnten Form de facto längst nicht mehr gab.

Nachdem der Kardinal bei einem erneuten Vorstoß der Franzosen im April 1797 Ettenheim wiederum vorübergehend verlassen mußte[15], verlief das Jahr 1798 verhältnismäßig

---

Greis über die Alpen, zunächst nach Grenoble, dann nach Valence gebracht, wo er am 14. Juli 1799 ankam (Franzen/Bäumer, 337-338; zur Person Pius' VI. vergleiche: Ludwig von Pastor, Geschichte der Päpste seit dem Ausgang des Mittelalters, Bd. XVI/3 (Freiburg 1933))

14 Vgl. GLA 74-6289 und die Aufzeichnungen Carl Ludwigs, Schilling von Canstatt, in den betreffenden Jahren (Carl Ludwig, Schilling von Canstatt, Auszug aus dem Tagebuch, in: Lahrer Wochenblatt (113-122/1905); die Kriegskosten der Stadt waren enorm. Seit Krieg herrschte, war es kaum möglich, den Haushalt der Stadt schuldenfrei zu halten (vgl. die Stadtrechnungen im StA-Ettenheim).

15 Die Franzosen hatten bei Diersheim nördlich Kehls abermals den Rhein überschritten und sich der Festung Kehl durch einen Handstreich bemächtigt. Dem weiteren Vordringen der Franzosen wurde durch die Friedenspräliminarien zu Leoben a. d. Mur im März 1797 jedoch ein Ende gemacht und eine Demarkationslinie von Kappel über Ettenheim, Lahr, Gengenbach, Oberkirch, Achern und Lichtenau festgelegt (Ferdinand, Bürgerbuch, 155). Im Ettenheimer Bürgerbuch findet sich am 7. Januar 1798 folgender Eintrag:
"Bekanntermaßen ist im April verflossenen Jahres abermals ein Überfall von französischen Truppen in die hiesigen Reichslande geschehen, bei welchem Vorfall Serenissimus noster sich abermals auf einige Zeit von hier entfernt haben. Da aber hierauf sogleich ein allgemeiner Waffenstillstand verkündet und nur die beiden Oberamtsortschaften Grafenhausen und Kappel von den feindlichen Truppen unglücklicherweise okkupiert und bis jetzt besetzt worden, die hiesige Stadt aber davon verschont geblieben,
und Serenissimus zur allgemeinen Freude und Trost aller seiner Untertanen, besonders aber der gesamten hiesigen Bürgerschaft, wieder alsbald hierher zurückgekehrt sind, auch alles in voriger Ruhe, Stand und Ordnung verblieben ist.
so wurde anheute abermals die gewöhnliche Ratserneuerung gehal-

ruhig[16]. Das darauffolgende Jahr brachte neben dem Tod des Weihbischofs Lanz am 6. Januar 1799[17] im März weitere militärische Aktionen der Franzosen unter General Jourdan. Die französischen Truppen überschritten bei Kehl und Basel den Rhein und zwangen Rohan noch einmal, seine Resi-

---

ten..." (zitiert nach: Ferdinand, Bürgerbuch, 155). Als Markgraf Carl Friedrich am 14. März 1798 in Mahlberg weilte, wurde Carl Ludwig, Freiherr Schilling von Canstatt, nach Ettenheim geschickt, um dem Kardinal zu melden, daß der Markgraf keine Aufwartung in Ettenheim machen werde, da er wegen dringender Geschäfte verhindert sei (Schilling v. Canstatt, 475).

16 Das Bürgerbuch weist am 13. Januar 1799 folgenden Eintrag auf: "Da der im vorjährigen Ratserneuerungs-Protokoll erwähnte allgemeine Waffenstillstand nicht nur dermalen annoch fortdauert, sondern inzwischen ein allgemeiner Reichs-Friedens-Kongreß mit Frankreich errichtet und in Rastatt wirklich versammelt ist, in dessen Gefolge auch beide Oberamtsortschaften Grafenhausen und Kappel und die ganze hiesige Gegend von allen feindlichen und anderen Truppen gänzlich evakuiert und befreit worden sind,

und unser allerseits gnädigster Landesfürst und Herr, hochfürstliche Durchlaucht und Eminenz, im höchsten Wohlsein sich fortan zur allgemeinen Freude sämtlicher Untertanen dahier aufgehalten und befinden,

so wurde unter dieser höchst glorreichen und für uns glücklichen Regierung anheute abermals gewöhnlichermaßen die Ratserneuerung gehalten..." (zitiert nach: Ferdinand, Bürgerbuch, 155-156)

17 DAL-Protocollum, 299; PfA-Ettenheim, Sterbebücher; einem Bischof gebührend wurde...
"...Reverendissimus et Illustrissimus Dominus Dominus
Joannes Jacobus Lantz Episcopus Dorensis -
Suffraganeus, Vicarius Generalis et Officialis
Dioecesis Argentinensis, S. Theologiae Doctor..."(PfA-Ettenheim, Sterbebücher) vor den Stufen des Marienaltares beigesetzt. Ob die Grabstelle gekennzeichnet wurde, ist nicht bekannt. Auf den im Jahre 1888 verlegten Zementplatten war sein Grab mit den Buchstaben 'J. J. Lantz. Eps. Dorens. 1799.' bezeichnet. Bei den Heizungsarbeiten des Jahres 1976 wurde das Grab berührt, jedoch nicht geöffnet. Heute ist der Ort mit einem Teppichboden bedeckt.
Rohan gab in der Folge des Todes von Bischof Lanz am 19. Januar 1799 die Verordnungen bezüglich der Fastenzeit dieses Jahres selbst heraus, wobei auffällt, daß insbesondere die Einzelbestimmungen für das Fasten vollkommen identisch mit denen des Jahres 1798 sind (das Ende der bischöflichen Verordnung von 1799 ist veröffentlicht in: Jörg Sieger, 1790-1803: Louis René Edouard, Prince de Rohan-Guémené, und Ettenheim - Schicksal einer ungleichen Beziehung, in: Dieter Weis, St. Bartholomäus Ettenheim (München/Zürich 1982) 249; vgl. DAL-Generalia und Nominalia III. Rubrik: Bistum und Primat. Betreff: Strassb. Fastenbriefe. 1780-1804, Bischöfliche Verordnung... (19. Januar 1799)).

denz am 12. Februar 1799 zu verlassen[18]. Mit einigen wenigen Vertrauten begab sich Rohan nach Regensburg[19], wo

---

[18] Im Bürgerbuch der Stadt Ettenheim ist unterm 12. Januar 1800 eingetragen:
"Gleich wie nun aber verschiedene höchstmerkwürdige Begebenheiten sich seit verflossenem Jahr zugetragen, so hat man nicht verfehlen sollen, solche abermals kurz hierbei aufzuzeichnen.
Den 12. Hornung vorigen Jahres haben Seine hochfürstl. Eminenz und Durchlaucht, unser allerseits gnädigster Landesfürst und Herr, wegen abermals zu befürchtenden französischen Überfalls die hiesige Stadt zum größten Leidwesen sämtlicher Untertanen und besonders der hiesigen Bürgerschaft wieder verlassen und sich nach Regensburg begeben, allwo höchstdieselben zum allgemeinen Schmerz eine schwere Krankheit ausgestanden, sich aber wieder, dem Allerhöchsten sei Dank, in hohem Wohlsein befinden und noch wirklich allda aufhalten.
Den 1. März sind die Franzosen sofort bei Kehl wieder über den Rhein und den 3. zwei Kavallerieregimenter hier durchmarschiert, die man in allem verpflegen mußte und die bis Pfullendorf und Liptingen vorgedrungen, allwo sie von Ihrer königlichen Hoheit dem Prinzen Karl geschlagen, und endlich bis Kehl und Altbreisach zurückgetrieben wurden, welche beide Plätze dieselben noch wirklich innehaben.
Auf dieses haben die Friedensunterhandlungen in Rastatt sich gänzlich zerschlagen, die Reichsdeputierten ihre Sitzungen suspendiert, die Gesandtschaften auseinander gegangen und dabei der äußerst merkwürdige Vorfall sich zugetragen, daß zwei von den französischen Gesandten auf ihrer Rückreise in der Nacht unweit Rastatt angefallen und ermordet worden sind.
Inzwischen dauert der leidige Krieg immerfort, und das Land mußte nicht nur große Lieferungen machen, sondern den ganzen Winter und noch wirklich die Rheinwachen versehen und an mehreren Orten schanzen.
Endlich wurde auch unlängst dahier ein allgemeiner Landsturm oder Landmiliz aufgefordert, in Bataillone eingeteilt, wovon das der hiesigen Stadt und des Oberamts das 6. ausmacht, organisiert und bewaffnet, und dieses ist schon einige Male nach Kappel am Rhein ausgezogen, wobei aber noch kein feindlicher Vorfall sich zugetragen hat. Gott wolle solche in unserer Gegend auch fernerhin verhüten und uns in Bälde einen gnädiglichen Frieden geben."
(zitiert nach: Ferdinand, Bürgerbuch, 156-157)

[19] Unklar ist, ob sich der Ausdruck
"... a Residentia sua Ettenhemiensi in Marggraviatum Anspach exulante..."
(DAL-Protocollum venerabilis capituli ruralis Lahrensis continens acta capitularia, inceptum in congregatione ven<u>lis</u> definitorii die decima Mensis Septembris anno millesimo octingentesimo quinto celebrati in Ottenheim sub Joanne Antonio Eduardo Sartori die 21.[a]

er am 20. Juni 1799 mittels eines Hirtenschreibens die Gläubigen seiner Diözese um ihr Gebet für den in Gefangenschaft geratenen Papst Pius VI. bat[20]. Ein weiteres

---

mensis Aprilis anno 1789. electo, continuatum sub Archipresbyteris sequentibus, 9; der Ausdruck bezieht sich auf eine Vollmachtsübertragung, die anläßlich des Todes von Erzpriester Sartori hervorgehoben wurde (14. Dezember 1807).) auf eine Station dieser Flucht des Kardinals oder auf diejenige des Jahres 1796 hinweist.

20 "Wir wollten zwar den Augenblick unserer Rückkunft abwarten, um euch, vielgeliebte Brüder, aufzurufen, damit ihr euer Gebeth mit dem unserigen vereiniget, und mit allen Christglaubigen die vor Gott dem Almmächtigen sich verdemüthigen, den Himmel anflehet, er möchte doch die äußerstgedrückte katholische Kirche, gegen welche die Pforten der Hölle nimmermehr siegen werden, in der Fülle seiner Barmherzigkeit trösten, und das sichtbare Oberhaupt derselben, den Statthalter Christi auf Erden, welcher in der grausamsten Gefangenschaft um den Namen Gottes Unbilden, Schmache und Verfolgung mit übernatürlicher Standhaftigkeit wirklich leidet, erhalten, stärken und zur Verherrlichung der christkatholischen Religion durch seinen heiligen Engel den Händen der Grausamen entreißen! (...)

Dieser Ursachen halber verordnen Wir 1) daß solange der heilige Vater in feindlichen Händen sich befindet, jedesmal nach der Pfarrmesse das gewöhnliche Kirchengebeth für ihn mit erhabener Stimme abgebethet, sodann

2) Das vorgeschriebene und schon seit mehreren Jahren verordnete Kirchengebeth für die Erhaltung seiner Majestät des Kaisers und den gesegneten Fortgang der zu Erhaltung der heiligen Religion, zum Schutz des Reichs, zur Befreyung der unter dem französischen Joche schmachtenden Reichsunterthanen, und Beschleunigung des so sehnlich erwünschten Friedens, vereintstreitenden Völkern ebenfalls andächtig verrichtet, und daß

Endlich 3) gegenwärtig unser Hirtenbrief auf den Kanzeln verlesen, das Volk durch eine anpassende Rede zum eifrigen Gebeth angeflammt werden solle . . . Verdoppelt eueren Eifer, bietet eueren Kräften auf, flammet den Kaltsinnigen an, erhaltet den Wankenden, den Gefallenen richtet auf, stärket den Schwachen. Die Gnade unseres Herrn Jesu Christi seye mit euch allen, er der Gott des Friedens zertrette den Satan in bälde unter euren Füßen, und der Friede des Herrn, der allen Menschenverstand übertrifft, bewahre euere Herzen und euere Gedanken.

Gegeben zu Regensburg am 20ten Juni 1799.
Kardinal und Fürst von Rohan,
und weiter unten
auf Befehl Sr. hochfürstlichen
Eminenz und Durchlaucht
S I M O N ."

Schreiben folgte auf die Nachricht von dem am 29. August 1799 erfolgten Tod des Papstes[21].

(DAL-Fastenbriefe, Ludwig Renat Eduard Fürst von Rohan (20. Juni 1799) 1-3; vgl.: DAL-Protocollum, 303; DAL-Protocollum decretorum, 134-137)

[21] "So hat denn, vielgeliebte Brüder, ein heftiger Sturmwind auch den Baum niedergerissen, welcher gute Früchten trug! - Ein lettichter Schlam hat die blühenden Fluren überschwemmt! und der Gesalbte des Herrn, der oberste Seelenhirt, der Stadthalter Jesu Christi auf Erden, ist mit Unbilden überhäuft, verunglimpft und verschmähet wie ein ruchloser Missethäter, aus einer Gefängniss in die andere, auf eine unmenschliche Art geschleppt, bis er endlich aus dem Boden der Sittenlosigkeit und des Unglaubens in ein besseres Leben übersetzt worden ist. Großer Gott! wie unerforschlich sind doch deine Rathschlüsse, und was ist der Mensch vor dir? Im Geist der Demuth müßen wir uns erniedrigen, unsere Unvermögenheit bekennen, tief gebeugt deinem göttlichen Willen uns ergeben, anbethen; denn unmöglich kann, o Herr! die Boßheit der Menschen denjenigen kränken, welchen du tröstest: und was vermag wohl den niederzuschlagen, welchen du aufrecht hälst? Deine Barmherzigkeit ist unendlich; nur der Gottlose, welcher in seinem Herzen behauptet, daß es kein Gott gebe, und in seiner Boßheit hartnäckig verharret, darf keinen Anspruch darauf machen, und muß zu Grund gehen; wo hingegen die wahre Glückseligkeit und das einzige Leben, welches unmöglich in diesem Thale des Jammers und des Elendes, sondern bloß allein in dem Schooße der Gottheit zu finden, die Belohnung derjenigen ist, welche dem Gesetz des Allerhöchsten treu verbleiben, das Verderbniß der Welt und sich selbsten besieget haben. Diese letzteren sind die Lieblinge des Himmels, welche Gott in seiner Barmherzigkeit auserkohren seinen heiligen Namen ewig zu loben und zu preisen. Zu eben dieser Zahl gehöret, vielgeliebte Brüder, der heilige Greiß, über dessen Tod die christkatholische Kirche so ungemein betroffen ist: nicht über ihn, sondern über sich selbsten weint diese zärtliche Mutter! Sie ist über das Hinscheiden ihres sichtbaren Oberhaupts fast untröstlich, in Trauer verhüllet siehet sie Gott den Barmherzigen an; welcher sogar an den Engeln Mackeln findet, er möcht doch dem Verlebten die Unvollkommenheiten nicht zur Schuld legen, welche er aus menschlicher Schwachheit noch auf sich haben dürfte; zu gleicher Zeit aber erinnert sich auch ihren göttlichen Stifter an seine Verheißungen, daß er nemlich ihr bis an das Ende der Welt beystehen werde, und ruft ihn mit der gränzenloßesten Zuversicht an, womit er bey diesen betrübten Zeiten, wo Laster und Unglaube gegen Gott und seinen Gesalbten sich verschworen, und das Schiff Petri zu versenken unermüdet arbeiten, durch einen würdigen Nachfolger Pium den VI. ersetzen möchte, welchen Gott zu sich berufen hat, um ihn mit der Krone der ewigen Glückseligkeit zu belohnen, welche denjenigen verheißen ist, die um seines heiligen Namens willen

In der Zwischenzeit gingen die kriegerischen Auseinan-

Schmache, Unbilden und Verfolgung leiden... Und wer hat wohl jemalen mehr Wiederwärtigkeiten erlitten, als Pius der VI.? Seine Täge sind ein Zusammenhang von Tugenden. Mitleidig und demüthig im Glückstande, erhaben und bewunderungswürdig im Mißglücke blieb er sich immer gleich, ertrug und überstieg mit christlichem Heldenmuthe alles Ungemach und unendliche Unbilden. Die Grausamen, die ihn verfolgten, vermochten zwar seine Person, keineswegs aber seinen Geist gefangen zu nehmen. Er blieb auch in dem Gefängnisse frey, indem er seine Stärke in Gott fand, welcher die einzige Quelle der wahren Kraft ist.

Wir hoffen zwar, vielgeliebte Brüder, daß der verlebte Pabst wohlverdienten Lohn seiner Tugenden wirklich in der seeligen Ewigkeit genieße: allein, gleichwie es ein heiliger und heilsamer Gedanke ist, für die Verstorbenen zu bethen, so verordnen Wir, daß

1) am ersten Mondtage nach erhalten = und ab der Kanzel verlesener gegenwärtig unserer Verordnung in allen Pfarr= und Klosterkirchen unserer Diözese ein feierliches Seelenamt, sodann

2) die acht folgende Täge, Sonn= und Feyertäge jedesmal ausgenommen, die Pfarr= und Konventsmessen für den Höchstseeligen Pabst de requiem gehalten, und die Christglaubigen ermahnt werden, fleißig anzuwohnen: anbey

3) daß ein jeder Welt= und Klosterpriester, auch diejenigen, welche in unserem Bißthum sich aufhalten, wenn sie auch gleich wohl extradioecoesanen sind, das heil. Meßopfer und das officium defunctorum für den verstorbenen Pabst einmal vornehmen sollen; und da

4) bey dermaligen Zeitumständen das dreystündig=tägliche Läuten aller Glocken nicht wohl vorzunehmen, so haben die Seelsorger ihre Pfarrgenossen zu ermahnen, daß sie bey Abläutung der Frühe: Mittag= und Abendglocke für die Seelenruhe des Verstorbenen bethen sollen. Fernenweiter verordnen Wir, daß

5) Solang das Conclave dauern und bis ein neuer Pabst erwählet seyn wird, ein jeder Priester, so oft er das heil Meßopfer verrichtet, den vorgeschriebenen Orationen die Collect-Secreta- und Postcommunio pro eligendo summo Pontifice, wie sie in dem Meßbuche sich befinden, anfüge und daß

6) in dem allgemein=täglichen Gebethe Gott besonders und mit wahrer Andacht angerufen werde, er möchte doch seiner Kirche einen Priester zum Oberhaupt geben, welcher nach dem Herzen Gottes ist, und durch Fleiß und Sanftmuth die verirrten in den Schooß der wahren Kirche zurückbringen, die Finsternisse durch sein Licht vertreiben, und durch Tugend und Gottesfurcht der ganzen Welt zum Muster und Erbauung dienen wird.

Gegeben in der Stadt Regensburg, wo Wir uns bey dermaligen Kriegsläufen aufhalten am 23sten October 1799.

Kardinal und Prinz v. Rohan
und weiter unten
Auf Befehl Sr. Hochfürstlichen Eminenz

dersetzungen weiter, wenn auch die Ortenau im Jahre 1800 nur noch vorübergehend von den Kriegsoperationen berührt wurde[22].

2. Absente e dioecesi Seren.mo et Emin.mo Cardinale Principe Episcopo nostro

François Regis Weinborn kümmerte sich während der Abwesenheit des Kardinals um die Aufrechterhaltung des religiösen Lebens in der Straßburger Diözese rechts des Rheins. Das Heilige Öl wurde in den Jahren 1799 und 1800 durch den Speyrer Weihbischof in Bruchsal geweiht[23] und

---

und Durchlaucht
Weinborn."
(DAL-Fastenbriefe, Ludovicus Renatus Eduardus Prinz von Rohan (23. Oktober 1799) 1-3; vgl. DAL-Protocollum decretorum, 137-140; DAL-Protocollum, 308); am 25. November 1799 leitete Abbé Weinborn diese Anordnungen an die Diözesanpriester weiter (DAL-Protocollum decretorum, 141).

22 Krebs, 206; trotz allem mußte der ledige Landsturm Ettenheims sicherlich nicht nur im Januar ausrücken (StA-Ettenheim, Bürgermeisterrechnung & Beilagen 1800). Das Ettenheimer Bürgerbuch vermerkt am 11. Januar 1801 über das Jahr 1800:
"Unter den noch immer fortdauernden Kriegstrubeln und da wirklich die hiesige Stadt mit zwei Depots französischer Karabinier-Regimenter belegt, solche mit großen Kösten zu verpflegen und gänzlich zu unterhalten sind, da man auch noch beständig Hand und Fuhrfronden nach Kehl und Straßburg zu stellen hat und man nicht nur aller Gattung Holz und diesseitigen Waldungen dahin zu liefern und zu führen schuldig und gehalten ist, sondern auch noch andere mehrfache außerordentliche Erpressungen, Kosten und Kriegslasten zu ertragen und zu leisten hat, die hier nicht können beschrieben, sondern nur zum ewigen Andenken in Kürze angemerkt werden,
so wurde gleichwohl heute abermals zur Erhaltung alter Verfassungs- und guter Ordnung die Ratserneuerung gewöhnlichermaßen gehalten..."
(zitiert nach: Ferdinand, Bürgerbuch, 157)

23 DAL-Protocollum, 301, 308

der Fastenbrief des Jahres 1800 von Weinborn selbst herausgegeben[24].

Nach Ende des ersten Koalitionskrieges scheint man die rückkehrenden Seminaristen in den Mauern der Stadt gesammelt zu haben[25]. Im Oktober 1800 war der Ettenheimer Pfarrer bereits seit 20 Monaten für den Unterhalt eines Professors aufgekommen, während der Professor der Moraltheologie von einer Stiftung lebte. Am 12. Oktober wandte sich Weinborn an Erzpriester Anton Sartori, da für die zwanzig Seminaristen dringend ein Lehrer für die Fächer des Kirchenrechtes, der Kirchengeschichte und der Exegese benötigt wurde. Weinborn bat das Lahrer Kapitel um seine Unterstützung[26].

Der Kardinal befand sich währenddessen immer noch auf der Flucht. Zu Beginn des Jahres 1801 - wann er Regensburg verließ bleibt unklar - weilte er in St. Pölten in Niederösterreich, wo er am 26. Januar den Fastenbrief herausgab[27]. Erst nachdem am 9. Februar 1801 der 2. Koalitionskrieg durch den Frieden von Lunéville beendet worden war, konnte der mittlerweile 67jährige Fürstbischof

---

[24] DAL-Protocollum decretorum, 143-145; in diesem Zusammenhang bat Weinborn um die Gebete der Bevölkerung in dieser Kriegszeit (DAL-Protocollum decretorum, 143-145)

[25] Kurz vor seiner Abreise aus Ettenheim, am 25. März 1799, soll der Kardinal in Ettenheim Priester geweiht haben (Philipp Harden-Rauch Die Ettenheimer Stadtpfarrkirche "St. Bartholomäus" (Ettenheim [2]1969) 44-45

[26] DAL-Protocollum decretorum, 146-148

[27] "Wir befinden uns zwar in einer weit= und leider allzulangen Entfernung von euch vielgeliebte Brüder! allein unser Geist hat nimmermehr aufgehöret, bey euch zu seyn... An euern Wiederwärtigkeiten und Drangsalen hat unser Herz fortan den wärmsten Antheil genommen, das Kriegsungemach, welches euch so unermeßlich bedrückt, hat unsere Tage mit Bitterkeit angefüllt, und unsere Seele bis zum Sterben betrübet!..." (DAL-Fastenbriefe, Bischöfliche Verordnung die vierzigtägige Fasten des Jahres 1801 betreffend (26. Januar 1891) 1). Möglicherweise hat der Kardinal in dieser Zeit Wien aufgesucht. Batzer scheint einen solchen Aufenthalt anzudeuten (Ernst Batzer, Testament und Hinterlassenschaft des Kardinals Rohan, in: Die Ortenau (10/1923) 29-30).

nach Ettenheim zurückkehren. Am 20. Mai hatten die letzten Franzosen Ettenheim verlassen und drei Tage später traf Rohan gegen 1 Uhr...

"... in höchsterwähnstem Wohlbefinden unter Läutung aller Glocken, Abfeuerung der Böller und allen Segenswünschen in dahiesiger Stadt...[28]"

... ein. Am 7. Juli wandte er sich von Ettenheim aus an die Äbte, Erzpriester, Pfarrer und Vikare, Welt- und Kloster-

---

[28] Zitiert nach: Ferdinand, Bürgerbuch, 158; das Bürgerbuch der Stadt berichtet unterm 10. Januar 1802:
"So wie man die während der verflossenen französischen Revolution und des darauf erfolgten Reichskrieges dahier und im hiesigen Oberamt vorgefallenen merkwürdigsten Begebenheiten zum immerwährenden Gedächtnis nachkommender Bürgerschaft bei jedesmal gehaltener Ratserneuerung im gegenwärtigen allgemeinen Bürgerbuch einzutragen nicht ermangelt hat, so kann man nun nicht umhin, annoch Weiteres aufzuzeichnen.
Daß nämlich nicht nur die im vorstehenden vorjährigen Protokoll angemerkten französischen Karabinier-Depots bis zum Monat Mai des vergangenen Jahres in dahiesiger Stadt und Oberamt verblieben sind, sondern nebst diesen annoch eine ganze Eskadron französischer Kanoniere zu Pferde, Husaren und Infanterietruppen wie auch mehrere Artillerie-Parks hieher gekommen und mit außerordentlich großen Kosten der Stadt und der Bürgerschaft verpflegt und unterhalten worden sind, bis endlich sämtlichen Jahres 1801 zu Lunéville geschlossenen Reichsfrieden die sämtlichen Reichslande und somit auch dahiesige Stadt und das Oberamt verlassen und am 20. Mai gänzlich von hier abgezogen sind.
Auf diesen so glücklichen Zeitpunkt Seine hochfürstliche Durchlaucht und Eminenz unser allerseits gnädigster Landesfürst und Herr, sich gnädigst entschlossen haben, wieder in Höchstdero Residenz hierher zurückzukehren, allwo Höchstdieselben zur allgemeinen außerordentlichen Freude, Trost und Wohlfahrt sämtlicher dahiesiger Bürger und Landesuntertanen am 23. Mai nachmittags um 1 Uhr in höchsterwähnstem Wohlbefinden unter Läutung aller Glocken, Abfeuerung der Böller und allen Segenswünschen in dahiesiger Stadt angekommen sind, wobei abends ein großes Freudenfeuer auf dem Marktplatz vor dem Rathaus stattfand und nebst diesem die ganze Stadt illuminiert worden ist.
Bald darauf sind auch Seine hochfürstliche Durchlaucht Prinz von Rohan-Rochefort mit höchstdero Frau Tochter, Prinzessin Durchlaucht, und dann der Herzog von Enghien mit einem großen Gefolge und mehreren Herren Offiziere von der Prinz Condéischen Armee dahier angekommen, welche sämtlich sich wirklich in dahiesiger Stadt aufhalten." (zitiert nach: Ferdinand, Bürgerbuch, 157-158; vgl. StA-Ettenheim, Bürgermeisterrechnung 1801)

geistlichen diesseits des Rheins und traf Anordnungen für die liturgischen Dankfeiern anläßlich des Friedens[29]. Einen guten Monat später, am 25. August, konnte der Namenstag des Kardinals wieder unter Anwesenheit Rohans gefeiert werden[30].

---

[29] "So hat uns denn endlich, Liebste Brüder! der allgütige Gott den so lange erwarteten, so sehnlich gewünschten Frieden zugeschickt. Welche Ursache haben wir nicht dem besten Vater für ein so theures Geschenk feyerlichen Dank abzustatten! Mit Freuden verkünden Wir euch, daß die nemliche Vaterhand, die uns den lieben Frieden geschenkt, uns auch wieder aus entfernten Gegenden in die Mitte unserer Heerde zurückgeführet. Ihr wisset, wie schwer diese Entfernung unserem Herzen fiel. Mit Gewalt von euch losgerissen, waren wir doch immer durch zärtliche Liebe mit euch vereiniget, und suchten bey jeder Gelegenheit euch unsere Stimme hören zu lassen. Wir vergaßen unser eigene Leiden, um an dem eurigen Theil zu nehmen. Wie fühlten wir da euer Unglück! Welche bange Sorgen drückten unser Herz, wenn wir an euere Nöthen dachten! Wie oft betheten wir zu dem Geber alles Guten, daß er unsere Herzen mit seinem Geiste erfüllen, und uns jene Geduld und Ergebenheit einflößen möge, durch welche sich der wahre Christ besonders in den Zeiten der Trübsal auszeichnen soll; gleichwie es auch heilige Pflicht für ihn ist das Opfer der Anbethung und der dankbaren Gegenliebe dem Gott der Erbarmnisse darzubringen, wenn es seiner Liebe gefällt unsere Wünsche zu erhören, unserm Unglücke zu steuern, und die Strafruthen, uns so lange, und so hart getroffen hatten, wieder zurücke zu ziehen (...).

Dieser Ursachen halber befehlen Wir allen Seelsorgern, Pfarrverwesern und Vikarien, unsern gegenwärtigen Hirtenbrief am ersten Sonntage nach Empfang dessen von der Kanzel abzulesen, und ihren Pfarrgenossen zu verkünden, sofort in jeder Pfarr= und Klosterkirche nach dem hohen Amt das Ambrosianische Lobgesang: Herr Gott dich loben wir, zur Danksagung für den erhaltenen Frieden feyerlichst abzusingen.

Gegeben zu Ettenheim in unserer Residenzstadt, am 7ten im Heumonat 1801.

Kardinal und Prinz von Rohan.
und weiter unter
Auf Befehl Sr. Hochfürstl. Durch= laucht und Eminenz
Michel."

(DAL-Fastenbriefe, Ludovikus Renatus Eduardus (7. Juli 1801) 1-3). Die Regierung in Freiburg legte diesem Vorhaben keinerlei Schwierigkeiten in den Weg (DAL-Fastenbriefe, Ludovikus Renatus Eduardus (7. Juli 1801) handschriftliches Beiblatt vom 11. Juli 1801).

[30] StA-Ettenheim, Bürgermeisterrechnung 1801

III. BISCHOF VON NAPOLEONS GNADEN

Zum Zeitpunkt des Todes Pius' VI. am 29. August 1799 war die Arbeit der Kurie völlig desorganisiert, das Heilige Kollegium zerstreut und mehrere Kardinäle eingekerkert. Das Konklave, das bei diesen ungünstigen Bedingungen unter dem Schutz Kaiser Franz' II. am 1. Dezember in Venedig zusammengetreten war, einigte sich am 14. März 1800 auf Kardinal Chiaramonti, der 58jährig in Anhänglichkeit an seinen Vorgänger und Protektor als Pius VII.[31] den Thron Petri bestieg.

Eine Entspannung auf religiöser Ebene hatte sich unmittelbar nach der Ausschaltung des Direktoriums durch den Staatsstreich vom 18. Brumaire (9. November 1799) angebahnt. Die Jagd auf die Unvereidigten war eingestellt worden, viele Kirchen konnten wieder geöffnet werden, der neue Kalender war nicht mehr obligatorisch; man verzichtete auf eine Fortsetzung der Politik systematischer Dechristianisierung. Am Ende dieser Entwicklung stand das Konkordat vom 15. Juli 1801[32].

---

[31] Aubert, 59-67; vgl.: Jean Leflon, Pie VII (Paris 1958)

[32] Vgl.: 'Pius VII.', Konkordat zwischen der franz. Regierung und dem Papste=Pius VII. Organische Artikel des Katholischen und Protestantischen Gottesdienstes. Nebst der Rede des Staatsraths Portalis, bey Ueberreichung derselben in der gesetzgebenden Versammlung (Straßburg 1802(?)); ferner: Aubert, 67-69;
Artikel 1 erklärte den katholischen Kult für öffentlich und frei, "... wenn er sich nach den Polizeiverordnungen richtet, deren Erlaß die Regierung zur Aufrechterhaltung der öffentlichen Ruhe für notwendig erachten wird." (Aubert, 69)
Alle weiteren Artikel hatten ein doppeltes Ziel. Einmal sollten die Schwierigkeiten, die sich seit 1790 zwischen dem Staat und der Kirche angehäuft hatten, ausgeräumt werden, zum anderen sollte die französische Kirche auf neuen Fundamenten reorganisiert werden. Doch der Verkauf des verstaatlichten Kirchenguts und die Existenz eines verdoppelten Episkopats bereiteten große Schwierigkeiten. Und in fast allen Punkten steckte der Heilige Stuhl um der Sache willen zurück. Man erklärte sich mit ersterem letztendlich einverstanden, und ersuchte alle noch lebenden Bischöfe des 'Ancien régime' zurück-

Auch im Elsaß war diese Entspannung der Situation deutlich bemerkbar. Die Seelsorger begannen ihre Pfarrarbeit wieder aufzunehmen. Am 24. Juli 1800 wurde der Straßburger Bürgermeister angewiesen, das seit fast drei Jahren den Katholiken entzogene Münster dem Gottesdienst einzuräumen. Die letzte Decadiefeier fand am 8. August darin statt; am 4. Oktober zogen die Katholiken zum ersten Gottesdienst feierlich ins Münster ein[33].

In Offenburg nahmen am 7. September 1801 die Straßburger Dompräbendare den durch die Wirren der beiden Koalitionskriege unterbrochenen Chorgottesdienst wieder auf[34].

Als eine Folge des Konkordates, gegen das von kirchlicher Seite heftig protestiert wurde und dem Pius VII. am 15. August 1801 dennoch von offizieller Seite zustimmte, wurden die legitimen Bischöfe aufgefordert, ihre Demission einzureichen[35]. Als das Konkordat am 8. April 1802 endgültig in Kraft trat, mußte Louis de Rohan-Guémené den französischen Teil seines Bistums aufgeben[36]. Johannes Petrus

---

zutreten, um so den Weg für einen völlig neuen Episkopat frei zu machen (Aubert, 70).

[33] André Marcel Burg, Die alte Diözese Straßburg von der bonifazischen Reform (ca. 750) bis zum napoleonischen Konkordat (1802), in: Freiburger Diözesan Archiv (86/1966) 349-350; auch die Eidverweigerer unterwarfen sich der neuen Regierung. Im Spätjahr 1800 unterschrieben die Priester die geforderte Erklärung. Unter den von Rohan ernannten bischöflichen Kommissaren, die die alten Landkapitel vorübergehend wieder einführten, erwachten die Pfarreien allmählich zu neuem Leben (Burg, 349-350).

[34] Burg, 349-350; die konstitutionelle Kirche des Unterelsaß, die durch den Tod Brendels im Jahre 1799 ihr Haupt verloren hatte, vegetierte ohne größere Bedeutung vor sich hin (Burg, 349-350).

[35] Aubert, 71

[36] Bereits vor Ausbruch der Französischen Revolution hatte die Familie Rohan Ferdinand de Rohan, Erzbischof von Bordeaux und Cambrai, jüngerer Bruder des Louis de Rohan-Guémené, als fünften Rohan auf dem Straßburger Bischofsstuhl vorgesehen. (Erwin Schell, Das Hochstift Straßburg rechts des Rheins im Jahre 1802, in: Zeitschrift für die Geschichte des Oberrheins (87/1935) 135)

Saurine trat nach seiner Wahl am 29. April 1802 die Iurisdiktion über das neu errichtete Bistum Straßburg, das sich über die beiden Departements Bas-Rhin und Haut-Rhin, vorübergehend auch über Mont-Terrible (Schwarzer Jura) und Mont-Tonnere (Pfalz)[37] erstreckte, an[38]. Dem alten Kardinal Louis René Edouard, Prince de Rohan-Guémené, blieb weniger als die Hälfte seines Bistums und lediglich ein Bruchteil seines weltlichen Besitzes. Übrig war die Ortenau mit den Landkapiteln Lahr, Ottersweier und Offenburg, übrig waren die Oberämter Oberkirch und Ettenheim und übrig war ein gebrochener alter Mann.

---

37 Burg, 350

38 Conrad Eubel, Hierarchia Catholica Medii et Recentoris Aevi, Bd. VII (1968) 88

4. Teil

FIAT DEI OMNIPOTENTIS VOLUNTAS IN ME,
AD VITAE MEAE SACRIFICIUM
PRAESTO SUM [1]

Mit dem Ende des alten Bistums Straßburg begann auch das Ende des Straßburger Fürstbischofs. Die mit der gewohnten Pracht begangenen kirchlichen Feste und liturgischen Feiern[2] und das öffentliche Auftreten des Bischofs bei der Firmung im Mai 1802[3] täuschten nicht darüber hinweg, daß ein neues Jahrhundert und mit ihm ein neues Zeitalter im Anbrechen begriffen war.

---

[1] DAL-Protocollum decretorum et mandatorum episcopalium emanotroum ab anno 1733 ad venerabile Capitulum nostrum Lahrense transmissorum, 156

[2] Fronleichnam 1802 fand eine große Prozession mit Musik und anschliessendem Festessen statt, am Fest der heiligen Caecilia erhielten die Chormusikanten ein Essen als Lohn ihrer Tätigkeit und beim Josefsfest nahm die Ettenheimer Schützenkompanie an der Prozession teil, wie die Stadtrechnungen belegen (StA-Ettenheim, Bürgermeisterrechnung 1802)

[3] Am 17. Mai spendete Rohan das Sakrament in Ettenheim, am 18. ebenfalls dort, am 21. in Ettenheimmünster, am 23. in Grafenhausen und am 30. Mai in Ottenheim, jeweils für die Kinder der dortigen und umliegenden Ortschaften. Kinder aus 24 Orten empfingen in diesem Monat durch den Kardinal das Sakrament. (DAL-Protocollum Capituli ruralis Lahrensis ab anno 1731, 322-323)

10. Kapitel

BESITZNAHME UND TOD

Empfindliche Verluste hatten die deutschen Fürsten und Bischöfe im Elsaß hinnehmen müssen. Gutsherrliche Gerichtsbarkeit, Jagdrecht, Gilten, geistliche Zehnten gingen verloren. Die Bischöfe büßten große Teile ihres bisherigen Sprengels, die Erzbischöfe die Bistümer Metz, Toul und Verdun ein. Weltlichen Fürsten kamen ganze Ämter, die von französischem Gebiet umschlossen waren, abhanden; Württemberg verlor Mömpelgard mit neun Herrschaften, Hessen-Darmstadt die Herrschaft Ochsenstein mit 90 Ortschaften, Pfalzzweibrücken die Ämter Lützelstein, Bischweiler, Gutenberg, Selz, Hagenbach, Cleeburg, Rappoltstein. Die Orden verloren nicht bloß ihre Rechte an Steuern und Frohnden, sondern alles Land, alle Abteien und Komtureien, die sie links des Rheins bisher besessen hatten[1].

---

1 Johann Baptist von Weiß, Weltgeschichte, Bd. XV (Graz/Leipzig [3]1894) 272

I. UNTER BADISCHER HERRSCHAFT

Bereits im Jahre 1791 wurden Gerüchte laut, daß zu den Gebieten, die als Entschädigung der deutschen Fürsten angeboten werden sollten, auch die rechtsrheinischen Oberämter des Straßburger Hochstiftes gehören würden[2]. Mit der ihm in den Anfangsjahren der Revolution innewohnenden kämpferischen Vitalität wehrte sich Louis de Rohan gegen solche Maßnahmen.

1. Ein Manifest des Protestes

Am 6. März 1791 erschien in Ettenheim das

"Manifest
des Herrn Kardinals von Rohan, Fürst=Bischofes
von Straßburg, Landgrafen im Elsaß, und Reichs=
standes an Seine Kaiserl. Majestät und alle
deutsche Fürsten, Seine Hohe Mitstände.[3]"

Rohan pochte dadurch als ebenso wie die übrigen rechtsrheinischen Landesherren beeinträchtigter Reichsfürst auf seine Rechte[4]. Für ihn war die Wiederherstellung der Zu-

---

[2] Vgl.: M. P. Kollofrath, Eine Kundgebung des Kardinals Rohan während seines Aufenthaltes in Ettenheim, in: Freiburger Diözesan Archiv (41/1913) 217-218

[3] DAL-MANIFESTE DE M. LE CARDINAL DE ROHAN, Prince-Evêque de Strasbourg (6. März 1791); den deutschen Wortlaut des Manifestes hat M. P. Kollofrath veröffentlicht (Kollofrath, 218-229)

[4] "Privat Nachrichten, sogar öffentliche Zeitungen kündigen an, daß die französische National=Versammlung gesinnet sey, denjenigen Reichs=Fürsten, welche im Elsaß begütert sind, die Besitzungen und Zuständigkeiten des Hochstifts Straßburg, welche auf dem rechten Rhein=Ufer im Reiche gelegen sind, als Schadloshaltung des Verlusts, den sie in jener Provinz erleiden sollen, oder zu erleiden bedrohet

stände vor 1789 die einzig akzeptable und legitime Mög-

---

sind, zu überlassen.

Der bloße Gedanke eines solchen Vorhabens verträgt sich mit den ersten Grundsätzen des Völker=Rechts und der allgemeinen Billigkeit so wenig, daß man Mühe hat, zu begreifen, wie er habe entstehen können. Jedoch da durch das ganze Gebiet der Moral sowohl, als der Staats=Kunde nicht leicht ein Gegenstand zu finden ist, den man nicht seit nun bald zwey Jahren entstellen, oder gar umzustoßen suchet: so ist man auch allerdings von jenen Staats=Eiferern die ausserordentlichsten und seltsamsten Unternehmungen zu erwarten berechtigt, und folglich ihren Wirkungen vorzubeugen genöthiget. Der Herr Kardinal von Rohan, Fürst=Bischof von Straßburg hält sich demnach verpflichtet von einer so unerhörten Anmassung, wie auch von allen vorherigen Schritten und Maßregeln, welche dazu leiteten, Sr. Kaiserl. Majestät und dem gesammten Reiche Nachricht zu geben, und seinen festen Entschluß öffentlich bekannt zu machen, daß er alle nur ersinnliche, und in seiner Gewalt stehende Mittel anwenden werde, einen Plan zu vereitlen, dem man, wenn er je in Vollziehung gebracht werden sollte, keinen andern Namen, als den der gewaltthätigsten und willkürlichsten Anmassung geben könnte.

1.) Die National=Versammlung von Frankreich ist von dem Grundsatze ausgegangen, daß das Elsaß in seinem gesamten Umfange dem Könige mit voller ungetheilger Landes=Hoheit zugehöre: woraus sie den Schluß gezogen, daß diese Provinz dem Schicksal des Königreichs mit den übrigen Provinzen in gleichem Maße theilen müße.

2.) Hat sie die Gerechtsame derjenigen Fürsten und Stände des Reichs, welche im Elsaß begütert sind, bloß als Eigenthums=Rechte angesehen, und dem zufolge, als sie alle diese Zuständigkeiten und Vorrechte zu tilgen beschloß, zu deren Ersatz Schadloshaltungen angeboten.

3.) Hat endlich die National=Versammlung noch zwischen den Gerechtsamen derjenigen Fürsten und Stände des Reichs, die in dem Innern der Provinz Elsaß, so wie der Fürst=Bischof von Straßburg, und der unmittelbare Reichs=Adel ihren gewöhnlichen Wohnsitz haben, und zwischen jenen, welche außer dem Bezirk des Elsaßes im Reiche wohnen, einen Unterschied gemacht. In Kraft dieses angeblichen Unterschieds urtheilte sie, daß erstere keine Schadloshaltung ansprechen können, und zählte sie zu der Klasse jener Staats=Opfer, deren Eigenthum auf so mannigfältige Art und unter so vielerley Gestalten angegriffen; über deren Daseyn sogar das Tilgungs=Urtheil gesprochen wurde.

Diese drey handgreiflichen Irrthümer, welche den ächten Grundsätzen des deutschen Staats=Rechts sowohl, als dem Reichskundigen Besitz=Stand stracks zuwider laufen, haben die National=Versammlung nothwendig in einen unabsehbaren Labyrinth von Verfügungen versetzt, die man nicht nur im Elsaß unmöglich annehmen kann, sondern die auch den gänzlichen Umsturz der deutschen Staats=Verfassung befördern, und früh oder spät diese unglückliche Provinz, ja noch mehrere andre allen Greueln der Anarchie aussetzen würden, wenn das deutsche Reich sich jene Verfügungen gefallen ließe." (DAL-MANIFESTE, 9-10)

lichkeit. Entschädigungen mittels anderer Territorien lehnte er verständlicherweise als Ungerechtigkeit ab[5].

---

[5] "... wo ist der Fürst, wo ist das Reichs=Mitglied, dem man ein gestohlenes Gut, ein Gut für welches er dem, dem es entfremdet worden, sogar Gewährleistung schuldig ist, anzubieten sich erfrechen könnte? mit welcher Stirne könnte man ihm wohl die Beute eines unterdrückten Mitstandes anbieten, der indeß, die Friedensschlüsse und Reichs=Gesetze in der Hand, zur vertragsmäßigen Hilfe eben sie aufruft, die jener Schutzwehr allein ihr politisches Daseyn zu verdanken haben, nur durch sie besitzen, nur durch sie regieren.

Mir einem Wort, wäre nicht dieses unüberlegte Anerbieten, ein äußerst empfindlicher Schimpf, weil man demjenigen, dem es gemacht würde, alle Ehrfurcht für Gesetze, alle Treue gegen den gesellschaftlichen Verband, alles Gefühl von Gerechtigkeit gegen Mitstände, alle Sorgfalt für eigene Vortheile, Ehre und Ruhm absprechen müßte? Wie beleidigend, wie ungereimt in jeder Rücksicht ist also diese Annahme!"
(DAL-MANIFESTE, 15)

Abschließend faßt der Kardinal zusammen:

"Es ist also bloß Liebe zu seinen heiligsten Pflichten, welche den Fürst=Bischof von Straßburg antreibt, dem gesammten heiligen Römischen Reich und dessen Erlauchtesten Oberhaupte von dem gewaltthätigen Vorhaben Nachricht zu geben, womit man die Landes=Hoheit und Reichs=Lehen seines Hochstifts auf dem rechten Rhein=Ufer bedrohet. Die nämliche Obliegenheit dringt ihn an, gegen alle Maßregeln und Verhandlungen, welche jene Beraubung bezielen könnten, feyerlich, förmlich und rechtskräftig sich zu widersetzen.

Voll Zuversicht auf seine gerechte Sache, auf die mächtige Unterstützung Sr. Kais. Maiestät, und des gesammten Reiches, ruft Er Deroselben ernste Theilnehmung und wirksame Beyhilfe an, und zwar nicht nur wider diesen unmittelbaren Ausfall auf die Landes=Hoheit und das allgemein anerkannte Territorium des deutschen Reiches; sondern auch wider die gewaltsame Vollziehung aller und jeder Schlüsse der National=Versammlung, sowohl in geistlichen als weltlichen Angelegenheiten, welche man wirklich im Elsaß den nachdrücklichen kaiserl. Forderungen und Vorstellungen zu Trotz, gegen Treu und Glauben, gegen klaren Sinn und Worte der Friedens=Schlüsse, die den Religions=Zustand, und öffentlichen Gottes=Dienst im Elsaß so genau bestimmt haben, selbst gegen den deutlich ausgedrückten Wunsch der Mehrheit aller Stände, die besonders in der bischöflichen Haupt= und Residenz=Stadt allen Greueln willkürlicher Macht und unerträglicher Herrschgierde ausgesetzt sind, eifrigst betreibt."
(DAL-MANIFESTE, 16)

Der feierliche Protest des Kardinals zeigte allerdings kaum Wirkung. Bei Gesprächen württembergischer und badischer Vertreter mit Pariser Verantwortlichen im August 1796, entsagte Württemberg seinen linksrheinischen Besitzungen, versprach sich, auch gegen die Aufforderung des Reiches, nie mehr an einem Krieg gegen Frankreich zu beteiligen, und sagte gemeinsam mit dem badischen Unterhändler, Freiherr von Reizenstein, der ähnliche Zugeständnisse einräumte, zu, für die Grundsätze der Säkularisation geistlicher Güter, die Abtretung des linken Rheinufers und den Verzicht aller deutschen Lehen in Italien bei einem zu erfolgenden Friedensvertrag einzutreten[6].

Bei diesen Verhandlungen ließ sich Württemberg das Straßburger Oberamt Oberkirch, die Abtei Zwiefalten und die Propstei Ellwangen von Frankreich versprechen, während Baden neben einigen kleinen und kleinsten Territorien das Oberamt Ettenheim zugesprochen wurde[7].

Im Januar 1798 waren die Pläne von bevorstehenden 'Ländervertauschungen' ein offenes Geheimnis[8].

2. Zivilbesitznahme

Am 8. September 1802 nahm die am 24. August - nur einen

---

[6] V. Weiß, Bd. XIX (Graz/Leipzig ³1896) 375; Baden verzichtete darüberhinaus auf die Erhebung von Rheinzöllen (v. Weiß, Bd. XIX, 375)

[7] V. Weiß, Bd. XIX, 375

[8] Das Oberamt Mahlberg berichtete über dieses allgemein verbreitete Gerücht nach Karlsruhe:
"Die Sagen von Ländervertauschungen zeugen eben auch hier Unzufrie= denheit, dort Leichtsinn. Dieser glaubt, nach seiner Herrschaft nichts mehr fragen zu dürfen; weil er derselben bald nicht mehr angehören würde, der andere glaubt Ursachen zu haben, einen neuen Herrn zu fürchten..."
(GLA 74-6289, 158r)

Tag vor Rohans letztem Namenstag[9] - in Regensburg zusammengetretene Reichsdeputation die am 4. Juni in Paris durch die vermittelnden Mächte Frankreich und Rußland abgeschlossene Mediationskonvention unter Vorbehalt einiger Änderungen grundsätzlich an. Demzufolge wurde Markgraf Carl Friedrich von Baden unter anderem das rechtsrheinische Gebiet des alten Hochstifts Straßburg als Entschädigung für den Verlust von Land und Leuten, die er durch die Abtretung des linken Rheinufers an Frankreich erlitten hatte, zugesprochen[10].

Österreich und Preußen nahmen die Entschädigungslande, ohne eine letzte Entscheidung von Kaiser und Reich abzuwarten, umgehend in Besitz[11], und auch Baden wurde durch ein Schreiben, das Brigadegeneral Lauriston am 3. September Markgraf Carl Friedrich auf Schloß Favorite übergab, von Napoleon zu einer provisorischen Besitznahme gedrängt[12]. Landvogt von Roggenbach, Nachfolger des Oberamtmanns von Blittersdorf von Mahlberg, erschien daraufhin am 20. September in Audienz vor dem Straßburger Fürstbischof in Ettenheim, um demselben durch ein markgräfliches Schreiben die 'proviso-

---

9 Vgl.: StA-Ettenheim, Bürgermeisterrechnung 1802

10 Erwin Schell, Das Hochstift Straßburg rechts des Rheins im Jahre 1802, in: Zeitschrift für die Geschichte des Oberrheins (87/1935) 126

11 Schell, 126

12 Bernhard Erdmannsdörfer (Hrsg.), Politische Correspondenz Karl Friedrichs von Baden 1783-1806, Bd. IV (bearbeitet von Karl Obser) (Heidelberg 1896) 232; vgl. auch: Hubert Kewitz, "Occupatorische MaasRegeln" - Das Schreiben von Markgraf Karl Friedrich an Kardinal Rohan vom 14. 9. 1802, in: Die Ortenau (61/1981) 127; das Schreiben Bonapartes wurde am 6. September dem Geheimen Rat zur Kenntnis gegeben und nach Ausräumung einiger Bedenken am 14. September Karl Theodor von Dalberg darüber informiert, daß "der Markgraf sich, wenn er seine eigenen Interessen nicht vernachlässigen wolle, genöthigt sehe, von den Entschädigungslanden provisorisch Besitz zu ergreifen, sich dabei aber jedes Eingriffs in die Regierung und Verwaltung derselben enthalten und ihre Regenten im Genusse ihrer bisherigen Einkünfte belassen werde." (Erdmannsdörfer, Bd. IV, 233)

rische Occupation' seines Territoriums anzukündigen[13].

---

[13] Kewitz, Occupatorische MaasRegeln, 127; das markgräfliche Schreiben lautet wie folgt:

"An des Herrn Cardinal Bischofen zu Straßburg Eminenz

Unsere Freundliche Dienste und was Wir mehr Liebes und Gutes vermögen jederzeit zuvor,

Hochwürdigst Durchleuchtigster Fürst,
Freundlich vielgeliebter Herr Vetter!

Euer Liebden ist vorhin bekannt, daß unter denen, Unserm Fürstenhause zugestandenen Entschädigungs Objecten, auch die fürstl.[e] Straßburgische diesseits rheinische Hochstifts Lande und domcapitularische Besizungen mit einbegriffen sind.

Nun hätten Wir zwar gewünscht mit allen occupatorischen MaasRegeln zurükhalten zu können, bis durch einen Reichs=Deputations Schluß die Autorisation eingetreten wäre, nachdem aber Unsere Vornehmste ReichsMitstände mit militairischen Occupationen vorausgegangen sind, nachdem Wir Selbst, gleichen Schritten, nun, da die Majorität der Deputation den Jndemnisations Plan angenommen hat, nicht ausweichen können, ohne Uns den Vorwurf einer Ver=nachläßigung Unseres eigenen Jntereße zuzuziehen, so müßen Wir nunmehr zu der gleichen Maasregeln einer provisorischen Occupation schreiten. Wir machen es Uns aber zu einer angenehmen Pflicht, Euer Liebden voraus hiervon zu benachrichtigen, und denenselben die Versicherung zu geben, daß Wir dieselbe nicht nur in der geistlichen Regie=rung Eingangs gedachter dero Hochstifts Lande hierdurch im mindesten zu stöhren, oder zu beeinträchtigen nicht gemeint sind; sondern auch in Bezug auf die weltliche blos in den Schranken einer nur provisorisch geschehenden wirklichen Besiz-Ergreifung so lange stehen zu bleiben gesonnen sind, bis für Uns und Unsere Reichs Mitstände etwa die Zeit erscheint, in welcher Uns Selbst solche weltliche Regierung gänzlich und endlich zufällt.

Wir ersuchen daher Eure Liebden, dero Regierung des Hochstifts Straßburg diesseits Rhein und zugehöriger domcapitularischer Lande anzuweisen, daß solche Unsern, in diese Lande abgehenden Commissarius und denen mit=kommenden Truppen, die nur frei Dach und Fach, Holz, Stroh und Licht zu fordern, im übrigen alles baar zu be=zahlen haben, in allem, was jener desfalls an sie gesinnen wird, die erforderliche Willfährigkeit beweisen, und für die zwekmäßige Einquartirung auch Anweisung der Unter=thanen zum stillen und friedlichen Verhalten, behörig sorgen, wogegen auch Unsere KriegsMannschaft strenge Mannszucht zu halten angewiesen wird.

Wir hoffen, daß Euer Liebden gegen Unsern, dieses präsentirenden Occupations Commissarium Sich geneigt er=

Nach Empfang des Schreibens protestierte Kammerpräsident de Heille feierlich - mehr erfolgte nicht[14].

Roggenbach sandte nach Überreichung des Ankündigungsschreibens - Carl Friedrich hatte angeordnet, daß mit der militärischen Besetzung bis zu diesem Zeitpunkt gewartet werden müsse[15] - einen Eilboten nach Bühl zu Obervogt August, Freiherr von Harrant, der mit der Besitznahme der Herrschaft Oberkirch und der Prämonstratenserprälatur Allerheiligen beauftragt war. Am 22. September rückten dort die badischen Soldaten ein. Baron von Lasollaye, der damalige fürstbischöfliche Landvogt, legte den Beamten keine Schwierigkeiten in den Weg, sondern war zuvorkommend und ging in 'jeden und allen Stücken' den Soldaten an die Hand[16].

An die militärische Besetzung des Oberamtes Oberkirch schloß sich unmittelbar die der Prälatur Allerheiligen an. Schon am 23. September genehmigte der Geheime Rat in Karlsruhe mit anerkennenden Worten sämtliche von Obervogt von Harrant getroffenen Anordnungen und sprach gleichzeitig dem Landvogt von Lasollaye für sein zuvor-

---

klären werden, indem Wir den 21.ⁿ dieses Monats Unsere Truppen Abtheilung dorthin in Marsch zu sezen nöthig finden und verbleiben Derenselben zu Erweisung angenehmer freund= nachbarlicher Dienstgefälligkeiten gefließen.
Carlsruhe den 14.ⁿ Sept. 1802.
Carl Friedrich, von Gottes Gnaden Marggrav zu Baden und Hochberg etc.
Eurer Liebden
Dienstwilliger Vetter und
Diener.
Carl Friderich MVBaaden"
(PfA-Ettenheim, Fasc. XII. a. I; das Schreiben wurde bereits von Hubert Kewitz veröffentlicht (vgl. Kewitz, Occupatorische Maas-Regeln, 127-128))

14 Schell, 127

15 Schell, 127-128

16 Schell, 128

kommendes Verhalten den Dank des Markgrafen aus[17].

Mit Nachricht vom 17. September 1802 wurde Roggenbach aufgefordert, sich zur provisorischen Besitznahme des Oberamtes Ettenheim bereit zu halten[18]. Doch verspätete sich der Einmarsch um eine Woche, da Roggenbach zunächst die vorläufige Besitznahme der Reichsstädte Offenburg, Gengenbach und Zell, sowie der Reichsabtei Gengenbach und des Reichstal Harmersbach durchführte[19]. Erst am Montag, 27. September 1802 bestellte Carl Ludwig, Freiherr Schilling von Canstatt, in Mahlberg fünf Förster und drei Burschen zu Pferd zu sich, die, vermehrt um Leutnant Brückner und einen Unteroffizier mit 10 Mann nach Kappel, Grafenhausen, Ringsheim, Ettenheim, Münchweier, St. Landelin und Ettenheimmünster marschierten, wo überall

"... im Namen unseres durchlauchtigsten Fürsten Besitz genommen wurde und Patente angeschlagen worden sind.[20]"

Sicherlich war es kein Zufall, daß Rohan an diesem Tag auf der Jagd war. Roggenbach war so kulant gewesen, in einem Privatschreiben Stuber von der Ankunft der Soldaten zu verständigen[21].

Im Laufe des Vormittags war Roggenbach in Ettenheim angekommen und von Hofrat Stuber und Amtschultheiß Kollofrath empfangen worden. Zu dritt regelten sie die Unterbringung der Soldaten[22]. Roggenbach begab sich danach zur fürstbischöflichen Regierung und stellte dort die militä-

---

[17] Schell, 128
[18] Carl Ludwig, Freiherr Schilling von Canstatt, Auszug aus dem Tagebuch, in: Lahrer Wochenblatt (1905) 485
[19] Schell, 128
[20] Schilling v. Canstatt, 485
[21] Schell, 128-129
[22] Die kurfürstlich badischen Truppen erhielten Verpflegung auf Kosten der Stadt (StA-Bürgermeisterrechnung 1802)

rische Besetzung des Oberamtes fest[23].
In ähnlicher Weise vollzog sich die Besetzung des Klosters Ettenheimmünster[24].

---

[23] Schell, 129

[24] Pater Bernard Stöber berichtet:
"Um die letzte Hand an den zu Lúneville geschlossenen Frieden zu legen, und das Säkula=risations=Geschäft der geistlichen Güter, und die Entschädigung der weltlichen Reichsfürsten in das reine zu bringen kamen die Gesandten des Kaysers, des Russischen Monarchen, der Fran=zösischen Republick, und der dazu auserkohrenen Reichsfürsten zu Regenspurg zusam̄en. Dises Geschäft gieng langsam, und eben darum hatten die Johanniter Ritter zum grösten Unglücke noch aller aufzuhebender Stifter und Klöster, die auch ihr Entschädigung erhalten sollten, die Gelegenheit zu erwirken, daß der 24ten august des Jahres 1802 vestgesetzet wurde, von welchem Tage an kein Verkauf, kein Handel, kein Ver=trag mehr giltig war, den ein Stift oder Klo=ster unternom̄en hatte.
Nachdem dieses Geschäft geendiget war, kamen am 27. herbstmonate im Jahre 1802 der Herr Landvogt von Mahlberg der Herr Baron von Roggenbach mit dem Herrn Sekretär Müller von Karlsruhe als Komissär des Herrn Marg=grafen von Baden xxx dem das hiesige Kloster mit dessen Herrschaft als ein Theil seiner Entschä=digung zu gefallen war, hieher mit einem Offizier und 4 Jägern. Der Herr Landvogt kündigte dem Herrn Prälaten Arbogast die provisorische Besitz=nahme des Herrn Marggrafen von dem hiesigen Kloster und dessen Herrschaft an, und ließ das hierüber gedruckte Marggräfliche Patent an dem Thor des Klosters, an dessen Portals, auch zu St: Landelin, und in den übrigen Ortschaften des Klosters anschlagen. Die vier Jäger blieben auf Kosten des Klosters hier. Doch, weil die Etten=heimer die Unterthanen des Klosters wegen den Marggräflichen Soldaten, die sie bei der proviso=rischen Besitznahme des Herrn Marggrafen erhal=ten hatten, anlegen wollten, wurden dieses abzu=wenden von dem Herrn Komissär dem Herrn Land=vogte 2 Manner Soldaten auf Kösten der Unter=thanen des Klosters hieher gelegt, zween Jäger aber kamen fort, und die zween Zurückgeblie=benen blieben dem Kloster auf seine Kösten.

Zunächst blieb es bei dieser lediglich militärischen Besetzung der badischen Entschädigungsgebiete. An ihren bisherigen Verfassungen war nichts geändert worden, lediglich gegen Anordnungen, die sich etwa zum Nachteil Badens hätten auswirken können, hatte sich die Besitznahmekommission verwahrt und im voraus deren Nichtigkeit erklärt[25].

Die Zahl der badischen Soldaten, die die hochstiftischen Lande besetzt hielten, war gering. Nur je neun Mann bildeten die Besatzung der beiden Oberämter und je drei bis vier Jäger die der beiden Klöster[26]. Man rechnete mit keinerlei Schwierigkeiten[27].

Indessen behielte der Herr Prälat Arbogast
noch die Regierung der Herrschaft des Klosters,
und das Kloster bezog noch alle seine Gefälle,
ohne daß es im mindesten gekränket wurde.
Man machte dem Abt und den Religiosen noch
weise als würden alle dießjährigen Gefälle p.
auch im Falle der Aufhebung des Klosters„"ihnennoch
bleiben; der Ausgang aber lehrte leider, das
Gegentheil."
(PfA-Ettenheimmünster, Kurze Historische Beschreibung der Pfarrey Münsterthal bei St: Landelin von dem siebenden Jahrhunderte nach Christi Geburt bis auf das Jahr 1804 verfasset von P: Bernard Stöber des Ordens des heil Benedicts, Professen des aufgehobenen Klosters Ettenheimmünster geweßter Pfarrherr dieser Pfarrey, 182-184)

[25] Schell, 129, vgl. Anm.[12]

[26] Schell, 129

[27] Die ehemaligen Straßburger Beamten behinderten die Maßnahmen in keinster Weise. Bereitwillig gab Oberamtmann Stuber mit Schreiben vom 1. Oktober 1802 beispielsweise über das Ettenheimer Oberamt Auskunft, legte die kirchlichen Zustände, statistische Fragen, die Lage der politischen Zuständigkeiten, die wirtschaftlichen Verhältnisse der Bevölkerung dar und führte die verantwortlichen Beamten und Amtsinhaber an. Auf 31 Seiten beantwortet er peinlich genau die 84 Fragen, die ihm der badische Landvogt von Roggenbach vorgelegt hatte (GLA 138-78). Am 16. Oktober 1802 informierte Roggenbach seinerseits Carl Friedrich über die neu gewonnenen Gebiete:
"Von der Bischöflich Straßburgischen Regierung zu Ettenheim habe ich anliegende Beantwortung der ihr zugestellten Fragen erhalten; das beigeschlossene Verzeichnis der Vasallen des Lehnhofes enthält

Am 26. November verständigte ein persönliches Schreiben

---

viele, die ihre Besitzungen jenseits des Rheins gehabt haben, bei denen also der Lehnsnexus ganz wegfällt.

Das wegen der militärischen Execution in dem Oberamt Oberkirch von Herrn Kardinal und Fürstbischof mit Einwilligung des Domkapitels aufgenommene Kapital von 50 000 fl. soll bei mehreren Handelshäusern zu Frankfurt stehen; die übrigen Schulden sollen kaum 30 000 fl. betragen, dagegen sollen aber ebensoviele herrschaftliche Ausstände im Oberamt Oberkirch rückständig sein.

Die bei der Regierung angestellten fürstlichen Diener sind:

1.) Der Präsident Du Haille, der ehemals Advokat in Frankreich war, nun aber sehr alt und gebrechlich ist und nicht mehr aus dem Zimmer kommt; er würde sich mit einer Pension begnügen lassen.

2.) Der Abbé Simon, der das Zutrauen des Herrn Kardinals im vollkommensten Grade hat und die einkommenden verschiedenen Gegenstände dem Herrn Fürstbischof vorträgt, auch die nötige Auskunft gerne mitgeteilt hat, würde, wenn ein Kapitel im Lande errichtet und hierbei Nichtadelige angestellt werden sollten, eine derartige Stelle verdienen.

3.) Der Baron von Mühlenheim ist Oberjägermeister beim Herrn Kardinal und bei der Anwesenheit des letzteren E. H. D. selbst vorgestellt worden; ob er eine Anstellung oder aber eine Pension verlangt, kann ich nicht bestimmen.

4.) Der Hofrat und Amtmann Stuber in Ettenheim ist ein Mann von soliden juristischen Kenntnissen, rechtschaffen und daher völlig brauchbar, und ich kann ihn, da er noch in seiner besten Kraft ist und viele Anhänglichkeit für das Durchlauchtigste Haus gezeigt hat, auch mir mit allem, was ich verlangt habe, anhanden gegangen ist, ohne allen Anstand zur weiteren Anstellung oder Belassung auf seinem Posten empfehlen.

5.) Der Stadt- und Amtschreiber Sartorius ist mir als ein rechtschaffener Mann bekannt und hat nach dem Zeugnis seiner Vorgesetzten sein Amt bisher mit vollkommener Zufriedenheit versehen; er ist zwar alt, allein sein Sohn, der Jura studiert hat und bei ihm ist, unterstützt ihn in seinen Geschäften.

6.) Der Amtsschaffner Stelker soll nach der Versicherung bewährter Männer, die ihn kennen, ein sehr geschickter und akurater Mann in seinem Fache sein.

7.) Der Physikus Thümel ist ein geschickter und glücklicher Arzt.

Die Volksmenge besteht im Oberamt in 5025 Seelen; die Untertanen sind, da sie einen rechtschaffenen Beamten haben, der sich gute Ortsvorgesetzte gewählt hat, gut bestimmt. Ueber die Einkünfte des hiesigen Oberamts konnte ich keine bestimmte Nachricht bekommen, doch will ich mich bemühen, solche zu erfahren.

Endlich lege ich die Antworten auf die Fragen über das Kloster Ettenheimmünster vor; ich war in meinen Nachrichten hier nicht so glücklich wie in Gengenbach, doch habe ich einige Bruchstücke sammeln lassen, die ich ebenfalls hier untertänigst anschließe. Unter diesen Klostergeistlichen soll keine Einigkeit herrschen, der

des Markgrafen den Kardinal von der angeordneten staats-

Prälat hat sich sowohl im Kloster als in der Nachbarschaft viele Feinde zugezogen; ob es durch sein unkluges Benehmen oder unverdienter Weise geschehen ist, weiß ich nicht zu beurteilen. Er hat jedoch 8 getreue Anhänger unter den Geistlichen, von denen 4 auf Pfarreien sind, die übrigen aber meistens ein Aemtchen im Kloster haben; P. Maurus und P. Gregorius Linz sollen unter der Gegenpartei obenan stehen, und es soll von ihnen über den einen oder andern Gegenstand gute Aufklärung zu erwarten sein. Wem von ihnen im etwa eintretenden Falle die Administration anvertraut werden könnte, kann ich nicht bestimmen, nur würde ich keinen der acht dem Abte ergebenen Klostergeistlichen dazu vorschlagen. Außer dem P. Großkeller ist kein Schaffner in Ettenheimmünster vorhanden, und doch scheint hier Vorsicht doppelt nötig zu sein.

Der klösterliche Amtmann ist ein Rechtsgelehrter, der gute juristische Kenntnisse haben soll, er ist gegenwärtig durch Zurücksetzung von Seiten des Prälaten tief gekränkt, hat aber die ruhige Erwartung nicht, die ein Mann von seinem Alter haben sollte; im übrigen hat er eine Familie von 9 Personen, seine Kinder sind noch meistens unversorgt und er würde als 2. Beamter noch immer viel und gerne Gutes wirken.

Der Neffe des Prälaten, dem alle Geschäfte anvertraut werden führt seit kurzem den Titel eines Assessors; er scheint aber, was das juristische Fach betrifft, wenig Kenntnisse zu haben; da er noch jung ist und es ihm an Anlagen nicht fehlt, könnte er in der Folge, wenn er sich Mühe gibt, noch ein brauchbares Subjekt werden.

Dessen Vater, der hier wohnende Arzt Dr. Schmith, ist der Schwager des Prälaten und wird vom Kloster besoldet; wie man mir sagt, soll er außer dem Kloster wenig zu tun haben. Auch ist in der Amtsstube noch ein sehr alter Amtsschreiber, der das Gnadenbrot hat. Ueber den Einzug der auswärtigen Gefälle sind einige Schaffner aufgestellt und in den Waldungen einige Jäger.

Die Volksmenge beträgt in den zum Kloster gehörigen Stäben 2378 Seelen, den gemeinschaftlichen Ort Riegel nicht mit eingerechnet, und da die Untertanen mitsamt den Gütern größtenteils dem Kloster angehören, so hoffen dieselben mit der Veränderung auch ein besseres Schicksal und auf Erleichterung.

Die Einkünfte sollen zwischen 35 und 40 000 fl. ertragen und sich bei einer guten Oekonomie und Aufsicht hauptsächlich bei Erhebung der Zehnten, wo das Kloster bisher kaum die Hälfte dessen was ihm gebührt, erhalten haben soll, noch um ein gutes erhöhen lassen..."

(Josef Rest, Zustände in der südlichen Ortenau im Jahre 1802, in: Die Ortenau (11/1924) 27-29; dort ist das ganze Schreiben des Landvogts von Roggenbach veröffentlicht)

rechtlichen Besitzergreifung und bat um die Entlassung der Beamten aus dem bischöflichen Dienstverhältnis[28]; die endgültige 'Zivilbesitznahme' stand bevor.

Am nächsten Morgen versammelten sich die höheren Beamten der straßburgischen Regierung in der bischöflichen Kanzlei, wo Geheimrat Abbé Simon in Rohans Auftrag sämtliche Beamten, Diener und Untertanen der Pflichten gegen ihren bisherigen Herren entließ. Roggenbach erklärte, daß die weltliche Landesregierung sowie die gesamte bisher vom Hochstift Straßburg, vom dortigen Domkapitel oder von irgend einem anderen linksrheinischen Stift ausgeübte Lehensherrlichkeit ab jetzt auf den Markgrafen von Baden übergehe. Roggenbach verpflichtete die anwesenden Beamten mittels Handschlag auf den badischen Dienst, mit Ausnahme des Abbé Simon, den sich Kardinal Rohan zur Erledigung seiner Privatgeschäfte vorbehielt. Präsident de Heille war bei diesen Vorgängen nicht zugegen. Er verfolgte sie vom benachbarten Zimmer aus, in dem er durch seine Krankheit festgehalten wurde. Da er wegen allzugroßer Schmerzen in den Händen am Schreiben gehindert war, bat er statt jeder ferneren dienstlichen Verwendung um Gewährung einer Pension[29].

In gleicher Weise vollzog Roggenbach drei Tage später die Zivilbesitznahme in der Herrschaft Oberkirch. Gleichzeitig belegte er auch anläßlich der Inbesitznahme der Reichsstadt Offenburg die dortige domkapitularisch-straßburgische Schaffnei mit Beschlag. Die Beamten wurden angewiesen, ihre Register mit dem 30. November für die alte Herrschaft abzuschließen und mit dem 1. Dezember für den Markgrafen zu beginnen[30].

---

[28] Schell, 129
[29] Schell, 129-130
[30] Schell, 130

Landvogt von Lasollaye wurde mit der weiteren Durchführung der Zivilbesitznahme der Prälatur Allerheiligen betraut, während Oberamtmann Stuber für das weitere Schicksal des Klosters Ettenheimmünster zuständig war[31].

---

[31] Schell, 130-131; vgl. Schilling v. Canstatt, 485;
"... Am 29ten
desselben kam der Herr Landvogt von Mahlberg
Herr Baron von Roggenbach wieder hieher mit dem
Herrn Hofrathe Stuber Amtmann von Ettenheim,
der ein abgesagter Feind des hiesigen Klosters war,
und stellete denselben zum Entsetzen und Schre=
ken sowohl des Abtes als aller Religiosen als
Marggräflich Badischen Komissär vor, der in
zween Tägen die reale Besitznahme des hiesi=
gen Klosters und dessen Herrschaft im Namen
des Herrn Marggrafen xxxxx übernehmen werde.
Von Müllenheim, bisheriger Obrister Jägermeister
des Herrn Kardinals als Marggräflicher Komis=
sär über die Waldungen des Klosters gesetzet sey.
Wirklich auf„"den 29tendesselben Monats wurden
alle Schafner des hiesigen Klosters, auch die Vor=
gesezten der fünf Ortschaften des Klosters hieher
berufen. Herr Hofrath Stuber als Margräflicher
Komissär kam auch an, deütete dem Herrn Prä=
laten an, daß seine Regierung am 1ten Christ=
monate ein End habe, und daß er und die
Religiosen von diesem Tage an in die Marg=
gräfliche Administrazion gesetzet seye. Er er=
klärete zugleich, daß der Willen des Herrn Marg=
grafen sey, daß keiner der Religiosen, die bis=
her die Haußhaltung des Klosters geführet haben,
mit diesen Geschäfte von jenem Tage an sich
mehr abgeben soll, sondern daß P: Beda Bed=
zelt und P: Ambroß Mayer als Rezeptoren
und Administratoren der klösterlichen Gefälle
und der Oekonomie aufgestellet seyn; welche
daher auch von ihm in Eidespflichten genomen
worden. Doch kündete er diesen auch an, daß es
der Willen des Herrn Marggrafen sey, daß sie
dem Abte und den Religiosen bis auf ferner
Verfügung alles benöthigte wie vorhin zu reichen
hätten, welches dennoch sehr gesparsam im meisten
geschah.
Die Kanzeley, die Schafnery, die Vorgesetzten,
die Jäger, die Bedienten des Klosters nahm er

3. Auswirkungen und Folgen

4788 Einwohner des Oberamtes Ettenheim und 21 400 der

---

alle in Marggräfliche Pflichten, und versiegel=
te das Archiv des Klosters. Auch der damali=
ge Pfarrer von hier, der von Schwaighausen, und
der von Münchweyhr wurden zu ihm berufen,
und er bedeütete ihnen, daß sie den Herrn Marg=
grafen als Oberschutz= und Schirm=Herrn und
Patron ihrer Kirchen in Zukunft zu erkennen
hätten.
Die Wappen des Herrn Prälaten wurden
von den Zollstöcken weggenom̄en, und die Marg-
gräflich Badischen statt derselben an selbe wie
auch an das Portal des Klosters aufgemacht.
Das erste Marggräfliche Patent wurde auch weg=
genom̄en, und ein neües angeschlagen, in welchem
der Herr Marggraf versprach, daß er allen
allen Schutz kräftigst werde angedeihen lassen,
daß er alle und jede Kirchspiele bei dem Ge=
nuße ihrer Kirchen, Kapellen, und Kirchengüter
ohne Einführung fremder Religions=Genossen in
solche, wie auch alle Gemeinden bei ihrem gemein=
nen und privat Eigenthume lassen wolle p
Der Herr Komissär ließ auch alle Orte
verkünden, daß der Herr Marggraf nun die
vollkom̄ene Regierung dieser Herrschaft übernehme,
und alle Einkünfte des Klosters und dessen Herr=
schaft als die Seinige werde einziehen lassen.
Kurz nach übernom̄ener Regierung des Herrn
Marggrafen wurde alle vorräthige Früchten auf
dem Kasten und der Wein abgemessen, und der
Wein betrug noch im Kloster Keller 1500 Ohmen.
P: Großkeller und P: Kastner mußten das
noch vorräthige Geld, welches sie zur Führung des
Haußwesens hatten, und in 2600 Gulden bestund,
der Administrazion ausliefern. Auch der Herr
Prälat muste derselben 3000 Gulden geben, und
man suchte auf alle Art noch mehr von ihm aus=
zupressen: er lehnete aber dieses von sich ab xxx
mit dem Vorgeben, daß, weil er wegen seinen
kränklichen Umständen hier nicht seyn xxxx, er
für sich um leben zu können auch noch etwas Geld
haben müsse. Die Administratoren musten
den reinen Ertrag aller Einkünfte des Klosters,
wo sie im̄er sind, pünctlich eingeben, und zugleich

Oberkircher Herrschaft waren badisch geworden[32]. 64 626 Seelen hatte Carl Friedrich verloren, 253 396 neue Untertanen gewonnen[33]. Zwar war offiziell immer noch Louis de Rohan immediater Reichsfürst, direkt dem Kaiser unterstellt, doch an der praktisch bereits vollzogenen Inbesitznahme änderte dies nichts[34].

"Den festlichen Abschluß der durch den Reichsdeputationshauptschluß für Baden eingetretenen so mannigfachen und so erfreulichen Veränderungen bildeten die Feierlichkeiten des 15. Mai 1803. Durch den Hinzutritt der Indemnitätslande war Baden so sehr vergrößert worden, daß es jetzt zu den bedeutenderen Ständen des im Todeskampf liegenden Heiligen Römischen Reiches gehörte. Äußerlich kam diese Machtsteigerung des badischen Staats durch die dem Landesherrn bewilligte Rangerhöhung zum Ausdruck. Am 15. Mai nahm der Markgraf den Titel Kurfürst an. Wie überall in Baden wurde auch im ehemals Straßburgischen Gebiet dieser Tag festlich begangen.

---

einen Überschlag machen, was ein jeder Religios jährlich koste.
Am 5ten Christmonate erhielten die Pfarr=herrn von hier, von Münchweyhr, von Schwaig=hausen von dem Herrn Generalvikar Weinborn den Befehl alle Unterthänigkeit und Gehorsam in civilibus und politicis dem Herrn Marggra=fen, als nunmehrigem Landes=Fürsten, zu leisten: und ihr Pfarrgenossen zum Gehorsame und Erfüllung aller xxxxxx Pflichten guter Untertha=nen gegen den Herrn Marggrafen ihrem neüen Landesfürsten von offentlicher Kanzel ernstlich anzumahnen. Dieses erfüllete der damalige Pfarrer P: Bernard Stöber am 12 Christmonate, als am 3ten Sonntage des Advents bei versam̅el=ten allen seinen Pfarrkindern in einer an sie hierüber gehaltenen Rede."
(PfA-Ettenheimmünster, Stöber, 184-188)

32 Schell, 158

33 Kewitz, Occupatorische MaasRegeln, 126

34 Ernst Batzer, Testament und Hinterlassenschaft des Kardinals Rohan, in: Die Ortenau (10/1923) 30; das für die neuen Landesherren äußerst wichtige bischöfliche Archiv war in Ettenheim nicht aufzufinden. Nach längeren Nachforschungen wurde bekannt, daß dasselbe nach Ausbruch der Französischen Revolution von Zabern nach Straßburg und dann nach Wien gebracht worden sein soll. Lediglich die Rechnungen der letzten Jahrhunderte und beglaubigte Abschriften der wichtigsten Urkunden des Hochstiftes, die de Heille in Verwahrung hatte, befanden sich in Ettenheim (Schell, 131).

Am frühen Morgen wurden die Menschen durch Böllerschüsse und das Jubelgeläute aller Glocken geweckt. In den Kirchen wurden feierliche Dankgottesdienste mit Te Deum gehalten, wobei die Bürgermilizen paradierten. Nach Beendigung der Gottesdienste durfte in allen Wirtschaften Tanzmusik veranstaltet werden. Ausgelassene Freude vereinte alte und neue Untertanen des badischen Kurfürsten.[35]"

Bald jedoch meinten die Bürger in der ehemaligen Oberen Herrschaft des Straßburger Hochstiftes Grund zum Klagen zu haben. Das im Jahre 1803 endgültig aufgehobene Kloster Ettenheimmünster trug hier die Hauptlast der säkularistischen Entwicklung. Hinzu kam, daß die Bischöfe, die ihr Recht, Truppen auszuheben, in der Regel nur im Falle der Landesverteidigung ausgeübt hatten, niemals ein stehendes Heer auf Kosten ihrer Untertanen unterhalten hatten. Dafür hatten sie tausend Gulden an den Oberrheinischen Kreis bezahlt, die auf die militärdienstpflichtigen Untertanen umgelegt wurden. Ein Vertrag darüber, daß die Bischöflichen nicht wehrpflichtig seien, wurde allerdings nie geschlossen und so auch 1802 vergeblich gesucht. Erst nach langen Verhandlungen wurde der Fall zwei Jahre später entschieden. Am 30. November 1804 bestimmte der Geheime Rat in Karlsruhe, daß bis zur neuen Kreisregelung von den Einwohnern der ehemaligen Oberämter Ettenheim und Oberkirch die alte Kreissteuer weiter aufzubringen und an den Kreis zu entrichten sei. Große Enttäuschung und Erbitterung war die Folge. Man wollte nicht einsehen, daß man in Zukunft Soldat werden und trotzdem das 'Soldatengeld' weiterbezahlen sollte. Die Auseinandersetzungen dauerten an [36].

Die Bemerkung von Roggenbachs, daß sich die badischen Einkünfte...

---

[35] Schell, 132
[36] Schell, 137

"... bei einer guten Oekonomie und Aufsicht hauptsächlich bei Erhebung der Zehnten, wo das Kloster bisher kaum die Hälfte dessen was ihm gebührt erhalten haben soll, noch um ein gutes erhöhen lassen...[37]"

ist darüberhinaus deutlicher Hinweis dafür, daß sich die Erwartungen der Bewohner Ettenheimmünsters an den neuen Landesherren nicht erfüllen sollten.

II. DIE LETZTEN MONATE

Dem 68jährigen Kardinal war bewußt geworden, daß er den Geschehnissen nichts entgegenzusetzen hatte. Stark gealtert blieb ihm nur noch eine Rumpfdiözese, die in etwa die Ortenau umfaßte. Er war ruhig und kränklich[38] geworden. Resigniert hatte er sich in sein Privatleben zurückgezogen; doch auch da gab es nicht mehr viel, was den alternden Prälaten hätte erfreuen können.

1. ... für sich zu frequentieren noch freygelassen Jagd[39]

Große Festlichkeiten gab es am Hof zu Ettenheim nur noch selten. Die Schar der Emigranten war kaum kleiner, doch

---

[37] Rest, Zustände, 29; vgl. Anm. [27]

[38] Bereits im Juni 1798 hielt sich Rohan in Baden-Baden 'der Bäder wegen' auf (Erdmannsdörfer, Bd. III (Heidelberg 1893) 111) und während seiner Flucht im Frühjahr 1799 hatte Rohan in Regensburg "... zum allgemeinen Schmerz eine schwere Krankheit ausgestanden..." (Johann Baptist Ferdinand, Geschichtliche Niederschläge - im Ettenheimer Bürgerbuch von 1695ff., in: Neue Miszellen aus Heimat und Landschaft, Bd. II (1954-1959) (Ettenheim 1959 (maschinenschriftlich)) 156

[39] Vgl. zu diesem Abschnitt: GLA 138-55, 1-21

bei weitem ruhiger geworden. Vermutlich war die Jagd die einzige Abwechslung, die dem Kirchenfürsten geblieben war; und auch sie sollte kein ungetrübtes Vergnügen sein.

Nicht nur am 8. Dezember 1802 wandte sich Carl Ludwig, Freiherr Schilling von Canstatt, an die Karlsruher Regierung. Die Jagd, die der Kardinal und der Duc d'Enghien, der sich ebenfalls in Ettenheim aufhielt, zugestanden bekommen hatten, wurde zum Problem. Besonders der junge Herzog setzte dem Wildbestand enorm zu. Die Belastung durch den Kardinal wurde im Laufe der Zeit durch Alter und Krankheit geringer. Während der Kardinal letztendlich am 16. Februar 1803 verstarb, suchte man für den Duc d'Enghien noch im März 1803 nach einem geeigneten Jagdgelände. Am 3. dieses Monats verordnete der Geheime Rat,

"daß
dem Herrn Duc d'Enghien, nach dem
Ober Jägermeister Amtlichen Vorschlag
für die Zeit Seines Aufenthalts zu
Ettenheim, der Ettenheimer, Ettenheim=
weiler, Münchweiler, Reinsheimer und
Gräfenhäußer Bann zu seiner Jagd=
Belustigung angewiesen = jedoch dem=
selben dabey besonders empfohlen werde
die Heeg u. Setzt-Zeit gehörtig zu
beobachten.[40]"

Am 1. August 1803 beschwerte sich Schilling von Canstatt erneut über das Jagdverhalten des Herzogs, der am 16. Dezember noch einmal durch den Geheimen Rat zurechtgewiesen wurde. Erst am 13. Januar 1804 schien das Problem einer Lösung nahe zu sein. Landvogt von Roggenbach hatte erfahren,

---

[40] GLA 138-55, 7r

"daß die Prinzessin von Rohan im
Monat Merz Ettenheim verlassen
würde, und xxxxxxx als gewiß anzunehmen
seye, xxx wie der Duc d'Enghien nicht
länger als gedachte Prinzessin in Etten-
heim bleiben würde...[41]"

Letztere Notiz verweist auf die enge Beziehung, die zwischen d'Enghien und insbesondere der Großnichte des Kardinals bestand. Eine Beziehung, die zumindest am Rande erwähnt werden soll.

2. Der Duc d'Enghien und Charlotte de Rohan[42]

Louis Antoine Henri de Bourbon, Duc d'Enghien[43], war im Jahre 1792 mit seinem Großvater, dem Prince Condé, nach Ettenheim gekommen, hatte sich anschließend in Oberkirch aufgehalten und den Winter 1795/96 nach dem Feldzug erneut in Ettenheim verbracht. Als Zar Paul I. den Prince Condé am 17. Juli 1796 nach Rußland einlud, sollte Enghien den Marsch des Heeres nach Rußland leiten. Im Oktober 1797 verließ dieser daher die Residenzstadt des Straßburger Fürstbischofs[44].

---

[41] GLA 138-55, 18r

[42] Auch dieser Abschnitt würde bei näherer Ausführung den Rahmen der vorliegenden Arbeit sprengen. Vgl. zu diesem Fragenkomplex u. a.: Jacques de la Faye, La Princesse Charlotte de Rohan et le Duc d'Enghien (Paris 1929); Sabourin de Nanton, Ettenheim et le duc d'Enghien, in: Revue d'Alsace (20/1869) 399-408; Anonymus, Eines Märtyrers Gefährtin, in: Ettenheimer Zeitung (85/16. Oktober 1902) und (86/18. Oktober 1902); v. Weiß, Bd. XX (Graz/Leipzig [3]1896) 381-471, 508, 713; ferner: Wilhelm Schadt, Karl Friedrich Casimir Pfersdorff (1769-1847), Napoleons Kundschafter bei der Gefangennahme des Herzogs von Enghien in Ettenheim am 15. März 1804, in: Die Ortenau (51/1971) 32-36; Herzog von Rovigo, Ueber die Hinrichtung des Herzogs von Enghien (Leipzig 1824)

[43] Louis Antoine wurde am 2. August 1772 in Chantilly geboren; über ihn: v. Weiß, Bd. XX, 381 u. ö.

[44] "Dieser wäre lieber in Ettenheim geblieben, dort fühlte er sich wohl beim gastfreundlichen Cardinal und sprach gern mit der schönen Nichte desselben, der siebzehnjährigen Prinzessin Charlotte Rohan-Rochefort. Sie hatte die feine Bildung einer Französin und

Im Frühjahr 1799 gestand Enghien seinem Vater, daß er Charlotte de Rohan verehre, liebe und mit ihr sich zu vermählen gedenke[45]. Nachdem sich am 31. Mai 1801 das Condé'sche Heer aufgelöst hatte, trat der Herzog über Innsbruck die Reise nach Ettenheim an. Gegen die Vorstellungen seiner Familie - man hoffte auf eine Vermählung mit einer Prinzessin von königlichem Rang - entschloß sich d'Enghien, Charlotte de Rohan, ohne seinen Großvater davon zu benachrichtigen, zu seiner Gattin zu machen[46]. Im Jahre 1802 assistierte der Kardinal selbst oder Abbé Weinborn in Ettenheim der Eheschließlung zwischen Charlotte de Rohan und dem Herzog in aller Stille. Charlottes Vater söhnte sich mit der neuen Regierung in Frankreich aus, wodurch das junge Paar die Wälder von Limours und Rochefort bei Rambovillet zurückerhielt. Enghien selbst erhielt eine Pension von 3500 Francs aus England[47].

---

die Schönheit einer Deutschen, blaue Augen und blondes Haar, vor allem ein edles Herz. Der alte Condé sah diese Neigung nicht gern, denn er dachte groß von seinem Enkel, welcher das Geschlecht nicht bloß erhalten, sondern auch erhöhen sollte. Der Markgraf in Karlsruhe hatte schöne Töchter, die bald auf glänzende Throne gelangten: entweder solle Enghien dort eine Gattin suchen oder sich mit einer russischen Großfürstin vermählen. Condé schrieb an Bourbon nach London: "Es wäre ein großer Trost für mich, wenn ich vor meinem Tode sicher wäre, dass mein Geschlecht nicht aussterbe; es steht an Rang jedem andern Fürstengeschlecht gleich." Zu einer offenen Erklärung zwischen dem Großvater, der seinem Enkel die Braut bestimmen, und Enghien, der sie frei wählen wollte, kam es nicht. Das Verhältnis Enghiens zu Charlotte Rohan war bis dahin nur das einer Freundschaft. Als er aber abreisen wollte, sagte sie ihm doch: "Der Abschied thut mir weh; ich fürchte, es ist der letzte Abschied." Zwei Tage später, 14. October 1797, schiffte Enghien schon in Ulm auf der Donau 4000 Mann ein." (v. Weiß, Bd. XX, 391; zu Charlottes Alter vgl. Literatur: Kap. I Anm.[3])

[45] Enghiens Mutter erfuhr davon nichts. Seine Eltern waren geschieden und seine Mutter zunächst im Gefängnis in Marseille, vielleicht für die Guillotine bestimmt und zu diesem Zeitpunkt bereits nach Spanien verbannt. (V. Weiß, Bd. XX, 393)

[46] V. Weiß, Bd. XX, 396

[47] V. Weiß, Bd. XX, 398; Johann Baptist Ferdinand, Ettenheim in der Weltgeschichte - Des jungen Herzogs von Enghien Glück und Ende, in: Neue Miszellen aus Heimat und Landschaft, Bd. II (1954-1959)

Der Herzog wohnte im sogenannten Ichtratzheim'schen Haus im 'Pfarrgässle', nicht weit vom Rohan'schen Palais in Ettenheim, bis er auf Geheiß Napoleons in der Nacht zum 15. März 1804 völkerrechtswidrig in Ettenheim verhaftet und 32jährig am 21. März 1804 in den Gräben von Vincennes erschossen wurde[48].

(Ettenheim 1959 (maschinenschriftlich)) 139; zur Frage des Trauungsortes vgl. auch Kapitel 5 Anm.[32]; zur Frage der Nachkommenschaft vgl.: Johann Baptist Ferdinand, Nachkommen des Prinzen Enghien in Baden? in: Neue Miszellen aus Heimat und Landschaft, Bd. II (1954-1959) (Ettenheim 1959 (maschinenschriftlich)) 39-41

[48] Vgl. hierzu Anm. [42]; Henriette Dietz, die Tochter des Oberamtmann Stubers erinnert sich an all die Fremden, die immer noch in Ettenheim weilten und berichtet über d'Enghien und Charlotte de Rohan:
"Da war die Prinzessin Charlotte Rohan-Rochefort, der Herzog von Enghien, der General Graf Matthieu Dumas, der Marquis de Sully, der Baron de Ceran, der Prinz Soinville, der Prinz von Lothringen, der Maltheser Commandeur de Farques, der Flottenadmiral von Montacitan, der alte und junge Prinz Rohan-Rochefort und die jungen Prinzessinnen Rohan, Baron von Grünstein, Schmidt, Marquis de Dumery und noch viele, die kamen und gingen. Und alle Tage kamen diese Leute zu uns, um sich die Zeit zu vertreiben. - Der Herzog von Enghien hatte für die Prinzessin Charlotte Rohan-Rochefort, die er liebte und mit der er heimlich vermählt war, ein Gärtchen auf einem Berge ausserhalb dem Tore angelegt, und darin durfte niemand arbeiten als der Herzog selbst und seine Herren. Die Bedienten mussten Vater bis an die Tür führen, und von da wurde er abgeholt, so dass keiner einen Fuss in dies Gärtchen setzen durfte.
Nur meine Mutter begleitete täglich die Prinzessin, und ich durfte das Körbchen tragen, oder was man sonst brauchte, weil auch sie keine Bedienung mitnehmen wollte.
So ging die Zeit vorüber, bis im Jahre 1803 das Ländchen an Baden fiel. Der Kardinal starb zu gleicher Zeit. Die Prinzessin zog in ein Privathaus, und da zu jener Zeit Napoléon das Gesetz verkünden liess, dass kein Emigrant mehr als zwölf Stunden am Rhein wohnen durfte, so warnte er den Herzog, dem man ohnehin Fallen stellte und alle Augenblicke angebliche Deserteurs schickte, ob er sie nicht anwerben wolle, um eine Armee am Rhein zu errichten. Er schickte sie immer weg mit einem Reisegeld und mit den Worten, die ich selbst oft hörte: "Allez mes amis, je n'ai pas besoin d'armée, je suis content de vivre en Paix!" - Und dennoch riet ihm mein Vater, sich weiter weg zu begeben, und war deshalb mit Herrn von Schleys in Unterhandlung um das Schlösschen un (sic!) Berghaupten für ihn und die Prinzessin, welche, wie ich schon gesagt, mit ihm heimlich vermählt war. -
Allein die Sache verzögerte sich, mein Vater wurde als grossher-

III. LA DIVINE PROVIDENCE SEMBLE VOULOIR DISPOSER DE NOUS

Am 14. Februar 1803 informierte François Regis Weinborn die Priester des Kapitels, daß Rohan schwer erkrankt sei. In jeder Messe solle man für den Kardinal und Fürstbischof beten[49].

---

zoglicher badischer Obervogt nach Gengenbach versetzt, und bald darauf wurde der unglückliche Herzog von Enghien Prinz Louis Antoine Henri de Bourbon, von den Franzosen mitten in der Nacht zum 15. März 1804 von 300 französischen Dragonern in Ettenheim abgeholt und ohne Urteil und Recht in den Gräben von Vincennes am 21. März 1804 im Alter von zweiunddreissig Jahren erschossen! (...)

Im grössten Jammer kam damals Prinzessin Charlotte zu uns nach Gengenbach und sagte wiederholt: "Oh, wären Sie dagewesen, so wäre der Prinz gerettet worden!"

Später als sein Adjutant Baron von Grünstein wieder aus dem Temple aus Paris, wo er auch die ganze Zeit gefangen war, zu uns kam, erzählte er uns erst alles genau, wie es zugegangen war, zum grossen Schmerz meiner Eltern, die den edlen, guten, geistreichen Prinzen sehr geliebt hatten."

(Henriette Dietz, Familien Nachrichten (Karlsruhe 1853 (Abschrift einer Handschrift) *22-24)

Charlotte hatte alles darangesetzt, d'Enghien zu befreien. Sie war ihm nach Straßburg nachgefahren, wurde allerdings ebenfalls festgehalten und verhört. Gerne hätte man sie für schuldig befunden, doch fand man nichts, was sie hätte belangen können. Auch gestattete man ihr nicht, den Herzog zu sehen. Man wies sie wieder nach Ettenheim zurück. Charlotte reiste daraufhin nach Karlsruhe, wo Gustav IV. von Schweden sich ihrer ohne Erfolg annahm; der Duc d'Enghien wurde in der Nacht zum 21. März - wie oben erwähnt - morgens gegen 3 Uhr in einem Graben der Festung Vincennes erschossen und in einem schon vor der Verurteilung geschaufelten Grab verscharrt. Geistlicher Beistand war ihm versagt geblieben.

Charlotte lebte nach Enghiens Tod im Vennemann'schen Haus am Ettenheimer Nepomukbrunnen. Ein Brief des Herzogs, in der Nacht der Aburteilung geschrieben, und die Haarlocke, die er sich am Richtplatz abschnitt, beides an einen der anwesenden Offiziere zur Übermittlung an sie übergeben, sind nie in ihre Hände gelangt. Im Jahre 1840 starb Charlotte Louise Dorothée, Princesse de Rohan-Rochefort. (V. Weiß, Bd. XX, 407; vgl. die entsprechenden Darstellungen von Ferdinand und anderen (s. Anm.[42])

49 DAL-Protocollum decretorum et mandatorum episcopalium emanotorum ab anno 1733 ad venerabile Capitulum nostrum Lahrense transmissorum, 154

1. Nous resignant très Humblement a ses decrets et les adorant

Bereits zwei Tage später, am 16. Februar ließ Rohan Hofrat und Oberamtmann Stuber und Amtschreiber Sartori zu sich rufen. Als beide gegen 12^{30} Uhr das fürstliche Schloß erreichten, saß der an einer Influenzepedemie[50] erkrankte Bischof - geistig voll auf der Höhe - in einem Ohrensessel an seinem Schreibtisch im Schlafzimmer und händigte den Beamten eine unterschriebene und versiegelte Urkunde aus. Der ebenfalls anwesende Abbé Simon bezeugte gemeinsam mit Lands-Physicus Tümel und Prof. Dr. Schmitterer von Freiburg, daß jene Urkunde den letzten Willen des Kirchenfürsten enthalte, der nach Ableben des Kardinals pünktlich in Vollzug gesetzt werden solle[51].

Über die Stunden des Nachmittags und frühen Abends gibt es keine Nachrichten. Nach 23^{00} Uhr soll der Kardinal zum letztenmal gesprochen haben. Abbé Weinborn überliefert wie folgt seine letzten Worte:

"fiat dei omnipotentis voluntas in me, ad vitae meae sacrificium praesto sum[52]"

Gegen 23^{30} Uhr am 16. Februar endet das Leben des Louis René Edouard, Prince de Rohan-Guémené[53].

---

[50] Kewitz, Occupatorische MaasRegeln, 128; Erdmannsdörfer, Bd. IV, 365
[51] GLA 229-27 186
[52] DAL-Protocollum decretorum, 156
[53] GLA 229-27 013, 2r; vgl.: DAL-Protocollum decretorum, 155-157; DAL-Protocollum Capituli ruralis Lahrensis ab anno 1731, 327

2. '... wie sehr das Volk diesem unglücklichen Fürsten zugethan gewesen'

Nachts um halb ein Uhr am 17. Februar, befanden sich Stuber und Sartori erneut im Schloß. Der Prince de Rohan-Rochefort hatte die Beamten direkt nach dem Tod des Kardinals gebeten, die Habe des Bischofs zu versiegeln. Der Leichnam des 'hohen Verblichenen' wurde aus dem Schlafzimmer auf das Paradebett im kleinen Salon gebettet und die von ihm bewohnten 'Appartements' verschlossen. Ein Kleiderkasten, vier Türen und ein weiterer eichener Schrank wurden versiegelt. Da die Familie de Rohan-Rochefort und die Dienerschaft weiterhin im Schloß blieb, wurden die Bedienten aufgefordert, über die restliche, unversiegelte Habe zu wachen und sie in Verwahr zu nehmen[54].

Am darauffolgenden Morgen unterrichtete Hofrat Stuber die Markgräfliche Regierung vom Tod des Kardinals:

"Es sind des Herrn Cardinalen Fürstbischofen Eminenz und Durchlaucht endlich in letztverfloßener Nacht um halb 12 uhr wirklich verblichen:
Der mir zugegangenen Weisung zufolge hab ich nicht entstanden, von diesem Trauerfalle die gleichbaldige Anzeige ad Consil. secret. zu machen, die IntestatErben dahin nahm=haft zu machen, zu bemerken, daß der Höchstseelige gestern Mittags seine lezte Willensmeinung ad acta judicialia des Oberamtes, iedoch verschloßen, übergeben, und mir überhaupt in der Sache gnädigste Verhaltungs Befehle auszubitten.
Und wie ich gleich nach erfolgtem Todfalle an das Appartemens des Hohen verblichenen die gerichtliche Sperre angeleget, so hab ich nicht entstehen sollen, Euer Hochwolge=bohrn Copiam des hierunter aufgenom̄enen Prothocolli mit der gehorsamsten Bitte zuzumittlen, mir in soferne hierunter noch irgend etwas ermangeln sollte, Hochgeneigteste Weisung zugehen zu laßen.
Übrigens hat dieser Vorfall in hiesiger Stadt eine auserordentliche Sensation verursachet und überhaupt zu tage geleget, wie sehr das Volk diesem unglücklichen Fürsten zugethan gewesen.[55]"

---

[54] GLA 229-27186; GLA 229-27013, 2r-5r
[55] GLA 229-27013, 2r/v

Pfarrer Guntz trug den Tod des Bischofs ins Sterbebuch ein[56].

Der Kardinal wurde feierlich im Chor der Pfarrkirche beigesetzt und das Requiem gehalten. Darüberhinaus wurden die Priester aufgefordert, drei Messen für den Verstorbenen zu zelebrieren; dreimal am Tag sollten sechs Wochen lang die Glocken läuten[57].

In Bezug auf das Trauergeläut waren allerdings die zuständigen Regierungen um Erlaubnis zu fragen. Freiburg gewährte denn auch nur ein einmaliges Läuten am Tag über sechs Wochen hinweg, da es in vorderösterreichischen Landen selbst beim Tod eines Kaisers nicht üblich sei, mehr als einmal am Tage zu läuten[58], und Baden verhandelte darüber, ob nicht einmal am Tag über einen Zeitraum von vier Wochen hinweg ausreichen würde. Doch Karlsruhe gab sich für diesesmal äußerst großzügig. Bereits am 21. Februar wurde Sartori von Roggenbach informiert, daß die Anordnungen des Vicariats in Ettenheim genehmigt seien, und nach weiteren Verhandlungen legte der Hofrat am 1. März fest, daß man die Exequien nicht behindern solle[59].

Am 25. Februar, 9 Tage nach dem Tod des Kardinals, verkündete die Reichsdeputation in Regensburg ihren Hauptschluß; der Übergang Ettenheims an Baden begann rechtskräftig zu werden.

---

[56] PfA-Ettenheim, Sterbebücher; vgl.: Johann Baptist Ferdinand, Kardinal Rohan im Ettenheimer Sterberegister, in: Neue Miszellen aus Heimat und Landschaft, Bd. I (1949-1954) (Ettenheim 1955 (maschinenschriftlich)) 189-191; der 17. Februar wird, da er hier eingetragen ist, und auch die Bevölkerung an diesem Tag vom Tod des Kardinals erfuhr, oftmals als Sterbetag angegeben; vgl. schon: PfA-Ettenheimmünster, Stöber, 191

[57] DAL-Protocollum decretorum, 156-157

[58] DAL-Protocollum decretorum, 157-158

[59] DAL-Protocollum decretorum, 158, GLA 138-60, 1r-3v

11. Kapitel

NEKROLOG

"Im Namen der Heiligsten Dreifaltigkeit, Gott der Vater, der Sohn und der Heilige Geist. Amen

Wir, Louis René Edouard, Prince von Rohan, von Gottes Gnaden Kardinal der Hl.Römischen Kirche, Fürstbischof von Straßburg, Reichsfürst, tun kund und zu wissen, daß wir unter den verschiedenen unglücklichen Umständen, in denen wir uns seit zwölf Jahren befinden, wo unsere Einkünfte beträchtlich vermindert wurden und zurückgegangen sind, es immer aufgeschoben haben, unsere letzten Verfügungen zu treffen, in der Hoffnung, daß unsere Finanzen sich soweit bessern würden, um einem jeden Zeichen unseres Wohlwollens zu geben und unseren lieben Verwandten Zeichen unserer zärtlichen Verbundenheit mit ihnen, - da indessen die göttliche Vorsehung über uns verfügen zu wollen scheint, ergeben wir uns demütig in Anbetung ihren Beschlüssen und haben die vorliegenden Verfügungen diktiert, die, wenn unser Tod gekommen ist, nach Form und Inhalt auszuführen sind.

1. Wir empfehlen unsere Seele Gott und bitten ihn, sie um der Barmherzigkeit Jesu Christi willen in die Zahl der Auserwählten einzureihen.

2. Was das Zeitliche angeht, so setzen wir zum Universalerben aller unserer Güter, der beweglichen wie der unbeweglichen, unsere liebe Nichte, die Prinzessin Charlotte Dorothée von Rohan-Rochefort, ein, ohne Ausnahme, mit dem Auftrag, unserem sehr lieben Bruder, dem Prinzen Ferdinand von Rohan, besondere zehntausend Francs zu geben und unserem sehr lieben Neffen, dem Prinzen von Rohan-Guemené, ein Schmuckstück von denen, die sich bei unserem Tode vorfinden werden. An Stelle von Vermächtnissen unsererseits soll sie jedem und jeder unserer Neffen, Nichten, Vettern und Cousinen ein Andenken an uns geben; die Auswahl soll im Einvernehmen mit dem Testamentsvollstrecker vorgenommen werden.

3. Wir beauftragen sie außerdem, aus dem Fonds, der uns rechtens aus Außenständen oder anderswoher zusteht, den Armen der Stadt Ettenheim 25 Louisdor und denen des Oberamts Oberkirch 600 Gulden zu geben,

4. dem Spitalfonds (?) der Stadt Ettehheim 100 Taler.

5. Da nach dem Reichsdeputationshauptschluß Seine Hoheit, der (...) Herr Markgraf verpflichtet ist, der Dienerschaft, die vor dem 24. August letzten Jahres in unserem Dienst war, eine Pension zu geben, wollen wir ihnen doch noch unsere Dankbarkeit bezeugen und ein Zeichen der Zufriedenheit geben über die Beweise der Verbundenheit, die sie uns erwiesen haben.

Baumoehl, unserem Kammerdiener, außer unseren Anzügen und unserer Leibwäsche die Summe von 600 Gulden.
Herrn und Frau Buffier (Kabinettssekretär) 50 Louisdor.
Bontemps 100 Taler.
Antoine 25 Louis.
Diß 25 Louis.
Stock (Kammerlakai) 25 Louis.
Servais 100 Taler.
Joseph 6 Louis.
Ignace 6 Louis.
Antoine, dem Koch 100 Taler.
Margueritte 6 Louis.
den beiden Wäscherinnen in der Küche und im Anrichtezimmer, jeder 3 Louis.
der Frau Eppel 100 Taler.
Josephine 6 Louis.
Philippe 6 Louis.
Nicolas 100 Taler.
Picard 200 Taler.
(?) 100 Francs.
Sie wird außerdem jedem der oben Genannten das Bett überlassen, das sie aus meinem Möbellager benutzen, und zwei Bettbezüge. Wir empfehlen ihrer großen Anteilnahme Herrn Tümmel und Herrn Ehrhard (die Ärzte) wegen aller Dienste, die sie uns geleistet haben.

Nachdem wir diese letzten Verfügungen getroffen haben, zu schwach, sie zu schreiben, aber selbst doch gesunden Geistes, und sie geprüft haben, erklären wir dies für unsere Absicht, und wir benennen zu ihrer Ausführung unseren Freund und Getreuen, den Geheimrat Simon, der im Fall unseres Todes alles besorgen wird, was die Beisetzung unseres Leichnams angeht, - wir wünschen, daß sie sehr einfach sein soll. Wir geben ihm als Dank für die uns bezeugte Ergebenheit ein vollständiges Bett und eine Zimmereinrichtung mit Bettzeug und passendem Toilettentisch. Zur Bekräftigung haben wir das vorliegende Schriftstück unterzeichnet und das Siegel mit unserem Wappen anbringen lassen. Zu Ettenheim, den 16. Februar 1803.

Cardinal prince de Rohan
Subliniert Ettenheim den 4ten März 1803-
Stuber
Hofrath und Oberamtmann.
T:X Sartori
Rath und amtschreiber.[1] "

---

[1] GLA 229-27186; Übersetzung des französischen Originals (Anmerkungen in Klammer vom Übersetzer); vgl. Ernst Batzer, Testament und Hinterlassenschaft des Kardinals Rohan, in: Die Ortenau (10/1923) 28-30

I. DER NACHLASS EINES FÜRSTEN

Es blieb leere Hoffnung, 'daß sich die Finanzen des Kardinals bessern würden'. Unmengen von Schuldforderungen, Berge von Prozeßakten türmen sich auf. Der vom Kardinal in seinem Testament genannte Prince de Rohan-Guémené, nahm das Vermächtnis seines Onkels

"jedoch nicht anders als unter der gesetzlichen Wohlthat eines zu errichtenden gerichtlichen Inventar, und ohne mich auf irgend eine Art für die Schulden, oder Verpflichtungen des Erblassers zu einer Haftung welche den Aktivstand der Verlassenschaft überschreiten verbindlich zu nehmen[2]"

an und setzte Oberforstmeister Baron von Müllenheim als Bevollmächtigten am 27. Februar 1803 über die Angelegenheit ein, da er in Linz in Österreich weilte.

Ferdinand Maximilien Meriadec de Rohan, 'archeveque demissionaire de Cambray', verfolgte die Angelegenheit aus Paris, während allein die Universalerbin Charlotte de Rohan in Ettenheim war[3].

Charlotte selbst hatte ebenfalls nur unter erheblichen Vorbehalten angenommen. So machte auch sie die Bedingung eines 'beneficium legis et Inventarii'. Am 20. September 1803 wurde daraufhin ein Inventar des Rohan'schen Nachlasses erstellt[4].

Zweihundert Seiten stark ist die Aufstellung der Aktiva und Passiva[5]. Neben Gütern im Oberamt Oberkirch - es ist vom

---

[2] GLA 229-27 186
[3] GLA 229-27 186
[4] GLA 229-27 185
[5] Die folgenden Angaben fußen auf GLA 229-27 185

'Turrenischen Haus' am Turenne-Denkmal in Sasbach die Rede - wird eine Plantage auf der Insel St. Domingo genannt, die Rohan bereits zu Lebzeiten seiner Nichte überschrieben hatte, wodurch dieser Besitz der Prinzessin vorläufig erhalten blieb und nicht positiv im Nachlaß des Kardinals auftauchte.

2900 fl 9 ß 6 (Pfg) waren an barem Geld vorhanden, darüberhinaus mehrere Gedächtnismünzen Ludwigs XVI. und Ludwigs XIV. Ferner fanden sich 51 Silbermünzen mit Porträts berühmter Franzosen und ähnliches mehr. Der Kardinal tat sich ebenfalls durch äußerst kostbare bischöfliche Insignien hervor. Ein Pektorale, das mit etlichen Diamanten besetzt war, fällt allein mit 660 fl ins Gewicht; auffallend ist die Zahl der Ringe im Besitz des Bischofs. Zum Teil mit Bildnissen verziert - z. B. von Kardinal Armand Gaston de Rohan-Soubise oder auch mit einem weiblichen Porträt - macht ihre Aufzählung mehrere Seiten aus. Uhren, verzierte Petschaften, Tabatieren - eine davon mit dem Porträt von Charlotte de Rohan - Laternen, wertvolle ausländische Tassen, ein Muttergottesbild aus Korallen und wertvolle Schuhschnallen, sind nur einige wahllose Beispiele aus der Fülle der Wertgegenstände.

Unvermittelt tauchen eine Unmenge von liturgischen Gewändern in der Aufzählung auf, die mitten unter anderen Besitztümern aufgeführt und mit 4516 fl 4 ß 6 (Pfg) angesetzt wurden.

Äußerst interessant ist die Aufstellung der Bücher. Abbé Simon hatte leider das Verzeichnis der meisten Titel in Händen, die daher im Inventar fehlen[6], doch was wir über die restlichen Titel erfahren, reicht aus, um den Charak-

---

[6] Beilage 4 zu GLA 229-27 185

ter des Kardinals ein wenig greifbar zu wähnen. Die 'Version latine du Livre classique chou king par la P: Michel Benoist Jesuite francais á Peking', ein gedruckter Bogen chinesischer Schrift, ein Alkoran in türkischer Sprache, ein Buch über verschiedene chinesische Operationen und eines über medizinische Geheimnisse zeigen uns erneut die Vorliebe des Straßburger Kardinals für alles Fernöstliche, Exotische und Geheimnisvolle. Ein 'Electrometum', ein Apparat zur Verstärkung des 'Electrums', eine 'Accromatische Waage' und verschiedene Mikroskope verstärken die Hinweise auf diesen Charakterzug. Die Bekanntschaft mit Cagliostro liegt ganz auf der Linie einer Vorliebe für das Obskure, Unbekannte und die Anfänge der Chemie, wie die vielen chemischen Geräte und die gut bestückte Hausapotheke zeigen.

Neben der reichlich ausgestatteten Kleiderkammer fand sich eine Reihe Gewehre und Waffen, die an die Jagdleidenschaft des Fürstbischofs erinnern, und eine Fülle von Gemälden und Kupferstichen, geschmackvoller Spiegel, 'Wand= und Hang=Leuchter' - Hinweise auf den Kunstsinn des Kardinals. Mit den in der Rubrik 'Tapeten und Umhänge' genannten Wandteppichen, lassen sich 33 Gobelins im Besitz des Kardinals nachweisen, von denen einige bei der Fronleichnamsprozession 1791 der Öffentlichkeit zugänglich waren [7].

Eine Fülle von Bett- und Federwerk, Leinwand und Getüch, Geschirr und Gläser, Porzellan und Fayencen, Küchengerät und Schreinerwerk, einige musikalische Instrumente, die Ausrüstung für den Keller und mehrere Weine, eine Menge Pferde- und Fuhrgeschirr und übriger Hausrat beschließt die Aufzählung der Habe, vermehrt um einige Seiten noch ausstehender Gelder, die insgesamt 128 691 fl 2 ß ausmachten.

---

[7] Dieter Weis ist dem Schicksal der Gobelins ausführlich nachgegangen. (Vgl. Dieter Weis, Die Ettenheimer Rohan-Gobelins, in: Dieter Weis (Hrsg.), St. Bartholomäus Ettenheim (München/Zürich 1982) 258-277)

Dies war das Aktivvermögen, das 184 643 fl 9 ß 8 (Pfg) umfaßte.

Oberamtmann Stuber hatte in allen Orten Mittelbadens und in der Presse Karlsruhes, Frankfurts und Straßburgs die Bekanntmachung erlassen, daß sich innerhalb einer Frist von zwei Monaten die Gläubiger des Kardinals zu melden hätten. Mit Erstellung des Inventars war diese Frist abgelaufen. Nur 64 642 fl 46 / ß wollte man von der Fülle der Schuldforderungen anerkennen; 339 215 fl 58 / ß sollten niedergesprochen werden. Die Folge war der Konkurs über den Nachlaß und eine unermeßliche Reihe von Prozessen, die sich bis zum Jahre 1840 hinzogen[8]. Oftmals konnten die Gläubiger den Verlust ihrer Finanzen nicht verkraften. Zeugnisse menschlicher Tragödien stapeln sich in den Regalen des Badischen Generallandesarchives in Karlsruhe.

Damit ein Teil des Geldes zurückbezahlt werden konnte, begann man den Nachlaß zu versteigern. Schon im Jahre 1803 finden sich zwei Ankündigungen von Versteigerungen[9].

---

[8] Vgl. hierzu: Batzer, 28-30

[9] Am 27. Juli berichtet das Lahrer Wochenblatt:
"Zu versteigern.
Die in die Verlassenschaft des höchstsel. Herrn Kardinals und Fürstbischofen von Strasburg gehörige Fahrnisse werden an nachbenamsten Tägen in hiesigem Schlosse gegen gleich baare Bezahlung öffentlich versteigert werden. Nemlich
Am 1. 2. 3. und 4ten des nachkünftigen Monats August: Leinwand und Getüch, Bett= und Federwerk. Am 5ten ejusdem: Zinn, kupfernes, blechenes und holzenes Küchengeschirr. Am 6ten: Waffen und Gewehr, Glaswerk, Fayance, Porcellaine, sehr kostbare fremde Weine und Liqueurs. Am 8ten: Bücher, Malereien, Kupferstiche. Am 9ten: Lustres von Krystall, Hänge= und Stockuhren, Spiegel, Bronces. Am 10ten: Kutschen, Pferdegeschirre, und die Sattelkammer. Am 11. u. 12ten: Schreinerwerk. Am 13ten: Eine Haus=Apotheke, chymische und physikalische Instrumenten, Faß und Bandgeschirr, Feld= und Handgeschirr. Am 16ten: Kleinodien, Silberwerk, Medaillen und Gedächtnismünzen. Am 17ten: Tapeten des Gobelins und andere. Am 18ten: Kirchen Ornamenten und Geräthe.
Welches hiemit zu Jedermanns Nachricht bekannt gemacht wird. Etten-

Am 26. und 27. Juni 1811 wurden noch einmal Besitzstücke des Kardinals versteigert, auch Dinge, die Rohan bei seinem letzten Aufenthalt in Wien zurückgelassen hatte, wurden veräußert[10].

Charlotte, die die Erbschaft nicht mit Aktiva und Passiva angetreten hatte, machte in einem Brief vom 29. September 1803 an den damals schon Kurfürst gewordenen Carl Friedrich den Antritt der Erbschaft von der Frage abhängig, welche Ansprüche der Fürst auf die Hinterlassenschaft mache. Geheimrat von Roggenbach führte die Verhandlungen.

Prinzessin Charlotte wünschte unter anderem, daß Carl Friedrich das Haus am Turenne-Denkmal in Sasbach mit allem Zubehör kaufe und die Forderungen wegen der von den Klöstern Ettenheimmünster und Gengenbach zur Erbauung des Schlosses in Zabern vorgestreckten Summen aufhebe. Die Forderungen der Klöster ließ der Kurfürst fal-

---

heim den 12ten Julii 1803. Inventur=Kommission."
(Lahrer Wochenblatt (30/27. Juli 1903)
Das Lahrer Wochenblatt vom 31. August 1803 verkündete:
"Zur Nachricht.
Mit Versteigerung der noch übrigen in die Verlassenschaft des Höchstsel. Herrn Kardinals und Fürstbischofen von Strasburg gehörigen Fahrnissen, als da sind:
Bücher, physikalische Instrumenten (worunter sich ein engl. Electrum samt Apparate befindet), Gewehr und Waffen, Kupferstiche, Tapeten, Bett=Umhänge, Bett= und Federwerk, Küchen=Geschirr, ein Staatswagen samt Pferdgeschirr, Coffres, Mantelsäcke, Vachen, Wein und Getränke, u.
wird den 1ten und 2ten des nachkünftigen Monats September, und den folgenden Tägen, fortgefahren werden.
Welches hiemit öffentlich bekannt gemacht wird. Decretum Ettenheim d. 22. August 1803. Inventur=Commission allda.
Stuber mppr."
(Anhang zum Lahrer Wochenblatt (35/31. August 1803)

10 Batzer, 29-30

len und eine Reihe von anderen Forderungen übernahm er selbst, namentlich diejenigen des Straßburger Domkapitels, die sich auf 55 833 fl 20 xr beliefen. Im übrigen willigte er nur in wenigen Punkten ein. Da Rohan jedoch bis zu seinem Tode von Kaiser und Reich unmittelbar abhängiger Fürst gewesen sei, die Erbschaftsmasse somit immediat wäre, forderte Charlotte, diese von einer kaiserlichen Kommission gänzlich liquidieren zu lassen. Verlauf und Ausgang der Auseinandersetzung sind bis heute im Dunkel der Archive letztlich verborgen[11].

Außer den allerorts lebendig erhaltenen Erinnerungen blieb in Ettenheim selbst wenig aus dem Nachlaß des Kardinals. Ein paar Bilder im Rathaus stellen die Rohan-Kardinäle dar, während die Büste, die J. N. Roëttiers de la Tour im Jahre 1783 schuf, die baulichen Veränderungen an der Kirche, der im Chor noch heute sichtbare Baldachin und vor allem jener prunkvolle Wappengobelin, der an hohen Festtagen die Rückwand des Baldachins zierte, allein in Ettenheim verblieben sind. Viele Gegenstände aus dem Nachlaß traten eine unbeschreibliche Irrfahrt an, insbesondere jene Gobelins, deren Aufenthaltsort auch heute noch nur vermutet werden kann[12].

Geblieben ist das Grab im Chor der Kirche, das jahrelang für den Nicht-Eingeweihten kaum zu finden war. Schon bald nach dem Ableben des Kardinals hatte Charlotte zwar eine Grabinschrift verfaßt, deren Inhalt das Leben des Bischofs von Straßburg mit äußerster Klarheit umschrieb[13],

---

11 Vgl.: Batzer, 29-30

12 Weis, Rohan-Gobelins, 258-287

13 "Heic. jacet.
Ludovicus. Renatus. Eduardus
e. principibus. de. Rohan.
S. R. E. Cardinalis.
principum. Episcoporum. Argentinensium.

doch wurde dieselbe nie ausgeführt. Nur die Büste des Kardinals stand einige Jahre im Chor, um an den letzen Rohan auf dem Straßburger Bischofsstuhl zu erinnern [14]. Sicher befand sich auch ein Kreuz an der Stelle, an der das Grab liegt, wie auch 1888, als der neue Fußbodenbelag in die Kirche kam, die Stelle mit farbigen Platten gekennzeichnet worden war[15].

Als sich im Jahre 1953 der Todestag zum 150. mal jährte, entstand der Wunsch, eine Gedenktafel für die beiden in der Kirche beerdigten Bischöfe anzubringen. Auch Nachkom-

---

Ultimus.
heic. enim
et. Episcopus.
ad. meliora. Natus.
sed.
temporum. calamitate.
maerore. aerumnis.
Confectus.
et.
princeps. Ecclesiae. Argentoratensis.
per. saecula. quondam.
florentissima. -
Corruêre.
Natus.
Denatus. 16. februarii MDCCCIII.
pietas
principis. Carolae. de. Rohan.
fieri curavit.
R. J. P.

(PfA-Ettenheim, ursprünglich in Fasz. XII. a. I. eingebunden, hinter dem Schreiben Carl Friedrichs von Baden)

14 Constantin Geres, Rohan=Enghien, in: Schauinsland (15/1889) 2

15 Bei dieser Gelegenheit wurde das Grab geöffnet. Die Ettenheimer Zeitung berichtet am 22. Juni 1888:
"... Anläßlich der Neubelegung des Kirchenchors mit schön gemusterten farbigen Cementplatten wurde das gewöhnliche, nicht gewölbte Grab des Cardinals unter Beisein des Herrn Pfarrverwesers, von H. H. Staats- und Gemeindebeamten bloßgelegt. Die irdischen Reste lagen in einem morschen Holzsarge, der zusammenfiel. Von den Gebeinen war das Haupt, zum Theil noch behaart, am besten erhalten. Außer kirchlichen Gewänderresten fand sich weder Schmuck noch sonst ein Abzeichen ehemaliger hoher Stellung. Die Gebeine wurden alsbald wieder in die alte Grabstätte gelegt, wo sie ruhen mögen bis zum Tage der einstigen Auferstehung..."
(Ettenheimer Zeitung, 16. Jahrgang (50/22. Juni 1888)

men aus der Familie der Rohan bedauerten das Fehlen der Grabinschrift, und so gelang es, eine schlichte Gedenktafel zu schaffen.

Am 5. November 1953 fand anläßlich der Enthüllung dieser Tafel ein feierlicher Gottesdienst statt, an dem der Straßburger Bischof Jean Julien Weber und der Freiburger Weihbischof Dr. Eugen Seiterich, der den erkrankten Erzbischof Dr. Wendelin Rauch vertrat, teilnahmen. Unter den geladenen Gästen befanden sich auch hohe französische Offiziere und Vertreter der Familie Rohan.

Besonderes Interesse verdient die Predigt, die Bischof Weber in französischer und deutscher Sprache über Persönlichkeit und Leben seines Vorgängers hielt. Weber betonte, daß nach einem schnellen und glänzenden Aufstieg eine Zeit harter Prüfungen folgte, die zum Ausgangspunkt dessen geworden sei, was man als die Bekehrung des Kardinals Rohan bezeichnen könne. Die Französische Revolution und deren Auswirkungen hätten ihm reichlich Gelegenheit gegeben, seine Festigkeit im Glauben, seine Treue zur Kirche und seine Liebe zu den des Landes verwiesenen Priestern zu beweisen. Sein Klerus und sein Volk habe mit ehrfurchtsvoller Gegenliebe geantwortet [16].

Nach der Predigt enthüllte der Bischof die Gedenktafel, die auch heute noch die Grabesstelle bezeichnet [17].

---

[16] Vergleiche hierzu: Dieter Weis, Kardinal-Rohan Gedenkfeier am 5. 11. 1953 in Ettenheim, in: Weis, 256-257; vgl.: Johann Baptist Ferdinand, Einweihung der Gedenktafel für Kardinal Rohan, in: Neue Miszellen aus Heimat und Landschaft, Bd. I (1949-1954) (Ettenheim 1955 (maschinenschriftlich)) 159-164

[17] "IN EXSPECTATIONE
BEATAE RESURRECTIONIS
HIC REQUIESCIT
EMINENTISSIMUS PRINCEPS
LUDOVICUS RENATUS EDUARDUS
DE ROHAN-GUEMENEE
S. R. E. CARDINALIS
EPISCOPUS ARGENTINENSIS
1734-1803

Nicht die Grabinschrift, die Charlotte de Rohan entwarf, zeugt von der einstmaligen Anwesenheit eines Bischofs und Kardinals in Ettenheim, sondern eine Gedenktafel, geschaffen aus dem lebendigen Andenken der Stadt an ihren Landesherren. Die Erinnerung an den Fürstbischof verlosch in Ettenheim zu keiner Zeit; wenn auch seine Beurteilung so verschieden und zweideutig wie sein Leben selbst ist. Und jene Gedenktafel ist nicht das Ende der Beziehung zwischen Rohan und Ettenheim. Diese besteht weiter im Geschichtsbewußtsein der Stadt und den unzähligen lebendigen Spuren, die Louis René Edouard, Prince de Rohan-Guéméné, in seiner kleinen Residenzstadt hinterließ.

II. AUSBLICK

Durch den Tod des Kardinals am 16. Februar 1803 war die Ortenau, der Rest des alten Straßburger Bistums, verwaist. In Vollziehung des Lunéviller Friedens hatte der Reichsdeputationshauptschluß zwar eine territoriale Neugliederung eingeleitet, die Neuabgrenzung der Diözesen war aber einer späteren reichsrechtlichen Regelung vorbehalten worden.

Generalvikar François Regis Weinborn leitete in der ersten Zeit die Amtsgeschäfte[18]. Im Zusammenhang mit der Verhaftung des Duc d'Enghien am 15. März 1804 wurden jedoch in Ettenheim und Offenburg eine ganze Reihe weiterer französischer Emigranten, darunter auch Weinborn mit seinem Sekretär Michel und der in Offenburg weilende Abbé d'Eymar, nach Straßburg verschleppt, in die Zitadelle ge-

---

UNA CUM SUO SUFFRAGANEO
JOANNE JACOBO LANTZ
EPISCOPO DORITANO
1720-1799
R. I. P." (Stadtpfarrkirche Ettenheim)

18 DAL-Protocollum decretorum et mandatorum episcopalium emanotorum ab anno 1733 ad venerabile Capitulum nostrum Lahrense transmissorum, 157, 161, 169

bracht und einige Tage später unter militärischer Bewachung nach Paris geführt[19]. Kaum etwas ist über das Schicksal der erst nach Monaten freigekommenen Geistlichen bekannt.

Durch diesen militärischen Eingriff war der Sprengel des Louis de Rohan endgültig verwaist und jegliche bischöfliche Verwaltung zusammengebrochen.

'In perplexa hac situatione' versuchten die Erzpriester der straßburgischen Kapitel die Verwaltung aufrechtzuerhalten. Sie wandten sich daher an den erzbischöflichen Stuhl zu Mainz, den im Jahre 1803 Karl Theodor von Dalberg innehatte. Dalberg war in seiner Eigenschaft als Erzbischof und deutscher Primas für die Organisation der Kirchenverwaltung in den Überresten der Straßburger Diözese zuständig. Trotz der Vereinheitlichung, die der Reichsdeputationshauptschluß mit sich gebracht hatte, erstreckten sich diese Reste auf kurbadisches, vorderösterreichisch-ortenauisches, ritterschaftliches, fürstlich-fürstenbergisches und gräflich von der leyen'sches Gebiet. Dalberg behalf sich damit, dem Mainzer Weihbischof Valentin Heimes, den Auftrag zur Regelung der straßburgischen Bistumsverwaltung zu geben[20].

Im Namen des 'Eminentissimus ac Celsissimus Archi-Episcopus cis-rhenano-Moguntinus Carolus L. B. de dalberg sacri Romani Imperii Archicancellarius et elector Episcopus ac Princeps Wormatiensis et Constantiensis, Princeps Aschaffenburgensis et Ratisbonensis ac comes Wezlariensis, Ecclesiae cisrhenano Argentinensis Metropolita' gab

---

[19] DAL-Protocollum Capituli ruralis Lahrensis ab anno 1731, 332-333

[20] Hermann Schmid, Die rechtsrheinische Restdiözese Straßburg in den Jahren 1802-1808, in: Die Ortenau (61/1981) 135; Heimes hatte bereits dessen Vorgänger Friedrich Karl von Erthal als Gesandter beim Rastatter Kongreß 1797-1798 gedient (Schmid 135).
"Über die einzelnen Schritte Dalbergs nach Eintritt der Sedisvakanz sind wir auf Grund des äußerst dürftigen Aktenmaterials nur unzureichend unterrichtet."
(Schmid, 135)

Valentin Heimes am 28. April 1804 die vorläufige Lösung des Problems bekannt[21].

Norbert Fahrländer, Exjesuit und Erzpriester des Landkapitels Offenburg, wurde zum Generalvikar für die Landgrafschaft Ortenau und sämtliche ritterschaftlichen Orte - also für die unter der Botmäßigkeit des Erzhauses Österreich stehenden Teile der Ortenau - ernannt. Unter dem am 31. Dezember 1737 geborenen, nun schon nahezu blinden Priester wurde dieses Gebiet praktisch in eine Selbständigkeit entlassen[22].

Der größte Teil des rechtsrheinischen Straßburger Bistums wurde Franz Anton Zehaczek, Definitor des Landkapitels Lahr, als kommissarischem Verwalter unterstellt. Abbé Michel, der am 15. März 1804 auch zu den Verhafteten gehört hatte[23], stand dem am 16. September 1754 in Mahlberg geborenen und im Straßburger Seminar ausgebildeten Zehaczek zur Seite[24].

---

21 DAL-Protocollum, 333-334; DAL-Protocollum decretorum, 172

22 Norbert Fahrländer, mit 16 Jahren Jesuit geworden, 1776 mit der Pfarrei Griesheim bei Offenburg betraut, ab 1798 Kapitelsdekan, wurde 1813 alters- und krankheitshalber von diesen Aufgaben entbunden. Nur mit Hilfe seines Vikars und Sekretärs Joseph Moesch hatte er die ihm gestellten Aufgaben erfüllen können. Er starb am 20. Februar 1820 in Griesheim.
(Schmid, 135-136)

23 DAL-Protocollum, 333

24 Der 'KurBadische Hof- und StaatsCalender für das Jahr 1805' umschreibt Zehaczeks Aufgabengebiet; dieser hatte als 'Metropolitanats-Commissario' bischöfliche Gewalt
"... für den Rest der Kirchenvogtey Ettenheim, die Kirchenvogtey Offenburg und die Kirchenvogtey Schwarzach mit Ausnahme der Kirchspiele Haueneberstein, Oos und Sandweyer, sodann an der Kirchenvogtey Rastatt die Kirchspiele Hügelsheim, Iffezheim, Ottersdorf, Plittersdorf und Wintersdorf."
(KurBadischer Hof- und StaatsCalender für das Jahr 1805, zitiert nach: Schmid, 136)

Die von Heimes eingeteilten Bezirke entsprachen zunächst in etwa den badischen und vorderösterreichischen Besitzungen, doch nachdem durch den Preßburger Frieden vom 26. Dezember 1805 die Landvogtei Ortenau in badischen Besitz übergegangen war und insbesondere nach Bildung des Rheinischen Bundes [25], widersprachen die mittlerweile sechs bischöflichen Jurisdiktionsbezirke [26] dem Karlsruher Vereinheitlichungsstreben. Doch der auch aufgrund des erheblich gewachsenen Anteils der katholischen Bevölkerung erwachsene Wunsch nach einem Landesbistum scheiterte zunächst am Widerwillen der römischen Kurie,

"... dann an den Auseinandersetzungen um eine geeignete Persönlichkeit für den Bischofsstuhl und um die Fragen, in welchem Verhältnis ein zukünftiger Landesbischof zum Metropoliten stehen sollte, ob das Landesbistum im Rahmen eines Reichs- oder eines Landeskonkordats zu errichten sei, wo die Domkirche zu etablieren und wie sie zu dotieren sei usw. [27]"

Karl Theodor von Dalberg vereinigte im Jahre 1808 den rechtsrheinischen Rest der Straßburger Diözese mit dem Konstanzer Bistum, wodurch auch die Ortenau in der Folge Generalvikar Ignaz Heinrich von Wessenberg [28] unterstellt war [29]. Während durch diese Maßnahme das Haus Baden zu-

---

[25] Vgl. Manfred Krebs, Politische und kirchliche Geschichte der Ortenau, in: Die Ortenau (16/1929) 214-215

[26] Konstanzer, Straßburger, Speyrer, Wormser, Würzburger und Mainzer Bistumsanteile

[27] Schmid, 137

[28] Vgl. über Wessenberg: Konrad Gröber, Heinrich Ignaz v. Wessenberg, in: Freiburger Diözesan Archiv (55/1927) 362-509 und (56/1928) 294-435; Hermann Baier, Wessenbergstudien, in: Freiburger Diözesan Archiv (56/1928) 1-48

[29] Schmid faßt den Inhalt der am 10. Mai 1808 in Aschaffenburg ausgefertigten Urkunde folgendermaßen zusammen:
"Der diesseitige straßburgische Bistumsanteil sei schon seit Jahren seiner metropolitanamtlichen Fürsorge anvertraut, nachdem dieser seines Ordinarius beraubt und schon vor längerer Zeit vom rechtmäßigen Domkapitel aufgegeben worden sei. Bei der Einrichtung einer provisorischen Verwaltung und der Ernennung von

mindest teilweise zufriedengestellt worden war, stieß der Anschluß des Straßburger Restbistums an die Konstanzer Diözese, nachdem die bisherigen straßburgischen Kommisariatsbezirke um ihre bis dahin weitgehende Eigenständigkeit in kirchlichen Verwaltungssachen gebracht worden waren, bei einem guten Teil der betroffenen, zum überwiegenden Teil konservativ eingestellten Geistlichen auf spürbaren Widerstand[30].

Kommissaren hätte er seinerzeit dem Umstand Rechnung tragen müssen, daß die Restdiözese sich auf verschiedene Territorien erstreckte. Da aber kürzlich dieselben alle mit Ausnahme des Fürstentums Hohengeroldseck unter die Souveränität des Hauses Baden gekommen seien, so vereinige er nun die Kommissariatsbezirke kraft seiner erzbischöflichen und metropolitischen Gewalt ("jure Nostro Metropolitico, auctoritate Metropolitica") und unterstelle sie provisorisch der bischöflichen Kurie in Konstanz. Somit sei dem Erzpriester Fahrländer in Griesheim und dem Definitor Zehaczek in Kippenheim die geistliche Verwaltung der betreffenden Gebiete mit sofortiger Wirkung entzogen, ihre Tätigkeit als erzbischöfliche Kommissare beendet." (Schmid 139); der lat. Wortlaut der Urkunde findet sich in: DAL-Protocollum venerabilis Capituli ruralis Lahrensis Continens acta Capitularia inceptum in congregatione Ven[lis] definitorii die decima Mensis Septembris anno millesimo octingesimo quinto celebrata in Ottenheim sub Joanne Antonio Eduardo Sartori parocho in Ottenheim, ejusdemque Capituli Archipresbytero die 21.[a] mensis Aprilis anno 1789. electo, continuatum sub Archipresbyteris sequentibus, 19-20. DAL-Protocollum venerabilis Capituli, 21-23 findet sich das Dekret Wessenbergs vom 16. Mai 1808.

30 "Unter die Botmäßigkeit des wenig ordensfreundlichen Konstanzer Ordinariats kamen nun die Restkonvente der braunen Franziskaner auf dem Fremersberg bei Baden-Baden und in Seelbach im Zwergfürstentum Hohengeroldseck, der schwarzen Franziskaner in Offenburg, der Kapuziner ebenda, in Oberkirch und Haslach, der Norbertiner in Lautenbach sowie das Lehrinstitut der Augustinerinnen de Notre Dame in Ottersweier. Die Weltgeistlichkeit, zum überwiegenden Teil konservativ eingestellt, machte im folgenden ausgiebig Bekanntschaft mit den Wessenbergischen Neuerungen, nicht nur zu ihrem eigenen, sondern auch zum Verdruß der späteren Kapitelsdekane und -historiographen Michael Hennig (Lahr) und Wilhelm Weiß (Offenburg), die noch acht Jahrzehnte später im Zorn auf diese Zeit zurückblickten und die Wirksamkeit des aufklärerischen Wessenbergs und seines Gesinnungsfreundes und Kommissars Joseph Vitus Burg als "Tyrannei" und Beförderung der "Staats-Allmacht" und der "Kirchen-Ohnmacht" qualifizierten." (Schmid, 142-143; auch 139-141)

Am 14. Mai 1809 ernannte Wessenberg Joseph Vitus Burg zum bischöflichen Kommissar der drei diesrheinischen Kapitel des Straßburger Bistums[31]. Burg, der im November 1808 die Dekanate Offenburg und Ottersweier visitiert hatte - Wessenberg hatte die Visitation am 30. August angekündigt[32] - bezeichnete die Geistlichen als rückständig und streitsüchtig, was er vor allem auf die große Anzahl ehemaliger Mönche im Klerus der beiden Kapitel zurückführte[33]. Die Exbenediktiner aus Schuttern bildeten unter Leitung des ehemaligen Priors Columban Häusler, damaligem Pfarrer in Sasbach, eine abgeschlossene Gruppe, während Erzpriester Merkel von Burg zwar für einen guten Pfarrer, allerdings für äußerst konservativ und zweifelhaft in seiner Loyalität gegenüber den Konstanzer Vorgesetzten gehalten wurde. Auch Dekan Fahrländer hielt er für einen vorzüglichen, äußerst gebildeten Pfarrer, wenn derselbe auch die Visitation dadurch zu sabotieren suchte, daß er die Fragen Burgs unzureichend beantwortete und ihn mit Hinweis auf seinen schlechten Gesundheitszustand zu begleiten weigerte[34].

Die ebenfalls vorwiegend mit ehemaliten Patres besetzten Pfarreien seines Kapitels hingegen machten auf Burg durch 'kirchliche Mißbräuche', den Hang der Geistlichen zur Bequemlichkeit, Habsucht, Uneinigkeit und zum Ungehorsam

---

[31] Michael Hennig, Geschichte des Landkapitels Lahr (Lahr 1893) 258 "Die Geschäfte, die diesem übertragen wurden, zeigen daß es nur darauf abgesehen war, die Dekanate lahm zu legen, und die ganze Thätigkeit der Geistlichkeit zu bevormunden." (Hennig, 258)

[32] DAL-Protocollum venerabilis Capituli, 23-24

[33] Schmid, 143;
"So wie sich die Klöster ehemals nicht liebten, so lieben sich auch jetzt diese Individuen nicht."
(Burg, zitiert nach: Schmid, 143)

[34] Schmid, 143; der wahre Grund für diese Haltung sei, "daß es ihm wehe that, die Leitung dieses Bisthümchens in anderen Händen zu sehen."
(Burg, zitiert nach: Schmid, 143)

keinen guten Eindruck. Der Klerus im Lahrer Landkapitel erschien ihm hingegen mit mehreren 'Gemeingeistern' durchsetzt, obschon er den Kapitelsvorstand Zehaczek für einen ausgemachten

"Thoren, der, von seinem ehemaligen Erzbischöflichen Kommissariat höchst eingenommen, seinen Schmerze nicht verbergen konnte, jetzt einem thätigeren und heller denkenden Ordinariate unterworfen zu sein.[35]"

Nachdem Burg von Herten nach Kappel am Rhein übergewechselt war, übte er ab dem 27. Juli 1809 sein Amt als Statthalter Wessenbergs in der Ortenau endgültig aus, während der Widerstand der Geistlichen gegen den 'neuerungssüchtigen Eindringling' nur allmählich nachließ[36].

Formell blieb der 'straßburgische Bisthums-Antheil des Bisthums Konstanz', wie ihn der Konstanzer Realschematismus von 1821 offiziell bezeichnete, bis 1827 bestehen. Nachdem aber mit der 1821 erlassenen Bulle 'Provida solersque' die Diözesangrenzen von fünf Bistümern in den Territorien Württemberg, Baden (einschließlich Hohenzollern), Hessen-Darmstadt, Hessen-Kassel und Nassau festgelegt und zugleich die Bildung einer Oberrheinischen Kirchenprovinz mit dem Erzbistum Freiburg als kirchlichem Mittelpunkt in die Wege geleitet worden war, zeichnete sich sechs Jahre später auf dem Hintergrund erneuter diplomatischer Vermittlungen, wodurch die Materien Bischofs-

---

35 Burg, zitiert nach Schmid, 143; Zehaczek, durch den Umstand gekränkt, daß Wessenberg nicht ihn oder einen der Pfarrer aus der Gegend zum bischöflichen Kommissarius für das straßburgische Restbistum ernannt hatte, sondern den aus Offenburg gebürtigen, aber den Ortenauer Kapiteln nichtstestoweniger fremden Burg (Schmid, 143-144), wurde nach Sartoris Tod im Jahre 1808 zum Erzpriester gewählt (DAL-Protocollum venerabilis Capituli, 10-16) und ebenso wie Fahrländer zum bischöflich-konstanzischen geistlichen Rat erhoben (Schmid, 144).

36 Schmid, 144; vgl. Hennig, 257

wahl, bischöfliche Jurisdiktion, Besetzung der Kapitel und Klerikerausbildung für den Bereich der Oberrheinischen Kirchenprovinz im römischen Sinne gefaßt wurden, ein Neubeginn ab.

Am 11. April 1827 wurde durch die Bulle 'ad Dominici gregis custodiam' der Weg für die Einsetzung der Bischöfe geebnet und der vormalige Freiburger Universitätsprofessor und damaliger Münsterpfarrer Dr. Bernhard Boll zum Erzbischof von Freiburg gewählt. Am 21. Mai 1827 wurde seine Wahl bestätigt[37].

Im Jahre 1827 trat Dr. Bernhard Boll als erster Erzbischof von Freiburg in der Ortenau das geistliche Erbe des Louis René Edouard, Prince de Rohan-Guémené, letzter Fürstbischof des alten Bistums Straßburg, an. Nach nahezu 50 Jahren der Wirren um das Ende eines Zeitalters, um das Ende des 'Ancien régime', um den Aufbruch in die neue, moderne Welt, lagen die Hoffnungen der Katholiken am Oberrhein im neuerrichteten Erzbistum Freiburg begründet...

---

[37] Vgl.: Emil Göller, Die Vorgeschichte der Bulle "Provida solersque", in: Freiburger Diözesan Archiv (55/1927) 143-216 und (56/1928) 436-613; Hermann Lauer, Geschichte der katholischen Kirche im Großherzogtum Baden - Von der Gründung des Großherzogtums bis zur Gegenwart (Freiburg 1908); Heinrich Maas, Geschichte der Katholischen Kirche im Großherzogtum Baden - Mit besonderer Berücksichtigung des Erzbischofs Hermann v. Vicari (Freiburg 1891) Hans J. Münk, Die großherzoglich-badische Regierung und ihr erster Kandidat für das Amt des Erzbischofs von Freiburg, Ferdinand Germinian Wanker (1758-1824) - Vorgeschichte und Verlauf der "Bischofswahl" und Designation sowie Ablehnung durch Pius VII. (1822-1824), in: Freiburger Diözesan Archiv (98/1978) 448-508; Hugo Ott, Das Erzbistum Freiburg im Ringen mit Staatskirchentum und Staatskirchenhoheit, in: Das Erzbistum Freiburg (Freiburg 1977) 75-92; Georg Richter, Die Errichtung und Ausstattung der Erzdiözese Freiburg und der Diözese Rottenburg zu Beginn des 19. Jahrhunderts, in: Freiburger Diözesan Archiv (98/1978) 509-539

ANHANG

LITERATURÜBERSICHT

I. QUELLEN

1. Akten und Urkunden aus dem Badischen Generallandesarchiv Karlsruhe

GLA 56-899	Extract Geheimen Raths Protokolls vom 10. August 1803
GLA 74-6277	Baden - Policey Sache, Die im Elsaß ausgebrochene Unruhen und die wegen Sicherstellung der disseitigen Landen getroffene Anstalten, Betr. 1789
GLA 74-6278	Baden - Policey Sache, Die „im Elsaß ausgebrochene Unruhe(n) und die wegen Sicherstellung der disseitigen Landen getroffene Anstalten, Betr. 1789
GLA 74-6279	Baden - Policey Sache, Die „im Elsaß ausgebrochene Unruhen und die wegen Sicherstellung der disseitigen Landen getroffene Anstalten, Betr. 1789
GLA 74-6280	Baden - Policey Sache, Die im Elsaß ausgebrochene Unruhen und die wegen Sicherstellung der disseitigen Landen getroffene Anstalten, Betr 1790
GLA 74-6281	Baden - Policey=Sache, Die in Frankreich, insbesondere aber im Elsaß ausgebrochene Unruhen, die Vorgänge in dem Bischöfflich Straßburgischen Ober Amt

Oberkirch disseits Rheins und die wegen Sicherstellung der disseitige(n) Lande(n) getroffene Anstalten, Betr. 1791

GLA 74-6282	Baden - Policey=Sache, Die in Frankreich, insbesondere aber im Elsaß ausgebrochene Unruhen, die Vorgänge in dem Bischöflich Straßburgischen disseits Rheins und die wegen Sicherstellung der disseitigen Landen getroffene Anstalten, Betr. 1791
GLA 74-6283	Baden - Policey Sachen, Die in Franckreich „insbesondere aber im Elsaß ausgebrochene Unruhen, die Vorgänge in dem Bischöfl. Straßburgischen disseits Rheins, und die wegen Sicherstellung der disseitigen Lande getroffene Anstalten, Betr. 1791
GLA 74-6284	Baden - Policey Sache, Die in Frankreich, insbesondere aber im Elsaß ausgebrochene Unruhen, die Vorgänge in dem Bischöffl. Strasburgischen disseits Rheins, und die wegen Sicherstellung der disseitigen Lande getroffenen Anstalten, Betr. 1791
GLA 74-6285	Baden - Policey Sache, Die in Frankreich „insbesondere aber im Elsaß ausgebrochene Unruhen, die Vorgänge in dem Bischöflich Straßburgischen disseits Rheins, und die wegen Sicherstellung der disseitigen Landen getroffene Anstalten, Betr. 1792
GLA 74-6286	Baden - Policey=Sache, Die in Frankreich, insbesondere aber im Elsaß ausgebrochene Unruhen, die Vorgänge in dem bischöflich Straßburgischen disseits Rheins, und die wegen Sicherstellung der disseitigen Landen getroffenen Anstalten, betr. 1792
GLA 74-6287	Baden - Policey=Sache, Die in Frankreich, insbesondere aber im Elsas ausgebrochene Unruhen, die Vorgänge in dem bischöflich Strasburgischen disseits Rheins, und die wegen Sicherstellung der disseitigen Landen getroffene Anstalten, betr. 1792
GLA 74-6288	Baaden - Polizey, Die Verbreitung aufrührischer Schriften und Gesiñungen in hiesigen Gegenden und die dagegen gemachte Vorschritte, betr. 1790, 1791, 1792, 1793.
GLA 74-6289	Baaden - Polizey, Die Verbreitung aufrührischer auch anderer dergl. ungeziemende Schriften und Gesinnungen in hiesigen Gegenden, und die dagegen gemachte Vorschritte, betr. 1794, 1795, 1796, 1797, 1789, 1799, 1801.
GLA 138-55	Ettenheim - Jagdwesen, Die dem Herrn Kardinal Fürstbischof von Strasburg und dem Duc d'Enghien sich zu frequentiren noch freygelassene Jagd, betr. 1802, 1803, 1804

GLA 138-60 Ettenheim - Landesherrlichkeit, die wegen der Exequien und des Trauergeläuts für den verstorbenen Herrn Cardinal Fürstbischoff zu Straßburg ergangene Landesherrliche Verfügung, betr. 1803

GLA 138-78 Beantwortung deren von dem Hochfürstlichen Margrävlich Badischen Besiznehmungs Comissario ... (die) Herrschaft Ettenheim betreffenden Fragen

GLA 138-83 Großherzoglich Badisches Bezirksamt Ettenheim - Gerichtliches Verbrechen - Ettenheim Amt
J. u. S. gegen Julian d'Espiard von Liernois, wegen attendirten Meuchelmords an der Person des Cardinals von Rohan Jahr 1791/1792.

GLA 229-27 013 Absterben, Das zu Ettenheim erfolgte Absterben des Prinzen von Rohan btr. 1803

GLA 229-27 183 Inventarium über die gesamte Liegenschaften, Fahrnisse, Einnehmende und bezahlende Schulden, weilen Sr Hochfürstlichen Eminenz und Durchlaucht des Herrn Kardinals Prinzen von Rohan, Fürst und Bischofen zu Straßburg p. p.
Angefangen den 4te(n) Aprill
geendigt den 20te(n) Septemb(er) 1803

GLA 229-27 186 Testament Kardinal Rohan

2. Staatliches Liegenschaftsamt Heidelberg - Schloßverwaltung Schwetzingen

Die Fremdenbücher des Schwetzinger Badhauses, bes. Bd. 1793-1808

3. Akten und Urkunden aus dem Stadtarchiv Ettenheim

Stadtschafney Rechnung von 1790
Steuermeisterey Rechnung von 1792
Stadt Schaffney Rechnung von 1792
Steuermeisterey Rechnung von 1793
Stattschaffney Rechnung von 1793
Statt Schaffney Rechnung von 1794
Steuermeisterey Rechnung von 1796
Stadt Schafney Rechnung von 1796
Steuermeisterey Rechnung von 1797
Stadt Schafney Rechnung von 1797
Steuermeisterey Rechnung von 1799
Stadt Schafney Rechnung von 1799
Bürgermeister Rechnung von 1800
Beilagen zur Bürgermeisterrechnung von 1800
Steuermeisterey Rechnung von 1800
Bürgermeisterrechnung von 1801

Steuermeisterey Rechnung... von 1801
Stadt Schafney Rechnung von 1801
Bürgermeister Rechnung... von 1802
Steuermeisterey Rechnung von 1802
Stadtschaffney Rechnung von 1802
Bürgermeister Rechnung von 1803
Stadtschaffney Rechnung von 1803
Bürgermeisterrechnung von 1804

Urkunde 27, 1779, Nov. 16, Wien. Orig. a. Schweinsleder, in Samtdeckel gebunden.
Lehensbrief; Rex Joseph der Andere, römischer Kaiser, König von Germanien und Jerusalem, Mitregent...
Ludwig Renat Eduart Cardinal Rohan von Guimené, Bischof zu Straßburg...
Siegel in Kapsel.

4. Akten und Urkunden aus den 'Archives municipales de Strasbourg'

Actes du grand chapitre, Documenta generalia

5. Akten und Urkunden aus dem Dekanatsarchiv Acher-Renchtal

Notata pro Parochia Oberkirchensi sub Evermodo Ruch, Pastore Anno 1784

6. Akten und Urkunden aus dem Dekanatsarchiv Lahr (im Erzbischöflichen Archiv Freiburg)

Protocollum Capituli ruralis Lahrensis ab anno 1731

Protocollum venerabilis Capituli ruralis Lahrensis Continens acta Capitularia, inceptum in Congregatione venlis definitorii die decima Mensis Septembris anno millesimo octingentesimo quinto Celebrata in Ottenheim Sub Joanne Antonio Eduardo Sartori parocho in Ottenheim, ejusdem Capituli Archipresbytero die 21ª mensis Aprilis anno 1789. electô, Continuatum sub Archipresbyteris Sequentibus (1805-1861)

Protocollum decretorum et mandatorum episcopalium emanotorum ab anno 1733 ad venerabile Capitulum nostrum Lahrense transmissorum

Generalia und Nominalia III, Rubrik: Bistum und Primat. Betreff: Strassb. Fastenbriefe 1780-1804

Generalia und Nominalia III. Rubrik: Bistum und Primat. Betreff: a. Wahl, Tod u. Jubiläen v. Päpsten und Bischof 1681 -

Generalia und Nominalia XX. Rubrik: Landes= u. Reichssachen. Betreff: a. Kirchl. Landesfeiern von 1792-19

Ettenheim - ältere Akten

Politische Schriften zur Französischen Revolution, besonders Elsas betr.

Declaration de son Altesse Sérénissime et Eminentissime Monseigneur le Cardinal de Rohan, Prince=Evêque de Strasborug, adressé au Clegé Séculier et Régulier de son Diocèse, sur la constitution civile du Clergé, décrétée, sur la constitution civile du Clergé, décrétée par l'Assemblee Nationale et publiée dans le Diocèse (20. November 1790)

Hirtenbrief des Herrn Bischofs des Niederrheins (22. April 1791)

Der Beispiels=Strudel

Declaratio Summi Pontificis PII PAPAE VI. (Charitas) (Rom, 13. April 1791)

Declaratio ulterior Summi Pontificis PII PAPAE VI. (Accepimus hisce) (Rom, 19. März 1792)

Ludovicus Renatus Eduardus von Gottes Gnaden... (Ettenheim 30. November 1796)

Ludovikus Renatus Eduardus, Prinz von Rohan... (Ettenheim, 7. Juni 1801)
(die letzten sieben Schriften sind neben anderen ohne nähere Angaben zu einem eigenen Faszikel zusammengeschlossen)

7. Akten und Urkunden aus dem Pfarrarchiv Ettenheim

Tauf- und Sterbebücher

Schreiben Carl Friedrichs vom 14. September 1802, ursprünglich in Fasz. XII. a. I. eingebunden

Zeitgenössischer Entwurf einer Grabschrift von Charlotte de Rohan für Kardinal Rohan, ursprünglich in Fasz. XII. a. I. eingebunden, hinter dem Schreiben Carl Friedrichs

XVII. Kirchenvisitationen und Statistik a) Pfarrurbarium und Ortschronik, Der letzte Fürstbischof von Straßburg: Louis René Eduard Cardinal von Rohan - Ein Sittengemälde aus der zweiten Hälfte des achtzehnten Jahrhunderts, in: Straßburger Post (156/7. Juni 1833ff) 14 Fortsetzungen.

XVII. Kirchenvisitationen und Statistik a) Pfarrurbarium und Ortschronik, Geschichtliche Tageserinnerung, in: Freiburger Bote (62/ 17. März 1887)

8. Akten und Urkunden aus dem Pfarrarchiv Ettenheimmünster

P. Gervasius BULFFER: ARCHIVUM MANUALE. Tomus I. Continens Fundationes & Renovationes Monasterii Jtem Abbates Omnes & Cuncta, Quae Sub ipsis Acta Sunt A Primo usque ad hodiernum

Kurze Historische Beschreibung der Pfarrey Münsterthal bei St: Landelin von dem siebenden Jahrhunderte nach Christi Geburt bis auf das Jahr 1804 verfasset von P: Bernard Stöber des Ordens des heil Benedicts, Professen des aufgehobenen Klosters Ettenheimmünster geweßten Pfarrherrn dieser Pfarrey

9. Handschriften und Tagebücher

Henriette Dietz, geb. Stuber, Familien Nachrichten (Karlsruhe 1853), als maschinelle Abschrift einer Handschrift erhalten (im Besitz der Familie Heinz Lichtenauer, Oppenau)

Henriette Stuber, Memoiren einer Ahnherrin, als maschinelle Abschrift einer Handschrift erhalten (im Besitz der Familie Heinz Lichtenauer, Oppenau)

Joann Conrad Machleid, Diarium, 2 Bde. (1755-1794) (im Besitz der Familie Machleid, Ettenheim)

Carl Ludwig, Freiherr Schilling von Canstatt, Tagebuch (siehe Literatur)

Henriette-Louise Waldner de Freundstein, B^{onnne} d'Oberkirch, Memoires (siehe Literatur)

10. Archiv Schauenburg (Lahr)

Lahrer Wochenblatt - Beilage zur Lahrer Zeitung (30/27. Juni 1803) und (35/31. August 1803)

11. Primärliteratur aus der Universitätsbibliothek Freiburg

BREF DU PAPE PIE VI, à S. E. M. le Cardinal de la Rochefoucault, M. L'Archevêque d'Aix, & les autres Archevêques & Evêques de l'Assemblée Nationale de France, au sujet de la Constitution civile du Clergé, décrétée par l'Assemblée Nationale. (10. März 1791)

CAGLIOSTRO DÉMASQUÉ A VARSOVIE. OU RELATION AUTHENTIQUE de ses Opérations alchimiques & maguiques faites dans cette capitale en 1780 PAR UN TÉMOIN OCULAIRE. 1786

COMPTE RENDU DE CE QUI S'EST PASSÉ AU PARLEMENT RÉLATIVEMENT À L'AFFAIRE DE M. LE CARDINAL DE ROHAN. 1786

COUP-D'OEIL PHILOSOPHIQUE À L'OCCASION DE M. LE CARDINAL DE ROHAN. AVEC DES NOTES ESSENTIELLES / F. L. 1785

DÉTENSE A UNE ACCUSATION D'ESCROQUERIE - MÉMOIRE A CONSULTER et CONSULTATION. 1786

Konkordat zwischen der franz. Regierung und dem Papste=Pius VII. Organische Artikel des Katholischen und Protestantischen Gottesdienstes.
Nebst
der Rede des Staatsraths Portalis, bey Ueberreichung derselben in der gesetzgebenden Versammlung (Straßburg 1802 (?))

LA DERNIERE PIECE DU FAMEUX COLLIER.

LETTRE À L'OCCASION DE LA DÉTENTION DE S. E. M. LE CARDINAL DE ROHAN, À LA BASTILLE 1785.

MÉMOIRE FAIT PAR M.e L'AVOCAT DOILLOT, POUR DAME JEANNE DE SAINT-REMY DE VALOIS, EPOUSE DU COMTE DE LA MOTTE, POUR L'AFFAIRE DU FAMEUX COLLIER 1785

MÉMOIRE INSTRUCTIF, remis à S. M. la Reine le 12 Aout 1785. PAR LES SIEURS BOHMER ET BASSENGE. - AVEC LES PLAINTES DU PROCUREUR-GÉNÉRAL ET AUTRES PIEÇES RELATIVES À L'AFFAIRE DU COLLIER. 1786

RÉPONSE POUR LA COMTESSE DE VALOIS-LA-MOTTE, Au MÉMOIRE DU COMTE DE CAGLIOSTRO. 1786

MÉMOIRE POUR LA DEMOISELLE LE GUAY D'OLIVA, FILLE MINEURE, ÉMANCIPÉE D'AGE, ACCUSÉE, CONTRE M. LE PROCUREUR-GÉNÉRAL, ACCUSATEUR; En présence de M. LE CARDINAL-PRINCE DE ROHAN, de la dame DE LA MOTTE-VALOIS, du sieur DE CAGLIOSTRO' et autres; tous co-acusés.

MÉMOIRE POUR LE COMTE DE CAGLIOSTRO, ACCUSÉ; CONTRE M. LE PROCUREUR-GÉNÉRAL, ACCUSATEUR; En présence de M. le Cardinal DE ROHAN, de la Comtesse DE LA MOTTE, et autres Co-Accusés

MEMOIRE POUR LE SIEUR DE BETTE DI ÉTIENVILLE, SERVANT DE RÉPONSE A CELUI DE M. DE FAGES. 1786

MÉMOIRE POUR LOUIS-RENÉ-EDOUARD DE ROHAN, CARDINAL DE LA SAINTE EGLISE ROMAINE, ÉVÊQUE et PRINCE DE STRASBOURG, LANDGRAVE D'ALSACE, PRINCE-ÉTAT D'EMPIRE, GRAND AUMONIER DE FRANCE, Commandeur de l'Ordre du Saint-Esprit, Proviseur de Sorbonne, etc. Accusé, CONTRE M. LE PROCUREUR-GENERAL, EN PRÉSENCE de la Dame DE LA MOTTE, du Sieur DE VILLETTE, de la demoiselle D'OLIVA, et du Sieur DE CAGLIOSTRO, Co-Accusés. 1786

MÉMOIRE POUR LOUIS-RENÉ-ÉDOUARD DE ROHAN, CARDINAL DE LA SAINTE ÉGLISE ROMAINE, ÉVÊQUE ET PRINCE DE STRASBOURG, LANDGRAVE D'ALSACE, PRINCE-ÉTAT D'EMPIRE, GRAND AUMONIER DE FRANCE, Commandeur del Ordre Saint-Esprit, Proviseur de Sourbonne, & c. Accuse; CONTRE M. LE PROCUREUR-GÉNÉRAL; En présence de la D^me^ DE LA MOTTE, du S^r^ DE VILLETTE, de la D^lle^ D'OLIVA, & du Sr Comte DE CAGLIOSTRO, co-accusés.
A PARIS, De l'Imprimerie de Lattin, l'aîné, & de LOTTIN de S.-Germain, Imprimeurs ordinaires de la VILLE, rue S.-André-des-Arcs, N° 87.
M.DCC.LXXXVI.

MEMOIRE POUR M. LE BARON DE FAGES-CHAULNES, Garde-du-Corps de MONSIEUR, Frere du Roi, Accusé. CONTRE LES SIEURS VAUCHER ET LOQUE, Marchands Bijoutiers, Accusateurs, Et encore contre Monsier le Procureur-Général, 1786

MÉMOIRES HISTORIQUES ET PHILOSOPHIQUES SUR PIE VI ET SON PONTIFICAT, 2 Bde, An 7 de la République. A Paris.

M. DE CAGLIOSTRO NE DEMANDE QUE TRANQUILLITÉ ET SURETÉ; L'HOSPITALITÉ LES LUI ASSURE. EXTRAIT d'une Lettre écrite par M. Le Comte de VERGENNES, Ministre des Affaires Etrangères, à M. GÉRARD, Préteur de Strasbourg, le 13 Mars 1783. 1786

PROCÈS Comique & instructif pendant entre le fameux CAGLIOSTRO & le Sr. de MORANDES Redacteur du Courier de l'Europe où le premier est entierement demasqué, son véritable état prouvé & ses impostures découvertes. Le tout appuyé de pieçes justificatives. Premiere Partie. À LONDRES 1787

RECUEIL DE PIECES AUTHENTIQUES ET INTÉRESSANTES, POUR SERVIR D'ECLAIRCISSEMENT A L'AFFAIRE CONCERNANT LE CARDINAL, PRINCE DE ROHAN, etc 1786

REFLEXIONS RAPIDES POUR M. le Cardinal DE ROHAN, SUR le Sommaire de la Dame DE LA MOTTE. (Strasbourg nach April 1786)

RÉFLEXIONS RAPIDES POUR M. LE CARDINAL DE ROHAN SURLE SOMMAIRE DE LA DAME DE LA MOTTE. Avec LES PIEÇES JUSTIFICATIVES DE SON MÉMOIRE.
A PARIS. De l'Imprimerie de LOTTIN, l'aine, & LOTTIN de St.-Germain,

Imprimeurs ordinaires de la Ville, rue St.-André-des-Arcs, N°. 27.
1786

REQUÊTE À JOINDRE AU MÉMOIRE DU COMTE DE CAGLIOSTRO - A NOSSEIGNEURS DE PARLEMENT, LE GRAND'-CHAMBRE ASSEMBLÉE, - DE l'Imprimerie de LOTTIN, l'aîné, & LOTTIN de S.-Germain, Imprimeurs-Libraires de la VILLE, rue S.-André-des Arcs. (N°. 27.) Mai 1786.

REQUÊTE JUSTIFICATIVE ADRESSÉE A NOSSEIGNEURS DU PARLEMENT À PARIS PAR M. LE CARDINAL DE ROHAN. À PARIS, 1786

REQUETE POUR LE SIEUR MARC-ANTOINE RÉTAUX DE VILLETTE, ANCIEN GENDARME, Accusé; CONTRE M. LE PROCUREUR GÉNÉRAL, Accusateur; En présence de M. le Cardinal-Prince DE ROHAN, de la dame DE LA MOTTE-VALOIS, du sieur CAGLIOSTRO, de la demoiselle D'OLIVA, et autres; tous co-Accusès. M.DCC.LXXXVI.

SECOND MÉMOIRE POUR LA DEMOISELLE LE GUAY D'OLIVA, FILLE MINEURE, ÉMANCIPÉE D'AGE, ACCUSÉE; CONTRE M. LE PROCUREUR GÉNÉRAL, ACCUSATEUR; En présence de M. LE CARDINAL-PRINCE DE ROHAN, de la dame DE LA MOTTE VALOIS, du sieur RÉTAUX DE VILETTE, du sieur DE CAGLIOSTRO, & autres; tous co-accusés. - ANALYSE ET RÉSULTAT des récolemens & confrontations. - Mignon, quartier S. André-des-Arcs. - 1786.

SOMMAIRE POUR LA COMTESSE DE VALOIS-LA MOTTE, ACCUSÉE; CONTRE M. LE PROCUREUR-GÉNÉRAL; ACCUSATEUR; En présence de M. le Cardinal DE ROHAN, & autres CO-ACCUSÉS. - A PARIS, De l'Imprimerie de L. CELLOT, rue des Grands-Augustins. 1786

SUPPLÉMENT ET SUITE AUX MÉMOIRES DU SIEUR DE BETTE D'ETIENVILLE, ANCIEN CHIRUGIEN SOUS-AIDE-MAJOUR, Pour servire de Réponse aux différens Mémoires faits contre lui.
A PARIS, De l'Imprimerie d'ANDRÉ-CHARLES CAILLEAU, Libraire, & Imprimeur de la Prévôté de l'Hôtel du Roi, rue Gallande, No. 64. - M. DCCC. LXXXVI.

II. LITERATUR

1. Quelleneditionen

Burkard, Suzanne (Hrsg.),(Henriette-Louise Waldner de Freundstein, Bonne d'Oberkirch) Memoires de la Baronne d'Oberkirch sur la cour de Louis XVI et la société français avant 1789 (Paris 1970)

Edmannsdörffer, Bernhard (Hrsg.) Politische Correspondenz Karl Friedrichs von Baden, 6 Bde. (Heidelberg 1888-1915) (fortgesetzt von Karl Obser)

Carl Ludwig, Schilling von Canstatt, Auszug aus dem Tagebuch, in: Lahrer Wochenblatt (113-122/1905)

2. Allgemeine Darstellungen und Darstellungen zur Französischen Revolution

Aulard, François Alphonse, Histoire Politique de la Révolution française (Paris 1901)

Bauer, Bruno, Geschichte Deutschlands und der französischen Revolution unter der Herrschaft Napoleons (Aalen 1972 - Neudruck der Ausgabe Berlin 1846)

Bergeron, Louis / Furet, François / Koselleck, Reinhart, Das Zeitalter der europäischen Revolution, 1780-1848 (=Fischer Weltgeschichte Bd. XXVI) (Frankfurt a. M. / Hamburg 1969)

Bertaud, Jean-Paul / Leflon, Jean u. a., La Révolution française (Paris 1976)

Börne, Louis, Etudes sur l'histoire et les hommes de la Révolution française (Lyon/Paris 1952)

Burke, Edmund, Betrachtungen über die französische Revolution (Frankfurt a. M. 1967)

Burke, Edmund, Réflexions sur la révolution de France (Paris 1819)

Calmette, Joseph, Les Révolutions (Paris 1952)

Carlyle, Thomas, The French Revolution (London 1888)

Corréard, François, Histoire contemporaine de L'Europe et de la France depuis 1789 jusqu'en 1900 (Paris 1901)

Dahlmann, Friedrich Christoph, Geschichte der französischen Revolution bis auf die Stiftung der Republik (Berlin [3] 1864)

Derville, Alain, L'Histoire en classe de première 1789-1851 (Paris 1954)

Dreyfus, Francois Georges, Le Temps des révolutions - 1787-1870 (=Histoire universelle, Bd. X) (Paris 1973)

Erbe, Michael, Geschichte Frankreichs von der Großen Revolution bis zur Dritten Republik - 1789-1884 (Stuttgart / Berlin / Köln u. a. 1982)

Fay, Bernard, Die große Revolution in Frankreich 1715-1815 (München 1960)

Ferrero, Guglielmo, Les deux Révolutions françaises 1789-1796 (Neuchâtel u. a. 1951)

Furet, François / Richet, Denis, La Revolution, 2 Bde. (Paris 1965/66)

Gebhardt, Bruno / Grundmann, Herbert, Handbuch der deutschen Geschichte, Bde. II-III (Stuttgart [9]1970)

Gendron, François, La Jeunesse dorée - Episodes de la Révolution française (Québec 1979)

Godechot, Jacques, Les Révolutions (177o-1799) (Paris 1963)

Godechot, Jacques, Un Jury pour la révolution (Paris 1974)

Göhring, Martin, Geschichte der großen Revolution, 2 Bde. (Tübingen 1950-51)

Grab, Walter (Hrsg.), Die Debatte um die Französische Revolution (München 1975)

Hausner, Hans Erik (Hrsg.), Zeit-Bild - Die Französische Revolution - 1789-1794 (Wien / Heidelberg 1977)

Hibbert, Christopher, The French Revolution (London 1980)

Hinrichs, Ernst / Schmitt, Eberhard / Vierhaus, Rudolf, Vom Ancien régime zur französischen Revolution - Forschungen und Perspektiven (Göttingen 1978)

Huard, Raymond (u. a.), La France contemporaine - Identité et mutations de 1789 à nos jours (Paris 1982)

Just, Leo (Hrsg.), Handbuch der deutschen Geschichte, Bd. III (Konstanz 1956)

Koplenig, Hilde, Geburt der Freiheit - Gestalten und Ereignisse - Frankreich 1789-1794 (Berlin 1964)

Kropotkin, Petr Alekseevič, Die französische Revolution 1789-1793 (Frankfurt a. M. 1970 - Nachdruck der Ausgabe Leipzig 1909)

Laube, Heinrich, Die französische Revolution von 1789 bis 1836 (Frankfurt a. M. 1973 - Nachdruck der Ausgabe Berlin 1836)

Lautzas, Peter, Die Französische Revolution - Ein Beispiel zur Kontinuität und Diskontinuität in der Geschichte (Freiburg/Würzburg 1977)

Leclercq, Henri, L'Eglise constitutionelle (Juillet 1790-Avril 1791) (Paris 1934)

Leclercq, Henri, L'Oeuvre de la Constituante (juillet-décembre 1791) (Paris 1938)

Lefebvre, Georges, Études sur la Révolution Française (Paris [2]1963)

Mann, Golo (Hrsg.), Propylaeen-Weltgeschichte, Bde. VII-VIII (Berlin 1964 und 1960)

Markov, Walter, 1789 - Legende und Wirklichkeit einer großen Revolution (Leipzig 1981)

Michelet, Jules, Histoire de la Révolution française, 2 Bde. (Paris 1979)

Mignet, François-Auguste-Alexis, Histoire de la révolution française, depuis 1789 jusqu'en 1814 (Stuttgart 1827)

Naujoks, Eberhard, Die Französische Revolution und Europa 1789-1799 (Stuttgart / Berlin / Köln / Mainz 1969)

Reichardt, Rolf E., Art.: Französische Revolution, in: TRE, Bd. XI (1983) 401-417

Rémond, René, La Vie politique en France depuis 1789, 2 Bde. (Paris 1965-1969)

Robinet de Clery, Adrien, Histoire de France (1789-1963) (München 1965)

Schmitt, Eberhard, Einführung in die Geschichte der Französischen Revolution (München 1976)

Schmitt, Eberhard (Hrsg.), Die Französische Revolution (Köln 1976)

Sieburg, Friedrich, Im Licht und Schatten der Freiheit - Frankreich 1789-1848 (Stuttgart 1961)

Skalweit, Stephan, Art.: Französische Revolution, in: LThK, Bd. IV (^{2}1960) 288-292

Soanen, Bernard, Le journal de la Révolution française (Juillet 1788-Juillet 1794) (Paris 1979)

Soboul, Albert, Comprendre la révolution - Problèmes politiques de la révolution français (1789-1797) (Paris 1981)

Soboul, Albert, Précis d'histoire de la Révolution française (Paris 1962)

Soboul, Albert, Die Große Französische Revolution (Frankfurt a. M. 1973)

Sorel, Albert, L'Europe et la révolution française, 8 Bde. (Paris 1885-1911)

Suratteau, Jean-René, La Révolution française - Certitudes et controverses (Paris 1973)

Sydenham, Michael John, The First French Republic - 1792-1804 (Berkeley / Los Angeles 1973)

Thompson, James Matthew, The French Revolution (Oxford ^{5}1955)

Tocqueville, Alexis de, L'ancien régime et la Revolotion (=Oeuvres, papiers et correspondances Bd. II) (Paris 1952)

Valjaveč, Fritz (Hrsg.), Historia Mundi, Bde. IX-X (Bern 1961)

Weiß, Johann Baptist von, Weltgeschichte, 22 Bde. (bes. Bde. XIX-XX) (Graz / Leipzig ^{3}1890-1898); Bd. XXV (fortgesetzt von Richard von Krailik) (Graz / Leipzig 1918)

Westphal, Otto, Weltgeschichte der Neuzeit - 1750-1950 (Stuttgart 1953)

Würzer, Heinrich, Revolutions-Katechismus 1793 (Kronberg 1977)

3. Allgemeine Kirchengeschichte und kirchengeschichtliche Darstellungen zur Französischen Revolution

Aubert, Robert, Die Katholische Kirche und die Revolution, in: Hubert Jedin (Hrsg.), Handbuch der Kirchengeschichte, Bd. VI/1 (Freiburg ²1971) 3-99

Audard, Ernest, L'Histoire religieuse de la Révolution française aux Archives Vaticanes, in: Revue d'histoire de l'Église de France (Paris 4/1913) 516-535

Bihlmeyer, Karl / Tüchle, Hermann, Kirchengeschichte, Bd. III (Paderborn ¹⁸1968)

Daniel-Rops, Henri, L'Eglise des Révolutions (=Histoire de L'Eglise du Christ VI) 3 Bde. (Paris 1960-1965)

Eubel, Conrad, Hierarchia Catholica Medii et Recentoris Aevi, Bde. VI-VII (1968)

Franzen, August / Bäumer, Remigius, Papstgeschichte (Freiburg ²1974)

Kottje, Raymund / Moeller, Bernd (Hrsg.), Ökumenische Kirchengeschichte, Bd. III (Mainz 1974)

Jedin, Hubert (Hrsg.) Handbuch der Kirchengeschichte, Bd. VI/1 (Freiburg ²1971)

Latreille, André, L'Église catholique et la Révolution française (Paris 1946)

Leflon, Jean, La Crise révolutionnaire - 1789-1846 (=Augustin Fliche (Hrsg.), Histoire de l'Eglise depuis les origines jusqu'a nos jours, Bd. XX) (Paris 1949)

Maier, Hans, Revolution und Kirche - Studien zur Frühgeschichte der christlichen Demokratie in Frankreich (1789-1901) (Freiburg ²1965)

Pastor, Ludwig von, Geschichte der Päpste seit dem Ausgang des Mittelalters, Bd. XVI/3 (Freiburg 1933)

Plongeron, Bernard, Conscience religieuse en révolution (Paris 1969)

Reinhardt, Rudolf, Kirche und Klerus, in: Raymund Kottje / Bernd Moeller, Ökumenische Kirchengeschichte, Bd. III (Mainz 1974) 87-90

Rogier, Ludovicus Jacobus (Hrsg.), Geschichte der Kirche, Bd. IV (Einsiedeln 1966)

Schmidlin, Josef, Papstgeschichte der neuesten Zeit, 4 Bde. (München 1933-39)

Schmidt, Martin, Die Französische Revolution und die religiösen Kräfte, in: Raymund Kottje / Bernd Moeller (Hrsg.), Ökumenische Kirchengeschichte, Bd. III (Mainz 1974) 85-87

Seppelt, Franz Xaver / Schwaiger, Georg, Geschichte der Päpste (München 1964)

Vovelle, Michel, Religion et révolution - la déchristianisation de l'an II (Paris 1976)

4. Spezielle Untersuchungen zur Französischen Revolution

Dawson, Philip, Provincial Magistrates and Revolutionary Politics in France (1789-1795) (Cambridge 1792)

Deschuytter, Joseph, La Revolution française en province, 3 Bde. (Gap 1959-1971)

Epting, Karl, Das französische Sendungsbewußtsein - im 19. und 20. Jahrhundert (Heidelberg 1952)

Erdmann, Karl Dietrich, Volkssouveränität und Kirche (Köln 1949)

Fersen, Axel von, Rettet die Königin - Revolutionstagebuch 1789-1793 (München 1969)

Godechot, Jacques, La Grande Nation - L'expansion révolutionnaire de la France dans le monde de 1789 à 1799, 2 Bde. (Paris 1956)

Godechot, Jacques, La contre-revolution - doctrine et action, 1789-1804 (Paris 1961)

Godechot, Jacques, Les Institutions de la France sous la Révolution et l'Empire (Paris 1951)

Greer, Donald, The Incidence of the Emigration During the French Revolution (Cambridge 1951)

Guérin, Daniel, La révolution française et nous (Paris 1976)

Leclercq, Henri, La Propagande révolutionnaire (Juillet-décembre 1790) (Paris 1931)

Leclercq, Henri, L'Eglise constitutionelle (Juillet 1790-Avril 1791) (Paris 1934)

Madörin, Max, Die Septembermassaker von 1792 im Urteil der französischen Revolutionshistographie 1792-1840 (Frankfurt a. M. 1976)

Markov, Walter, Volksbewegungen der Französischen Revolution (hrsg. von Manfred Hahn) (Frankfurt a. M. / New York 1976)

Mathiez, Albert, Rome et le clergé français sous la constituante (Paris 1911)

Neumann, Friedrich, 1789 - Am Vorabend der französischen Revolution (Heilbronn 1889)

Picheloup, René, Les Ecclésiastiques français émigrée ou déportés dans l'etat pontifical 1792-1800 (Toulouse 1972)

Pierre, Victor, La Déportation ecclésiastique sous le Directoire (Paris 1896)

Sciout, Ludovic, Histoire de la constitution civile du clergé (1790-1801) 4 Bde. (Paris 1872-1881)

Soboul, Albert, Problèmes paysans de la révolution (1789-1848) (Paris 1976)

Soboul, Albert (Hrsg.), Contributions à l'histoire paysanne de la révolution française (Paris 1977)

Schmitt, Eberhard, Die Französische Revolution - Anlässe und langfristige Ursachen (Darmstadt 1973)

5. Biographien und biographische Aufsätze

Dittler, Erwin, Karl und Dr. Sebastian Fahrländer von Ettenheim und die revolutionäre Bewegung am Oberrhein, in: Die Ortenau (54/1974) 274-293, (55/1975) 288, (56/1976) 213-276

Ehrhard, Leo, Eulogius Schneider - Sein Leben und seine Schriften (Straßburg 1894)

Ferdinand, Johann Baptist, Der Geschichtsschreiber J. B. v. Weiß, in: Johann Baptist Ferdinand, Neue Miszellen aus Heimat und Landschaft, Bd. I (1949-1954) (Ettenheim 1955) 159-164

Gröber, Konrad, Heinrich Ignaz v. Wessenberg, in: Freiburger Diözesan Archiv (55/1927) 362-509, (56/1928) 294-435

Guerber, Joseph, Bruno Franz Leopold Liebermann (Freiburg 1880)

Kürzel, Albert, Leben des P. Gervasius Bulffer, Conventual der Benediktiner=Abtei Ettenheimmünster, in: Freiburger Diözesan Archiv (3/1868) 465-472

Laukhard, Friedrich Christian, Magister F. Ch. Laukhards Leben und Schicksale (Stuttgart 1908)

Leflon, Jean, Pie VII (Paris 1958)

Lévis Mirepoix, Antoine Duc de, Robespierre - Prophète de la Révolution (Paris 1978)

Muehlenbeck, Jean Eugène, Euloge Schneider - 1793 (Strasbourg 1896)

Nacken, Edmund, Studien über Eulogius Schneider in Deutschland (Bonn 1933)

Ribadeau Dumas, François, Cagliostro (Paris 1966)

Sarrazin, Joseph, General Mirabeau=Tonneau (1754-1792), in: Schauinsland (16/1890) 64-85

Schreiber, Hermann, Der Graf aus der Gosse, in: Heinrich Pleticha / Hermann Schreiber, Zwischen Ruhm und Untergang (Würzburg 1966) 283-294

Sieburg, Friedrich, Robespierre (Stuttgart 1958)

Skalweit, Stephan, Art.: Rohan, in: LThK, Bd. VIII ([2]1963) 1361-1362

Wittkop, Justus Franz, Graf Mirabeau (Esslingen o. J.)

Zweig, Stefan, Marie Antoinette (Frankfurt a. M. 1980)

6. Darstellungen und ausgewählte Fragen zur kirchlichen und politischen Geschichte des Oberrheins und der Ortenau

Baier, Hermann, Wessenbergstudien, in: Freiburger Diözesan Archiv (56/1928) 1-48

Brommer, Hermann, Bauleute und Künstler am Ettenheimer Kirchbau des 18. Jahrhunderts, in: Dieter Weis, St. Bartholomäus Ettenheim (München/Zürich 1982) 38-79

Berg, W., Aus der Geschichte der badischen Stadt Ettenheim, in: Volk und Heimat der süddeutschen Grenzmark (Karlsruhe 30-52/1922)

Burg, André Marcel, Die alte Diözese Straßburg von der bonifazischen Reform (ca. 750) bis zum napoleonischen Konkordat (1802), in: Freiburger Diözesan Archiv (86/1966) 220-351

End, Reinhard, Das Benediktinerkloster in Gengenbach, in: Wolfgang Müller, Die Klöster der Ortenau = Die Ortenau (58/1978) 215-242

Ettenheim - Geschichte einer Stadt in ihrer Landschaft (Ettenheim 1978)

Ferdinand, Johann Baptist, Aufsätze zur Geschichte Ettenheims und seiner Umgegung (Ettenheim 1980)

Ferdinand, Johann Baptist, Miscellen aus Vergangenheit und Gegenwart des Bezirks Ettenheim (Ettenheim 1936-1937)

Ferdinand, Johann Baptist, Miniaturen aus Ettenheim - Ettenheim am Rande des Weltgeschehens (Ettenheim 1949)

Ferdinand, Johann Baptist, Neue Miszellen aus Heimat und Landschaft, 2 Bde. (Ettenheim 1955-1959)

Ferdinand, Johann Baptist, Geschichtliche Niederschläge - im Ettenheimer Bürgerbuch von 1695ff., in: Neue Miszellen aus Heimat und Landschaft, Bd. II (1954-1959) (Ettenheim 1959) 153-159

Ferdinand, Johann Baptist, 300 Jahre seit der Schlacht bei Ettenheim, in: Miscellen aus Vergangenheit und Gegenwart des Bezirks Ettenheim (Ettenheim 1936-1937) 153-158

Ferdinand, Johann Baptist, Der 'Stammhof' in Ettenheim, in: Die Ortenau (43/1963) 46-49

Fleig, Edgar, Fürstbischof Karl Theodor v. Dalberg und die Säkularisation des Fürstbistums Konstanz, in: Freiburger Diözesan Archiv (56/1928) 250-293

Furtwängler, Robert, Ettenheims "altes Schloß" und seine Geschichte, in: Geroldsecker Land (19/1977) 147-161

Gassert, Reinher, Ein Kloster ohne Bibliothek ist eine Festung ohne Waffen, in: Ettenheim - Geschichte einer Stadt in ihrer Landschaft (Ettenheim 1978) 18-22

Glöckler, Ludwig Gabriel, Geschichte des Bisthums Straßburg, 2 Bde. (Straßburg 1879-1880)

Göller Emil, Die Vorgeschichte der Bulle "Provida solersque", in: Freiburger Diözesan Archiv (55/1927) 143-216 und (29/1928) 436-613

Greber, Ludwig, Der fünfte Tod des H. Landelin aus Irland im Europapark zu Rust am Rhein, in: Dieter Weis, St. Bartholomäus Ettenheim (München/Zürich 1982) 209-217

Hacker, Adolf, Ettenheimmünster - Seine Baugeschichte (Würzburg 1938)

Hahn, Karl, Das Aufkommen der Jesuiten in der Diözese Strassburg und die Gründung des Jesuitenkollegs in Molsheim, in: Zeitschrift für die Geschichte des Oberrheins (64/1910) 264-294

Harden-Rauch, Philipp, Die Ettenheimer Stadtpfarrkirche "St. Bartholomäus" (Ettenheim ^{2} 1969)

Heizmann, Ludwig, das Benediktinerkloster Ettenheimmünster (Lahr 1932)

Hennig, Michael, Geschichte des Landkapitels Lahr (Lahr 1883)

Kewitz, Hubert, Daten zur Geschichte der alten Ettenheimer Kirche, in: Ettenheim - Geschichte einer Stadt in ihrer Landschaft (Ettenheim 1978) 91-95

Kewitz, Hubert, Der Bau der Pfarrkirche St. Bartholomäus in Ettenheim, in: Dieter Weis, St. Bartholomäus Ettenheim (München/Zürich 1982) 15-37

Kewitz, Hubert, Die Legende des Hl. Landelin auf dem Sockel der Landelinsbüste, in: Ettenheim - Geschichte einer Stadt in ihrer Landschaft (Ettenheim 1978) 83-90

Kewitz, Hubert, Die Pfarrer in Ettenheim - Die Kapläne der Liebfrauenpfründe - Geistliche Berufe aus Ettenheim, in: Dieter Weis, St. Bartholomäus Ettenheim (München/Zürich 1982) 175-185

Kewitz, Hubert, Terminalia silvulae - Die Grenzbeschreibung von "926", in: Die Ortenau (56/1976) 139-173

Kewitz, Hubert / Weis, Dieter, Die anderen kirchlichen Denkmäler in Ettenheim, in: Dieter Weis, St. Bartholomäus Ettenheim (München/Zürich 1982) 149-152

Kürzel, Albert, Benediktiner-Abtei Ettenheim Münster - Geschichtliche Beschreibung (Lahr 1870)

Kürzel, Albert, Die Stadt Ettenheim und ihre Umgebung (Lahr 1883)

Krebs, Manfred, Politische und kirchliche Geschichte der Ortenau, in: Die Ortenau (16/1929) 85-216

Lauer, Hermann, Geschichte der katholischen Kirche im Großherzogtum Baden - Von der Gründung des Großherzogtums bis zur Gegenwart (Freiburg 1908)

Maas, Heinrich, Geschichte der Katholischen Kirche im Großherzogtum Baden - Mit besonderer Berücksichtigung des Erzbischofs Hermann v. Vicari (Freiburg 1891)

Müller, Wolfgang (Hrsg.), Die Klöster der Ortenau = Die Ortenau (58/1978)

Müller, Wolfgang, Christliches Land seit 15 Jahrhunderten, in: Das Erzbistum Freiburg (Freiburg 1977) 11-26

Müller, Wolfgang, Zur Kirchengeschichte der Ortenau, in: Dieter Weis, St. Bartholomäus Ettenheim (München/Zürich 1982) 201-208

Münk, Hans J., Die großherzoglich-badische Regierung und ihr erster Kandidat für das Amt des Erzbischofs von Freiburg, Ferdinand Germinian Wanker (1758-1824) - Vorgeschichte und Verlauf der "Bischofswahl" und Designation sowie die Ablehnung durch Pius VII. (1822-1824), in: Freiburger Diözesan Archiv (98-1978) 448-508

Ott, Hugo, Das Erzbistum Freiburg im Ringen mit Staatskirchentum und Staatskirchenhoheit, in: Das Erzbistum Freiburg (Freiburg 1977) 75-92

Pillin, Hans-Martin, Oberkirch, Bd. I (Die Stadt von den Anfängen bis zum Jahre 1803) (Oberkirch 1975)

Richter, Georg, Die Errichtung und Ausstattung der Erzdiözese Freiburg und der Diözese Rottenburg zu Beginn des 19. Jahrhunderts, in: Freiburger Diözesan Archiv (98/1978) 509-539

Sayn-Wittgenstein, Franz Prinz zu, Fahrten ins Elsaß (Passau 1971) (besonders 287-314)

Schäfer, A., Herbolzheim / Breisgau, Kleiner Kirchenführer (München 1961)

Schmid, Hermann, Die rechtsrheinische Restdiözese Straßburg in den Jahren von 1802-1808, in: Die Ortenau (61/1981) 130-139

Schmid, Hermann, Die Säkularisation der Kloster in Baden 1802-1811, in Freiburger Diözesan Archiv (98/1978) 171-352, (99/1979) 173-375

Schmid, Hermann, Der Untergang des Benediktiner-Stifts Ettenheimmünster 1802/03, in: Die Ortenau (62/1982) 112-139

Schmid, Hermann, Die Ettenheimmünsterschen Klostergeschichten des P. Bernard Stöber (1740-1817), in:Die Ortenau (63/1983) 93-126

Schneider, Hugo, Geschichte des Klosters Allerheiligen im Schwarzwald, in: Wolfgang Müller (Hrsg.), Die Klöster der Ortenau = Die Ortenau (58/1978) 348-387

Schulz, Friedhelm / Schadek, Hans, Das Benediktinerkloster Ettenheimmünster, in: Wolfgang Müller (Hrsg.), Die Klöster der Ortenau = Die Ortenau (58/1978) 156-201

Schwab, Wolfgang, Überblick über die Geschichte Ettenheims, in: Ettenheim - Geschichte einer Stadt in ihrer Landschaft (Ettenheim 1978) 5-17

Schwab, Wolfgang, Geschichte des Judentums in Ettenheim, in: Ettenheimer Heimatbote (1967) 6 Fortsetzungen

Schwab, Wolfgang, Einblick in die Geschichte Ettenheims, in: 125 Jahre Gymnasium Ettenheim (Ettenheim 1966) 20-68

Schwartz, Franz Xaver, Populäre Kirchengeschichte von Straßburg und Basel, 2 Bde. (Rixheim 1877-1878)

Sieger, Jörg, Ettenheim - Stadt zwischen Staat und Kirche, in: Dieter Weis, St. Bartholomäus Ettenheim (München / Zürich 1982) 234-235

Steckner, Carl Helmut, Tausend Jahre Bistum Strassburg ... rechts des Rheins, in: Almanach 1982 des Dernières Nouvelles d'Alsace (Straßburg 1982)

Veit, Ludwig Andreas, Der Zusammenbruch des Mainzer Erzstuhles infolge der französischen Revolution - Ein Beitrag zur Geschichte der Säkularisation der deutschen Kirche, in: Freiburger Diözesan Archiv (55/1927) 1-142

Weis, Dieter (Hrsg.), St. Bartholomäus Ettenheim (München/Zürich 1982)

Weiß, Karl Theodor, Geschichte und rechtliche Stellung der Juden im Fürstbistum Straßburg, in: Alemannia (23/1985) 97-143, 193-230

Anonymus, Die gute alte Zeit war auch nicht immer gut - Ein Erlaß des Oberamtes Ettenheim aus dem Jahre 1787, in: Der Altvater (1957) 58

7. Darstellungen zur Geschichte der revolutionären Bewegung am Oberrhein und der Rohans

Barth, Medard, Seminaristen und Benediktiner des Elsaß als Flüchtlinge im Kloster Ettenheimmünster während der frz. Revolution, in: Freiburger Diözesan Archiv (71/1951) 179-184

Batzer, Ernst / Vögele, Rudolf, Schloß Ettenheim, in: Die Ortenau (21/1934) 548-551

Batzer, Ernst, Rohan und das Turenne-Denkmal bei Sasbach, in: Die Ortenau (11/1924) 77-78

Batzer, Ernst, Testament und Hinterlassenschaft des Kardinals Rohan, in: Die Ortenau (10/1923) 28-30

Benoit, Arthur, Biographie du cardinal de Rohan, par M. Tissot de l'Académie francaise - Journal des Débats 1803, in: Revue d'Alsace (31/1880) 416-423

Benoit, Arthur, Le cardinal de Rohan, grand aumônier de France 1779-1786, in: Revue d'Alsace (41/1890) 481-510, (42/1891) 5-36

Dittler, Erwin, Emigrantentruppen in der Herrschaft Ettenheim unter Louis René Edouard, Prinz von Rohan-Guémenée, Fürst und Bischof von Straßburg im Jahre 1791, in: Die Ortenau (55/1975) 112-149

Dittler, Erwin, Die Vermittlungsversuche des Freiherrn Wilhelm von Edelsheim und Johann von Türckheim bei Staatsrat Johannes Müller im Frühjahr 1790 während der Reichsexekution im Amt Oberkirch, in: Die Ortenau (56/1976) 35-41

Ehrhard, Leo, L'ambassade de Rohan â Vienne, 2 Bde. (Straßburg 1901-1907)

Ehrhard, Leo, L'Ambassade du Prince-Coadjuteur Louis de Rohan a la Cour de Vienne (1771-1775) - Wissenschaftliche Beilage zum Jahresbericht des bischöflichen Gymnasiums zu Straßburg i. E. 1901 (= Dt. Schulprogramme 1901 Bd. 259 Nr 7) (Strasbourg 1901)

Ehrhard, Leo, Correspondance entre le duc d'Aiguillon et le prince-coadjuteur Louis de Rohan, in: Revue d'Alsace (54/1903) 279-298, 375-397, 522-541; (55/1904) 81-97, 144-156; (56/1905) 286-312, 513-529; (57/1906) 198-217; (58/1907) 166-193, 328-347

Ehrenkrook, Hans Friedrich von, Genealogisches Handbuch der Fürstlichen Häuser, Bd. II (Bd. III der Gesamtreihe) (Glücksburg 1953)

Faye, Jacques de la, La Princesse Charlotte de Rohan et le Duc d'Enghien (Paris 1929)

Ferdinand, Johann Baptist, Einweihung der Gedenktafel für Kardinal Rohan, in: Neue Miszellen aus Heimat und Landschaft, Bd. I (1949-1954) (Ettenheim 1955) 159-164

Ferdinand, Johann Baptist, Vor 160 Jahren starb Kardinal Rohan, in: Die Ortenau (43/1963) 50-52

Ferdinand, Johann Baptist, Ein Frauenleben um 1800 in der südwestdeutschen Grenzmark, in: Johann Baptist Ferdinand, Episoden aus der Geschichte Ettenheims (Ettenheim 1935-1936) 21-31

Ferdinand, Johann Baptist, Französische Emigranten in Ettenheim 1790-1803, in: Johann Baptist Ferdinand, Episoden aus der Geschichte Ettenheims (Ettenheim 1935-1936) 3-20

Ferdinand, Johann Baptist, Rohan und Enghien in Ettenheim - Kurzer Abriß als Beitrag zur Heimatgeschichte von Ettenheim, in: Johann Baptist Ferdinand, Miniaturen aus Ettenheim - Ettenheim am Rande des Weltgeschehens - Bilder aus Ettenheims Geschichte (Ettenheim 1949) 61-93

Ferdinand, Johann Baptist, Einweihung der Gedenktafel für Kardinal Rohan, in: Neue Miszellen aus Heimat und Landschaft, Bd. I (1949-1954) (Ettenheim 1955) 159-164

Ferdinand, Johann Baptist, Kardinal Rohan im Ettenheimer Sterberegister, in: Neue Miszellen aus Heimat und Landschaft, Bd. I (1949-1954) (Ettenheim 1955) 189-191

Ferdinand, Johann Baptist, Nachklänge der Ära Rohan in Ettenheim, in: Neue Miszellen aus Heimat und Landschaft, Bd. II (1954-1959) (Ettenheim 1959) 53-56

Ferdinand, Johann Baptist, Ein Bericht aus der Familie Diss über Rohan und Enghien, in: Neue Miszellen aus Heimat und Landschaft, Bd. II (1954-1959) (Ettenheim 1959) 63-66

Ferdinand, Johann Baptist, Ettenheim, die Rohans und der Duc d'Enghien, in: Geroldsecker Land (1/1958-1959) 87-94

Ferdinand, Johann Baptist, Nachkommen des Prinzen Enghien in Baden? in: Neue Miszellen aus Heimat und Landschaft, Bd. II (1954-1959) (Ettenheim 1959) 39-40

Ferdinand, Johann Baptist, Ettenheim in der Weltgeschichte - Des jungen Herzogs von Enghien Glück und Ende, in: Neue Miszellen aus Heimat und Landschaft, Bd. II (1954-1959) (Ettenheim 1959) 137-141

Friedrich, Ettenheim als Residenz und Garnison im Jahre 1795, in: Ettenheimer Zeitung (98 / 16. August 1913)

Geres, Constantin, Rohan = Enghien, in: Schauinsland (15/1889) 1-9

Gothaischer Hofkalender, Genealogisches Taschenbuch der Fürstlichen Häuser (Gotha 1836, 1848, 1889, 1913, 1939)

Haas, J., Ein Hochverrathsprozeß in Ettenheim im Jahre 1791, in: Schauinsland (30/1903) 25-33

Harden-Rauch, Philipp, Die Tagebücher des Joann Conrad Machleid, in: Geroldsecker Land (8/1965-66) 190-201 und (9/1966-67) 154-166

Jockers, Hans, 1978 - auch ein Rohan-Jahr, in: Ettenheimer Heimatbote (Ausgabe vom 1. Dezember 1978)

Kewitz, Hubert, "Occupatorische MaasRegeln" - Das Schreiben von Markgraf Karl Friedrich an Kardinal Rohan vom 14. 9. 1802, in: Die Ortenau (61/1981) 126-129

Kollofrath, M. P., Eine Kundgebung des Kardinals Rohan während seines Aufenthaltes in Ettenheim, in: Freiburger Diözesan Archiv (41/1913) 217-224

Kölmel, Karl, Die Fremdenbücher des Schwetzinger Badhauses, in: Baden - Monographie einer Landschaft (Karlsruhe 6/1954) 22-26

Kopff, René, Die Straßburger Fürstbischöfe von Rohan und ihre Beziehungen zur Musik des 18. Jahrhunderts, in: Dieter Weis, St. Bartholomäus Ettenheim (München/Zürich 1982) 278-287

Kürzel, Albert, Cardinal L. R. E. Rohan zu Ettenheim, in: Zeitschrift der Gesellschaft für Beförderung der Geschichts-, Altertums- und Volkskunde von Freiburg, dem Breisgau und den angrenzenden Landschaften (2/1870-72) 43-58

Lernet-Holenia, Alexander, Das Halsband der Königin (Wien/Hamburg 1962)

Ludwig, A., Unsere Heimatstadt Lahr, in: Der Altvater (3/1963) 163

Martin, Georges, Histoire et Genealogie des Maisons de Rohan, de Chabot et de Rohan-Chabot, 2 Bde. (La Ricamarie: Auteur 1977)

Mayer-Durlach, Lebrecht, Französisches und Deutsches aus Ettenheimmünster, in: Volk und Heimat (Karlsruhe 5 / 3.Februar 1923) 18

Mossiker, Frances, The Queen's Necklace (New York 1961)

Muller, Camille, Double Constantine d'or inédite du cardinal de Rohan, in: Revue d'Alsace (76/1929) 104-108

Muller, Karl Friedrich, Beiträge zur Geschichte der Stadt Ettenheim und des Kardinals L. R. E. Prince de Rohan-Guémené, Bd. I (Waldkirch 1977)

Munier-Joulain, Jacques, Le Cardinal Collier et Marie-Antoinette (Paris 1927)

Netter, Marie, Die Gobelins im Mannheimer Schloß, in: Mannheimer Geschichtsblätter (4/1903) 124-128

Neu, Heinrich, Aus dem Jahre 1796 für unsere Gegend, in: Ettenheimer Zeitung (153 / 24. Dezember 1904); (154 / 27. Dezember 1904); (156 / 31. Dezember 1904)

Obser, Karl, Baden und die revolutionäre Bewegung auf dem rechten Rheinufer im Jahre 1789, in: Zeitschrift für die Geschichte des Oberrheins (43/1889) 212-247

Obser, Karl, Zur Herkunft der Gobelins im Mannheimer Schloß, in: Mannheimer Geschichtsblätter (20/1919) 42-43

Ohnemus, 1793 ging das Fleckfieber um, in: Ettenheimer Heimatbote (Ausgabe vom 4. Januar 1977)

Rathgeber, Julius, Elsässische Geschichtsblätter aus der französischen Revolutionszeit - Ein Beitrag zur elsässischen Sittengeschichte (Basel 1886)

(Rathgeber, Julius,) Der letzte Fürstbischof von Straßburg: Louis René Eduard Cardinal von Rohan - Ein Sittengemälde aus der zweiten Hälfte des achtzehnten Jahrhunderts, in: Straßburger Post (156ff/1883) 14 Fortsetzungen

Rest, Josef, Die Einkünfte des Fürstbischofs von Straßburg vor Ausbruch der Französischen Revolution, in: Die Ortenau (8/1921) 74-78

Rest, Josef, Zustände in der südlichen Ortenau im Jahre 1802, in: Die Ortenau (11/1924) 19-30

Rest, Josef, Einzug des Kardinals Rohan in Ettenheim, in: Ettenheimer Bote - Beiblatt zur Ettenheimer Zeitung (19 / 12. Februar 1921)

Reuss, Rodolphe, La Constitution Civile du Clergé et la crise religieuse en Alsace (1790-1795), 2 Bde. (Straßburg 1922)

Rott, Hans, Die Gobelins des Bruchsaler Schlosses im Zusammenhang mit den Bildteppichen der übrigen Badischen Schlösser, in: Badische Heimat (1-3/1922) 65-84

Rovigo, Herzog von, Ueber die Hinrichtung des Herzogs von Enghien (Leipzig 1824)

Sabourin de Nanton, Les salons du Prince Cardinal de Rohan au château de Saverne, de 1781 à 1784, in: Revue d'Alsace (23/1872) 278-293

Sabourin de Nanton, Ettenheim et le duc d'Enghien, in: Revue d'Alsace (20/1869) 337-356, 399-408

Sachs, Karl, Schicksal des Klosters Allerheiligen und Mittelbadens während der Koalitionskriege, in: Die Ortenau (12/1926) 22-23; (14/1927) 27-44 mit einem Anhang

Schadt, Wilhelm, Karl Friedrich Casimir Pfersdorf (1769-1847), Napoleons Kundschafter bei der Gefangennahme des Herzogs von Enghien in Ettenheim am 15. März 1804, in: Die Ortenau (51/1971) 32-36

Schauenburg, Bertha Freifrau von, Die Ullenburg bei Tiergarten, in: Die Ortenau (21/1934) 246-249

Schell, Erwin, Das Hochstift Straßburg rechts des Rheins im Jahre 1802, in: Zeitschrift für die Geschichte des Oberrheins (87/1935) 126-188

Sieger, Jörg, 1790-1803, Louis René Edouard, Prince de Rohan-Guémené, und Ettenheim - Schicksal einer ungleichen Beziehung, in: Dieter Weis, St. Bartholomäus Ettenheim (München/Zürich 1982) 236-255

Staedele, Alfons, Begrüßungsinschriften zum Empfang des Fürstbischofs Rohan in Oppenau 1789, in: Die Ortenau (43/1963) 170-171

Strittmatter, Walter, "Schwarze Legion" im Münstertal, in: Ettenheimer Heimatbote (Ausgabe vom 8. März 1978)

Weis, Dieter, Kardinal Rohan Gedenkfeier am 5. 11. 1953 in Ettenheim, in: Dieter Weis, St. Bartholomäus Ettenheim (München/Zürich 1982) 256-257

Weis, Dieter, Die Ettenheimer Rohan-Gobelins, in: Dieter Weis, St. Bartholomäus Ettenheim (München/Zürich 1982) 258-277

Zorn de Bulach, Antoine Joseph, L'Ambassade du Prince Louis de Rohan a la Cour de Vienne (1771-1774) (Strasbourg 1901)

Anonymus, Geschichtliche Tageserinnerung, in: Freiburger Bote (62/17. März 1887)

Anonymus, Eines Märtyrers Gefährtin, in: Ettenheimer Zeitung (85 / 16. Oktober 1902); (86 / 18. Oktober 1902)

III. ABKÜRZUNGSVERZEICHNIS

Neben den gebräuchlichen und bekannten Abkürzungen finden folgende Kürzel in vorliegender Arbeit Verwendung:

DAA	Dekanatsarchiv Acher-Renchtal (Oberkirch)
DAL	Dekanatsarchiv Lahr (im Erzbischöflichen Archiv Freiburg)
Diarium	Tagebuch des Joann Conrad Machleid (handschriftlich)
GLA	Badisches Generallandesarchiv Karlsruhe
LThK	Lexikon für Theologie und Kirche (Freiburg i. Br.)
PfA	Pfarrarchiv
StA	Stadtarchiv
TRE	Theologische Real Enzyklopädie (Berlin / New York)

Die damals gebräuchlichen Währungsangaben wurden teilweise durch die ursprünglichen Abkürzungen wiedergegeben:

fl	Gulden
ß	Schilling
xr	Kreuzer

REGISTER

Ist auf ein Stichwort im Text nur indirekt Bezug genommen, so wird die Seitenzahl unten in Klammer angegeben.

I. NAMENSREGISTER

D

E

F

G

M

N

O

PQ

R

S

Z

II. ORTSREGISTER

A

B

C

D

E

F

G

H

I

K

L

M

N

R

S

T

U

V

W

Y

Z

HISTORISCHE ZEITBILDER

Marc Lienhard / Jakob Willer

Die Reformation

Die Hohe Zeit der Freien Reichsstadt Straßburg

Einführung von Ministerpräsident a. D. Pierre Pflimlin

384 Seiten, 46 Abbildungen und Dokumente, umfangreiche Zeittafel der Reformation, bibliographische Orientierung für Lehrende und Lernende, ausführliches Namen- und Sachregister, Ganzleinen

„. . . eine wichtige Neuerscheinung der Reformation . . . ungemein spannend geschrieben . . .“

Prof. Dr. Klaus Klöckner / Hessischer Rundfunk

Raymond Matzen

Goethe, Friederike und Sesenheim

Ewigjunge Romanze mit Friederike Brion

Illustrationen von Henri Bacher

320 Seiten, mit Texten, Faksimiles, Illustrationen, Dokumenten und Kommentaren, Ganzleinen, 3. überarbeitete und erweiterte Auflage

„. . . ein Werk, unentbehrlich für jeden Interessenten und Goetheliebhaber. Ein Buch, das eine Lücke ausfüllt . . .“

Hans-Joachim Deckert / Mannheimer Morgen

DIE SERIE WIRD FORTGESETZT

MORSTADT VERLAG KEHL STRASBOURG BASEL